■2025年度中学受験用

サレジアン国際学園世田谷中学校

4年間スーパー過去問

●収録内容一覧

入試問題と解説・解答の収録内容

2024年度　1回	算数・社会・理科・国語	実物解答用紙DL
2024年度　2回	算数・社会・理科・国語（解答のみ）	実物解答用紙DL
2023年度　1回午前	算数・社会・理科・国語	実物解答用紙DL
2023年度　1回午後	算数・社会・理科・国語（解答のみ）	実物解答用紙DL
2022年度　1回午前	算数・社会・理科・国語	実物解答用紙DL
2022年度　2回	算数・社会・理科・国語（解答のみ）	実物解答用紙DL
2021年度　1回午前	算数・社会・理科・国語	

～本書ご利用上の注意～　以下の点について，あらかじめご了承ください。

★**別冊解答用紙は巻末にございます。実物解答用紙は，弊社サイトの各校商品情報ページより，一部または全部をダウンロードできます。**

★編集の都合上，学校実施のすべての試験を掲載していない場合がございます。

★当問題集のバックナンバーは，弊社には在庫がございません（ネット書店などに一部在庫あり）。

JN049230

合格を勝ち取るための
『スーパー過去問』の使い方

本書に掲載されている過去問をご覧になって，「難しそう」と感じたかもしれません。でも，多くの受験生が同じように感じているはずです。なぜなら，中学入試で出題される問題は，小学校で習う内容よりも高度なものが多く，たくさんの知識や解き方のコツを身につけることも必要だからです。ですから，初めて本書に取り組むさいには，点数を気にしすぎないようにしましょう。本番でしっかり点数を取れることが大事なのです。

過去問で重要なのは「まちがえること」です。自分の弱点を知るために，過去問に取り組むのです。当然，まちがえた問題をそのままにしておいては意味がありません。

本書には，長年にわたって中学入試にたずさわっているスタッフによるていねいな解説がついています。まちがえた問題はしっかりと解説を読み，できるようになるまで何度も解き直しをしてください。理解できていないと感じた分野については，参考書や資料集などを活用し，改めて整理しておきましょう。

このページも参考にしてみましょう！

◆どの年度から解こうかな　「入試問題と解説・解答の収録内容一覧」

本書のはじめには収録内容が掲載されていますので，収録年度や収録されている入試回などを確認できます。

※著作権上の都合によって掲載できない問題が収録されている場合は，最新年度の問題の前に，ピンク色の紙を差しこんでご案内しています。

◆学校の情報を知ろう!!「学校紹介ページ」

このページのあとに，各学校の基本情報などを掲載しています。問題を解くのに疲れたら息ぬきに読んで，志望校合格への気持ちを新たにし，再び過去問に挑戦してみるのもよいでしょう。なお，最新の情報につきましては，学校のホームページなどでご確認ください。

◆入試に向けてどんな対策をしよう？「出題傾向＆対策」

「学校紹介ページ」に続いて，「出題傾向＆対策」ページがあります。過去にどのような分野の問題が出題され，どのように対策すればよいかをアドバイスしていますので，参考にしてください。

◇別冊「入試問題解答用紙編」

本書の巻末には，ぬき取って使える別冊の解答用紙が収録してあります。解答用紙が非公表の場合などを除き，（注）が記載されたページの指定倍率にしたがって拡大コピーをとれば，実際の入試問題とほぼ同じ解答欄の大きさで，何度でも過去問に取り組むことができます。このように，入試本番に近い条件で練習できるのも，本書の強みです。また，データが公表されている学校は別冊の１ページ目に過去の「入試結果表」を掲載しています。合格に必要な得点の目安として活用してください。

本書がみなさんの志望校合格の助けとなることを，心より願っています。

株式会社　声の教育社　編集部

サレジアン国際学園世田谷中学校

所在地	〒157-0074 東京都世田谷区大蔵2-8-1
電　話	03-3416-1150
ホームページ	https://salesian-setagaya.ed.jp/
交通案内	小田急線「成城学園前駅」よりバス10分，東急田園都市線「用賀駅」よりバス20分，東京田園都市線・東急大井町線「二子玉川駅」よりスクールバス

くわしい情報はホームページへ

トピックス

★2023年度より，「サレジアン国際学園世田谷」に校名変更し，共学化。
★一般入試は受験料25,000円で複数回の入試が受験できる(参考：昨年度)。

創立年 昭和35年　男女共学　高校募集 なし

応募状況

年度	募集数		応募数	受験数	合格数	倍率
2024	①	本科 60名 ＳＴ ＡＤ 計30名	本科 85名	62名	16名	3.9倍
			ＳＴ 42名	28名	7名	4.0倍
			ＡＤ 50名	42名	15名	2.8倍
	②		本科175名	151名	54名	2.8倍
			ＳＴ 96名	81名	18名	4.5倍
	③		本科133名	53名	18名	2.9倍
			ＳＴ 65名	39名	7名	5.6倍
			ＡＤ 59名	33名	12名	2.8倍
	④		本科201名	106名	13名	8.2倍
			ＳＴ110名	61名	9名	6.8倍
	⑤		本科169名	52名	5名	10.4倍
			ＳＴ 78名	29名	4名	7.3倍
			ＡＤ 73名	33名	2名	16.5倍

※インターナショナルクラスはＳＴ(スタンダード)とＡＤ(アドバンスト)の２クラスの募集です。

本校の特色

2023年春より「サレジアン国際学園世田谷中学校」に校名を変更し，共学化しました。
・問題解決型の能動的な学習法「ＰＢＬ」を全教科で実施
・自ら設定した研究課題に取り組む「本科クラス」と国際社会での活躍を目指す「インターナショナルクラス」を設置
・自分の長所を発見し社会貢献への道筋を考えるツールとして，ポートフォリオを作成

学校説明会等日程（※予定）

・第１回学校説明会【要予約】
　６月22日　10：00～12：00
・第２回学校説明会【要予約】
　７月20日　10：00～12：00
・オープンスクール(体験授業)【要予約】
　８月24日　９：30～12：30
・第３回学校説明会【要予約】
　９月14日　10：00～12：00
・サレジアンフェスタ(学園祭)【要予約】
　10月５日・６日
・第１回入試説明会【要予約】
　11月16日　10：00～11：30
・第２回入試説明会【要予約】
　12月21日　10：00～11：30

2023年度の主な大学合格実績

筑波大，慶応義塾大，早稲田大，上智大，明治大，青山学院大，立教大，法政大，成蹊大，成城大，明治学院大，津田塾大，日本女子大，國學院大，武蔵大，日本大，専修大，東海大，玉川大，帝京大

編集部注―本書の内容は2024年4月現在のものであり，変更されている場合があります。正確な情報は，学校のホームページ等で必ずご確認ください。

算数 出題傾向＆対策

◆基本データ（2024年度１回）

試験時間／満点	50分／100点
問題構成	・大問数…５題 計算１題（５問）／応用小問１題（５問）／応用問題３題 ・小問数…17問
解答形式	計算と応用小問は解答のみを記入。応用問題は，式や考え方を書くものもある。
実際の問題用紙	Ａ４サイズ，小冊子形式
実際の解答用紙	Ａ３サイズ

◆出題傾向と内容

▶過去３年の出題率トップ３
１位：四則計算・逆算19%　２位：角度・面積・長さ10%　３位：計算のくふうなど５％
▶今年の出題率トップ３
１位：四則計算・逆算22%　２位：角度・面積・長さ15%　３位：計算のくふう11%

１題めでは，計算問題は整数・小数・分数の四則計算や逆算，単位の計算などが出され，２題めの応用小問には数の性質，割合，場合の数や特殊算（旅人算，和差算，相当算，年齢算など）が出されています。ここでは，基礎力を確認するものがはば広く出題されます。

３題めからの応用問題では，図形（角度や長さ，体積，表面積など），規則性のほか，数の性質なども出題されています。

全体を通して，いくつもの単元がからみあった複雑な問題や目新しい問題はほとんどみられません。一つひとつの単元の解法がきちんと習得できているかどうかで差がつきます。

◆対策～合格点を取るには？～

本校の算数は基本的な問題が中心ですから，はば広く基礎力を充実させることに重点をおいた学習を進める必要があります。

まず，計算力を高めることが大切です。それほど複雑な計算問題にあたる必要はありません。標準的な計算問題集を１冊用意して，毎日欠かさず取り組みましょう。

図形問題については，まず基本的な解き方を確認しておきましょう。公式や解き方をノートにまとめ，問題集で類題にあたると効果的です。

特殊算では，特に平均算，旅人算などを中心に練習するとよいでしょう。

分野＼年度		2024		2023		2022	
		１回	２回	１前	１後	１回	２回
計算	四則計算・逆算	●	●	●	●	●	●
	計算のくふう	○	◎	◎	◎		
	単位の計算						
和と差	和差算・分配算						
	消去算			○			
	つるかめ算				○	○	○
	平均とのべ	○	○		○		
	過不足算・差集め算					○	
	集まり						
	年齢算					○	○
割合と比	割合と比		○	○			
	正比例と反比例					○	
	還元算・相当算				○	○	○
	比の性質						
	倍数算						
	売買損益	○		○		○	
	濃度						○
	仕事算						
	ニュートン算						
速さ	速さ						
	旅人算						○
	通過算			○		○	○
	流水算						
	時計算	○					
	速さと比						
図形	角度・面積・長さ	◎	◎	○	◎	◎	○
	辺の比と面積の比・相似			○	○		○
	体積・表面積	○	○	○	○		○
	水の深さと体積					○	
	展開図						
	構成・分割				○		○
	図形・点の移動						
表とグラフ		○	○				◎
数の性質	約数と倍数					○	
	N進数		○				
	約束記号・文字式				○		
	整数・小数・分数の性質			○			○
規則性	植木算						
	周期算		○				
	数列	○					
	方陣算						
	図形と規則					○	
場合の数		○	○				○
調べ・推理・条件の整理					○	○	
その他							

※　○印はその分野の問題が１題，◎印は２題，●印は３題以上出題されたことをしめします。

社会　出題傾向＆対策

◆基本データ（2024年度１回）

試験時間／満点	理科と合わせて50分／50点
問題構成	・大問数…３題 ・小問数…13問
解答形式	記号選択が大半をしめているが，資料を読み取ってレポートを書く問題も見られる。
実際の問題用紙	Ａ４サイズ，小冊子形式
実際の解答用紙	Ａ３サイズ

分野＼年度			2024		2023		2022	
			１回	２回	１前	１後	１回	２回
日本の地理		地図の見方						○
日本の地理		国土・自然・気候	○	○	○	○		○
日本の地理		資源						
日本の地理		農林水産業	○	○		○	○	
日本の地理		工業			○			
日本の地理		交通・通信・貿易	○				○	○
日本の地理		人口・生活・文化	★		○			
日本の地理		各地方の特色					○	○
日本の地理		地理総合					★	★
世界の地理				○	○			
日本の歴史	時代	原始～古代	○	○	○		○	○
日本の歴史	時代	中世～近世	○	○	○	○	○	○
日本の歴史	時代	近代～現代	○	○	○	○	○	○
日本の歴史	テーマ	政治・法律史						
日本の歴史	テーマ	産業・経済史						
日本の歴史	テーマ	文化・宗教史						
日本の歴史	テーマ	外交・戦争史						
日本の歴史	テーマ	歴史総合				★	★	★
世界の歴史								
政治		憲法				○		
政治		国会・内閣・裁判所		○	○		○	
政治		地方自治		○				○
政治		経済						
政治		生活と福祉			★		○	○
政治		国際関係・国際政治				○	○	
政治		政治総合					★	★
環境問題				○		★		○
時事問題			○					○
世界遺産							○	
複数分野総合			★	★	★	★		

※　原始～古代…平安時代以前，中世～近世…鎌倉時代～江戸時代，近代～現代…明治時代以降

※　★印は大問の中心となる分野をしめします。

◆出題傾向と内容

●地理…日本地理が中心となっており，各地方や都道府県ごとの産業や地形，名所などを主とした総合的な問題が出されています。また，地図やさまざまな統計資料などから読み取ることができる内容や理由などを短文で記述する問題が出されたこともあります。

●歴史…史料や説明文・会話文を読ませたうえで，関連することがらを問うスタイルの出題が多く，各時代にわたったはば広い知識が必要とされています。具体的には，人の移動や移住の歴史を他国との交流の観点からまとめたものや，日本列島と動物の関係を歴史的な視点で見たもの，歴史上活躍した人物を題材にしたものなど，多岐にわたります。

●政治…日本国憲法，国際関係，三権分立，世界遺産など，時事問題とからめた問いが多く出題されています。社会のできごとにふだんから関心を持っているかどうかをためす問題や，教科の学習と実際の社会を結びつけて考える力を問うものが多いといえます。

◆対策～合格点を取るには？～

まず，基礎を固めることを心がけてください。教科書のほか，説明がやさしくていねいで標準的な参考書を選び，基本事項をしっかりと身につけましょう。

地理分野では，地図とグラフが欠かせません。つねにこれらを参照しながら，白地図作業帳を利用して地形と気候をまとめ，そこから産業のようす（もちろん統計表も使います）へと広げていってください。

歴史分野では，教科書や参考書を読むだけでなく，自分で年表をつくって覚えると学習効果が上がります。できあがった年表は，各時代，各分野のまとめに活用できます。本校の歴史の問題にはさまざまな分野が取り上げられていますから，この作業はおおいに威力を発揮するはずです。

政治分野からもはば広い出題がありますので，日本国憲法の基本的な内容と経済，国際関係・国際政治についてはひと通りおさえておいた方がよいでしょう。また，時事問題については，新聞やテレビ番組などでニュースを確認し，国の政治や経済の動き，世界各国の情勢などについて，ノートにまとめておきましょう。

理科 出題傾向&対策

◆基本データ(2024年度1回)

試験時間／満点	社会と合わせて50分／50点
問題構成	・大問数…４題 ・小問数…15問
解答形式	記号選択と適語の記入が中心だが，短文記述や作図・計算問題も出題されている。
実際の問題用紙	Ａ４サイズ，小冊子形式
実際の解答用紙	Ａ３サイズ

	年度	2024		2023		2022	
	分野	1回	2回	1前	1後	1回	2回
生命	植物	○		★		○	
	動物		★		★		★
	人体						
	生物と環境	○					
	季節と生物					○	
	生命総合	★				★	
物質	物質のすがた						
	気体の性質		★	★		○	★
	水溶液の性質	★				○	
	ものの溶け方						
	金属の性質				★		
	ものの燃え方						
	物質総合					★	
エネルギー	てこ・滑車・輪軸						
	ばねののび方					★	
	ふりこ・物体の運動						
	浮力と密度・圧力			★			
	光の進み方						
	ものの温まり方				★		
	音の伝わり方		★				★
	電気回路	★					
	磁石・電磁石						
	エネルギー総合						
地球	地球・月・太陽系		★	★			
	星と星座						
	風・雲と天候				★		
	気温・地温・湿度					★	
	流水のはたらき・地層と岩石	★					★
	火山・地震						
	地球総合						
実験器具							
観察							
環境問題							
時事問題							
複数分野総合							

※　★印は大問の中心となる分野をしめします。

◆出題傾向と内容

中学入試の理科では，全体の流れとして「生命」「物質」「エネルギー」「地球」の各分野をバランスよく取り上げる傾向にありますが，本校の理科もそのような傾向をふまえ，各分野から出題されています。

●**生命**…植物の光合成や呼吸，種子の発芽条件，動物の分類，動物のからだのつくり，こん虫の種類と育ち方，生物どうしのつながりなどが出題されています。

●**物質**…水溶液の性質，中和反応，気体の性質や分子モデル，塩酸と金属の反応などが出題されています。

●**エネルギー**…ばねののび，光の進み方，熱の伝導，回路のつなぎ方と電流の大きさ，音の伝わり方，モーターについての問題などが取り上げられています。

●**地球**…天体の動き方と見え方，雲のでき方，流水のはたらきについての問題などが出題されています。

◆対策〜合格点を取るには？〜

本校の理科は，各分野からまんべんなく基礎的なものが出題されていますから，基礎的な知識をはやいうちに身につけ，そのうえで，問題集で演習をくり返すのがよいでしょう。

「生命」は，身につけなければならない基本知識の多い分野です。ヒトのからだのしくみ，動物や植物のつくりと成長などを中心に，ノートにまとめながら知識を深めましょう。

「物質」は，気体や水溶液，金属などの性質に重点をおいて学習するとよいでしょう。中和反応や濃度，気体の発生など，表やグラフをもとに計算させる問題にも積極的に取り組むように心がけてください。

「エネルギー」では，計算問題としてよく出される力のつり合いに注目しましょう。かん電池のつなぎ方や豆電球の明るさなどについての基本的な考え方をしっかりマスターし，計算問題にもチャレンジしてください。光や音の進み方についても，確認しておきましょう。

「地球」では，太陽・月・地球の動き，季節と星座の動き，日本の天気と気温・湿度の変化，火山のふん火，地層のでき方・地震などが重要なポイントです。

国語 出題傾向＆対策

◆基本データ（2024年度１回）

試験時間／満点	50分／100点
問　題　構　成	・大問数…３題 文章読解題２題／知識問題１題 ・小問数…30問
解　答　形　式	記号選択とぬき出しのほかに，20～100字程度の記述問題も出題されている。
実際の問題用紙	Ａ４サイズ，小冊子形式
実際の解答用紙	Ａ３サイズ

◆出題傾向と内容

▶近年の出典情報（著者名）
説明文：上阪　徹　齋藤　孝　久野　愛
小　説：朝井リョウ　小野寺史宜　辻村深月
随　筆：ブレイディみかこ

●読解問題…説明文・論説文，随筆の場合は，語句の意味，指示語・接続語，語句の補充や脱文挿入，さらに文章中の内容と合うものを選ぶ問題などが出されています。小説・物語文の場合は，心情や心情の理由，行動の理由などを問うものが中心です。

●知識問題…ことばのきまりは，読解問題の中の小設問として出題されることが多いようです。主語・述語，ことばのかかり受け，品詞の意味・用法などがよく出題されています。また，三字熟語や四字熟語，慣用句・ことわざの完成の出題率も高くなっています。漢字の書き取りと読みは，毎年10問ほど出題されています。

◆対策～合格点を取るには？～

本校の国語の問題は，読解力を中心にことばの知識についての力もあわせて見る，よく練られている問題です。したがって，それを考えたうえでの対策が必要です。

読解問題については，読書をするときも指示語，接続語にどのような役割があるのかを確認し，わからないことばは国語辞典で調べましょう。また，要旨や感想を50字程度の字数制限で書く練習をしましょう。そのさいには，文章を家族や先生にチェックしてもらいましょう。

ことばの知識については，よくまとまった問題集を一冊選び，くり返し練習することで，実力をアップすることができます。

分野		年度	2024 1回	2024 2回	2023 1前	2023 1後	2022 1回	2022 2回
読解	文章の種類	説明文・論説文	★	★	★	★	★	★
		小説・物語・伝記	★	★	★		★	★
		随筆・紀行・日記				★		
		会話・戯曲						
		詩						
		短歌・俳句						
	内容の分類	主題・要旨	○	○	○	○	○	
		内容理解	○	○	○	○	○	○
		文脈・段落構成				○	○	○
		指示語・接続語	○	○		○	○	
		その他	○	○	○	○	○	○
知識	漢字	漢字の読み	○	○	○	○	○	○
		漢字の書き取り	○	○	○	○	○	○
		部首・画数・筆順						
	語句	語句の意味	○	○	○	○	○	○
		かなづかい						
		熟語	○	○		○	○	○
		慣用句・ことわざ	○	○			○	○
	文法	文の組み立て						
		品詞・用法			○	○		
		敬語						
		形式・技法		○				
		文学作品の知識						
		その他						
		知識総合					★	
表現		作文						
		短文記述	○	○	○	○		
		その他						
放送問題								

※　★印は大問の中心となる分野をしめします。

カコを追いかけ
ミライをつかめ
、もう一回」を何度でも
過去問
よる入試問題の解説動画
もっと古いカコモンないの?
カコ過去問
「さらにカコの」過去問をHPに掲載(DL)
声の教育社
詳しくはこちらから

2024年度 サレジアン国際学園世田谷中学校

【算　数】〈第１回試験〉（50分）〈満点：100点〉

＊円周率を使う場合は，3.14として計算しなさい。

1　□ に当てはまる数を答えなさい。

（１）$92-16\times4+198\div11=$ ①

（２）$\left(\frac{1}{2}\div0.25-1\frac{7}{9}\right)\div\frac{2}{3}=$ ②

（３）$\left(3\times\right.$ ③ $\left.+3\right)\div3-3=3$

（４）$8+11+14+17+20+23=$ ④

（５）$35\times0.6+11.1\times3.5-71\times0.35=$ ⑤

2　次の問いに答えなさい。

（１）時計が4時35分を指しているとき，時計の長針と短針によって作られる，小さい方の角度は何度か求めなさい。

（２）そうまさんは算数のテストを4回受け，それぞれの結果が70点，62点，54点，80点でした。次のテストで何点取れば，5回のテストの平均点が70点になるか求めなさい。

（３）原価が4000円の商品を，2割の利益を見込んだ定価で販売《はんばい》しましたが，販売状況《じょうきょう》がよくないためその定価の1割引きで販売することにしました。このとき，商品を1個売ると，利益はいくらになるか求めなさい。

（４）右の図の三角形で○と●はそれぞれ同じ角度を表しています。○の角の大きさを求めなさい。

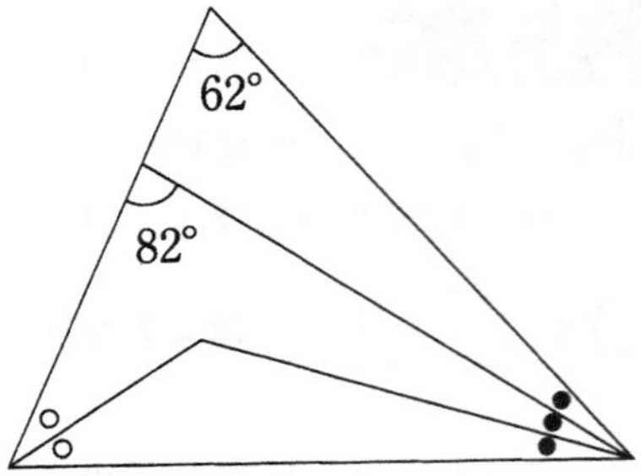

（５）【図１】のように，直方体から半径2cmの円と1辺が4cmの正方形を，それぞれ直方体の反対の面までまっすぐくりぬきます。【図２】は【図１】を正面と上から見た図です。このとき，残った立体の体積を求めなさい。

【図１】

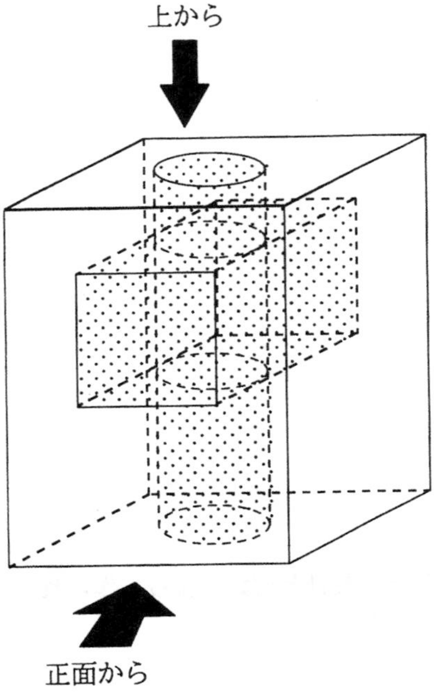

【図２】

〈正面から見た図〉

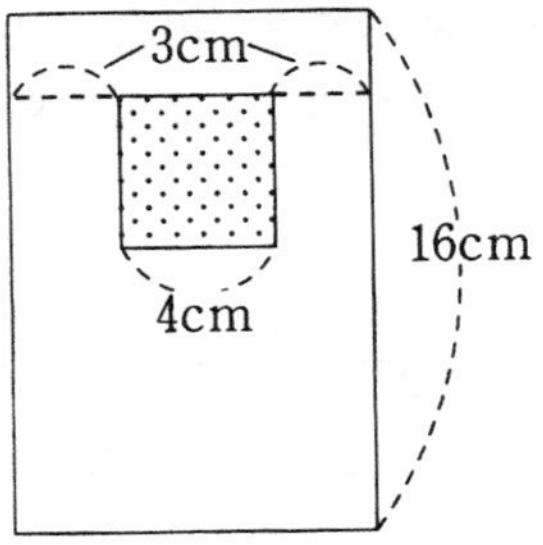

〈上から見た図〉

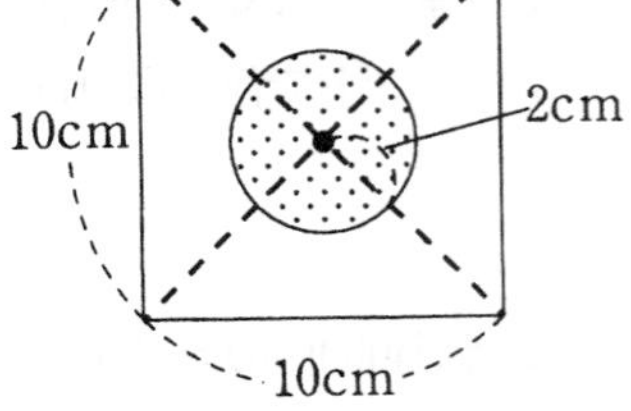

3 2人の会話文を読み，次の問いに答えなさい。

かなたさん「3月14日は何の日か分かる？」
しおりさん「ホワイトデーだよね。」
かなたさん「そうだね。他にもこの日は『国際数学デー』になっているんだ。どうしてか分かる？」
しおりさん「3月14日だから，円周率の3.1415…からきているのかな。」
かなたさん「正解！円周率は限りなく続く数なんだよね。」
しおりさん「でも普段《ふだん》から円周率は3.14として使っているけれど，そもそも円周率って何だろう？」
かなたさん「教科書には，[ア] に対する [イ] の長さの [ウ] と書いてあるね。」
しおりさん「円周率を計算で求めることはできないかな。」
かなたさん「3.14を計算で求めることは難しいけど，円周率が3よりも大きく，4よりも小さいことは説明することができるよ。」

（１）[ア]，[イ]，[ウ] に当てはまる語句を下から選びなさい。

円周 ・ 直径 ・ 半径 ・ おうぎ形 ・ 比率 ・ 中心角 ・ 中心 ・ 弧《こ》

（２）下線部について，説明しなさい。必要であれば，下の図を説明に用いても構いません。
下の図は，円は正方形に，正六角形は円にぴったりくっついています。また，円の半径は1cmとします。

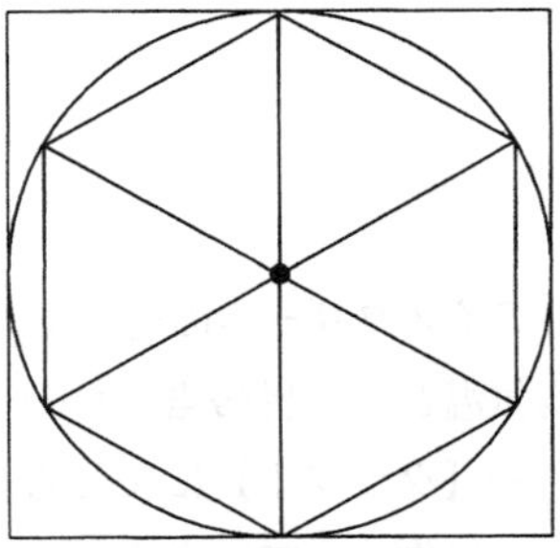

4 「グー」，「チョキ」，「パー」，「イド」の4種類の手の出し方がある新しいじゃんけんを考えました。ルールは以下の通りです。次の問いに答えなさい。

ルール ①「グー」は「チョキ」に勝ち，「パー」と「イド」に負ける。
②「チョキ」は「パー」に勝ち，「グー」と「イド」に負ける。
③「パー」は「グー」と「イド」に勝ち，「チョキ」に負ける。
④ だれが勝ったのか，分からない状態をあいことする。

（１）「イド」はどの手に勝ち，どの手に負けるか書きなさい。

（２）AさんとBさんの2人が新しいじゃんけんを1回して，Aさんが勝つとき，2人の手の出し方は何通りあるか求めなさい。

（３）AさんとBさんとCさんの3人が新しいじゃんけんを1回して，あいこのとき，3人の手の出し方は何通りあるか求めなさい。また，考え方も書きなさい。

（４）AさんとBさんとCさんの3人が新しいじゃんけんを1回して，Aさんは勝ち，Cさんは「チョキ」を出すとき，3人の手の出し方は何通りあるか求めなさい。また，考え方も書きなさい。

5 Aさんは自由研究として，アイスクリームの売り上げは気温によって変化すると考え，調べました。2022年の東京都の月別平均気温と，一世帯当たりの一か月間のアイスクリームの平均支出金額（＊）のデータを，以下の【表１】や【グラフ１】にまとめました。なお，以下の表やグラフについては国土交通省の調査報告をもとに作成しています。

（＊）平均支出金額とは，特定の期間において，個人または家庭が支出した金額を合計して，それを期間で割ったものです。

【表１】

月別	1月	2月	3月	4月	5月	6月	7月	8月	9月	10月	11月	12月
平均気温（℃）	4.9	5.2	10.9	15.3	18.8	23.0	27.4	27.5	24.4	17.2	14.5	7.5
平均支出金額（円）	600	450	650	800	950	1200	1700	1600	1100	850	750	700

【グラフ１】

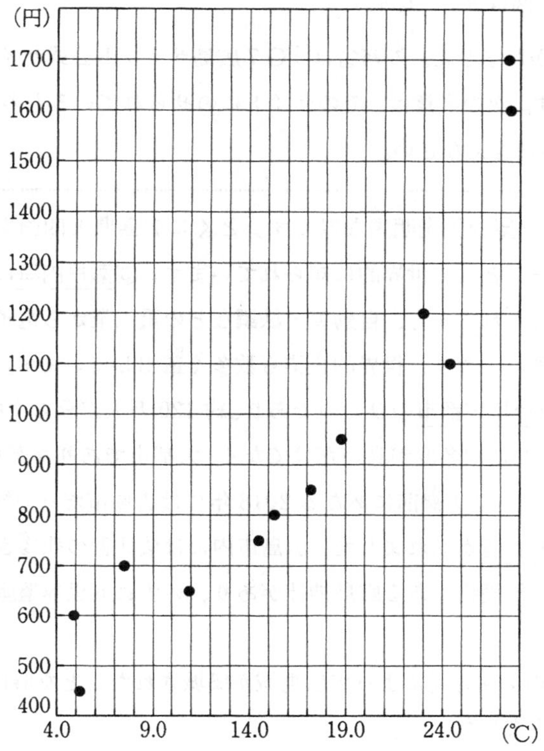

下の【表２】は2023年1月～8月の平均気温と1月～5月のアイスクリームの平均支出金額を表したものです。

【表２】

月別	1月	2月	3月	4月	5月	6月	7月	8月
平均気温（℃）	5.7	7.3	12.9	16.3	19.0	23.2	28.7	29.1
平均支出金額（円）	600	600	850	950	1200			

〈問い〉

【表１】や【グラフ１】を参考にして，【表２】の2023年のアイスクリームの6月～8月の平均支出金額を予想しなさい。また，その考え方を説明しなさい。

【社　会】〈第1回試験〉（理科と合わせて50分）〈満点：50点〉

〈編集部注：実際の試験問題では，雨温図と2の図はカラー印刷です。〉

1　2023年5月、日本の広島でサミットが開かれました。外務省は「G7広島サミット公式サイト」を立ち上げ、内外にその様子を紹介《しょうかい》しています。次の文章は、そのサイトにのせられているものを参考に作成したものです。これを読み、下の問いに答えなさい。

①広島県は、北に中国山地、南に瀬《せ》戸内海を望む風光明媚《び》な県です。とくに広島県と四国を結ぶ「 ② 海道」は、絶景のサイクリングロードとして世界的に知られています。③瀬戸内海に面した温暖な気候から農業や④水産業がさかんに行われる一方、自動車・鉄鋼などの重工業から電子部品など先端《たん》産業まで幅《はば》広い産業が県内各地で育まれており、世界的企《き》業も数多く輩《はい》出しています。

サミットが開催《さい》される広島市は、日本の⑤政令指定都市のひとつであり、約120万人が暮らす中国・四国地方最大の都市です。平和都市として世界的に知名度が高いだけでなく、大都市でありながら山・川・海の自然にめぐまれた観光地でもあります。コロナ禍《か》前にあたる2018年には広島市だけで約178万人、広島県全体では約275万人の⑥外国人旅行者が訪れました。広島市内には核《かく》兵器の悲惨《さん》さを伝える原爆《ばく》ドーム、近郊《こう》には中世日本の代表的な建築物である厳島神社があり、いずれも世界遺産に登録されています。

広島市の歴史は古く、1589年に⑦戦国武将の毛利輝《てる》元によって広島城が築城されたことを機に、水運を活かした海沿いの城下町として発展し始めました。

⑧明治維《い》新以降に広島鎮《ちん》台が設置されると、軍都としての発展をとげていき、太平洋戦争の激化にともない、その役割はさらに重要なものとなりました。

このような状況《きょう》下、1945年8月6日には、一発の原子爆弾によって壊滅《かいめつ》的な被《ひ》害を受けることとなりますが、その後、戦争の惨禍を乗り越《こ》えた人々の懸命《けんめい》な努力と国内外からの支援《えん》により、めざましい復興をとげていきます。

問1　下線部①に関して。広島県の県庁所在地の位置を下の地図中から選び、記号で答えなさい。なお、点線は山陽新幹線を表しています。

問２　［　②　］にあてはまる語句をひらがなで答えなさい。

問３　下線部③に関して。広島市の雨温図を次の中から選び、記号で答えなさい。

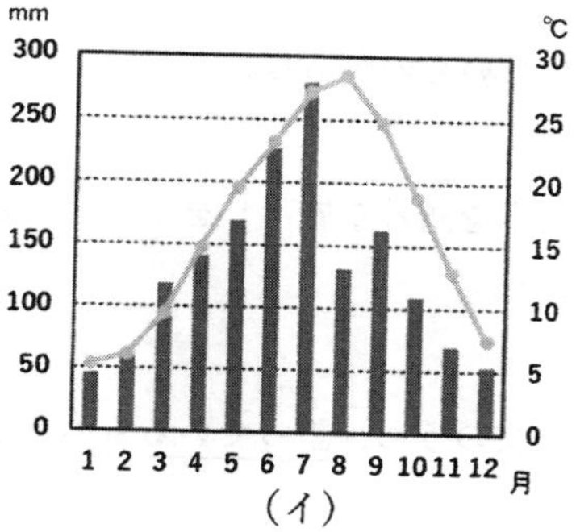

（イ）

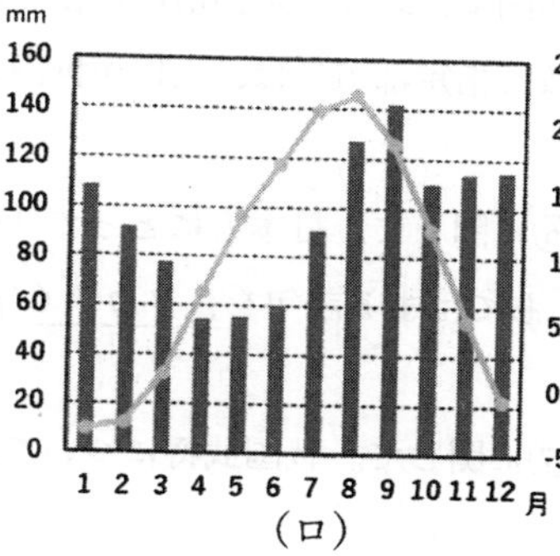

（ロ）

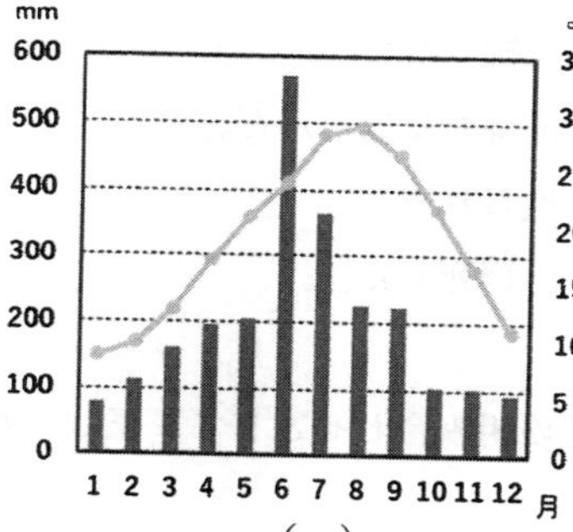

（ハ）

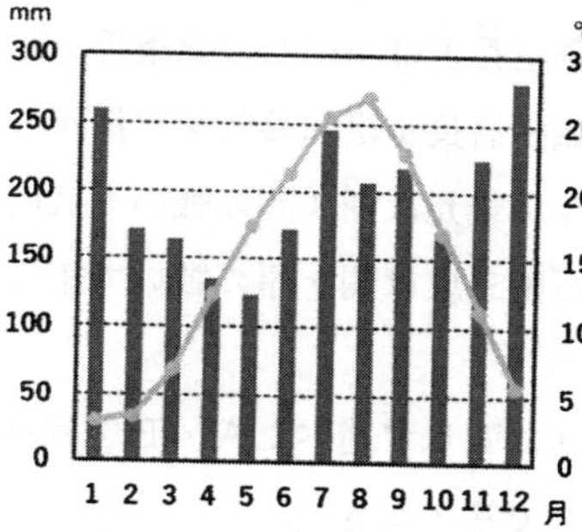

（ニ）

（気象庁 1991 年～2020 年平均値データをもとに作成）

問４　下線部④に関して。下のグラフは、広島県が養殖《しょく》生産量１位（2021 年）である水産物に関するものです。グラフ中の［　X　］にあてはまる県の形として、正しいものを次の中から選び、記号で答えなさい。（各県の縮尺は異なります。）

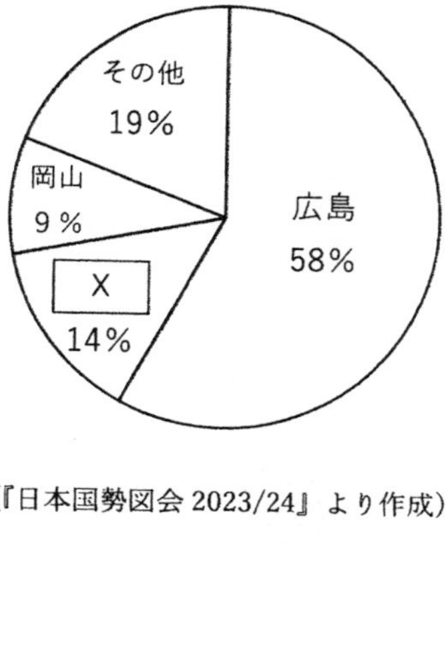

（『日本国勢図会 2023/24』より作成）

（イ）

（ロ）

（ハ）

（ニ）

問５　下線部⑤に関して述べたものとして、誤っているものを１つ選び、記号で答えなさい。

（イ）2024 年１月現在、全国で 20 の政令指定都市が存在する。

（ロ）政令指定都市とは、政令で指定する人口 100 万以上の市をさす。

（ハ）四国には政令指定都市は存在しない。

（ニ）政令指定都市には、人口が世田谷区より少ないものがある。

問６　下線部⑥に関して。日本人にとって「外国人が日本を訪れる旅行」を［　　　］といいます。［　　　］にあてはまる語句をカタカナ６字で答えなさい。

問７　下線部⑦に関して。戦国武将について述べた次の文のうち、誤っているものを１つ選び、記号で答えなさい。

（イ）豊臣秀吉《ひでよし》は小田原の北条氏をたおし、全国を統一した。

（ロ）織田信長が足利義昭を京都から追放し、室町幕府はほろんだ。

（ハ）今川義元は桶狭《おけはざ》間の戦いで武田信玄《げん》に討ち取られた。

（ニ）石田三成は関ヶ原の戦いで徳川家康に敗れ、刑《けい》死した。

問８　下線部⑧に関して述べたＡ・Ｂを読み、その正誤の組み合わせとして、正しいものを次の中から選び、記号で答えなさい。

A　明治新政府が成立すると、幕府が欧《おう》米と結んだ不平等条約は直ちに改正された。

B　この時期、歌人・与《よ》謝野晶《あき》子が活躍《やく》した。

（イ）Ａ－正　Ｂ－正　　（ロ）Ａ－正　Ｂ－誤

（ハ）Ａ－誤　Ｂ－正　　（ニ）Ａ－誤　Ｂ－誤

2　次の文章を読み、下の問いに答えなさい。

みなさんの家には、砂糖が当たり前のように置いてあると思います。しかし、かつて砂糖をふくめた甘《かん》味料は、庶《しょ》民には手に入れづらいものでした。平安時代の日本では甘味料は一般《ぱん》的なものではなく、貴族たちの食の楽しみだったようです。「この世をば　わが世とぞ思ふ　望月の　かけたることも　なしと思へば」という歌を記したことで有名な『小右記』は、平安時代中期に書かれた日記です。この中には当時、この歌をよんだ［　①　］の、糖尿《にょう》病と思われる病状が記されています。この人物が直接的に何で糖尿病になったのかは史料から断定できませんが、少なくとも現代にも共通するようなぜいたくな食事をとっていたことも一因と考えられます。

さて、甘味料の代表ともいえる砂糖が世界的な広がりを見せたのは17世紀以降です。砂糖の主な原料は②サトウキビですが、特に需《じゅ》要が高かったヨーロッパはその栽培《さいばい》に適していませんでした。そこでヨーロッパの人々はヨーロッパ以外でその生産を始めます。そしてこれが後の③アメリカ大陸での黒人奴隷《どれい》制度につながる問題にも発展していきます。

当時のイギリスでは、砂糖は薬として薬局で販《はん》売されるくらい貴重なものでした。貴族たちは虫歯になることが一種のステータスだったといわれています。ところが、18世紀後半になると砂糖は、飲み物との組み合わせで一般にも広まるようになりました。代表的なものはイギリスの茶、フランスのコーヒーです。茶も16世紀には貴族の富を表すシンボルだったのですが、④産業革命が進んだ19世紀には、眠《ねむ》気覚ましの効果がある茶と簡単に栄養補給ができる砂糖を混ぜて飲むという文化が一般大衆に広まり、イギリスではティータイムが習慣となって現代にいたります。

問１　［　①　］にあてはまる人物として正しいものを、次の中から１人選び、記号で答えなさい。

（イ）藤《ふじ》原不比等　　（ロ）平清盛　　（ハ）藤原道長　　（ニ）北条泰《やす》時

問２　下線部②に関して。下の資料Ⅰは、サトウキビ栽培がさかんな沖縄県宮古島の雨温図とそのデータです。資料Ⅱは、気候のちがいによって色分けされた世界地図です。これらを見て、17～19世紀にサトウキビ栽培がさかんだった地域として、最も適切と推測できるものを資料Ⅱ中の（イ）～（ニ）から選び、記号で答えなさい。また、それを選んだ理由を説明しなさい。

資料Ⅰ　沖縄県宮古島の雨温図とそのデータ

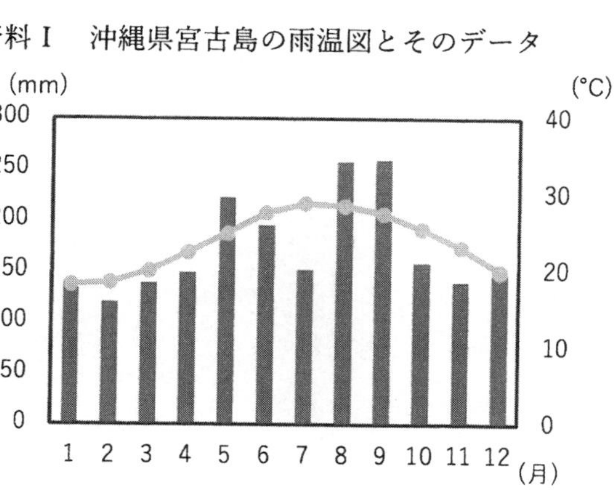

月	1	2	3	4	5	6	7	8	9	10	11	12
降水量(mm)	138.8	119.8	138.7	148.7	222.3	194.7	151.6	257.4	259.3	157.9	139.8	147.2
気温(°C)	18.3	18.6	20.1	22.5	25	27.7	28.9	28.6	27.6	25.5	23.1	20

（気象庁 1991年～2020年平均値データをもとに作成）

資料Ⅱ　気候のちがいによって色分けされた世界地図

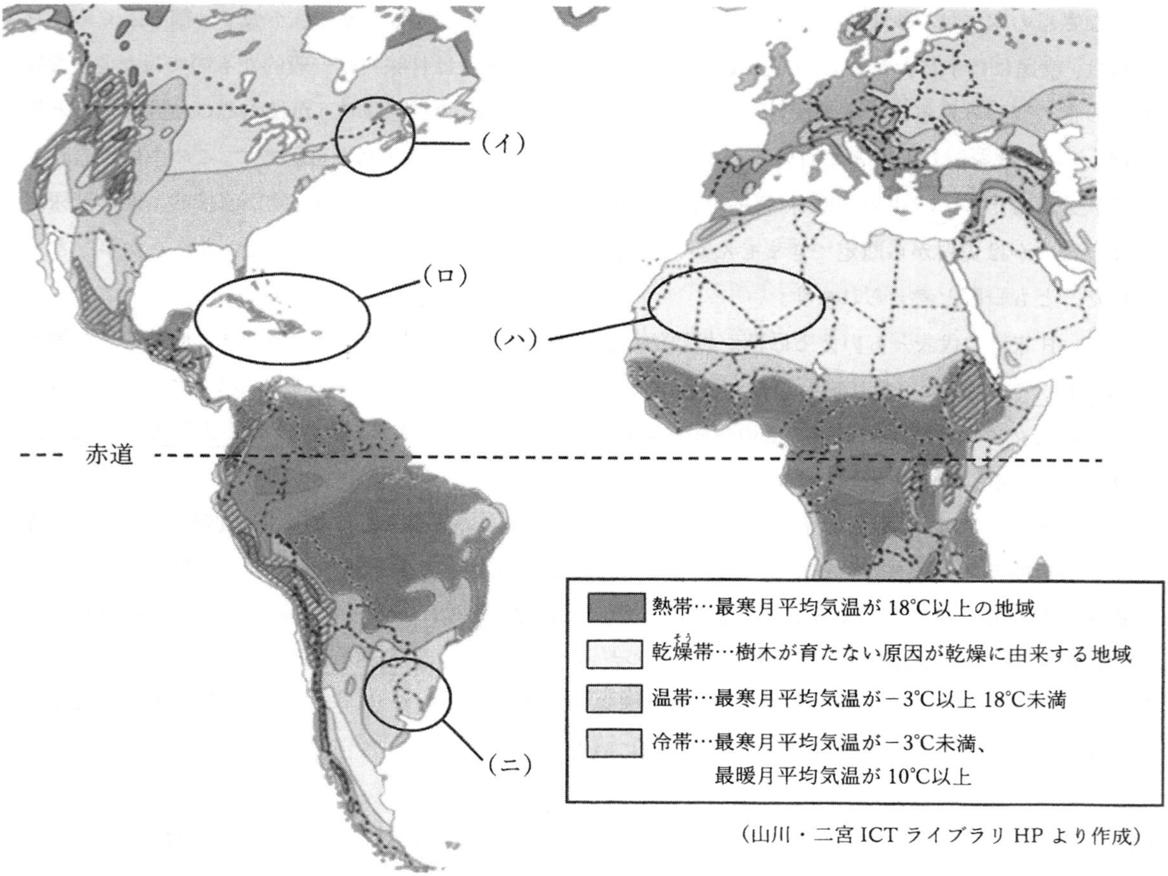

(山川・二宮 ICT ライブラリ HP より作成)

〈編集部注：2の資料Ⅱはカラーのものを弊社ホームページに掲載してあります。
右の二次元コードからもアクセス可能です。〉

問３　下線部③に関して。アメリカ合衆国では、2020 年のジョージ・フロイドさんの死をきっかけに、大きく注目を集めた運動がありました。この運動に関係するものとして、最も適切なものを次の中から選び、記号で答えなさい。

（イ）Fridays For Future（フライデーズ・フォー・フューチャー）
（ロ）LGBTQ（エル・ジー・ビー・ティー・キュー）
（ハ）JUST STOP OIL（ジャスト・ストップ・オイル）
（ニ）Black Lives Matter（ブラック・ライブズ・マター）

問４　下線部④に関して。産業革命は 18 世紀後半のイギリスでおこり、蒸気機関の実用化などさまざまな技術革新と機械化によって、社会に大きな変化をもたらしました。

（１）産業革命がもたらしたものとして、誤っているものを次の中から１つ選び、記号で答えなさい。

（イ）工場の経営者がさらなる利益を求めて生産活動を行うので、労働者の労働環《かん》境が悪化した。
（ロ）都市部の工場で働く人が増えたことで地方の人口が減少していった。
（ハ）機械を動かすための動力源に石炭などを使用したため、大気汚《お》染などの環境の悪化が急激に進んでいった。
（ニ）農地で石炭などの化石燃料を燃やすことで農産物の生産量が増えた。

（２）19 世紀後半以降の日本の産業革命について述べたものとして、正しいものを次の中から１つ選び、記号で答えなさい。

（イ）日本で最初の鉄道が神戸・大阪間に開通した。
（ロ）日清戦争の賠償《ばいしょう》金を元手に官営富岡製糸場がつくられた。
（ハ）生糸や綿糸の生産を中心とする軽工業が中心であった。
（ニ）電気の使用が広まったことで猪苗《いなわ》代湖に火力発電所がつくられた。

3 あなたはＸ市Ｙ地区の住民です。あなたはＹ地区のかかえる問題について、Ｘ市議会に陳《ちん》情書（要望などを議会に伝える文書）を提出し、意見を述べることにしました。下の資料Ⅰ～Ⅳから２つ以上使って地域のかかえる問題をあげ、その問題の解決案を考えなさい。なお、それらはＸ市議会に提出する陳情書として、解答らんの書式にしたがって記しなさい。

資料Ⅰ　Ｙ地区の人口の変化

年	1930	1950	1970	1990	2010	2020
人口（人）	4957	5096	2853	1869	1542	1224
15 歳未満（%）	30	34	24	13	9	8
15～64 歳（%）	63	58	61	57	47	42
65 歳以上（%）	7	8	15	30	44	50

資料Ⅱ　Ｘ市の土地利用

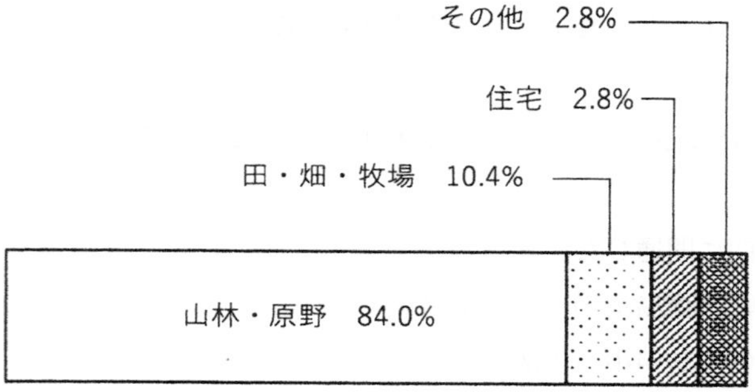

資料Ⅲ　人口減少・高齢《れい》化地域の世帯主年齢別
車の運転をする人の割合（2008 年）

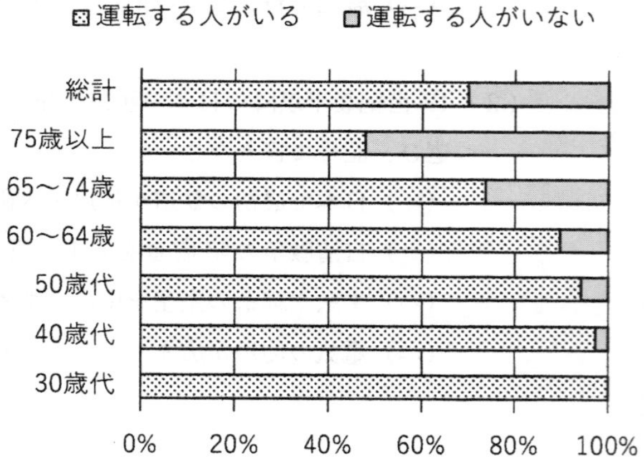

（国土交通省が全国の人口減少・高齢化が進んだ20 地区を対象にしたアンケート結果より作成）

資料Ⅳ　Ｘ市の鉄道と路線バスの路線

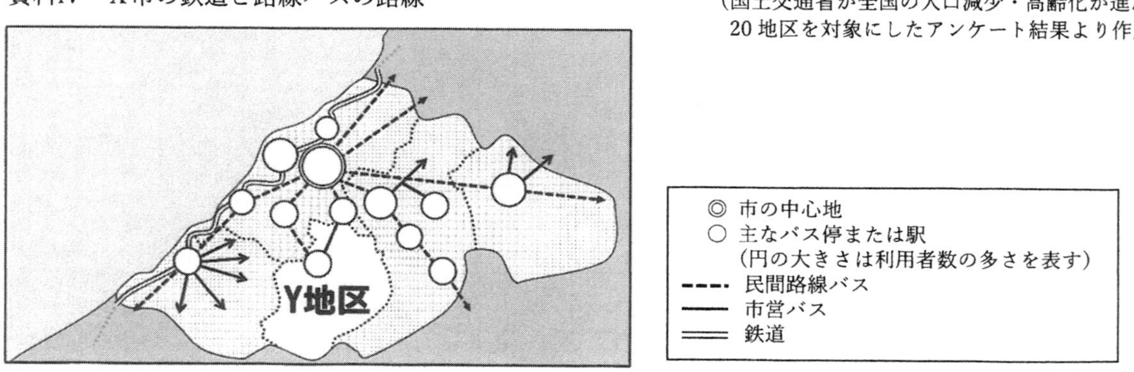

【理　科】〈第１回試験〉（社会と合わせて50分）〈満点：50点〉

〈編集部注：実際の試験問題では，グラフと図の一部はカラー印刷です。〉

1　次の図１はいちごジャムの食品表示です。図１に関する説明文を読み，あとの問いに答えなさい。

■名称：いちごジャム

■原材料名：いちご（東京都）、砂糖、濃縮《のうしゅく》レモン果汁《かじゅう》

■添加物：ゲル化剤（ペクチン）、ｐＨ調整剤

■内容量：115ｇ

■賞味期限：下部に記載（開封前）

■保存方法：直射日光を避け常温で保存

■販売者：（株）サレジアン食品

東京都世田谷区大蔵２－８－１

図１

原材料に注目してみましょう。いちごジャムをつくるためには，いちごの他に砂糖が必要です。砂糖は甘味のためだけに加えられているのではありません。砂糖には，おもに３つのはたらきがあります。１つ目は，いちごから水分を引き出すはたらきです。２つ目は，引き出された水分と結びつくはたらきです。水分と砂糖が結びつくことで，ジャムの日持ちがよくなります。３つ目は，いちごの中にあるペクチンという成分と反応してゼリー状のとろみをつけるはたらきです。どろどろした液体状のものがゼリーのように固まることをゲル化といいます。添《てん》加物にペクチンがあるのは，果物にふくまれているペクチンだけではゲル化するのに足りないためです。濃縮レモン果汁は，よりおいしくするために入れられています。おいしくするためにおもに２つのはたらきがあります。１つ目は，ジャムの色をあざやかな赤色にするためです。２つ目は，ペクチンは酸性条件下でゲル化しやすいからです。濃縮レモン果汁だけでなくｐＨ《ピーエイチ》調整剤《ざい》が添加されているのもこのためです。

ｐＨは，水素イオン指数ともよばれ，水溶《よう》液の酸性，中性，アルカリ性を示す指数です。０～14の数値で表し，ｐＨ＝７を中性，ｐＨ＜７を酸性，ｐＨ＞７をアルカリ性といいます。

いちごにはアントシアニンという紫《むらさき》キャベツにふくまれているのと同じ色素がふくまれています。この色素は，酸性，中性，アルカリ性の度合いで色が変化します。酸性のときに，あざやかな赤色を示すため濃縮レモン果汁の酸性が重要となります。

このように，身近な食品にも科学のはたらきがかくされているのです。

（１） 砂糖は 20℃の水 100 g には 204 g，80℃の水 100 g には 382 g とかすことができます。80℃の水 100 g に砂糖 300 g を完全にとかしたとして，あとの問いに答えなさい。

① この砂糖水溶液をモデルで表すとどのように表されますか。次の**ア**～**エ**から１つ選び，記号で答えなさい。ただし，○は水，●は砂糖をそれぞれ表しています。

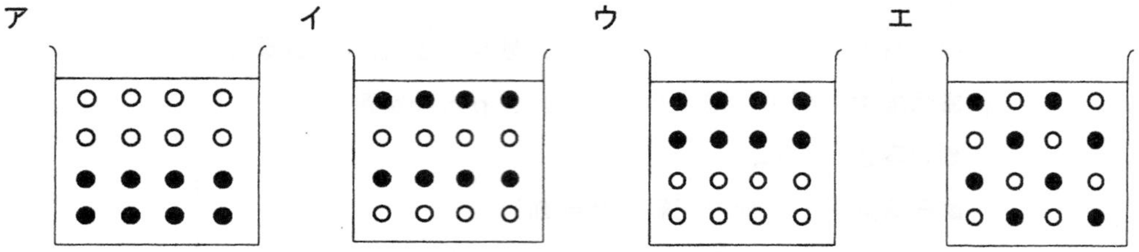

② この砂糖水溶液の濃《のう》度は何％ですか。

③ ②の80℃の砂糖水溶液を25 g とり，20℃まで温度を下げました。このとき，とけ残る砂糖は何 g ですか。

（２） **下線部**のように，何かを加えて水分を引き出すはたらきに関して，砂糖以外の物質を用いた具体例を１つあげなさい。

（３） 次の**図２**は，ｐＨの値と紫キャベツ溶液の色の関係を表したものです。試験管の中に入れた紫キャベツ溶液に炭酸ナトリウムを加えると，紫《むらさき》色から緑色に変化します。そこへ静かにうすい塩酸を加えて，ガラス棒で静かにかき混ぜて垂直に引きぬくと，試験管の中に**図３**のような虹《にじ》色の液体ができます。紫キャベツ溶液の代わりにＢＴＢ溶液を用いて同じように実験すると，どのように変化しますか。解答らんに書きなさい。また，そのように書いた理由を説明しなさい。

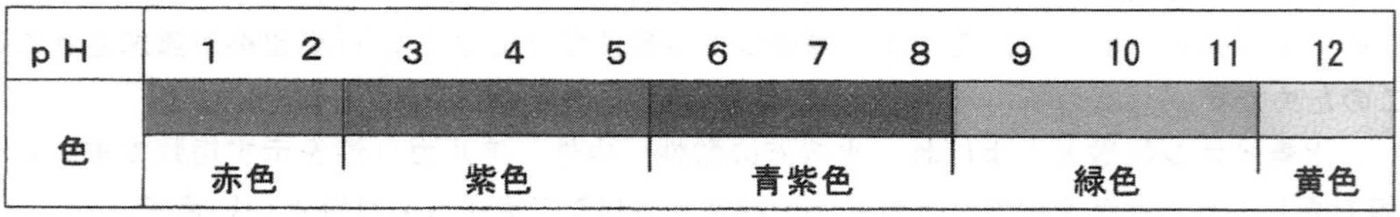

図２

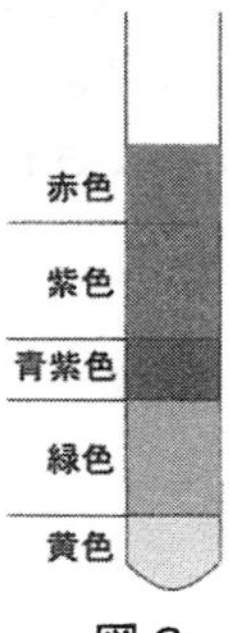

図３

2　**手回し発電機を用いた実験について，あとの問いに答えなさい。**

【実験１】　**手回し発電機に次のア～オのような回路をつなぎ，ハンドルを一定の速さで回転させた。**

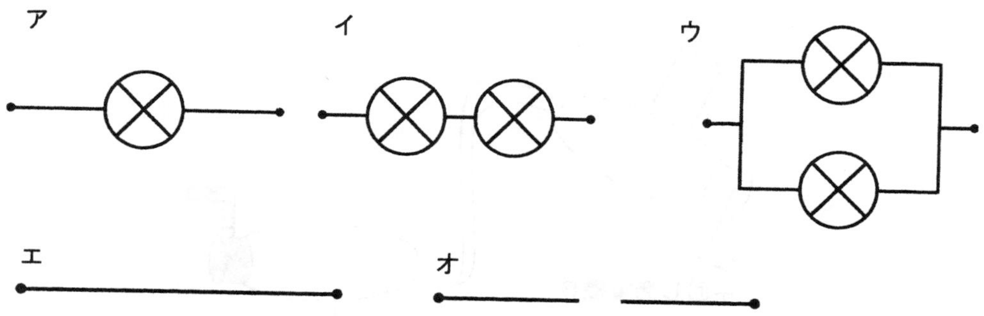

（断線している導線）

（１）　**実験１**の結果，それぞれの場合で手ごたえが異なることがわかりました。手ごたえが重いものから順に並べたとき，下の①～③に当てはまる記号を**ア～オ**から１つずつ選び，それぞれ記号で答えなさい。

重い　① → □ → ② → □ → ③　**軽い**

（２）　**実験１**の**ア**を手回し発電機につないで回転させたとき，１分間で 0.5Wの電力が発生しました。同じ回路につないだ手回し発電機のハンドルを，**実験１**の２倍の速さで１分間回転させたとき，発生する電力は何Wですか。

【実験２】　**手回し発電機にコンデンサーをつなぎ，時計回りにハンドルを回転させて充電した。**

（３）　**実験２**の後，ハンドルから手をはなすと手回し発電機のハンドルはどうなりますか。次の**ア～ウ**から１つ選び，記号で答えなさい。

ア　ハンドルは時計回りに回転する。
イ　ハンドルは反時計回りに回転する。
ウ　ハンドルは止まる。

【実験３】　**図のように，同じ種類の手回し発電機Ａと手回し発電機Ｂをつなぎ，手回し発電機Ａのハンドルを10回回転させたところ，手回し発電機Ｂのハンドルは８回回転した。**

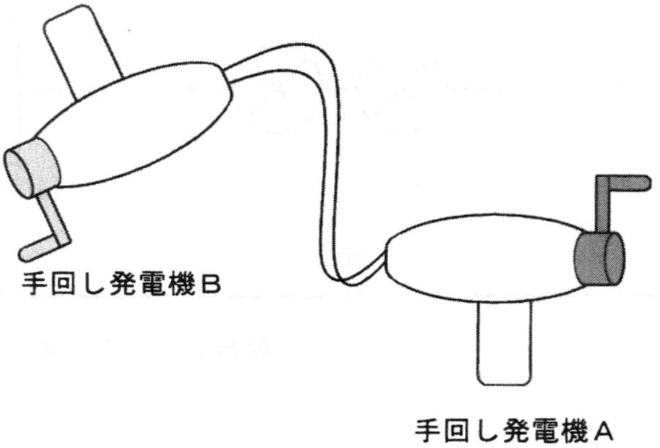

図

（４）　**実験３**で，**手回し発電機Ｂ**のハンドルの回転数が**手回し発電機Ａ**のハンドルの回転数よりも少なくなったのはなぜですか。

（５）　**実験３**で，**手回し発電機Ｂ**のハンドルを20回回転させるためには，**手回し発電機Ａ**のハンドルを何回回転させればよいですか。

3　次の文を読み，あとの問いに答えなさい。

地球上の水は，海水や河川の水として常に同じ場所にとどまっているのではなく，気体，液体，固体とすがたを変えながら地球上を循環《じゅんかん》しており，その過程でさまざまな現象を引き起こします。例えば，水の流れには，①地面の様子を変えるはたらきがあります。流れる水には，しん食，運ぱん，たい積の３つのはたらきがあり，それぞれのはたらきの大きさは，おもに②水の流れる速さ（以下，流速）によって決まります。下図は，水中でたい積物の粒《りゅう》子が動き出す流速および停止する流速と粒子の大きさとの関係を示したものです。曲線Ａは，徐々《じょじょ》に流速を大きくしていったときに静止している粒子が動き出す流速を示しており，曲線Ｂは徐々に流速を小さくしていったときに動いている粒子が停止する流速を示しています。

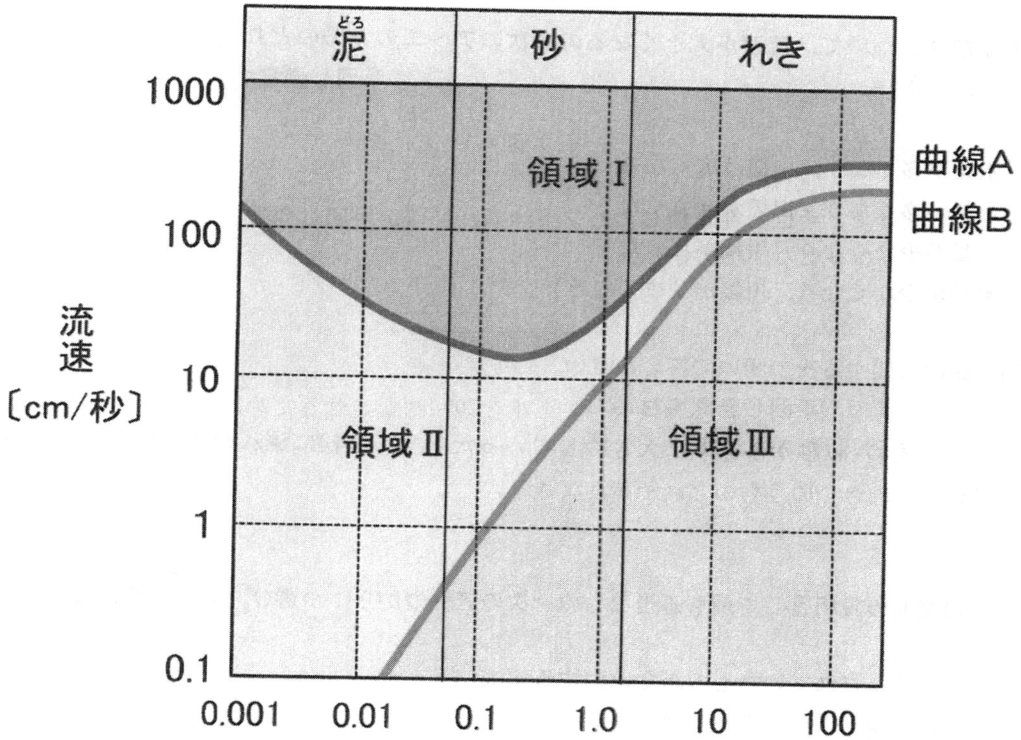

図

（１）　**下線部①**について，次の**あ**，**い**の地形ができるための流れる水のはたらきの名称と，その地形ができる場所の組み合わせとして適切なものを，あとの**ア〜エ**から１つずつ選び，それぞれ記号で答えなさい。

あ　扇《せん》状地　　　　　　　　**い**　Ｖ字谷

	流れる水のはたらき	**できる場所**
ア	しん食	川の上流部
イ	しん食	川の下流部
ウ	たい積	川の上流部
エ	たい積	川の下流部

（２）　**下線部②**について，流速が大きくなるのは次の**ア〜エ**のうちのどれですか。１つ選び，記号で答えなさい。

ア　水量が多くなり，川幅《はば》は広くなる
イ　水量が多くなり，川幅がせまくなる
ウ　水量が少なくなり，川幅が広くなる
エ　水量が少なくなり，川幅がせまくなる

（３）　**図**の説明に関する次の問いに答えなさい。

（ａ）　流速を０cm/秒から徐々に大きくしていったとき，最初に流れ始める粒子は，「泥」「砂」「れき」のうちのどれか答えなさい。

（ｂ）　**領域Ⅱ**の説明として最も適当なものを次の**ア〜ウ**から１つ選び，記号で答えなさい。

ア　運ぱんされていたものがたい積する領域
イ　たい積していたものが運ぱんされる領域
ウ　運ぱんされていたものは引き続き運ぱんされる領域

（ｃ）　流速が100cm/秒から10cm/秒に変化したとき，運ぱんされていた泥（大きさ 0.01mm）とれき（大きさ 10mm）はそれぞれどうなりますか。次の**ア**，**イ**から１つずつ選び，それぞれ記号で答えなさい。

ア　運ぱんされる
イ　川底にたい積する

4　次の文を読み，あとの問いに答えなさい。

近年，ＳＤＧｓの考えは広く浸透《しんとう》し，人々は持続可能な社会について自分にできることを実行しているのではないでしょうか。この持続可能な社会の実現のためには，限りある資源を有効に活用して環《かん》境への負荷を減らしていく循環《じゅんかん》型社会のしくみをつくることが重要です。このしくみ自体は，自然界ではある程度実現できており，私たちも参考にすることができます。

ある川の生態系では，ア水草や植物プランクトンが光合成を行うことで栄養分を生産し，イこれらの生物をメダカが食べることで，生産した栄養分を利用します。また，ウメダカの一部はさらにナマズによって食べられ，メダカが得た栄養分がナマズによって利用されます。そして，エメダカやナマズの死体や排泄《はいせつ》物は，これらを食べる生物によって細かく分解され，最終的に水草や植物プランクトンが光合成で利用できる二酸化炭素や養分になります。

(1)　**下線部ア～ウ**のような生物の間の食べる・食べられるという関係を何といいますか。

(2)　**下線部ア**で生産された栄養分は，ある薬品を加えることで青紫色になります。この薬品を何といいますか。

(3)　**下線部ア**について，これらの生物が生産した栄養分をどのように使っているかを実験して調べました。実験の**結果**および**考察**の**空らん①～④**に入る適切な語をそれぞれのかっこの中から選んで答えなさい。

【実験】

同じ種類，大きさの水草を４本用意し，ストローで息をふきこんだ水とＢＴＢ溶液が入った試験管Ａ～Ｄの中に入れて，ゴム栓《せん》でふたをした。１日目はすべての試験管に中程度の光を当て続けたところ，試験管の液体の色は緑色になった。次に，２日目はこれらの試験管をすべて光の当たらない部屋に放置したところ，いずれも試験管の液体の色は黄色になった。３日目は同じ部屋においた箱の中で試験管Ａ～Ｃには光を当て，試験管Ｄにはアルミニウムはくを巻き付けて光を当てないようにした。このとき，試験管Ａには１日目よりも非常に強い光を，試験管Ｂには１日目と同様に中程度の光を，試験管Ｃには１日目よりも非常に弱い光を当てた。その状態で１日放置したときの色の変化を【結果】に示した。ただし，試験管の中に入っているＢＴＢ溶液の色の変化は二酸化炭素の量によってのみ起こるものとする。

【結果】

試験管	A	B	C	D
光の強さ	非常に強い	中程度	非常に弱い	—
液体の色	(① 赤・白・緑・黄)	緑	黄	(② 赤・白・緑・黄)

【考察】

色の変化から試験管に光が当たることで，水草が二酸化炭素を吸収していると考えられる。水草が光合成を行っていると考えれば，同時に栄養分を生産していると考えられる。また，こうしてできた栄養分を消費するときには二酸化炭素が生じるということが，２日目の試験管の液体の色の変化によってわかる。栄養分を分解して，二酸化炭素を生じる生物の反応としては呼吸が考えられるが，この場合，呼吸が行われているかどうかはこの実験からは断定できない。そこで，追加の実験で３日目の試験管（③　Ａ・Ｄ）の中にふくまれている（④　酸素・ちっ素・二酸化炭素）の量が２日目より減少していることを確かめれば，呼吸が行われているかどうかがわかる。

（４）　地球への環境負荷やそれにともなう気候変動の対応策として，人間の居住空間を宇宙に移す計画の他に，深海に移す計画も検討されています。深海に居住空間を移した場合に起こる問題点として，人間の排泄物について**下線部エ**と関連することがあげられます。どのようなことが問題となるのか，その理由とともに説明しなさい。ただし，宇宙も深海も閉鎖された空間での居住を前提とします。

三 次の問いに答えなさい。

次の①～⑩の――線部のカタカナは漢字に直し、漢字は読みをひらがなで書きなさい。ただし、⑤は送りがなも書くこと。

① セイセイ系ＡＩの使い方を考える。

② 倉庫にコクモツをたくわえる。

③ 得意分野で本領をハッキする。

④ この漢方薬は風邪によくキく。

⑤ 山梨《やまなし》県には美しい山がツラナル。

⑥ 全国大会優勝のカンセイをあげる。

⑦ 美しいイショウを身につけたフランス人形。

⑧ 試験当日の朝の母の一言に心が和む。

⑨ この地域には古い家屋が立ち並ぶ。

⑩ 仮病を使って休むのはよくない。

問七　―― 線部④「ＪＡＬフィロソフィ」とありますが、この「ＪＡＬフィロソフィ」が最終的にグランドスタッフにもたらしてくれるものは何ですか。適切なものを次の中から選び、記号で答えなさい。

ア　ＪＡＬで働く上での行動指針や誇り

イ　ＪＡＬを盛り上げていく経営方針や意欲

ウ　日本の航空会社としての名誉《めいよ》や誇り

エ　ＪＡＬを良くしようとする改革意欲や希望

問八　本文の内容として適切なものを次の中から一つ選び、記号で答えなさい。

ア　ＡＩの発達は人間の仕事を奪《うば》ってしまうマイナス面だけでなく、人間の対応力の強化への刺激《しげき》というプラス面も持っている。

イ　いつの時代も、どこの国でも企業のリーダーは職場のメンバーに自分の口から自分の言葉で思いや考えを伝えるべきである。

ウ　ＪＡＬの再生は、働く人が相手を思いやりながら臨機応変に正解となる対応をさがしていくことの大切さを教えてくれる。

エ　企業の再生に最も大切なことは、スタッフと客の関係のあり方を見直すこととＡＩを導入し経営の効率化を図《はか》ることである。

問九　―― 線部Ｘ「リーダー」とありますが、次の表はＡ社とＢ社が「リーダーに必要な能力」として挙げているものです。この表の中で、「二十一世紀を生きるリーダー」にはどの能力が一番大切だとあなたは考えますか。そう考える理由とともに百字以内で書きなさい。（「、」や「。」も字数に入れます。）

※　解答用紙は解答用紙No.２を使用すること。

Ａ社	Ｂ社
統率力	計画性
決断力	実行力
変化対応力	共感力
コミュ力※	責任感

※　コミュ力　＝　コミュニケーション能力のこと。

問二　[Ａ]～[Ｃ]に入る言葉として適切なものをそれぞれ次の中から選び、記号で答えなさい。

ア　もちろん　　イ　しかし　　ウ　たとえ　　エ　ところで　　オ　もし

問三　[①]に入る言葉として適切なものを次の中から選び、記号で答えなさい。

ア　自分たちらしい言葉で伝える　　イ　自分たちの仕事に誇りを持つ

ウ　自分たちが手本になっていく　　エ　自分たちも楽な仕事をしない

問四　――線部①「私たち」が指している範囲として適切なものを選び、記号で答えなさい。

ア　国内線のスタッフ　　イ　機械に対する人間　　ウ　機械を使える若い世代　　エ　ＪＡＬの教官

問五　――線部②「機械が進化するのであれば、グランドスタッフもまた、進化していけばいい」について、次の⑴・⑵に答えなさい。

⑴　**「機械の進化」の内容として適切なものを次の中から選び、記号で答えなさい。**

ア　人間よりもその場に合った言葉がけができること

イ　人間に似せた優《やさ》しい声での言葉がけができること

ウ　人間の言いそうな言葉をすぐに言えるようになること

エ　人間らしい温かい言葉がけができるようになること

⑵　**グランドスタッフの「進化」の内容を説明した次の文の空らんに入る二十字以内の言葉をこの後のインタビューのコメントからさがし、初めの五字をぬき出して答えなさい。**

血の通った声がけをして、よりいっそう〔　　　　〕。

問六　――線部③「こういうところ」の内容を説明した次の文の空らんに入る二十字以内の言葉を書きなさい。

「統一美」を意識しつつも、〔　　　　〕ところ。

「心を込《こ》めておもてなしができて、それを自分だけでなくお客さまと一緒《いっしょ》にチャレンジし続けられること。お客さまの夢や希望を一緒に応援《おうえん》できることが、ＪＡＬらしさだと思います」（水野さん）

（中略）

ひとつ発見したのは、「ＪＡＬらしさ」というものが、はっきりと決まっていないけれど、それはそれでいいのだな、ということでした。

そしてその背景にあるのが、もうすでに何度も出ているＪＡＬ※４フィロソフィなのだと思います。④ＪＡＬフィロソフィをベースに、それを※５体現しようとすることが、それこそ共通のＪＡＬフィロソフィになっています。この気持ちを持っているからこそ、ＪＡＬらしさが生まれてくるのです。

なぜなら、ＪＡＬフィロソフィには、答えは書かれていないからです。コンテストの運営担当者で、自身もグランドスタッフ経験のある空港企画《きかく》部の村山千絵さんがこんな話をしてくれました。

「あのお客さまに対しては満足していただけたけれど、次のお客さまに同じようにしても満足していただけるとは限らない。グランドスタッフが送っているのは、こういう日々なんです。正解のない答えを、みんなが毎日、探しているのだと思います」

こうしたグランドスタッフの仕事と、ＪＡＬフィロソフィとは、共通するところがとても多いのかもしれません。ＪＡＬフィロソフィは、今もグランドスタッフの仕事のベースになっています。それは彼女《かのじょ》ら彼《かれ》らの行動指針であり、誇りなのです。

そして同時にＪＡＬフィロソフィは、※６経営破綻《はたん》から奇跡《きせき》の復活を果たしたＪＡＬの精神的支柱でもありました。

企業《きぎょう》経営にとって、あるいはマネジメントにとって、さらにはサービスにとって、何が本当に大事になってくるのか。

ＪＡＬの再生は、それを教えてくれています。

（『ＪＡＬの心づかい』上阪　徹）

※１　ＪＡＬ　＝　日本航空の略称《りゃくしょう》。
※２　グランドスタッフ　＝　空港で働く地上職の人。
※３　フェイストゥフェイス　＝　「向かい合って」「対面で」という意味。
※４　フィロソフィ　＝　ここでは、ものごとに対する基本的な考え方のこと。
※５　体現する　＝　身をもって実現すること。
※６　経営破綻　＝　会社の経営が続けられなくなること。

問一　――線部ａ「杓子定規」・ｂ「多岐にわたっ（多岐にわたる）」の意味として適切なものをそれぞれ次の中から選び、記号で答えなさい。

ａ　「杓子定規」
ア　正確なものの見方ができること
イ　一つの見方でしか物事を見ないこと
ウ　小さなことでも大事にできること
エ　思いやりのない態度であること

ｂ　「多岐にわたる」
ア　楽しくおもしろいこと
イ　何かの原因があること
ウ　理解しにくいこと
エ　広い範囲に及《およ》ぶこと

直接、口で伝えるからこそ、伝わるメッセージがある、ということ。それが、ＪＡＬらしいマインドを生む、ということなのでしょう。

そしてもうひとつが、[①]、ということです。

「リーダーは、若い世代にとって、目指すべき理想像になっていないといけません。長く働いたら、こうなっていくんだ、というふうに、みんな見ているわけです。そうした道のイメージを作っていくのも、私たちリーダーの仕事だと思っています」

[B]、先輩《せんぱい》や上司が楽しんで仕事をしていれば、みんなも同じように楽しんで仕事をするようになるわけです。

「服装もそうですし、身だしなみもそうです。あんなふうになりたくない、長く働くとあぁなるのか、なんて思われたらいけない。若い女性が多いので、必ず目標になる何かがないと、と思っています。私たち一人ひとりが、働くことでこんなに生き生きできるんだ、と示さないと。だから、私たちから楽しんで、仕事に誇《ほこ》りを持つ。ＪＡＬグループの目指しているものを、私たちから好きになる。そういう姿勢が、何より大切だと考えています」

テクノロジーの進展で、グランドスタッフの仕事にも、影響《えいきょう》が出てくるかもしれません。例えば、ＡＩの存在。

「守るべきものと変化をともに受け入れること。会社としては両方が大切だと思っていますので、スピードを求められるお客さまのためにも、同時進行で入れていくべきだと思っています。ただ、譲《ゆず》れないものもあります。冷たい機械に、人と同じような血の通ったお声がけは絶対にできないと思っています」

目の前で転んでしまった人に、「大丈夫《だいじょうぶ》ですか？」までは機械に言えるかもしれない、と続けます。

「でも、怪我《けが》の具合はいかがですか？　絆創膏《ばんそうこう》をお使いになりますか？　道中お気をつけていってらっしゃいませ、といった言葉がＡＩから出てくるまでには、まだまだずいぶんかかるのではないでしょうか。また、そこに温かさがあるかどうか」

特に国内線では、機械でのチェックインはどんどん増えています。しかし、教官時代、こんな話をしていたそうです。

「私たちにしかできない仕事が絶対にあるはずだ、ということです。それを考えて動かないといけない。そのためには、よく見る目を持つこと。よくしゃべる口を持つこと。しかも、美しい口調で。それは、やはり①私たちにしかできないと思っています。ここは、守っていきたい。人で勝負したい」

人にしか、自分たちにしかできないことがある。②機械が進化するのであれば、グランドスタッフもまた、進化していけばいいのです。

グランドスタッフ、教官、組織のリーダーへのインタビューを通じて印象的だったのは、みなさんとても個性的だった、ということです。

[C]、「統一美」が意識されているわけですから、雰囲気や言葉づかいなど、共通項《きょうつうこう》もたくさんあるのですが、それだけではない。とてもパーソナリティがしっかりしていて、サービスに対してのこだわりも、それぞれなのです。

ともすれば、マニュアル的、a杓子定規《しゃくしじょうぎ》になってしまいかねない接客対応も、意外に自由に行われていた、ということも改めて知りました。

日本にも、世界にも、航空会社はたくさんありますが、もしかしたら、③こういうところこそ「ＪＡＬらしさ」なのかもしれません。

今回のインタビューでは、「ＪＡＬらしさとは何か」ということについても、度々《たびたび》うかがってきました。とても興味深かったのは、そのコメントがこれまたb多岐《たき》にわたっていた、ということでした。

「お客さまと楽しいという気持ちでウインウインの関係になれること」（陣野《じんの》さん）

「期待値の高さを上回ったときにこそ、ＪＡＬに乗って良かった、とお客さまに言っていただけるのだと思います。そんなふうに〝ねぇねぇ聞いてよ〟と勧《すす》めたくなるような、家に戻《もど》ってきて思い出したときに、〝あのＪＡＬのスタッフ良かったな〟とちょっと頭の片隅《かたすみ》に残していただけるような、そういうサービスができることだと思っています。だから、心がけないといけないのは、一人ひとりのお客さまを大切にすること。次につながる言葉です」（町野さん）

問十　本文の表現の特徴《とくちょう》に関する説明として適切でないものを次の中から一つ選び、記号で答えなさい。

ア　「右のてのひらがピリッと」・「体の中にじゅるりと」のような擬音《ぎおん》語や擬態語を多用することで読者にその場面への臨場感を与《あた》え、登場人物の心情をいきいきと表現している。

イ　「モリシタ先生の文字と、目が合ったような気がした。」のような擬人法的な表現を用いることで、雪子が文字と書いた人を結びつけて考えていることを効果的に表現している。

ウ　前半は雪子と薫の長い会話を多く用いることで重苦しい印象を読者に与えるが、後半は会話が大幅に減ることでテンポよくストーリーが展開し、軽快な印象を読者に与えている。

エ　雪子の心情を「…と思った」のように表現するのではなく、雪子の心中そのままの言葉を「　」を付けずに表現することで、雪子の心の動きをよりはっきりと読者に伝えている。

問十一　――線部Z「学校行かなくてもいいんだよ」とありますが、本文の薫が話しているように、タブレットを活用した学習やコロナ禍《か》で普及《ふきゅう》したオンライン会議のツールを行えば、学校に通わなくても勉強をしたり人と交流したりすることは可能です。それでは、なぜ皆《みな》さんは学校に行くのでしょうか。「なぜ学校に行くのか」という問いに対する答えを百字以内で書きなさい。（「、」や「。」も字数に入れます。）

※　解答用紙は解答用紙No.2を使用すること。

二

次の文章は、ＪＡＬの社員にインタビューをした本の一部です。これを読んで、あとの問いに答えなさい。

最後にご紹介《しょうかい》するのは、すでにご登場いただいた羽田空港国際部室長で教官の黒崎雅美《くろさきまさみ》さん。１９９３年の入社です。

「私は新潟《にいがた》県の出身なのですが、空港からはとても遠い場所に実家がありました。ですから、空や飛行機への憧《あこが》れはとても強かったんです。漠然《ばくぜん》と、飛行機に関わる仕事がしたい、しかもよりお客さまとの接点が多い地上での仕事をしたい、と憧れるようになりました」

※1ＪＡＬに決めたのは、就職活動のときにＪＡＬの人たちの印象がとても良かったからだそう。成田空港の国際線の※2グランドスタッフとして長く勤務、教官を経て今に至ります。約２００人を率いる仕事。マネジメントでは、どんなことを意識しているのでしょうか。

「１０のグループに分けていまして、それぞれリーダーを付けていますが、Xリーダーに伝えているのは、まずはメンバーに自分の言葉で語ってください、ということです。例えば、グループに大切な何かを伝えなければいけないとき、メールを送れば済んでしまう時代なのかもしれません。[A]、できるだけミーティングを持って、自分の口で、しっかりと伝えてほしい、とお願いしています」

顔を合わせることの大切さを、わかっているからだ、と語ります。これは普段《ふだん》、※3フェイストゥフェイスで接客をし続けているグランドスタッフの経験があるからこそなのかもしれません。

「全員が揃《そろ》ってのミーティングができないこともあります。もし参加できなかったメンバーがいれば、職場の範囲《はんい》が広いですから、少し手間はかかりますが、しっかりと現場に出て顔を見て伝える。そんなことをしてでも、直接、自分の口から伝えてほしい、と言っています」

問七 **②** **に入る言葉は、薫が重要視しているものです。適切なものを次の中から選び、記号で答えなさい。なお、設問の都合上、選択肢《せんたくし》の表記は本文のものからは変えてあります。**

ア　評判　　イ　結果　　ウ　条件　　エ　効率

問八　――線部⑤「仲良し」について、次の⑴と⑵に答えなさい。

⑴　雪子と薫の関係のように「遠慮をする必要がなく、心から打ち解けることができる」という意味の慣用句として適切なものを次の中から選び、記号で答えなさい。

ア　気が置けない　　イ　青菜に塩　　ウ　隅《すみ》に置けない　　エ　雨後のたけのこ

⑵　雪子にとって薫が一番仲良しの友達であることは、どのようなことから分かりますか。それを簡潔に説明した次の文の空らんに入る言葉を本文中から五字でさがし、ぬき出して答えなさい。

雪子は（　　　　）を薫にしか言っていないこと。

問九　――線部X「表札の文字」・Y「モリシタ先生の文字」とありますが、雪子は、それぞれをどのようなものとして見ていますか。その説明として適切なものを次の中から選び、記号で答えなさい。

ア　X「表札の文字」は、「高級感のある字体だが、誰《だれ》にでも真似《まね》できる」ものとして、Y「モリシタ先生の文字」は「つらい過去を乗《の》り越《こ》えたことが分かり、誰にでも書ける字体ではない」ものとして見ている。

イ　X「表札の文字」は、「整ってはいるが、どれも同じで個性や人間味は感じられない」ものとして、Y「モリシタ先生の文字」は「ゆがんでいて一見汚《きたな》いが、個性や人間味など違いが感じられる」ものとして見ている。

ウ　X「表札の文字」は、「どれも同じ形に見えるが、実際には個性が表れている」ものとして、Y「モリシタ先生の文字」は「汚くてもきれいに書こうとする姿勢が分かり、尊敬の念を抱《いだ》かせる」ものとして見ている。

エ　X「表札の文字」は、「雪子の好む字体ではないが、客観的に見て美しい」ものとして、Y「モリシタ先生の文字」は「素朴《そぼ》《く》ながらも味わいのある字体で、雪子が一番美しいと感じる」ものとして見ている。

問二　二つの［①］に共通して入る言葉として適切なものを次の中から選び、記号で答えなさい。

ア　油断　　イ　失望　　ウ　満足　　エ　緊張《きんちょう》

問三　――線部①「みんなの字、見るの好きなんだ」とありますが、渡邊君が人の字を見るのが好きなのはなぜですか。三十五字以内で書きなさい。（「、」や「。」も字数に入れます。）

問四　――線部②「そういうところ」とありますが、雪子の言うピアノの「そういうところ」の具体例として適切なものを次の中から選び、記号で答えなさい。

ア　自分は難曲に挑戦《ちょうせん》して何年も弾いているのにずっと同じところで間違えてしまうが、友人は楽譜を見てすぐに弾きこなしてしまった。

イ　ジャズピアノのＣＤを買ったが、クラシックのピアノ曲を参考にして作られているため、どんな曲にも似たような旋律《せんりつ》が出てきてあきてしまった。

ウ　あるプロピアニストのコンサートを一か月前に聴いたが、今日のコンサートでも同じ曲目であったのに曲の雰囲気《ふんいき》がかなり変わっていた。

エ　独学でピアノを練習していたときは下手だったが、良い先生と出会ったことでみるみるうちに上達し、コンクールで賞をとるほどまでになった。

問五　――線部③「からん、と、……崩れる音がした」とありますが、この描写《びょうしゃ》について四人の生徒が話し合いをしています。適切な分析《ぶんせき》をしている生徒を選び、Ａ～Ｄの記号で答えなさい。

生徒Ａ「薫が雪子と一緒に楽しく黒板を消したことを覚えていてうれしい、という気持ちがよく表れている描写だね。重なっていた氷が崩れて一つになることで、雪子と薫の気持ちがぴったり一致《いっち》していることが表現されているんじゃないかな。」

生徒Ｂ「雪子が考えもしなかったことを薫が言ったために、雪子がとても驚《おどろ》いたことを表現している描写だと思う。想像力豊かな薫に対する雪子のコンプレックスの比ゆとして氷があって、それが崩れることで雪子のくやしさが表現されているんだよ。」

生徒Ｃ「これまで仲の良い友達としてやってきた雪子と薫の関係性の変化を暗示する描写だと思う。二つ並んだグラスというのが雪子と薫のことで、氷が崩れたのは、薫の考え方に対して雪子が違和《いわ》感を持ち始めたことを表現しているんじゃないかな。」

生徒Ｄ「二つ並んだグラスは雪子と渡邊君を表現しているんだと思う。雪子は渡邊君の考え方に共感しているし、お見舞《みま》いに付きそってもらったことをきっかけに、薫よりも渡邊君と仲良くなることが『からん』という軽快な音でうまく表現されているよ。」

問六　――線部④「わたしは、ストローを咥えた口に、ぐっと力を入れる」とありますが、このときの雪子についての説明として適切なものを次の中から選び、記号で答えなさい。

ア　薫の考え方に納得できない気持ちを我慢《がまん》している。

イ　人の気持ちを考えずに発言する薫を軽蔑《けいべつ》している。

ウ　薫の考え方の誤りを指摘しようと覚悟《かくご》している。

エ　自分が思いつかないことを言える薫に嫉妬《しっと》している。

「そうだね、それだと見間違えないね」

カオルちゃんは、モリシタ先生の字がどうしてよれよれになっちゃうか、知ってる？

④わたしは、ストローを咥《くわ》えた口に、ぐっと力を入れる。想像していたよりもずっとずっと甘《あま》い液体が、体の中にじゅるりと流れ込んでくる。

モリシタ先生がどんなスポーツをしていて、けがをしちゃって、そのスポーツをワタナベ君が好きで、ワタナベ君はカナダに行ったことがあって、そういうことが、モリシタ先生だけが書く、よれよれの字からつながってわかっていったってこと、知ってる？

「ていうかね、これがあれば、家で学校みたいなことができちゃうの。先生も自分だけに教えてくれるし、それって学校よりも［②］がいいんだって」

じゅるじゅる、と音がして、わたしの持っているグラスの中から、わたしの胃の中へと、オレンジジュースが移動していく。

「体育の持久走とかってほんっと意味ないしさあ、授業も全部これでやってくれればいいのにー。そしたらZ学校行かなくてもいいんだよ。うるさい男子も、なっちゃんみたいないやーな女子もいないし、毎日通学路歩かなくたっていいし。それってすごくない？　ていうか」

カオルちゃんはいつもみたいに笑いながら、わたしのことを見た。

「こんな風にわざわざプリントで持ってきてもらわなくてもよくなるんだよ。そっちのほうがめんどくさくなくない？」

休みの日に家まで持っていくプリント。

クラスで一番の⑤仲良しの証《あかし》。

「……わたしは、めんどくさくないかも」

そのとき、窓の外の空の、どこか遠くの方が光った。

「雨だ」

カオルちゃんが、機嫌《きげん》をうかがうように窓の外を覗《のぞ》く。

「ユッコは、家帰ったらピアノの練習？」

「うん」

「ほんとにピアノ好きだよねえ」

「うん」

わたしはうなずきながら、カオルちゃんが大切そうに抱《かか》えているタブレットの影《かげ》の受皿となっているプリントを見つめる。

「ユキコちゃーん、傘《かさ》持ってきてる？　なかったらうちの持って行ってねー」

雨粒《あまつぶ》が窓にぶつかっては、ぱち、ぱち、と破裂《はれつ》している。一階から聞こえてきたカオルちゃんのママの呼びかけに、わたしは「はーい」と答えた。カオルちゃんと競《きそ》うようにして階段を下りながら、わたしは、ワタナベ君は傘を持っていただろうか、と、頭のわりと真ん中のほうで思った。

（『ままならないから私とあなた』　朝井　リョウ）

※1・2　「前みたいに、二人でぴょんぴょんしなくても済むじゃん」・「ワタナベ君に話しかけてもらえなかったね」
＝雪子と薫は以前、身長が足りないために教室の黒板を消すのに苦労したことがあったが、背の高い渡邉君が声をかけて手伝ってくれた。

問一　――線部a「通信」の「信」について、――線部が同じ意味用法のものを次の中から一つ選び、記号で答えなさい。

ア　信念　　イ　音信　　ウ　確信　　エ　信心

X表札の文字は、とてもきれいだ。きれいだけど、筆で書かれているようなその文字は、手書きなのか、コンピュータに登録されているものなのか、よくわからない。ふと隣の家の表札を見ると、全く同じ字体で、田村、と書かれている。

同じ形だ、とわたしは思った。もしかしたら、ワタナベ君もそう思ったかもしれない。

だけど、同じ形だと、特に、その字について話したいことは生まれなかった。

（中略　薫の家に着いた後、渡邊君は一人で帰り、雪子は薫の部屋に行って、届いたばかりのタブレット教材を見せてもらうことになりました。）

お盆《ぼん》を床《ゆか》に置いたカオルちゃんのママが、グラスにオレンジジュースを注いでくれる。

「カオルが算数だけでもやらせてくれってうるさくて。ユキコちゃんちも、何かa通信教材ってやってたりする？」

カオルちゃんは、算数が好きだ。親戚《しんせき》のオジサンが学校の先生をしているらしく、小さなころからそのオジサンが、数字のパズルやゲームで遊んでくれたらしい。だから、勉強好き、というよりも、算数が特別に好きみたいだ。答えがひとつではっきりしてて気持ちいい、国語とかは答えがぼんやりしててきらい、と、カオルちゃんは学校でもよくそう言っている。一緒にピアノ教室に通っていたときも、カオルちゃんは「ピアノは、ぴしっとした答えがないから、なんか気持ち悪い。うまく弾《ひ》ける日もそうじゃない日もあるし、上手になってるのかもよくわかんないから、やだ」と、早々にその教室をやめてしまった。

わたしは、ピアノの②そういうところがおもしろいと思っていたから、少しびっくりした。同じ楽譜《がくふ》でも、弾く人によってメロディの聴《き》こえ方が変わったり、同じように弾いても、聴く人や、その日の体調によって、うまい、へたの評価が変わったりするところこそが、ピアノのおもしろさだと思っていた。

「うちはとくに、通信教材とかはやってないです」

「ほら、このボタン押すと、パッて次の画面に替《か》わるの！」

ほら、ほら、と、カオルちゃんは次々にタブレットの画面を操作してみせる。「間違えてもすぐにやり直せるし、ほんと便利なんだよこれ」カオルちゃんはもう、自分が風邪だったことなんてすっかり忘れてしまっているみたいだ。

「ほんとだ、すごいね」

「でしょでしょ」

楽しいでしょ、と笑うと、カオルちゃんは言った。

「学校の黒板もさ、こんなふうにボタンでいっぺんに消せたらラクなのにね」

はーあ、と、カオルちゃんが大きくため息をつく。

「そしたら、※1前みたいに、二人でぴょんぴょんしなくても済むじゃん」

③からん、と、二つ並んだグラスの片方から、重なっていた氷が崩《くず》れる音がした。オレンジ色の水面が少し、揺《ゆ》れる。

「確かに、ラクだね」

ラクだね。

だけど、それだと、※2ワタナベ君に話しかけてもらえなかったね。

わたしは、頭に浮《う》かんだ言葉をなんとなく口に出すことはせず、オレンジジュースの入ったグラスを握《にぎ》った。外側にしがみついていた水滴《すいてき》が、細胞《さいぼう》と細胞の間にまで染《し》み込《こ》んでくる。右のてのひらがピリッと冷えた。

「それにね、これなら、7と1も、6と0も絶対見間違えないんだよ」

カオルちゃんは、わたしとワタナベ君が持ってきたプリントを床に置きっぱなしにしたまま、タブレットを操作しつづけている。わたしは、カオルちゃんが見ようともしないプリントの中のモリシタ先生の文字と、目が合ったような気がした。

ひとりでかすかに震えている、Yモリシタ先生の文字。

2024
年度

サレジアン国際学園世田谷中学校

【国　語】〈第一回試験〉（五〇分）〈満点：一〇〇点〉

一　次の文章を読んで、あとの問いに答えなさい。

主人公の「わたし」（香山雪子《かやまゆきこ》・ユッコ）は小学五年生で、仲の良い友達のカオル（吉野薫《よしのかおる》）が風邪《かぜ》を引いて学校を休んだため、担任の森下先生にたのまれて薫の家にプリントを持っていくことになりました。はじめは雪子一人で薫の自宅に行く予定でしたが、女子の雪子が一人で行くのは危ないと考えた森下先生が、渡邊《わたなべ》君も一緒《いっしょ》に行くようにたのんだため、二人は一緒に薫の家に行くことになりました。次の場面は、二人が薫の家に向かう途中《とちゅう》の場面です。

「①みんなの字、見るの好きなんだ」

カーブミラーがある角を右に曲がったとき、ワタナベ君の低い声が、斜《なな》め後ろから聞こえてきた。ここを左に曲がってまっすぐ行くと、わたしの家がある。

「字？」

角を曲がると、またすぐ、ワタナベ君が隣《となり》に追いついてきた。男子の歩幅《ほはば》はやっぱり大きい。

住宅街に入ると、急に道が細くなった。すると、世界の面積に対して、わたしたちふたりの存在が、すごく大きくなったように感じられた。

［①］する。だけど、［①］しているなんて、絶対バレたくない。

「字って、みんなの性格が出てる感じがして、よく見るとおもしろいんだよ」

「ふーん」

（中略）

モリシタ先生は手書きの文字の形がほかの人とは少し違《ちが》っていた。それは、けがの後遺症《こういしょう》で手が小刻みに震《ふる》えてしまうからだった。どうしてけがをしたかというと、学生時代にホッケーをやっていたからだった。そんな話をしていると、ホッケーが好きだというワタナベ君が会話に入ってきた。ワタナベ君は、カナダに行ったときにアイスホッケーの試合を観《み》て、ホッケーを好きになった。

わたしはまた、前を向く。

「カヤマさんは、何が好き？」

わたしが好きなもの。それは、まだ、カオルちゃんにしか言っていない。

だけど、ワタナベ君には、教えてしまおうか――一瞬《いっしゅん》、なぜだかわからないけれど、そう思った。

「あ」

わたしは、目の前の家を指さす。

「カオルちゃんち、着いたよ」

そのまま、ひとさし指で呼《よ》び鈴《りん》を押《お》した。

目の前には、吉野、と書かれた表札がある。

2024年度

サレジアン国際学園世田谷中学校　▶解説と解答

算　数　＜第１回試験＞（50分）＜満点：100点＞

解　答

[1] ①　46　②　$\frac{1}{3}$　③　5　④　93　⑤　35　[2] (1)　72.5度　(2)　84点　(3)　320円　(4)　29度　(5)　1289.28cm^3　[3] (1)　**ア**…直径，**イ**…円周，**ウ**…比率　(2)（例）解説を参照のこと。　[4] (1)　**勝ち**…グー，チョキ　**負け**…パー　(2)　6通り　(3)　16通り　(4)　6通り　[5]（例）**6月**…1500円，**7月**…1950円，**8月**…2000円／**説明**…解説を参照のこと。

解　説

[1] 四則計算，逆算，数列，計算のくふう

(1)　92－16×4＋198÷11＝92－64＋18＝46

(2)　$\left(\frac{1}{2}\div0.25-1\frac{7}{9}\right)\div\frac{2}{3}=\left(\frac{1}{2}\div\frac{1}{4}-1\frac{7}{9}\right)\div\frac{2}{3}=\left(\frac{1}{2}\times\frac{4}{1}-1\frac{7}{9}\right)\div\frac{2}{3}=\left(2-1\frac{7}{9}\right)\div\frac{2}{3}=\frac{2}{9}\div\frac{2}{3}=\frac{2}{9}\times\frac{3}{2}=\frac{1}{3}$

(3)　（3×□＋3）÷3－3＝3より，（3×□＋3）÷3＝3＋3＝6，3×□＋3＝6×3＝18，3×□＝18－3＝15　よって，□＝15÷3＝5

(4)　並んでいる数は，3ずつ増える等差数列なので，8＋11＋14＋17＋20＋23＝（8＋23）×6÷2＝93と求められる。

(5)　35×0.6＋11.1×3.5－71×0.35＝0.35×100×0.6＋11.1×10×0.35－71×0.35＝0.35×60＋111×0.35－71×0.35＝（60＋111－71）×0.35＝100×0.35＝35

[2] 時計算，平均，売買損益，角度，体積

(1)　時計の長針は毎分，360÷60＝6（度），短針は毎分，360÷12÷60＝0.5（度）の速さで進む。4時ちょうどに長針と短針は，360÷12×4＝120（度）離《はな》れている。ここから4時35分までに，長針は短針より，（6－0.5）×35＝192.5（度）多く進むから，長針は短針を追いこし，192.5－120＝72.5（度）先に進む。よって，求める角度は72.5度である。

(2)　4回のテストの合計点は，70＋62＋54＋80＝266（点）である。5回のテストの平均点を70点にするには，5回のテストの合計点を，70×5＝350（点）にする必要があるので，次のテストで，350－266＝84（点）取ればよい。

(3)　原価が4000円の商品に，2割の利益を見込《みこ》んで定価をつけると，4000×（1＋0.2）＝4800（円）になる。これを1割引きで売ると，4800×（1－0.1）＝4320（円）になるので，利益は，4320－4000＝320（円）になる。

(4)　下の図Ⅰの三角形ABCに注目すると，内角の和は下の図Ⅱの㋐のように表せる。また，三角形DBCに注目すると，図Ⅱの㋑のように表せる。㋐と㋑を比べると，●×3－●×2＝●×1が，

82－62＝20(度)とわかる。よって，㋐より，○の角の大きさは，(180－20×３－62)÷２＝29(度)である。

図Ⅰ

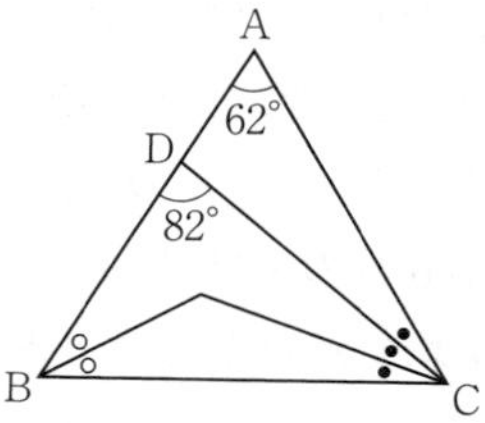

図Ⅱ

○×２＋●×３＋62＝180(度)…㋐
○×２＋●×２＋82＝180(度)…㋑

図Ⅲ

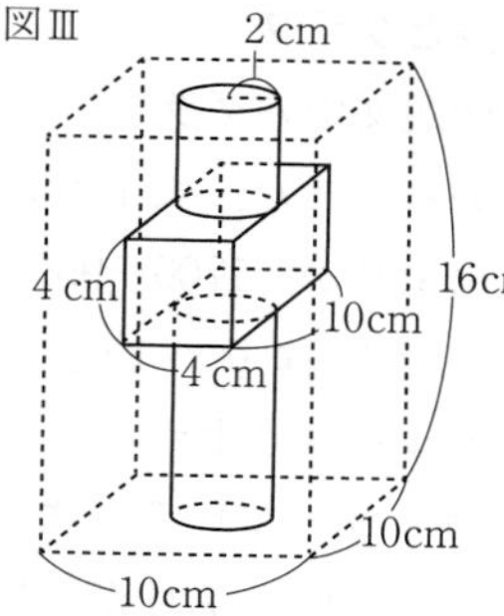

(5)　くりぬかれた立体は，上の図Ⅲのような２個の円柱と１個の直方体を組み合わせたものになる。２個の円柱を合わせると，底面が半径２cmの円で，高さは，16－４＝12(cm)になるから，体積は，２×２×3.14×12＝150.72(cm^3)である。また，直方体の体積は，４×４×10＝160(cm^3)だから，くりぬかれた立体の体積は，150.72＋160＝310.72(cm^3)となる。したがって，残った立体の体積は，10×10×16－310.72＝1289.28(cm^3)と求められる。

3　平面図形―長さ

(1)　円周率が3.14であるとき，円周の長さは直径の3.14倍になる。つまり，円周率とは，「直径に対する円周の長さの比率」のことである。

(2)　右の図で，㋐の角の大きさは，360÷６＝60(度)だから，正六角形を６等分したかげの三角形は正三角形になる。すると，太線の長さは，１×６＝６(cm)となる。また，正方形ABCDの１辺の長さは，１×２＝２(cm)だから，正方形ABCDの周りの長さは，２×４＝８(cm)である。さらに，図より，円周の長さは太線の長さより長く，正方形ABCDの周りの長さより短くなる。したがって，(円周の長さ)÷(直径)＝(円周率)より，円周率は，６÷２＝３より大きく，８÷２＝４より小さいことがわかる。

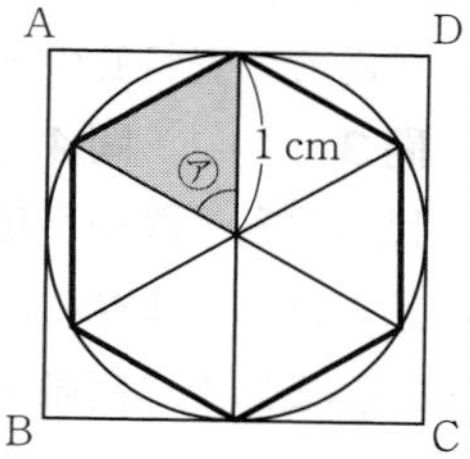

4　場合の数

(1)　問題文中のルールより，「イド」は「グー」と「チョキ」に勝ち，「パー」に負けるとわかる。

(2)　Aさんが勝つときの２人の手の出し方は，(A，B)＝(グー，チョキ)，(チョキ，パー)，(パー，グー)，(パー，イド)，(イド，グー)，(イド，チョキ)の６通りである。

(3)　まず，３人とも同じ手を出したときはあいこになり，この場合の３人の手の出し方は４通りである。次に，３人の手の組み合わせが，{グー，チョキ，パー}，{チョキ，パー，イド}のときは，だれが勝ったのかわからないから，あいこになる。このとき３人の手の出し方はどちらも，３×２×１＝６(通り)あるから，あいこになる３人の手の出し方は全部で，４＋６×２＝16(通り)あるとわかる。なお，３人の手の組み合わせが，{グー，チョキ，イド}のときは「イド」が勝ち，{グー，パー，イド}のときは「パー」が勝つと考えられるので，あいこにならない。

(4)　Aさんだけが勝つ場合は，(A，B，C)＝(グー，チョキ，チョキ)，(イド，チョキ，チョキ)，(イド，グー，チョキ)の３通りある。また，AさんとBさんが勝つ場合は，(A，B，C)＝(グー，グー，チョキ)，(イド，イド，チョキ)の２通りある。さらに，AさんとCさんが勝つ場合は，(A，

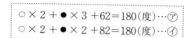

Ｂ，Ｃ）＝（チョキ，パー，チョキ）の１通りである。したがって，３人の手の出し方は全部で，３＋２＋１＝６（通り）ある。

5　表とグラフ

問題文中のグラフ１で，平均気温の増え方と平均支出金額の増え方はおおむね比例の関係になっている。また，表１の５月と７月のデータより，平均気温が，27.4－18.8＝8.6（度）上がって，平均支出金額が，1700－950＝750（円）上がっている。そこで，およそ９度で750円上がったので，750÷９＝83.3…より，１度で80円上がると予想する。次に，表２より，2023年６月の平均気温は５月よりおよそ４度上がり，７月の平均気温は６月より5.5度上がり，８月の平均気温は７月よりおよそ0.5度上がっている。よって，それぞれの平均支出金額を求めると，６月が，1200＋80×４＝1520より1500円，７月が，1500＋80×5.5＝1940より1950円，８月が，1950＋80×0.5＝1990より2000円と予想できる。

社　会　＜第１回試験＞（理科と合わせて50分）＜満点：50点＞

解　答

1　**問１**　(イ)　**問２**　しまなみ　**問３**　(イ)　**問４**　(ロ)　**問５**　(ロ)　**問６**　インバウンド　**問７**　(ハ)　**問８**　(ニ)　**2**　**問１**　(ハ)　**問２**　(ロ)／（例）　サトウキビの栽培がさかんな沖縄県宮古島は，周囲を海に囲まれた島であり，年間平均気温が18度以上で多雨な熱帯気候である。資料Ⅱの選択肢のうち，熱帯に属する島である(ロ)が最も宮古島の条件に近いため。
問３　(ニ)　**問４**　(1)　(ニ)　(2)　(ハ)　**3**　（例）　予約型乗合タクシーの運行／Ｙ地区の住民の移動手段が不足しているからです。現在Ｙ地区は鉄道やバス路線が地域全体に通っている状態ではありません。そのため，Ｙ地区の住人の移動手段に自動車は欠かせませんが，住民の半数が65歳以上の高齢者であるため，運転できる人がいない世帯が増加傾向にあると予想されます。そこで私は，市による予約型乗合タクシーの運行を求めます。これは住民の需要に応じて運行するので，利用者の有無にかかわらず運行する鉄道や路線バスに比べて無駄が少ないという長所があります。さらに，乗合のため，通常のタクシーよりも安く利用することができます。以上のことから，予約型乗合タクシーの運行を求めます。

解　説

1　広島市を題材にした地理と歴史の問題

問１　広島県の県庁所在地は広島市で，県南西部の太田川河口に位置している（(イ)…○）。なお，(ロ)は呉《くれ》市，(ハ)は尾道《おのみち》市，(ニ)は福山市の位置である。

問２　しまなみ海道は３つある本州・四国連絡《れんらく》橋の１つで，広島県尾道市と愛媛県今治《いまばり》市の間を，瀬戸内海の島々を通りながら結んでいる（尾道—今治ルート）。自動車専用道路だが，自転車・歩行者専用の道路が整備されている場所もあり，サイクリングが楽しめる。

問３　(イ)，(ニ)と(ロ)，(ハ)では，グラフの目盛りが異なる点に注意する。広島市は，降水量が比較《ひかく》的少なく，冬でも比較的温暖な瀬戸内の気候に属しているので，(イ)が当てはまる。なお，(ロ)は札幌市（北海道），(ハ)は鹿児島市，(ニ)は富山市の雨温図である。

問４　かきの養殖《ようしょく》収獲《しゅうかく》量は広島県が全国の58％を占《し》めて最も多く，第２位の宮城県，第３位の岡山県を合わせた養殖収獲量が全国の８割以上を占める(2021年)。宮城県は東北地方の太平洋側に位置する県で，北東部で太平洋に向かって牡鹿《おしか》半島が突《つ》き出す形が特徴《とくちょう》的といえる((ロ)…○)。なお，(イ)は静岡県，(ハ)は京都府，(ニ)は大阪府の形である。

問５　地方自治法の規定により，政令指定都市は人口50万人以上の市のうちから政令で指定される((ロ)…×)。なお，政令指定都市は2024年１月時点で，札幌市，仙台市(宮城県)，新潟市，さいたま市，千葉市，川崎市(神奈川県)，横浜市(神奈川県)，相模原《さがみはら》市(神奈川県)，静岡市，浜松市(静岡県)，名古屋市(愛知県)，京都市，大阪市，堺《さかい》市(大阪府)，神戸市(兵庫県)，岡山市，広島市，北九州市(福岡県)，福岡市，熊本市の20あり，四国には政令指定都市はない((イ)，(ハ)…○)。また，東京都世田谷区の人口は約92万人(2024年１月)で，静岡市や堺市など，これよりも人口の少ない政令指定都市が複数ある((ニ)…○)。

問６　インバウンドは「外から中に入ってくる」といった意味の英語で，近年は「外国人が日本を訪れる旅行」といった意味で用いられることが多い。

問７　1560年，駿河《するが》(静岡県中部)出身の戦国大名であった今川義元《よしもと》は尾張《おわり》(愛知県東部)に進軍し，桶狭間《おけはざま》で織田信長の軍と戦った。これが桶狭間の戦いで，敗れた今川義元は戦死し，勝利した織田信長は全国統一に名乗りをあげた((ハ)…×)。なお，武田信玄《しんげん》は甲斐《かい》(山梨県)出身の戦国大名で，今川義元とは同盟を結んでいた。

問８　1868年に明治新政府が成立し，明治維新と呼ばれるさまざまな改革が進められた。江戸幕府が欧米諸国と結んだ不平等条約の改正は明治政府の外交課題となり，明治時代末の1911年に外務大臣の小村寿太郎《じゅたろう》が関税自主権を回復したことでようやく達成された(A…×)。また，与謝野晶子《よさのあきこ》は明治時代後半から昭和時代にかけて活躍《かつやく》した詩人・歌人で，明治時代後半の1904年に日露戦争が起こると，戦地にいる弟を思って「君死にたまふ《もう》ことなかれ」という反戦歌を発表した(B…×)。

2　砂糖を題材とした地理と歴史の問題

問１　藤原道長は平安時代中期の貴族で，子の頼通《よりみち》とともに藤原氏の摂関《せっかん》政治の全盛期を築いた。「この世をば」で始まる和歌は，道長が三女の威子《いし》を後一条天皇のきさきとした祝いの場で，自らの満ち足りた気持ちを詠《よ》んだものとされている。

問２　資料Ⅰから，サトウキビ栽培《さいばい》がさかんな宮古島は，最も寒い１月でも月の平均気温が18度を下回らない，温暖な気候だとわかる。資料Ⅱでこの条件に合うのは，「最寒月平均気温が18℃以上の地域」と説明されている熱帯で，世界地図ではキューバ周辺の地域を囲んだ(ロ)にあたる。

問３　2020年にアメリカ合衆国で，黒人男性が白人警察官に殺害されるという事件が起こった。これをきっかけとして世界的に，特に黒人への人種差別に抗議《こうぎ》する運動が起こり，運動の参加者は「Black《ブラック》 Lives《ライブズ》 Matter《マター》」(日本語では「黒人の命は大切」などと訳される)をスローガン(標語)にかかげて活動した。なお，(イ)のFridays《フライデーズ》 For《フォー》 Future《フューチャー》(未来のための金曜日)は気候変動への対策を訴《うった》える活動と，(ロ)のＬＧＢＴＱ《エルジービーティーキュー》は性的少数者と，(ハ)のJUST《ジャスト》 STOP《ストップ》 OIL《オイル》は化石燃料の使用停止などをイギリス政府に求める活動家と関係の深い語である。

問４　(1)　イギリスで産業革命が始まると，蒸気《じょうき》機関を動かす燃料として石炭の利用が広がった。しかし，農地で石炭を燃やしても，農産物の生産量が増えることに直接はつながらない((ニ)…×)。

(2)　日本では明治時代に，生糸をつくる製糸業，綿糸をつくる紡績《ぼうせき》業といった軽工業の分野から産業革命が進んでいった((ハ)…○)。なお，日本で最初の鉄道は1872年に新橋（東京）・横浜間で開通した((イ)…×)。1901年には，日清戦争（1894～95年）で得た賠償《ばいしょう》金などを元手として建設された官営八幡製鉄所が操業を開始した((ロ)…×)。明治時代末から大正時代にかけて，福島県の猪苗代《いなわしろ》湖周辺では，湖から流れ出る川の水の力を利用した水力発電所がつくられた((ニ)…×)。

３ 資料の読み取りと記述の問題

資料Ⅰから，Ｙ地区では人口減少と少子高齢化が進んでいることがわかる。また，資料Ⅲによると，車を運転しない人がいない世帯は高齢になるほど増える。資料Ⅳでは，Ｙ地区には主なバス停が市の中心地に近い場所に１つしかないことが示されており，ここから，Ｙ地区でも特に内陸に住んでいる人の交通事情が悪いものであることが想像できる。資料Ⅱより，Ｘ市の大部分は山林・原野と田・畑・牧場で占められているので，Ｙ地区は山村のような場所であると推測できる。これらのことを合わせて考えると，山村に暮らす高齢者が増えているＹ地区は，車を運転する人が減っているのに交通事情が悪く，住人の生活に不便が生じているという問題があるとわかる。一方で，バスの利用者は人口減少によって減っているのだから，利益を出さなければいけない民間のバス会社は，バスの増便や路線の増設には消極的になる。この場合，市などの行政が住民の協力を求めながら，この問題の解決に取り組む必要がある。解決の方法としては，市，あるいは市と住民や地元の企業などがお金を出し合い，地区を回るバスやタクシーを運営することが考えられる。解答例にあるように，これらを予約制にすれば，人がいないのに走るという無駄《むだ》をなくすことができる。あるいは，車を運転できる人が自家用車を使い，有料で人を運ぶ「ライドシェア」を普及《ふきゅう》させていくことも，解決策の１つになりうる。なお，上記のような例は，全国の特に過疎《かそ》地域で実際に問題となっている。

理　科　＜第１回試験＞（社会と合わせて50分）＜満点：50点＞

解　答

１ (1) ① エ　② 75％　③ 6 g　(2) （例） きゅうりに塩を加えてもみこむ。 (3) 解説の図を参照のこと。／**理由**…（例） BTB溶液は中性付近が緑色，酸性が黄色，アルカリ性が青色になるから。　**２** (1) ① エ　② ア　③ オ　(2) 1 W　(3) ア　(4) （例） 手回し発電機Ａで発生した電気のエネルギーの一部が，音や熱のエネルギーに変わってしまうから。　(5) 25回　**３** (1) **あ** エ　**い** ア　(2) イ　(3) (a) 砂　(b) ウ　(c) **泥**…ア　**れき**…イ　**４** (1) 食物れんさ　(2) ヨウ素液　(3) ① 緑　② 黄　③ Ｄ　④ 酸素　(4) （例） 人間の排泄物を分解する生物が十分にいないため，排泄物がたまっていき，衛生面での問題が生じる。

解　説

１ もののとけかたや水溶液《すいようえき》の性質についての問題

(1) ① 砂糖は水にとけるととても小さな粒《つぶ》になり，エのように水の粒と均一にまざる。　② 水100 gに砂糖300 gがすべてとけると，砂糖水溶液の重さが，100＋300＝400（g）になる。よって，この砂糖水溶液の濃度《のうど》は，300÷400×100＝75（％）と求められる。　③ この砂糖水溶液25 gのうち，砂糖の重さは，25×0.75＝18.75（ｇ）で，水の重さは，25－18.75＝6.25（ｇ）である。6.25ｇの水を20℃にしたときに，水にとける砂糖の最大の重さは，$204\times\frac{6.25}{100}=12.75$（ｇ）なので，このときとけ残る砂糖の重さは，18.75－12.75＝６（ｇ）となる。

⑵　砂糖がいちごから水分を引き出すはたらきと同じように，食塩は野菜などから水分を引き出すはたらきをするので，野菜を塩もみすると野菜がしんなりする。

⑶　BTB溶液の色はpHが７付近(中性)で緑色，７よりもpHが小さい(酸性)と黄色，７よりもpHが大きい(アルカリ性)と青色になる。図２より，図３の試験管で下から順番にpHは黄色・緑色の部分で７より大きく，青紫《むらさき》色の部分で７付近，紫色・赤色の部分で７より小さいとわかるので，BTB溶液で同様に実験をすると右の図のように，下から青色→緑色→黄色になると推測できる。

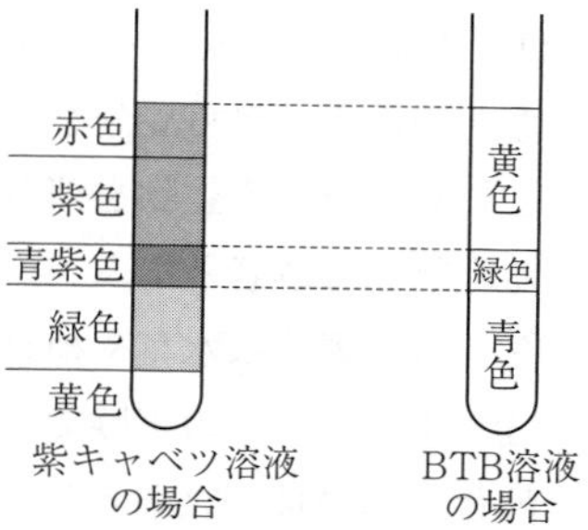

２　手回し発電機についての問題

⑴　手回し発電機を回すときの手ごたえは，回路へ流れる電流の大きさが大きいほど重くなり，小さいほど軽くなるから，電流が流れやすい回路ほど手回し発電機を回すときの手ごたえが重くなるといえる。また，回路を流れる電流は，直列につながれた豆電球が多いほど小さくなり，並列につながれた豆電球が多いほど大きくなる。したがって，手回し発電機を回すときの手ごたえは，豆電球がなく，回路に大きな電流が流れるエが最も重く，ウ，ア，イと軽くなり，断線していて電流が流れないオの回路が最も軽くなる。

⑵　一般《いっぱん》に，手回し発電機で発生させることができる電力の大きさは，手回し発電機を回転させる速さと比例するので，0.5×２＝１(W)と求められる。

⑶　手回し発電機のハンドルから手をはなすと，コンデンサーにたまった電気が手回し発電機へ流れる。このとき，コンデンサーへ電気をためるときに回した方向と同じ方向に，手回し発電機のハンドルが回転する。

⑷　実験３では，手回し発電機Ａのハンドルが回転するエネルギーが，まず電気のエネルギーに変えられ，その後再び手回し発電機Ｂのハンドルが回転するエネルギーへ変えられる。その過程で電気のエネルギーの一部が音や熱のエネルギーに変わってしまうため，手回し発電機Ｂのハンドルの回転数は手回し発電機Ａのハンドルの回転数よりも少なくなると考えられる。

⑸　実験３の結果より，(手回し発電機Ａのハンドルの回転数)：(手回し発電機Ｂのハンドルの回転数)＝10：８＝５：４と求められる。よって，手回し発電機Ｂのハンドルを20回回転させるためには，手回し発電機Ａのハンドルを，$20\times\frac{5}{4}=25$(回)回転させればよいとわかる。

３　流れる水のはたらきについての問題

⑴　扇状地《せんじょうち》は川が山地から平野にでるところで，急に川の流れがおそくなり，たい積作用が大きくなることでできる扇《おうぎ》形の地形である。また，Ｖ字谷は流速が速い川の上流部で，しん食作用により川底が深くけずられてできる。

⑵　ふつう川の流れは水量が多い場合や川幅《かわはば》がせまいところで速くなり，水量が少ない場合や川幅が広いところではおそくなる。

⑶　(a)　静止している粒子《りゅうし》が動き出すのは，流速が図の領域Ⅰになったときだから，最初に流れ

始める粒子は砂とわかる。　(b)　動いている粒子が静止する流速は図の領域Ⅲなので，図の領域Ⅱは動いている粒子が動き続ける流速といえる。　(c)　流速が10cm/秒のとき，泥《どろ》は図の領域Ⅱ，れきは図の領域Ⅲになる。したがって，このとき泥は運ぱんされ続け，れきは川底にたい積すると考えられる。

4　SDGsについての問題

⑴　生物どうしの食べる・食べられるの関係を食物れんさという。なお，水草や植物プランクトンなどのように自ら養分をつくる生物を生産者，メダカやナマズなどのようにほかの生物を食べることで養分をえる生物を消費者，メダカやナマズなどの生物の死体や排泄《はいせつ》物を食べたり分解したりする生物を分解者とよぶ。

⑵　ヨウ素液は水草や植物プランクトンなどが光合成でつくるデンプンと反応して青紫色になる。

⑶　①，②　この実験で試験管Ｂよりも強い光を当てた試験管Ａは，水草の光合成で吸収される二酸化炭素の量が試験管Ｂよりも多くなり，また，試験管Ｄでは光合成が行われず，二酸化炭素が吸収されないと考えられる。したがって，試験管Ａの液体は試験管Ｂと同様に緑色になり，試験管Ｄの液体は黄色のままと推測できる。　③，④　水草が呼吸をすることで減少する気体は酸素なので，④は酸素が選べる。また，試験管Ｄの中へ入れた水草は呼吸のみをしていると考えられるから，３日目の試験管Ｄの中にふくまれる酸素の量が２日目よりも減少していれば水草が呼吸をしていると判断できる。なお，試験管Ａの中へ入れた水草は光合成をさかんに行うため，このとき試験管Ａの中の酸素の量は２日目よりも３日目の方が増加すると考えられる。

⑷　閉鎖《へいさ》された深海には，⑴で述べたような分解者が十分にいないので，人間の排泄物などが分解されずにたまっていき，衛生面での問題が生じると予想できる。さらに，光が届かない深海には，排泄物などが分解されるときに発生した養分や二酸化炭素を利用する植物もいないため，つくられた養分などが余ってしまうという問題も考えられる。

国　語　＜第１回試験＞（50分）＜満点：100点＞

解　答

一　**問１**　イ　**問２**　エ　**問３**　（例）　手書きの文字には書いた人の性格が表れており，よく見るとおもしろいから。　**問４**　ウ　**問５**　Ｃ　**問６**　ア　**問７**　エ　**問８**　⑴　ア　⑵　好きなもの　**問９**　イ　**問10**　ウ　**問11**　（例）　自分と異なる考え方の人との関わり方を学び，人として成長するためには，オンライン学習だけでは不十分だからだ。学力だけではなく，集団の中で多様な人と関わることで社会性を身につけられるのは学校だと考える。

二　**問１**　**a**　イ　**b**　エ　**問２**　**A**　イ　**B**　オ　**C**　ア　**問３**　ウ　**問４**　イ　**問５**　⑴　エ　⑵　一人ひとり　**問６**　（例）　それぞれの人が自由にサービスを行っている　**問７**　ア　**問８**　ウ　**問９**　（例）　私は「変化対応力」が必要だと考える。私の父は，コロナという未知の病気に対応するために，在宅勤務という別の働き方を指示していた。予想外の社会的変化が起こる二十一世紀は，それに対応できるリーダーが必要だ。

三　①～⑦　下記を参照のこと。　⑧　なご(む)　⑨　かおく　⑩　けびょう

●**漢字の書き取り**

三 ① 生成　② 穀物　③ 発揮　④ 効(く)　⑤ 連なる　⑥ 歓声　⑦ 衣装

解説

一 **出典：朝井《あさい》リョウ『ままならないから私とあなた』**。小学校五年生の雪子《ゆきこ》は，かぜをひいて学校を休んだ薫《かおる》の家に，担任の森下《もりした》先生に頼《たの》まれたプリントを持っていき，届いたばかりのタブレット教材を見せてもらう。

問１　「通信」と「音信」の「信」は，遠くまで届く便りや合図，という意味で用いられている。

問２　後半に書かれている，黒板を消す作業をきっかけに渡邊《わたなべ》君に話しかけてもらえたことをうれしいできごととして思い出している場面や，渡邊君が「傘《かさ》を持っていただろうか」と案じている場面などから，雪子が渡邊君に好意を持っていることが読み取れる。雪子は，細い道に入り，自分たち「ふたりの存在が，すごく大きくなったよう」に思ったので，緊張《きんちょう》を感じたのである。

問３　渡邊君は，「字って，みんなの性格が出てる感じがして，よく見るとおもしろい」と「みんなの字」を見るのが好きな理由を雪子に話している。

問４　雪子は，「うまく弾《ひ》ける日もそうじゃない日もある」ことや，「上手になってるのかもよくわかんない」ところが，ピアノのおもしろさだと思っている。具体的には，「同じ楽譜《がくふ》でも，弾く人によってメロディの聴《き》こえ方が変わったり，同じように弾いても，聴く人や，その日の体調によって，うまい，へたの評価が変わったりする」ところなどである。よって，ウの内容が合う。

問５　雪子は，黒板を消す作業や学校に通うことをめんどうくさいと感じたり，森下先生の手書きの文字を見づらいと言ったりする薫の話に違和《いわ》感を覚え始めている。二つ並んでいるグラスの片方の中の氷が崩《くず》れる描写《びょうしゃ》によって，それまでは仲のよかった薫に対する雪子の気持ちが変化していることが感じられる。よって，生徒Cの発言内容が合う。

問６　雪子は，「モリシタ先生の文字」が「よれよれ」になってしまう理由を知っているので，森下先生がくれたプリントを見ようともせず，森下先生の文字を見間違《まちが》えると言う薫の言動に不満を感じた。しかし，それを口に出せないので，「ストローを咥《くわ》えた口に，ぐっと力を入れ」て，こらえたのである。

問７　薫は，タブレット教材があれば，学校に行かなくても「自分だけ」に先生が教えてくれるので，勉強がはかどる，ということを言おうとしていると考えられる。よって，エが合う。

問８　(1)「気が置けない」は，気をつかったり遠慮《えんりょ》したりする必要がなく，心から打ち解けられること。「青菜に塩」は，すっかり元気をなくして，ぐったりしているさま。「隅《すみ》に置けない」は，思いのほかに才能や技量があって，あなどれないこと。「雨後のたけのこ」は，似たようなものが次々に現れ出ること。　(2)　前半の場面に，「わたしが好きなもの」は，「まだ，カオルちゃんにしか言っていない」とある。

問９　雪子は，二軒《にけん》の家の「全く同じ字体」の表札について，渡邊君と「話したいことは生まれなかった」と思っている。つまり，雪子も渡邊君と同じように，字には「性格」が出ると思っており，震《ふる》える手で書かれた森下先生の文字は，読みづらいものではあるが，先生がどのような経験をしてきたかといったことや，個性などが感じられると見ていることがわかる。

問10　前半は，渡邊君との会話を通して雪子が思ったことが書かれており，後半は薫との会話を通して雪子が感じたことが書かれているので，ウが合わない。

問11　薫は，学校に行かなくていいことの理由として「うるさい男子も，なっちゃんみたいないやーな女子もいない」ことをあげている。たしかにオンラインのツールを使えば，家で勉強することもできるが，学校に行かないと，いろいろな人と接する機会も失われるし，共同で何かを成しとげる喜びも感じられなくなってしまうかもしれない。家で勉強するにさいしてはそのようなマイナスの面があることもふまえ，学校にいくことの大切さを書く。

二　**出典：上阪《うえさか》徹《とおる》の『JALの心づかい―グランドスタッフが実践《じっせん》する究極のサービス』**。JALの人たちの仕事に対する心構えについて，社員である黒崎雅美《くろさきまさみ》さんへインタビューした内容などが紹介《しょうかい》されている。

問１　**a**　「杓子《しゃくし》定規」は，一定の形式や基準ですべてを判断しようとすること。　**b**　「多岐《たき》にわたる」は，物事が多方面の分野や範囲《はんい》におよんでいること。

問２　**A**　グループに大切なことを伝えなければならないとき，「メールを送れば済んでしまう時代」ではあるが，「できるだけミーティングを持って，自分の口で，しっかりと伝えてほしい，とお願いして」いる，という文脈になる。よって，前のことがらを受けて，それに反する内容を述べるときに用いる「しかし」が入る。　**B**　直後に「楽しんで仕事をしていれば」と仮定する表現があるので，仮定するときに用いる「もし」が入る。　**C**　「統一美」が意識されていれば，「雰《ふん》囲気《いき》や言葉づかい」に「共通項《こう》」がたくさんあるのは当然のことなので，「もちろん」が入る。

問３　リーダーは，「長く働いたら，こうなっていくんだ」という「目指すべき理想像」になっていなければならない。つまり，メンバーたちの「手本」になることも，リーダーの仕事の一つなのである。

問４　直後に「人で勝負したい」と書かれている。つまり，「よく見る目」を持ったり，「美しい口調」で話したりすることは機械にはできないという意味なので，イが合う。

問５　**(1)**　今後，グランドスタッフの仕事に影響《えいきょう》をおよぼすであろうAIの存在について黒崎さんは，「守るべきものと変化をともに受け入れること」が大事だとしながらも，お客様一人ひとりに目を配り「血の通ったお声がけ」をするといったことは自分たちにしかできない，絶対に「譲《ゆず》れない」領域だと語っている。JALの社員としての誇《ほこ》りを持ち，「人で勝負したい」という彼女《かのじょ》の強い思いを感じ取った筆者は，将来，たとえ機械(AI)が人間に近い働きをするようになっても，この人たちはさらにその上を行く「進化」をし続けるのだろうと確信しているので，エがふさわしい。なお，「大丈夫《だいじょうぶ》ですか？」などと機械が言うことはほどなく達成できる程度の内容であり，ここでの「進化」にあたらないので，ウは正しくない。　**(2)**　(1)でみたとおり，これから先，機械が人間に近い存在になっても，グランドスタッフは自分たちにしかできない仕事を「よりいっそう」みがき，お客様に寄りそおうとするはずである。つまり，グランドスタッフの「進化」とは，心のこもったおもてなしで「一人ひとりのお客様を大切にすること」だといえる。

問６　JALでは，「統一美」が意識されているので，そのサービスはマニュアル的になってしまいがちかと思われるが，「接客対応」は「自由に行われ」ていた。つまり，その場に応じたサービスを，それぞれの人が考え，自由に行うところが，「JALらしさ」だと筆者は感じたのである。

問７　本文最後のほうに，「グランドスタッフの仕事のベース」になっている「JALフィロソフィ」

は，「彼女《かのじょ》ら彼《かれ》らの行動指針であり，誇《ほこ》りなのです」とあるので，アが合う。

問８　本文最後に，「経営破綻《はたん》から奇跡《きせき》の復活を果たしたJALの精神的支柱」は，「JALフィロソフィ」であると述べられている。「JALフィロソフィ」には「答えは書かれていない」が，働く人たちは「企業《きぎょう》経営」にとって，「マネジメント」にとって，「サービス」にとって，何が本当に大事なのかと相手のことを考え，「正解のない答え」を探しながら，日々行動しているのである。よって，ウの内容が正しい。

問９　「リーダーに必要な能力」は，状況や局面によって変わってくると考えられる。どのような場合に，どのような能力が求められるかを考えたうえで，自分の意見をまとめる。

三　漢字の読みと書き取り

①　「生成系AI」は，学習したデータをもとに動画や音楽や文章などを生み出せる人工知能の一種。
②　おもに人間が主食とする米や麦や豆などの食物。　③　持っている能力などを十分に働かせること。　④　音読みは「コウ」で，「効果」などの熟語がある。　⑤　音読みは「レン」で，「連続」などの熟語がある。訓読みにはほかに「つ(れる)」がある。　⑥　喜びの気持ちをおさえきれずにさけぶ声。　⑦　着物などの衣服。　⑧　音読みは「ワ」「オ」で，「平和」「和《お》尚《しょう》」などの熟語がある。訓読みにはほかに「やわ(らぐ)」がある。　⑨　人が住むための建物。
⑩　病気のふりをすること。

Dr.福井の

入試に勝つ！脳とからだのウルトラ科学

試験場でアガらない秘けつ

キミたちの多くは，今まで何度か模擬試験（たとえば合不合判定テストや首都圏模試）を受けていて，大勢のライバルに囲まれながらテストを受ける雰囲気を味わっているだろう。しかし，模擬試験と本番とでは雰囲気がまったくちがう。そういうところでも緊張しない性格ならば問題ないが，入試独特の雰囲気に飲みこまれてアガってしまうと，実力を出せなくなってしまう。

試験場でアガらないためには，試験を突破するぞという意気ごみを持つこと。つまり，気合いを入れることだ。たとえば，中学の校門前にはあちこちの塾の先生が激励《げきれい》のために立っている。もし，キミが通った塾の先生を見つけたら，「がんばります！」とあいさつをしよう。そうすれば先生は必ずはげましてくれる。これだけでもかなり気合いが入るはずだ。ちなみに，ヤル気が出るのは，TRHホルモンという物質の作用によるもので，十分な睡眠をとる，運動する（特に歩く），ガムをかむことなどで出されやすい。

試験開始の直前になってもアガっているときは，腹式呼吸が効果的だ。目を閉じ，おなかをふくらませるようにしながら，ゆっくりと大きく息を吸う。ここでは「ゆっくり」「大きく」がポイントだ。そして，ゆっくりと息をはく。これをくり返し何回も行うと，ノルアドレナリンという悪いホルモンが減っていくので，アガりを解消することができる。

よく「手のひらに“人”の字を書いて飲みこむことを3回行う」とアガらないというが，そのようなおまじないを信じて実行し，自分に暗示をかけてもいいだろう。要は，入試に対するさまざまな不安な気持ちを消し去って，試験に集中できるようなくふうをこらせばいいのだ。

Dr.福井（福井一成《ふくいかずしげ》）…医学博士。開成中・高から東大・文Ⅱに入学後，再受験して翌年東大・理Ⅲに合格。同大医学部卒。さまざまな勉強法や脳科学に関する著書多数。

2024 年度　サレジアン国際学園世田谷中学校

【算　数】〈第２回試験〉（50分）〈満点：100点〉

＊円周率を使う場合は，3.14として計算しなさい。

1　$\boxed{}$ に当てはまる数を答えなさい。

（１）$(485-11\times25)\div21=\boxed{①}$

（２）$\left(2\frac{1}{3}-1\frac{3}{4}\right)\div\frac{7}{15}+2\frac{1}{4}=\boxed{②}$

（３）$3\frac{1}{5}\div\left(\boxed{③}-1.5\right)\times\frac{1}{2}=8$

（４）$7+11+15+19+23+27=\boxed{④}$

（５）$37.5\times0.25+2.85\times2.5+0.19\times25+3\times\frac{1}{4}=\boxed{⑤}$

2　次の問いに答えなさい。

（１）ある学校の4年生から6年生までの合計児童数は216人です。また，4年生と5年生と6年生の児童の数の比は 2:3:4 です。このとき，各学年の児童の人数をそれぞれ求めなさい。

（２）ある年の4月10日が金曜日のとき，この年の7月2日は何曜日か求めなさい。

（３）右の図のような道路があります。AからCへ最短の道順で行くとき，Bを通る行き方は何通りあるか求めなさい。

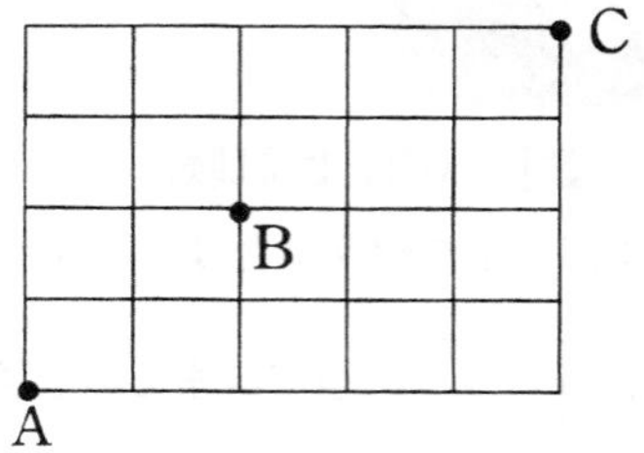

（４）右の図の三角形ABCは，ABとACの長さが等しい二等辺三角形です。この二等辺三角形をDFを折り目として折ったとき，角アの大きさを求めなさい。

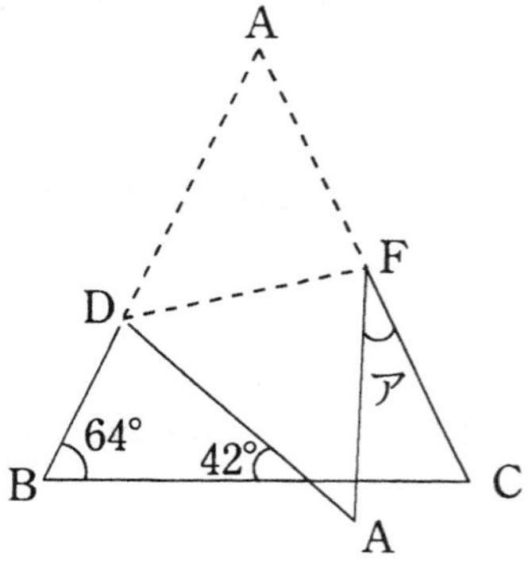

（５）右の図は，底面が長方形である四角すいを底面と平行な平らな面で切断した角すい台ABCD－EFGHです。この立体の体積を求めなさい。

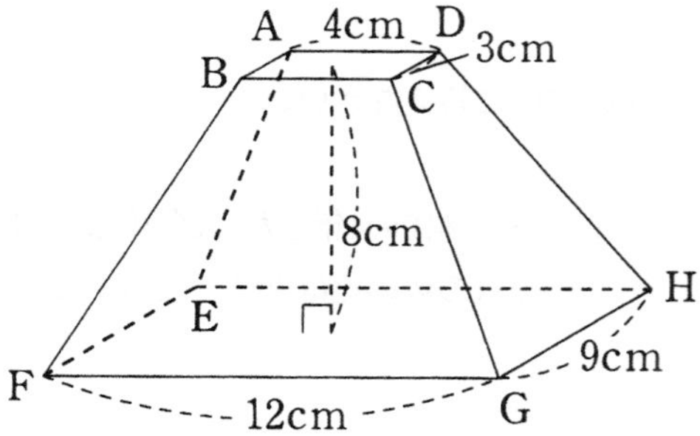

3 あるバイオリンコンクールの予選が行われました。審査《しんさ》員10名が30点満点で採点し，その得点の平均値で順位が決まります。予選通過人数は上位8名で，現在7名の予選通過が確定しています。あと1名はかなたさんとしおりさんのどちらかを選ぶことになりました。10名の審査員は以下のように点数をつけています。次の問いに答えなさい。

審査員	①	②	③	④	⑤	⑥	⑦	⑧	⑨	⑩
かなたさん	22点	28点	19点	30点	15点	11点	28点	20点	29点	18点
しおりさん	26点	20点	25点	25点	18点	18点	17点	26点	25点	20点

（１）2人の平均値，中央値，最ひん値をそれぞれ求めなさい。

（２）この結果をみて，あなたは2人のうちどちらを選びますか。解答らんの【　　　　　】に名前を書きなさい。また，審査基準を明確にして，その理由を説明しなさい。

4 広い牧場の中に，下の図のような正三角形ABCと長方形BCDEをあわせた形の花だんがあります。Aに杭《くい》があり，杭に長さ9mの縄でつながったポニーがいます。このポニーは，花だんの中には入れませんが，花だんの外を動き回ることができます。このポニーが歩くことができる範囲《はんい》の面積は何 m^2 か求めなさい。また，途中《とちゅう》の式や考え方も書きなさい。ただし，ポニーや杭の大きさは考えないものとします。

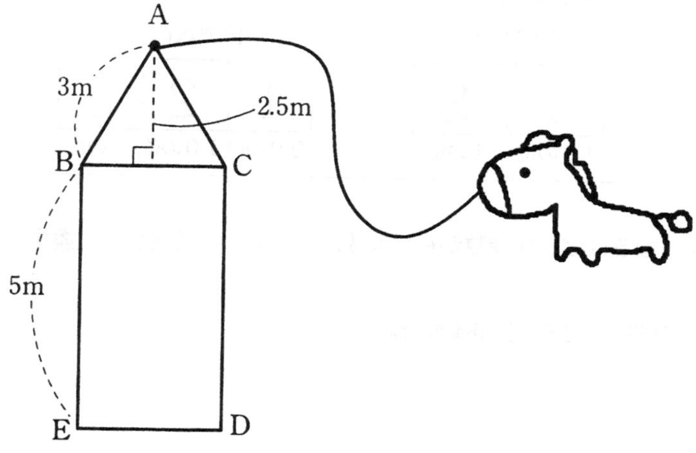

5 Aさんと Bさんが整数の表し方について話をしています。2人の会話文を読み，次の問いに答えなさい。

Aさん「9の次の整数って何だと思う？」
Bさん「10だよね。」
Aさん「そうだね。私たちが普段《ふだん》使っているのは0～9の10個の数字を組み合わせて表す方法で，これを10進数《しんすう》というよ。でも，他にもおもしろい数の表し方があって，9の次の数を a と表す方法もあるんだ。」
Bさん「そうなんだ。 a の次は b と表せるのかな。この表し方って，普段から使われているの？」
Aさん「コンピューターでよく使われているらしいね。この数の表し方をまとめたよ。【メモ１】を見て。合計16個の数字とアルファベットを組み合わせて表す方法で，これを16進数というよ。」

【メモ１】

10進数	0	1	2	…	9	10	11	12	13	14	15	16	17	18	…
16進数	0	1	2	…	9	a	b	c	d	e	f	10	11	12	…

Bさん「おもしろい表し方だね。10進数の18と16進数の12が同じ数なんだね。」
Aさん「10進数の12と16進数の12が混同するから，16進数の12を『12』と表すことにしよう。」
Bさん「ひょっとしたら，16進数の『1f』の次は『20』と表すのかな。」
Aさん「正解！数字の位についてもう少しくわしくみてみよう。10進数の18は10の位が1，1の位が8だね。また10進数の123は100の位が1，10の位が2，1の位が3だね。」
Bさん「もしかすると， $100=10\times10$ だから，123の100の位は 10×10 の位といえるかな。」
Aさん「そうだね。 $123=1\times100+2\times10+3\times1$ とも書けるね。そうすると，16進数の『12』の位の意味が分かりそうだね。【メモ２】を見て。」

【メモ２】

10進数の18

1	8
１０の位	１の位

10進数の123

1	2	3
１００の位	１０の位	１の位

16進数の『12』

1	2
１６の位	１の位

Bさん「なるほど。10進数から16進数，16進数から10進数に変換《へんかん》する方法はないかな。」

（１）16進数『1f』を10進数で表しなさい。

（２）16進数『12f』を10進数で表しなさい。

C先生は10進数から16進数に変換する準備問題を説明しました。下はC先生の説明です。

【C先生の説明】

問題　10進数の450を16進数で表しなさい。

〔解答〕

$450 = 16 \times 28 + 2$

$28 = 16 \times 1 + 12$

$1 = 16 \times 0 + 1$

16) 450
16) 28　あまり 2
　　 1　あまり 12

2を16進数で表すと『 ア 』，12を16進数で表すと『 イ 』

1を16進数で表すと『 ウ 』である。

これらを逆に並べた『 ウ イ ア 』が450を16進数で表した数である。

（３） ア ～ ウ に当てはまる数やアルファベットを書きなさい。

（４）C先生の説明を参考にして，16進数の『$3c$』と『ab』の積を計算し，16進数で表しなさい。
また，途中《とちゅう》の式や説明を書きなさい。

【社　会】〈第２回試験〉（理科と合わせて50分）〈満点：50点〉

〈編集部注：実際の試験問題では，**1**の円グラフと**2**の資料Ｄ以外はカラー印刷です。〉

1　次の文章を読み、下の問いに答えなさい。

みなさんは勝海舟《しゅう》という人を知っていますか。幕臣（幕府に仕える武士）の家に生まれ、幕末から明治にかけて活躍《やく》した人物です。2023年は生誕200周年にあたり、その業績をたたえるもよおしも行われました。

勝海舟は1823年、江《え》戸の本所（現在の①墨《すみ》田区両国付近）に生まれました。幼名は麟《りん》太郎《ろう》といい、父は江戸幕府に仕える役人でしたが、一家は非常に貧しい暮らしをしていました。幼少のころから苦労をしながらも、剣《けん》術や②蘭《らん》学を身につけ、16歳《さい》で一家の当主となり、1850年には蘭学塾《じゅく》を開きました。

1853年に黒船が来航すると、幕府をはじめ日本中が大騒ぎとなりました。そのような中、勝海舟は幕府に意見書を提出し、西洋式の軍事訓練を行うことなどを提案しました。これが幕府の目にとまり、登用され、まもなく彼は③長崎海軍伝習所に送られました。幕府も諸外国のように外洋を航海できる大型船を持ち、これを操作する人を育てる必要があったからです。

1860年、④勝海舟は幕府の使節として咸《かん》臨丸で太平洋を横断し、アメリカのサンフランシスコにわたりました。途《と》中暴風雨に見まわれ、かなり苛酷《かこく》な航海だったようです。現地では大歓迎《かんげい》を受け、勝海舟は⑤福澤《ざわ》諭《ゆ》吉《きち》らとともに現地の視察などを行い、アメリカの政治・経済・文化に直接ふれる経験をしました。

日本にもどった勝海舟はその後、何度も政治の波にもまれますが、日本の海軍力を高めることに力をつくしました。また、［　⑥　］などの門下生に自分の考えや知識を分かち、大きな影響《えいきょう》をあたえました。

1868年の大政奉還《ほうかん》後［　⑦　］が始まると、旧幕府軍は新政府軍におされていきます。時代の変化を知る勝海舟は、江戸城の無血開城を成功させて江戸150万の人命と財産を戦火から守るとともに、主君である元将軍の［　⑧　］の命と名誉《よ》も守りました。

明治期の勝海舟は、当初新政府にも仕えましたが、次第に政治から離れ、晩年は執《しつ》筆活動などをしながら77歳で亡くなりました。

問１　下線部①に関して。区議会について述べたもののうち、誤っているものを次の中から１つ選び、記号で答えなさい。

（イ）区議会では、区長も区議会議員も議案を提出することができる。

（ロ）区議会議員は、区内に住んでいる満25歳以上の区民の中から、4年ごとに選挙によって選ばれる。

（ハ）区議会では、地域に必要な法律の制定を行う。

（ニ）区の力だけでは解決できない問題については、国会や国・都などの関係機関に意見書や要望書を提出することがある。

問２　下線部②に関して。蘭学者として最も適切な人物を次の中から選び、記号で答えなさい。

（イ）大塩平八郎　　（ロ）伊《い》能忠敬　　（ハ）吉《よし》田松陰《いん》　　（ニ）杉《すぎ》田玄《げん》白

問３　下線部③に関して。長崎県は［　　］の生産量が全国１位です。下のグラフは［　　］の 2021 年における全国生産量の割合を表したものです。［　　］にあてはまるものとして、最も適切なものを次の中から選び、記号で答えなさい。

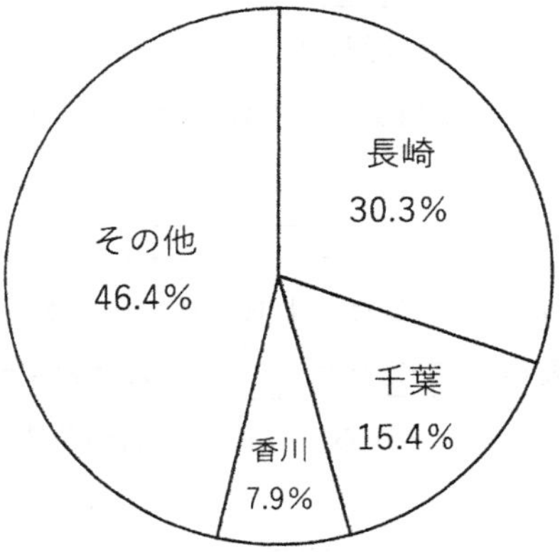

（イ）西洋なし
（ロ）キウイフルーツ
（ハ）かき
（ニ）びわ

（『日本国勢図会 2023/24』より作成）

問４　下線部④に関して。東京は、東経 135 度を標準時とする都市、サンフランシスコは西経 120 度を標準時とする都市です。東京が２月２日正午である時、サンフランシスコは［　　］です。［　　］にあてはまるものを次の中から選び、記号で答えなさい。

（イ）２月１日午前７時　（ロ）２月１日午後７時
（ハ）２月３日午前７時　（ニ）２月３日午後７時

問５　下線部⑤に関して述べたもののうち、誤っているものを次の中から１つ選び、記号で答えなさい。

（イ）開国後は英語の重要性をさとり、積極的に英語を学んだ。
（ロ）私立の教育機関として早《わ》稲《せ》田大学を創設した。
（ハ）著書『学問のすゝ《(す)》め』は、明治初期の多くの日本人に読まれた。
（ニ）朝鮮の近代化を進めるべきだと考え、日清戦争を積極的に支持した。

問６　［⑥］にあてはまる人物として、最も適切なものを次の中から選び、記号で答えなさい。

（イ）西郷《ごう》隆盛　（ロ）高杉晋《しん》作　（ハ）坂本竜《りょう》馬　（ニ）木戸孝允《よし》

問７　［⑦］にあてはまるものとして、最も適切なものを次の中から選び、記号で答えなさい。

（イ）戊辰《ぼしん》戦争　（ロ）西南戦争　（ハ）薩《さつ》英戦争　（ニ）下関戦争

問８　［⑧］にあてはまる人名を答えなさい。

2　ユネスコは国連の機関の１つで、さまざまな事業を行っています。次の各文章は、ユネスコの事業と日本との関連をまとめたものです。これを見て、下の問いに答えなさい。

> 2013 年に、和食がユネスコ無形文化遺産に登録されました。①農林水産省では、食文化を海外に発信する「SAVOR《セイバー》 JAPAN」を認定する制度をつくりました。2022 年に行われた日本を訪れた外国人を対象とした調査では、来日前に期待していたこととして、およそ８割が「日本食を食べること」と答えています。

> 2023 年に、白山手取川が新たにユネスコ世界［　②　］に登録されました。手取川は、白山から日本海にそそぐおよそ 72km の河川で、③日本の地形の発達を象徴《ちょう》する川です。［　②　］に登録されるためには、地域住民の理解と協力を得られることが重視されていることから、住民の参加が条件の１つになっています。

> 平安時代に唐に渡った天台宗の僧《そう》、円珍《ちん》が残した文書が、2023 年に国内８件目の世界の記憶《おく》として登録されました。世界の記憶には、2013 年には、『④御《み》堂関白記』と『⑤慶《けい》長遣欧《けんおう》使節関係資料』が登録されています。広島市でも原爆《ばく》文学資料の登録を目指す動きがあります。

> 世界遺産は、1972 年に採択《たく》された世界遺産条約に基づいて登録されます。⑥日本は 1992 年にこの条約を締《てい》結しました。最初に登録されたのは、奈良県にある法隆《りゅう》寺地域の仏教建造物です。最近では、2021 年に北海道・北東北の縄文遺跡《せき》群が登録されました。⑦日本では、文化遺産と自然遺産が合わせて 25 件登録されています。

問１　下線部①に関して。この省は現在、食品ロス削《さく》減を推進しています。その一環《かん》として、この省はスーパーやコンビニエンスストアなどで消費者に商品を取るときの「てまえどり」をよびかけています。なぜ「てまえどり」が食品ロスの削減につながるのか、その理由を説明しなさい。

問２　ユネスコ世界［　②　］は、国際的に価値のある地質遺産の保護と活用を目的とする自然公園です。［　②　］にあてはまる語句をカタカナで答えなさい。

問３　下線部③に関して。外国の川と比較《かく》したときの日本の川の特徴について、下の資料を参考にして説明しなさい。

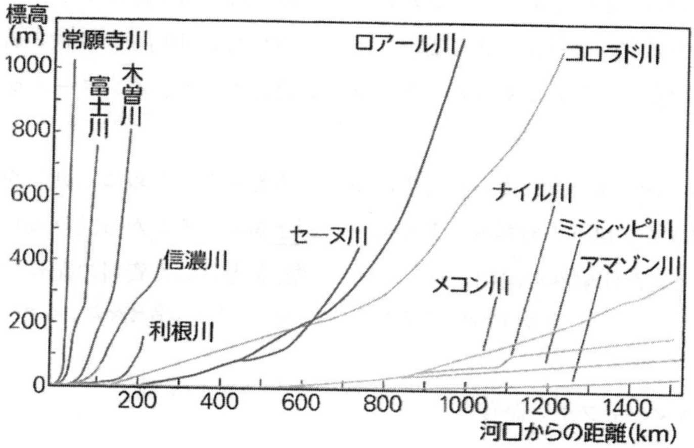

（山川＆二宮 ICT ライブラリより引用）

問４　下線部④に関して。これは平安時代にある人物が著した日記です。その人物は娘《むすめ》を次々と天皇にとつがせ、天皇家と親戚《せき》関係を築いて絶大な権力を手に入れました。この人物の先祖で、その姓《せい》を天皇から授けられた人物を答えなさい。

問５　下線部⑤に関して。この年号の時期に行われたこととして、正しいものを次の中から１つ選び、記号で答えなさい。

（イ）豊臣秀吉《ひでよし》の命令で朝鮮出兵が行われたが、秀吉が死去したことで全軍が引き上げた。

（ロ）九州北部や瀬《せ》戸内海沿岸の人々が倭寇《わこう》となったことから、明が日本に取りしまりと貿易を求め、勘《かん》合貿易が始まった。

（ハ）保元の乱と平治の乱で勝利した平清盛が政権をにぎり、日宋《そう》貿易で大きな利益をあげた。

（ニ）九州の島原・天草の農民らが、厳しい年貢《ぐ》の取り立てにたえかねて一揆《き》をおこしたが、幕府が大軍を送り、これをしずめた。

問６　下線部⑥に関して。日本において条約は［　A　］の承認を受けて［　B　］が結び、［　C　］が公布します。［　B　］にあてはまる語句を答えなさい。

問７　下線部⑦に関して。世界遺産の登録申請《せい》のためには、文化庁の推薦《せん》を受ける必要があります。文化庁は2023年に東京から［　　］市に移転しました。［　　］にあてはまる都市名を答えなさい。

3 近年、世界的にインターネットでの誹謗《ひぼう》中傷※・いじめが問題視されるようになっています。例えばアメリカでは、ある女の子が14歳の誕生日をむかえる数週間前、自分のSNSに「この世界にお前がいなければいいのに」というメッセージが書きこまれ、自ら命を絶ってしまうという痛ましい事件がおきています。あるアンケートによると、アメリカ国内では10代〜20代の若者の52%がSNSなどを通して、誹謗中傷やいじめにあったことがあると答えており、インターネット上でのいじめが深刻化しています。

あなたは、日本においてSNSでの誹謗中傷やいじめを減らすために、具体的にどのような仕組みが必要だと考えますか。以下の資料Ａ〜Ｅから２つ以上選び、そこから読み取れる内容を明らかにしながら、あなたの考えた仕組みを説明しなさい。その際、参考にした資料の記号を明らかにすること。

※悪口を書きこむなどして、相手の人格や名誉をおとしめたり傷つけたりすること。

【資料Ａ】学校種別スマートフォン保有率

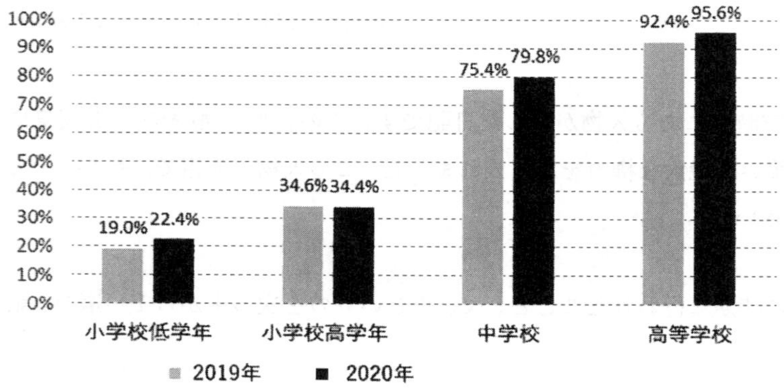

(東京都HP「家庭における青少年のスマートフォン等の利用等に関する調査2021」より作成)

【資料Ｂ】スマートフォンの使用目的

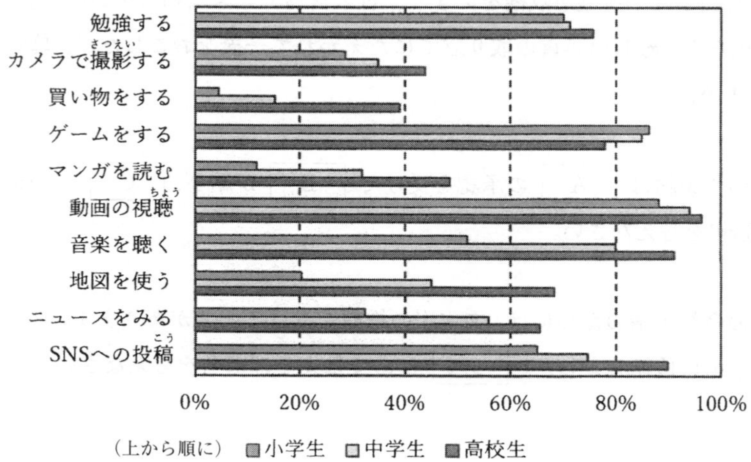

(内閣府「青少年のインターネット利用環境実態調査2022」より作成)

【資料C】学校種別によるいじめの態様別状況の調査

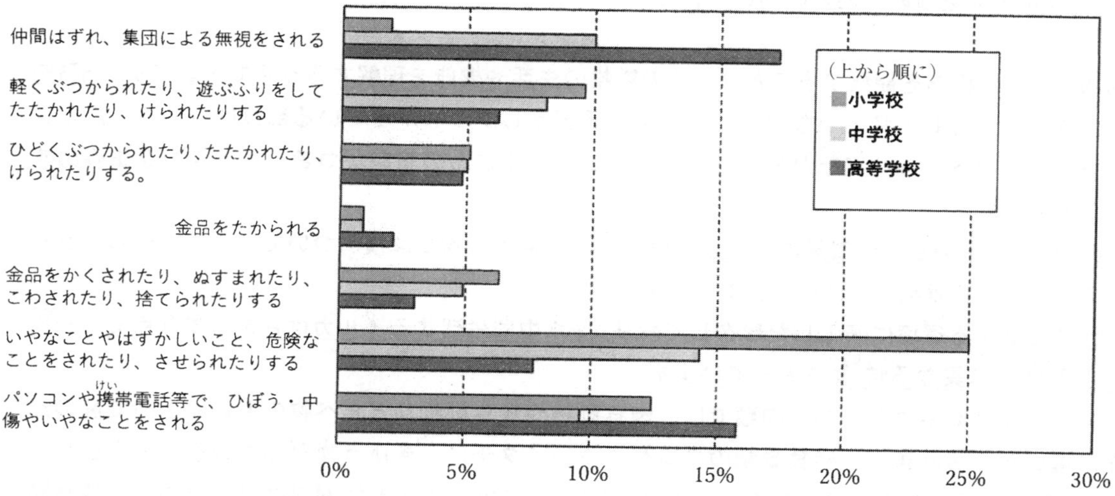

（文部科学省「児童生徒の問題行動・不登校等生徒指導上の諸課題に関する調査結果 2022」より作成）

【資料D】被《ひ》害にあったことのあるネット上のいじめ

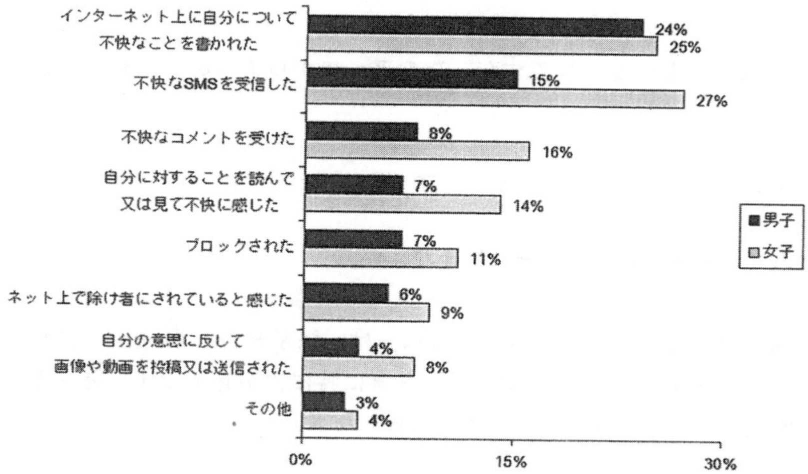

（内閣府 HP より引用）

【資料E】１日あたりのインターネット利用時間

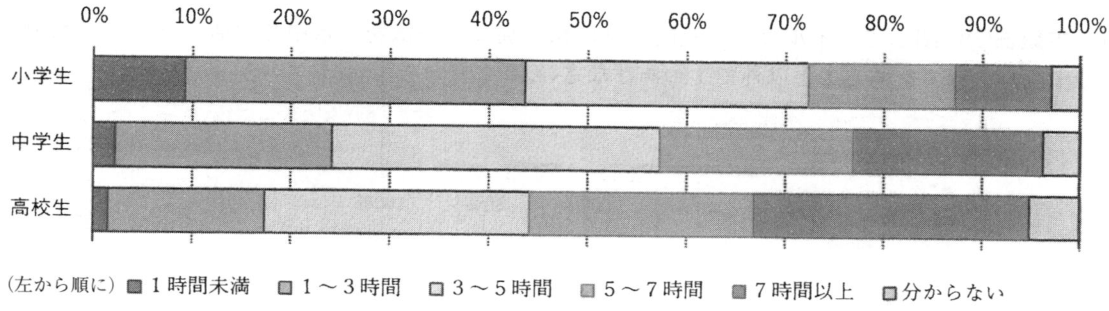

（内閣府「青少年のインターネット利用環境実態調査 2022」より作成）

【理　科】〈第２回試験〉（社会と合わせて50分）〈満点：50点〉

1　次の文章を読み，あとの問いに答えなさい。

動物のからだの形を観察することは，その動物の生活や機能を理解するうえで大切です。①筋肉は（　Ａ　）を介《かい》して骨とつながっています。骨どうしがつながっている部位は（　Ｂ　）とよばれます。骨のへこみや突起《とっき》があることで，そこにたくさんの筋肉がつき，大きな力を生み出すことができます。

②目の位置はその動物の視覚に関係し，ウマなどの草食動物では横についているのに対し，ライオンのような肉食動物では前についています。

動物は生活する環《かん》境に適応した形をしており，③水中に生活するイルカはさまざまな点で，一般《ぱん》的なほ乳類《にゅうるい》とは異なる特徴《とくちょう》をもっています。

ほ乳類のイヌやネコなどの食肉類では，肉食動物や雑食動物など食べ物の違《ちが》いによって歯の形や数に違いがみられます。肉食動物のネコやニホンイタチは，きゅう歯《し》が細く肉を切りさきやすい形をしています。また，歯の総数は，ネコが30本，ニホンイタチが34本です。一方で，雑食動物のタヌキやアライグマは，きゅう歯がヒトに似て平たく，食べ物をすりつぶすのに適した形をしています。また，歯の総数は，タヌキが40～44本，アライグマが40本です。

（１）　次の中ではほ乳類のなかまではないものはどれですか。次の**ア**～**エ**から１つ選び，記号で答えなさい。

ア　ニホンザル　　**イ**　ダチョウ　　**ウ**　コウモリ　　**エ**　モグラ

（２）　文章中の空らんＡ，Ｂに当てはまる語句をそれぞれ答えなさい。

（３）　**下線部①**に関して，鳥の胸部につく「胸肉」と「ささみ肉」は，飛ぶときに翼《つばさ》を上下に動かすことに関係する筋肉です。空を飛ぶには，空気を押《お》すときに特に力が必要です。翼を下げるのにはたらく筋肉は「胸肉」と「ささみ肉」のどちらか答えなさい。

（４）　**下線部②**に関して，目が前についていることは横についていることより，視覚についてどのような点でつごうがよいですか。簡単に説明しなさい。

（５）　**下線部③**に関して，イルカが一般的なほ乳類と異なる特徴を，水中で生活すること，水中で出産，子育てをすること以外で１つあげなさい。

（６） 次の**図１**はある食肉類の頭骨を横から見たもの，**図２**は**図１**の頭骨の下あごを上から見たものです。この動物は，肉食動物と雑食動物のどちらだと考えられますか。そのように考えた理由とともに答えなさい。

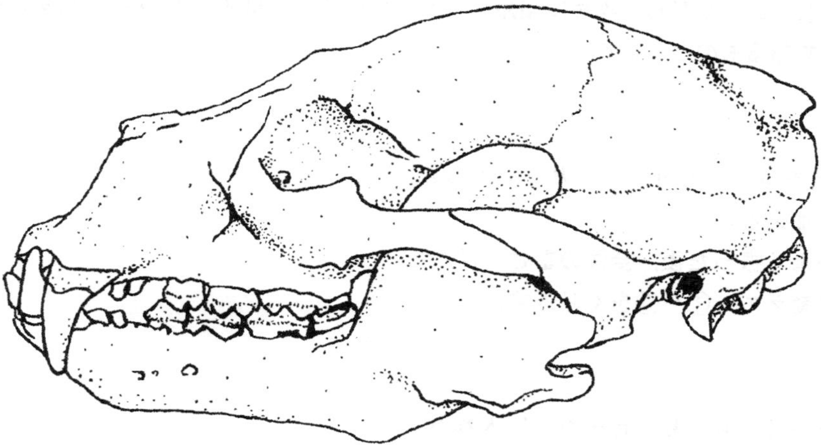

図１

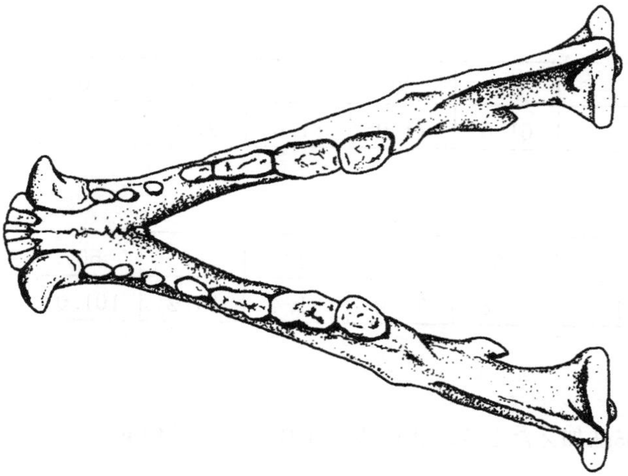

図２

2　化学反応はさまざまな法則で成り立っています。例えば，フランスのラボアジェは，スズや鉛《なまり》などの金属と空気を混ぜて燃焼させたとき，燃焼前と燃焼後に質量が変化しないことを発見しました。これは，質量保存の法則とよばれていて，２種類以上の物質を混合したときにも成り立っています。次の実験１，２とそれぞれの実験結果を表した，表１，２についてあとの問いに答えなさい。ただし，実験に使用したビーカーの重さはすべて50ｇ，塩酸１mLあたりの重さは１ｇであるものとします。

【実験１】

①　硝《しょう》酸銀１ｇをはかりとり，ビーカーに入れる。

②　塩酸を10mL加える。

③　ビーカーをよく振《ふ》った後，全体の重さをはかる。

④　塩酸の量を変えて，①～③をくり返す。

【実験２】

①　石灰石２ｇをはかりとり，ビーカーに入れる。

②　塩酸を10mL加える。

③　ビーカーをよく振った後，全体の重さをはかる。

④　塩酸の量を変えて，①～③をくり返す。

表１

加えた塩酸の量［mL］	10	20	30	40	50
実験後の全体の重さ［ｇ］	61.0	71.0	81.0	91.0	101.0

表２

加えた塩酸の量［mL］	10	20	30	40	50
実験後の全体の重さ［ｇ］	61.8	71.6	81.4	91.2	101.0

（１）　**実験１**で，塩酸を65mL加えたとき，実験後の全体の重さは何ｇとなりますか。

（２）　**実験２**で，塩酸を45mL加えたとき，実験後の全体の重さは何ｇとなりますか。

（３）　**実験２**で，質量保存の法則が成り立つとき，塩酸を10mL加えたとき，実験後の全体の重さは何ｇとなりますか。

（４）　（３）の値と，**表２**の値が異なるのはなぜですか。どのようにすれば，質量保存の法則が成り立つかについても述べなさい。

3　**次の図１は地球と月の位置関係を，図２は図１と同じ向きに見たときの４つの方向を表したものです。図１の地球を表す円の中心の黒点は北極であり，点ａ～ｄはそれぞれ０時，６時，12時，18時のときの日本の位置です。また，Ａ～Ｄは月を示しています。これについてあとの問いに答えなさい。**

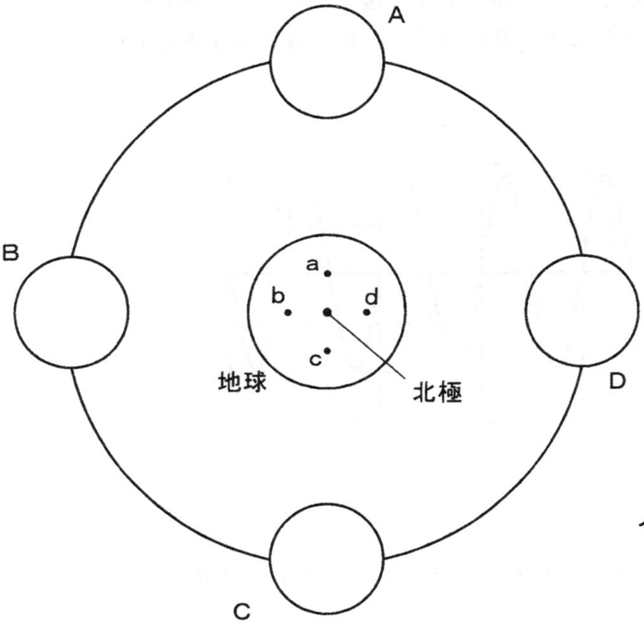

図１　地球と月の位置関係

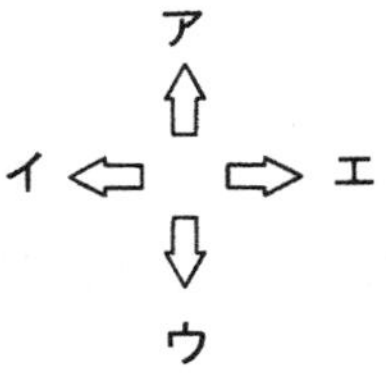

図２　方向

（1）　**図１**において太陽はどの方向にあると考えられますか。**図２**の方向**ア～エ**から適切なものを１つ選び，記号で答えなさい。

（2）　日本から見たときに，満月となる月の位置，新月となる月の位置を**図１**の**Ａ～Ｄ**から選び，それぞれ記号で答えなさい。

（3）　三日月とよばれる月は**図１**の**Ａ～Ｄ**のうち，どの位置の間にあるときの月の見え方ですか。適切なものを次の①～④から１つ選び，番号で答えなさい。

①　**Ａ**と**Ｂ**の間　　②　**Ｂ**と**Ｃ**の間　　③　**Ｃ**と**Ｄ**の間　　④　**Ａ**と**Ｄ**の間

（4）　次の①～⑥のうち，同じ位置の月を見ていることになるものを２通り選び，番号の組み合わせで答えなさい。

①　０時の南の空　　②　６時の南の空　　③　６時の西の空
④　12時の東の空　　⑤　18時の西の空　　⑥　18時の南の空

4　おんさをたたくことで，おんさがふるえ音が発生します。音は，オシロスコープを用いて波の形として表すことができます。オシロスコープとは，音の高さや音の大きさ，音色の変化のようすを，波のような曲線に表すことができる装置です。図１は，おんさＡをたたいて発生させた音をオシロスコープの画面に表示させたものです。図１中のａは振幅《しんぷく》といって振動の幅の半分を，ｂは周期といって振動の１往復分にかかる時間を表しています。ｂが短いほど高い音が出ます。画面の縦軸《じく》は音の振幅を，横軸は時間を表しているものとして，あとの問いに答えなさい。

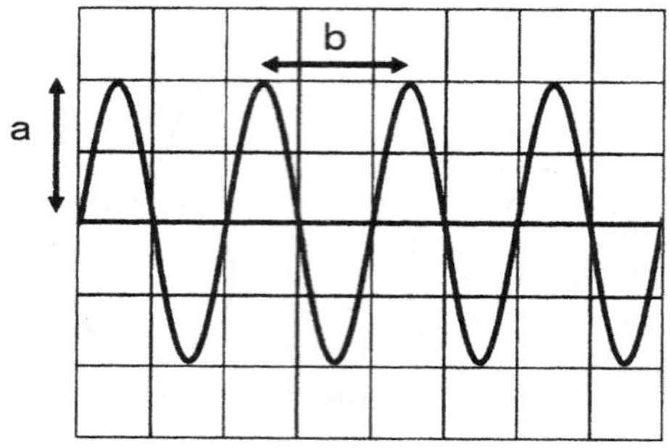

図１

（１）　振幅が大きくなると，どのような音が出ますか。次の**ア**～**エ**から１つ選び，記号で答えなさい。

ア　大きい音　　**イ**　小さい音　　**ウ**　高い音　　**エ**　低い音

（２）　**図２**は，おんさ**Ｂ**（1秒間に440回振動する）をたたいたときの音を測定し，オシロスコープの画面を表示したものです。画面の１目盛りの間かくは縦軸も横軸もそれぞれ**図１**と同じものとし，おんさ**Ａ**が１秒間に何回振動したか求めなさい。

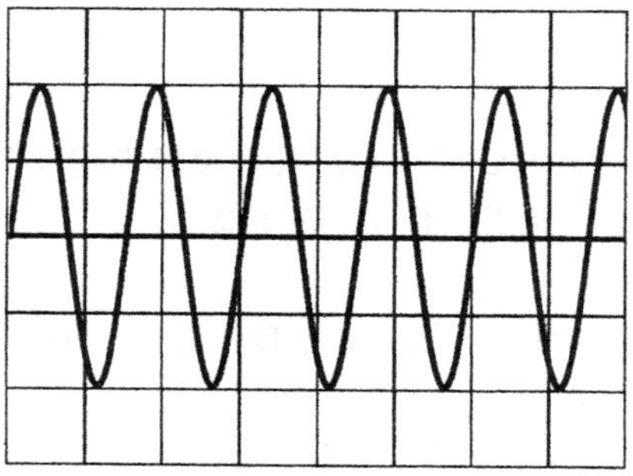

図２

（3） おんさＡに針金を巻き付けてからたたくと，巻き付けないでそのままたたいたときと比べ，低い音が聞こえます。この理由を簡単に説明しなさい。

（4） おんさＡとＢを同時に同じ強さでたたいて発生させた音を一定の時間オシロスコープの画面に表示させました。この間に見られる波の形として考えられるものは，次の**ア～ク**のどれですか。すべて選び，記号で答えなさい。ただし，画面の横軸の１目盛りの間かくは，**図１，２**と同じものとします。

ア

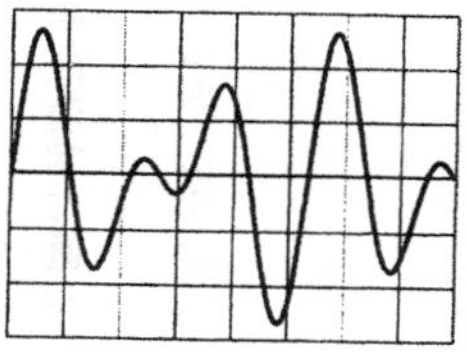

イ

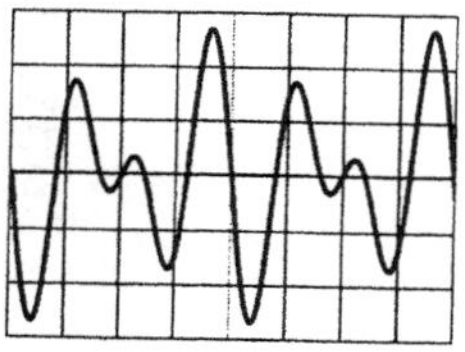

ウ

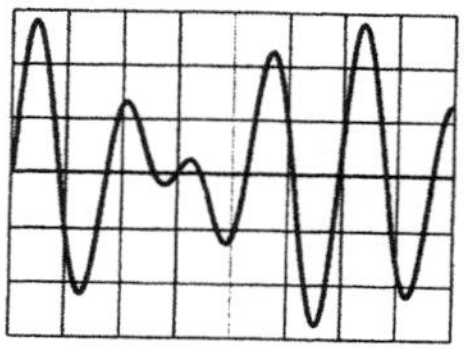

エ

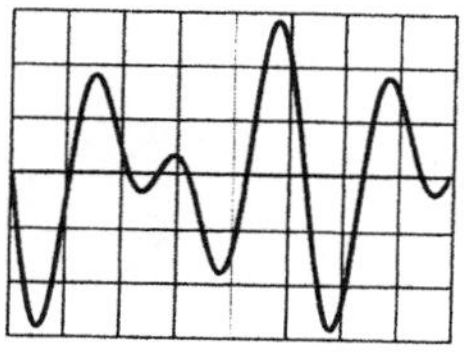

オ

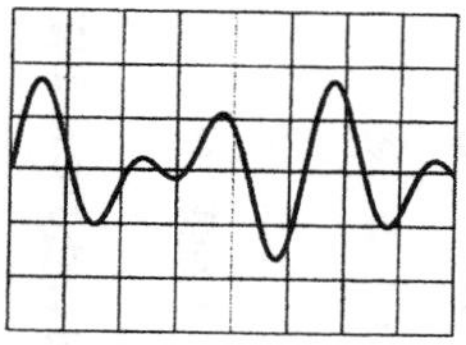

カ

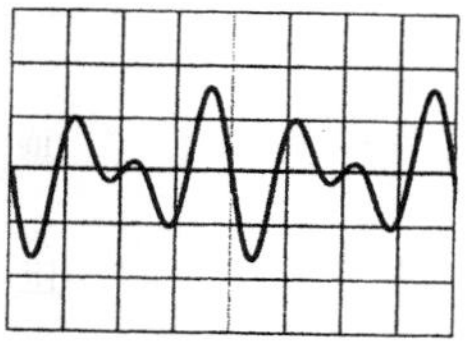

キ

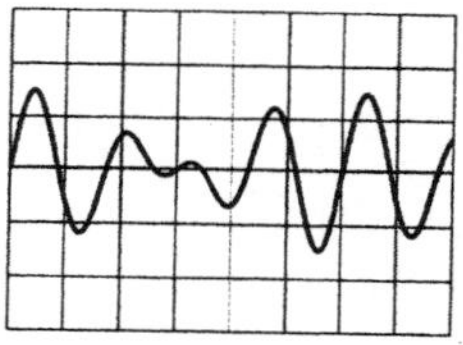

ク

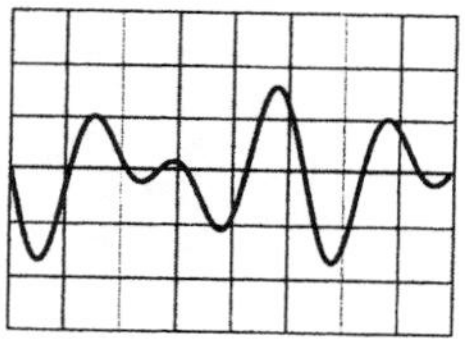

（5） 複数の波が組み合わさることで，その波の振動を強め合ったり，弱め合ったりすることを「干渉《かんしょう》」といいます。干渉を利用して波の振動を弱め合うと良いと考える現象と，その弱め合う方法を説明しなさい。音以外に関する現象でもかまいません。

三　次の問いに答えなさい。

次の①～⑩の――線部のカタカナは漢字に直し、漢字は読みをひらがなで書きなさい。ただし、⑤は送りがなも書くこと。

① 最近は若くしてキギョウする人が増えている。

② 予想よりもキボの大きい工事。

③ 確かにショウチしました。

④ 学生をヒキいて宿泊《しゅくはく》研修に行く。

⑤ 式典に合わせオゴソカな曲が流れる。

⑥ 駅まで自転車でオウフクする。

⑦ タイショウ的な二人の性格。

⑧ 重い荷物を担いで山を登る。

⑨ 今日の干潮は午後一時ごろです。

⑩ 大臣と会釈してすれちがう。

問七　［②］に入る言葉として適切なものを次の中から選び、記号で答えなさい。

ア　猫《ねこ》にかつおぶし　　イ　犬も歩けば棒に当たる
ウ　河童《かっぱ》の川流れ　　エ　豚《ぶた》もおだてりゃ木に登る

問八　――線部③「〝ほめ〟は人のためならず」のここでの意味を、「情けは人のためならず」の意味を踏《ふ》まえた上で、三十字以内で書きなさい。（「、」や「。」も字数に入れます。）

問九　本文の内容として適切なものを次の中から一つ選び、記号で答えなさい。

ア　相手をほめると自分の心の余裕《よゆう》につながり、仕事も絶対にうまくいくので、誰《だれ》に対してもほめる人生を送るべきだ。
イ　人をほめることは相手だけでなく自分をも成長させることにつながり、それが自分の人生の質を高めることになる。
ウ　相手の良いところを探すと何か新たな発見があるので、人を直接的にほめる運動を職場や家庭で広めていくと良い。
エ　人をねたむと「ちっちゃい人間」になるので、人をほめて自己肯定感を高め、「お山の大将」を目指すべきだ。

問十　----線部Ⅰ「日本人なら、ネガティブになるこの癖は多かれ少なかれ、一般的にもあるだろう」とありますが、次の文章は「欧米人《おうべいじん》のほめ方」に対して筆者が別の段で述べているものです。これを読んで、あとの⑴・⑵に答えなさい。

世の中は、「真実を言うことはいいことだ」というように単純にはできていなかったのだ。その点、欧米人は上手に表現することができる。欧米人はうそが嫌《きら》いだそうだが、うそを言わずに、真実も言わない。うそでも真実でもない表現ができるというのだ。

たとえば誰かが下手くそな歌を歌ったとする。「下手くそな歌でしたね」と言うのは真実すぎて、相手を怒らせてしまう。でも「［　　］歌でしたね」と言えば、うそにはならない。ある部分だけを選んで言うことで、一種のうそが交じってはいるが、まったくのうそではない。うそでも真実でもないことをうまく言えるのだ。欧米人がうそを嫌う分、試行錯誤《しこうさくご》の上身につけた多彩《たさい》な表現法といえるだろう。

⑴　［　　］に入る言葉を、文意を考えて十字以内で書きなさい。

⑵　⑴のような欧米人の表現の仕方に対して、日本人は他者と良いコミュニケーションを取るために「一種のうそ」を交えて、あえてネガティブに表現することがあります。その具体例を挙げ、それをどのように言《い》い換《か》えるとより良いコミュニケーションになるとあなたは考えますか。理由とともに百字以内で書きなさい。（「、」や「。」も字数に入れます。）

※　解答用紙は解答用紙No.２を使用すること。

b　「ドツボにはまる」

ア　気分が高まる　　　イ　ねらい通りになる

ウ　孤独《こどく》感を感じる　　　エ　身動きが取れなくなる

問二　[A]～[C]に入る言葉として適切なものをそれぞれ次の中から選び、記号で答えなさい。

ア　すると　　イ　ところで　　ウ　だから　　エ　たとえば　　オ　とはいえ

問三　――線部①「自分の精神衛生のため」とありますが、その理由を説明した次の文の空らんに入る十字以内の言葉を本文中からさがし、ぬき出して答えなさい。

人をほめることは相手を肯定したようでありながらも、実はそれが〔　　　　　〕から。

問四　[①]に入る言葉として適切なものを次の中から選び、記号で答えなさい。

ア　自分と他人の心の垣根《かきね》を低くしてくれる

イ　自分の中の見栄《みえ》や劣等感をなくしてくれる

ウ　自分の中の嫉妬心やねたみを減らしていく

エ　自分と他人の違いを認める気持ちにさせる

問五　――線部②「自分の中のねたみ対策は、自分にとって大切なのだ」とありますが、その理由を説明したものとして適切なものを次の中から選び、記号で答えなさい。

ア　相手を称賛して自分も成長するという機会を失わせ、嫉妬とねたみばかりの無口な人間にしてしまうから。

イ　相手への嫉妬心がうらみの気持ちを持たせ、周囲の人を全部否定するネガティブな人間にしてしまうから。

ウ　相手への正当な評価や称賛する謙虚《けんきょ》な気持ちを失わせ、相手を否定する器の小さな人間にしてしまうから。

エ　相手への嫉妬心から自分の劣等感をも引き起こし、相手を称賛できない器の小さな人間にしてしまうから。

問六　[X]～[Z]に入る言葉の組み合わせとして適切なものを次の中から選び、記号で答えなさい。

ア　X　客観　　Y　基本　　Z　積極　　　イ　X　主観　　Y　基本　　Z　積極

ウ　X　客観　　Y　意識　　Z　基本　　　エ　X　主観　　Y　意識　　Z　基本

「[②]」ということわざがあるように、人はほめられると伸《の》びるものである。子どもがいい例だ。ほめられればほめられるほど、子どもはやる気を出して、伸びていく。人間を向上させていくときの方法として、ほめるのは一番いいやり方だ。

だが「ほめることによって成長する」のはほめられた相手だけでなく、実はほめている側も成長するのだ。このことに注目しなければならない。よく会社でも新入社員の教育係に、一、二年先輩《せんぱい》の社員をつけるところがあるが、あれは新入社員を育てると同時に、若手社員の教育もかねているのである。ほめられる相手より、ほめている自分がもっと成長する。これが私が「ほめる力」を提唱する真の理由である。

人はほめることによって成熟していく。人をほめないのは、自分が成長する絶好の機会を自ら放棄《ほうき》しているといっていいぐらいだ。

相手をなかなかほめられない人は、子どもっぽいと思って間違《まちが》いない。他の人に対して、教育的な配慮《はいりょ》を持たずに暮らしている人である。あるいは、「お山の大将」的なポジションにいる人だ。

（中略）

国家や文化、政治を一人では背負えないのなら、少なくとも大人になった証《あかし》として、人の長所を見つけたり、人をほめたりして、教育的な配慮をしてみるべきだ。人をほめて伸ばすことで、自分も成長できる。自分が成長するために人をほめるのだ、と発想を変えてみると、もっとほめやすくなるのではないだろうか。

（中略）

ほめることによって得られるのは、前にもふれたが「自己肯定感」である。自己肯定感があれば、大変な人生でも楽しさを見つけながら生きていける。だから「ほめる」ことを軸《じく》として、「自己肯定感が互いに持てる人間関係」を築くことが、人生の質を追求する上で大切になる。

子育てであれば、子どもをほめて「自己肯定感のある子」に育てる、職場だと「お互いに自己肯定感が増すような関係性をつくろう」ということがテーマになる。

自分がいる場所を居心地よく、快適にしようと思ったら、相手をほめて、自己肯定感が増すような接し方をすればいい。そうすれば、自分にそれが返ってくるのだ。

「情けは人のためならず」と言うが、「③〝ほめ〟は人のためならず」と思って人に接するのが間違いない。

（『ほめる力』　齋藤　孝　）

※１　ネガティブ　＝　「否定的な」という意味。反意語は「ポジティブ」。

※２　手塚治虫　＝　日本の漫画家《まんがか》。医師。後進の漫画家に与《あた》えた影響は大きく、「漫画の神様」と称《しょう》される。

問一　━━線部ａ「根に持た（根に持つ）」・ｂ「ドツボにはまる」の意味として適切なものをそれぞれ次の中から選び、記号で答えなさい。

ａ　「根に持つ」

ア　原因がある
イ　恨《うら》んで忘れない
ウ　理由をさがす
エ　驚《おどろ》きあきれてしまう

然気がつかなかったです」というようにちょっとほめてみるといい。すると相手ばかりでなく、自分のダメージもむしろ軽くなる。

正面衝突《しょうとつ》は避《さ》けて、むしろ相手の視点をほめる。すると、相手の気持ちがゆるやかになる。そして結局、結論は自分の方向に近づけていくというようなテクニックを私もときどき実践《じっせん》しているが、これはほめて相手を気持ちよくさせると同時に、自分の気分も盛り上げて、場を温める効果がある。互《たが》いに気持ちがよくなるので、結論がどちらに転んでも、それほど a根に持たなくてすむ。相手と自分の双方《そうほう》を「肯定《こうてい》していく技術」である。

このように相手をほめる技は、表向きは相手を肯定する技術なのだが、実は自己肯定につながっていくというところにポイントがある。

相手をほめると、なぜ自己肯定につながるのかというと、人をほめたり共感したりするのは、［①］作用があるからだ。

体の中の善玉菌《ぜんだまきん》と悪玉菌《あくだまきん》を考えてもらうとわかりやすい。嫉妬心《しっとしん》や不満など相手に対する悪い感情を悪玉菌とすると、批判力のある人は、当然悪玉菌が多い。まったく人の嫌《いや》なところは目に入らない、善玉菌だけしかない、という人は、私はどうかと思う。適切な批判的眼力は必要だ。能力が高い人ほど人の欠点や足りないところ、あるいは自分よりすぐれたところが見えて、嫉妬《しっと》やねたみ、競争心といった※1ネガティブな感情を持ってしまうこともある。あの※2手塚治虫《てづかおさむ》も晩年まで、競争心と嫉妬心を抱《かか》えて生きていたようだ。

［B］、嫉妬心はできるだけ少ないほうが気が楽になる。自分のほうが劣《おと》っているのではないかという恐怖心《きょうふしん》ゆえにおびえが出てしまい、相手に対して素直《すなお》に称賛《しょうさん》ができないのでは自分も苦しい。あるいは「否定コメント」しかできなくなってしまう。その bドツボにはまると、本当に否定ばかりの「ちっちゃい人間」になってしまうので、注意が肝心《かんじん》だ。

福沢諭吉《ふくざわゆきち》も『学問のすすめ』の中で、ねたみが一番良くないと言っている。②自分の中のねたみ対策は、自分にとって大切なのだ。

そこでひとつ器《うつわ》を大きくするために、「ほめコメント」をしてみるのだ。［C］、劇的《げきてき》に嫉妬やねたみが減っていき、劣等感《れっとうかん》が小さくなって、自分を肯定できるようになる。うそだと思われるなら、ぜひ一度試《ため》してみてほしい。本当にどす黒い悪玉菌が減っていく。

これは私自身もずいぶん練習してきたことである。というのも、私はあらゆる男を見たときに、すぐに競争意識が働いてしまって、「このままこの場で乱闘《らんとう》が起こったら、自分が一番強いな」というバカなことばかり考えていた時期があるからだ。

(中略)

それはいまでも反省している点だが、なぜそうなってしまったかというと、自分が［X］的に述べているつもりでも、嫉妬やねたみや競争心のベールがかかっての批判だったから、ひじょうに否定的になってしまっていたからだ。

普通《ふつう》に話していても、それこそいままでの生き方の癖《くせ》の集積で否定的なもの言いになってしまう。私の場合、それはもう［Y］的な癖として身についていると自覚しなければいけなかった。

だが私だけでなく、I日本人なら、ネガティブになるこの癖は多かれ少なかれ、一般的《いっぱんてき》にもあるだろう。ということはほめてちょうどいいのである。そうしないと、自分が一番優《すぐ》れているというところに持っていきたいがために、ほかをけなしてしまうから、その結果、否定する自分が「ちっちゃい人間」と人から否定されて、その劣等感からますますほかを否定するという悪循環《あくじゅんかん》に陥《おちい》ってしまうのだ。

だからどんなものでもあえてほめて、「ほめコメント」を多用していく。そうすれば、相手を肯定するだけではなく、自分自身も嫉妬やねたみから解放されて自己肯定しやすくなるので、互いに肯定しあえる環境や関係性が育っていくのだ。

私自身、［Z］的に「ほめコメント」を多くしていったら、実に気楽になった。

問八　――線部⑤「僕はこの先もずっと甘いままでいい」とありますが、この「甘い」の内容として適切でないものを次の中から選び、記号で答えなさい。

ア　すべてのお客さんに、料理人として一定の配慮《はいりょ》をすること。
イ　飲食店として落ち着いて食べられる環境を大切にすること。
ウ　自分への厳しさと他人への厳しさを分けて考えること。
エ　料理の味よりもお客さんへの優しさを大切にすること。

問九　――線部⑥「やはり僕は経営者には向いてない」とありますが、ここでの「僕」の気持ちとして適切なものを次の中から選び、記号で答えなさい。

ア　店を持ちたいかはわからないが、ラーメン屋の店員の丁寧《ていねい》な接客に満足する気持ち。
イ　店を持ちたいかはわからないが、厳しくなりきれない自分のあり方を肯定《こうてい》する気持ち。
ウ　店を持ちたいが、どうせ自分はうまく経営することができないだろうと諦《あきら》める気持ち。
エ　店を持ちたいが、経営を失敗した父のようになってしまわないか不安に思う気持ち。

問十　――線部X「厳しさとは何なのか。自分への厳しさ。他人への厳しさ。それは同じであるべきなのか。分けて考えるべきなのか」について、次の⑴と⑵に答えなさい。

⑴　あなたは「自分への厳しさ」と「他人への厳しさ」は同じであるべきだと思いますか、分けて考えるべきだと思いますか。どちらか選び、解答らんに○をつけなさい。ただし、どちらを選んでも得点に影響《えいきょう》はありません。

⑵　太郎《たろう》さんは、クラス対抗《たいこう》リレー大会のキャプテンです。一週間後の本番で優勝するために、クラスのみんなで毎朝早起きして練習しています。クラスメイトの次郎《じろう》さんは、練習には参加するものの「朝は眠《ねむ》いから」と言って練習に本気で取り組んでいません。太郎さんはどのような行動をとるべきですか。⑴で選んだ考えにもとづいて、あなたの考えを八十字以内で書きなさい。（「、」や「。」も字数に入れます。）

※　解答用紙は解答用紙No.２を使用すること。

二　次の文章を読んで、あとの問いに答えなさい。

「ほめる力」の効用は、ほめられた人を気持ちよくさせるだけではない。実はほめた当人も気持ちがよくなるという〝隠《かく》れ作用《さよう》〟がある。人を笑わせて場をなごませると、笑っている人だけでなく、笑わせている自分も楽しくなる。それと同じように、人をほめていると、ほめている自分も気分がよくなるのだ。

［Ａ］人をほめるのは、人のためではなく、①自分の精神衛生のためにやっているのだと思えばいい。

会議で自分の意見が否定されてしまったとき、普通はちょっとカチンと来るが、「いやあ、そうですよね。そういう見方はたしかにあります。ある、ある。全

問二　**A**～**C**に入る言葉として適切なものをそれぞれ次の中から選び、記号で答えなさい。

ア　もし　　イ　まさか　　ウ　どうせ　　エ　すんなり

問三　**――線部a「足を延ばす」の意味として適切なものを次の中から選び、記号で答えなさい。**

ア　行かなくても問題ない場所へ行くこと。　　イ　行こうという意欲のわかない場所へ行くこと。

ウ　今いる場所よりも遠い場所へ行くこと。　　エ　今まで行ったことのない場所へ行くこと。

問四　**――線部①「むしろ持つべきではないとの意識がある」とありますが、その理由を説明した次の文の空らんに入る言葉を二十字以内で考えて書きなさい。**

「僕」は、父が〔　　　　〕ことを知っているから。

問五　**――線部②「おいしくなろうとしてくれてる」とありますが、ここで使われている表現技法として適切なものを次の中から選び、記号で答えなさい。**

ア　倒置《とうち》法　　イ　対句《ついく》法　　ウ　体言止め　　エ　擬人《ぎじん》法

問六　**――線部③「出血や火傷ほどは楽しめないような気がする」とありますが、「僕」が「出血や火傷」を楽しめる理由として適切なものを次の中から選び、記号で答えなさい。**

ア　自分の手で食材を料理に変えているという実感がある中で起きる出来事だから。

イ　元経営学部生であり経営の難しさは知っているが、料理の難しさは知らないから。

ウ　血が出たり火傷をしたりしても、時間がたてば治るものだとわかっているから。

エ　出血や火傷をしなければ、おいしい料理を作ることはできないと思っているから。

問七　**――線部④「督次さんに怒られる」とありますが、督次さんが店員を怒るときに気を付けていることは何ですか。その答えを説明した次の文の空らんに入る言葉を書きなさい。ただし、1は十字で文章中からぬき出し、2は二十五字以内で考えて書きなさい。**

お客さんが〔　1　〕を守るために、〔　　2　　〕こと。

たとえどんなにラーメンがうまくても、この手の店には行かなくなる。ほかの人のことは知らない。うまければいいという人もいるかもしれない。でも僕はそうなってしまう。寛《くつろ》いで食べられる環境《かんきょう》というのは、案外重要なのだ。

料理をつくる側、提供する側は、最低限それを理解しておくべきだろう。自分は気にならない、ではなく、気になる人もいるのだということを認識《にんしき》しておくべきだろう。

板垣三郎《いたがきさぶろう》さんの話を思いだす。日本橋の※5やましろで父の先輩《せんぱい》であった板垣さんだ。職人気質《かたぎ》、と鶏蘭の山城時子《やましろときこ》さんは言った。父はお客さんへの態度に関して先輩の板垣さんに意見し、店をやめた。

X厳しさとは何なのか。自分への厳しさ。他人への厳しさ。それは同じであるべきなのか。分けて考えるべきなのか。駆《か》けだしの僕にはわからない。が。父が僕の父でよかった、とは思う。厳しさをそうとらえる父が父でよかった。父や僕が甘《あま》いのかもしれない。[C]そうなら、⑤僕はこの先もずっと甘いままでいい。

妙《みょう》なことで味が落ちてしまったラーメンを最後まで食べる。スープもすべて飲む。食べものを残す習慣は、昔からないのだ。父と母がそれを教えてくれた。父は自ら実践《じっせん》することで。母は、実践に言葉を交えることで。

「ごちそうさまです」と言って、僕は鏑木家を出る。

「ありがとうございましたぁ」と店長も店員も言ってくれる。

気持ちのいい声だ。感謝の念が伝わる。言い流してない。僕自身、日々接客をしているのだから、そのくらいはわかる。そんな声を聞くと、また来たくなってしまう。というこの単純さ。

⑥やはり僕は経営者には向いてない。

（『ひと』小野寺　史宜）

※1　法政大学経営学部三年の篠宮剣氏　＝「僕」の大学時代の友人。
※2　督次さん　＝「おかずの田野倉」の店主。「僕」に店を継いでほしいと言ってきた。
※3　一美さんや映樹さん　＝「おかずの田野倉」の店員。僕よりも年上で、長く働いている。
※4　鶏取　＝「僕」の父が経営し、つぶれてしまった居酒屋。
　　鶏蘭　＝「僕」の父がかつて働いていた店の元オーナーが現在経営している飲食店。
※5　やましろ　＝「僕」の父がかつて働いていた店。

問一　[①]に入る「絶えず進歩していくこと」という意味の四字熟語として適切なものを次の中から選び、記号で答えなさい。

ア　順風満帆《じゅんぷうまんぱん》　イ　一進一退　ウ　日進月歩　エ　七転八起

ラーメンをゆっくり食べながら、あらためて考えてみる。

※3一美《かずみ》さんや映樹《えいき》さんはともかく。僕自身に、店を持ちたいという欲はあるだろうか。おかずの田野倉のような店。※4鶏取《とっとり》のような店。鶏蘭《とりらん》のような店。持てたらいいなぁ、とは思う。でも今のところ、欲と言えるほどのものはない。①むしろ持つべきではないとの意識がある。何故《なぜ》か。父を知ってるからだ。

僕が中学生のころ。だから父はすでに鶏取を閉め、よその店で働いていたころ。

夜、自宅で父は母にぽつりと言った。

「おれ、経営には向いてなかったんだな。一料理人でいるべきだった」

僕は父の背後でその言葉を聞いた。確か、ふすまを開け放った和室で、父と母がいた居間からの明かりを頼《たよ》りに足の爪《つめ》を切っていた。

話をすべて聞いてたわけではないから、どんな流れで出た言葉なのかはわからない。でもその部分だけは耳に残った。一料理人、という言葉が耳をとらえたのだ。いや。僕の耳のほうがその言葉をとらえた。

とはいえ、そのときは意味を理解しただけ。特に何も思わなかった。今は少し思う。元経営学部生ではあるが、僕も経営には向いてないだろうな、と。

たぶん、僕は広い視野を持てない。決断力もない。料理人になろうと決めたのは、そこへと向かわされる多くの要素があったからだ。

包丁で肉を切ったり、フライヤーでコロッケを揚《あ》げたりするのは楽しい。熱い油のなかでジュラジュラいうコロッケを見るのも好きだ。今まさに②おいしくなろうとしてくれてるのだとうれしくなる。そこには動きがある。食材が料理に変わっていくのが見える。自分がそれをしていると思える。包丁で指を切れば血が出る。油がはねれば火傷《やけど》をする。すべては僕次第《しだい》。

経営だって、それは同じだろう。大事な判断を誤れば、損失を出して痛手を負う。でも僕はそちらの痛みには耐《た》えられないような気がする。言い方は変だが、③出血や火傷ほどは楽しめないような気がする。

「おい、何やってんだよ。順序がちがうだろうが」

僕の目の前、カウンターの内側で、若い店長がもっと若い店員を叱《しか》る。店長は三十歳《さい》ぐらい。店員は映樹さんぐらいだろうか。

「何度言ったらわかんだよ。何度同じことすんだよ」

「すいません」

何の順序がちがうのか。そこまではわからない。店長と店員の了解事項《りょうかいじこう》のようなものがあるのだろう。実際、店員は何度も同じまちがいをしてしまったのだろう。

僕も店ではよくやる。忙《いそが》しさのあまり、やらかしてしまう。で、④督次さんに怒《おこ》られる。すいませんと謝《あやま》る。お客さんの前で怒られることもある。店自体がオープンなつくりだからしかたない。

ただ、この感じにはならない。ひやりとするような緊張《きんちょう》は生まれない。お客さんも、それは感じないだろう。督次さんも、わかってやっている。

「お前さ、やる気あんのかよ」

「すいません」

「すいませんじゃなくて。やる気あんのかって訊《き》いてんだよ」

「はい」

「あるかないか言えよ」

「あります」

客前での叱責《しっせき》としては、度を越《こ》したような気がする。途端《とたん》にラーメンの味が落ちる。僕のほうで味を楽しめなくなる。再訪はないかもな、と思ってしまう。

2024年度

サレジアン国際学園世田谷中学校

【国　語】〈第二回試験〉（五〇分）〈満点：一〇〇点〉

一　次の文章を読んで、あとの問いに答えなさい。

「僕《ぼく》」は法政大学の経営学部に通っていましたが、両親を亡《な》くし中退しました。現在は「おかずの田野倉《たのくら》」という総菜《そうざい》屋でアルバイトをしています。

で、この日はうれしい給料日。月に一度の贅沢《ぜいたく》デー。ラーメンデーだ。

基本、外食はしない。自炊《じすい》をするようになってからは、アパートの近くのすき家にも行かなくなった。

自炊といっても、大したことはできない。ワンルームでガス台は一つしかないし、調理スペースもほとんどない。かっぱ橋道具街で奮発して買った一万円の三《さん》徳《とく》包丁で野菜や肉を切り、それらを小さめのフライパンで炒《いた》める程度。

でも調味料の加減や炒める時間で味や食感は大きく変わることがわかった。わかることで、興味も増した。今日はこう。明日はこう。[①]。楽しい。

ただ、そうは言っても二十歳《はたち》の男。たまには無性《むしょう》にラーメンが食べたくなる。カップ麺《めん》で代用はできない。店のラーメンとカップ麺は別ものだ。これは※1法政大学経営学部三年の篠宮《しのみや》剣《つるぎ》氏も言っている。だってさ、店でラーメン食ったあとに家でカップラーメンも食えるじゃん。

雨だから、行こうか行くまいか迷った。でも降りは弱くなっていたし、[A]アパートまでは歩かなければいけないから、a足を延ばすことにした。何よりもまず、朝からもう、気持ちがラーメンに向いてしまっていた。

店は初めから決めていた。清州橋《きよすばし》通り沿いに最近できた鏑木《かぶらぎ》家だ。こってりのとんこつしょうゆ。店は新しいが、グルメサイトの評価は高い。先月から、今日はそこにするつもりでいた。かぶらぎ。かしわぎにも似た響《ひび》き。親近感もある。期待大。

しょうゆ。みそ。塩。とんこつ。昔からラーメンはどれも好き。一つには絞《しぼ》れなかった。でも東京に出て初めてとんこつしょうゆのラーメンを食べたとき、これはうまいなぁ、と思った。あっさり一つに絞れてしまった。とんこつしょうゆはたいてい僕好みの太麺《ふとめん》であることも大きかった。

雨だからか、行列はできておらず、[B]店に入ることができた。券売機で食券を買う。ベーシックなラーメンにした。八百円は痛い。でも野菜増しでその値段だから悪くない。月イチの贅沢。そのくらいはいい。

座《すわ》ったのはカウンター席。ラーメンは十分ほどで届けられた。野菜の盛《も》りがいい。主にもやしだが、高さがある。どんぶりの縁《ふち》よりずっと高い。

小声でいただきますを言う。もやしを急いで食べ、できたすき間から太麺をすすり、スープを飲む。麺は普通《ふつう》、脂《あぶら》も普通、でお願いしたが、麺は思ったより硬《かた》く、脂は思ったより多い。でもうまい。来月とは言わないが、再来月の再訪はあるかもしれない。

目的を果たしたことで、とりあえず落ちついた。夕方の休憩《きゅうけい》の際に※2督次《とくじ》さんに言われたことを思い出す。

うれしい。その気持ちは続いている。正確に言うなら、うれしいというよりは、ありがたい、だ。本当にありがたい。まだ何もできない自分には応えようがない。そのことがもどかしい。

2024年度 サレジアン国際学園世田谷中学校 ▶解 答

※　編集上の都合により，第２回試験の解説は省略させていただきました。

算 数 ＜第２回試験＞（50分）＜満点：100点＞

解 答

[1] ①　10　②　$3\frac{1}{2}$　③　1.7　④　102　⑤　22　[2] (1)　**４年生**…48人，**５年生**…72人，**６年生**…96人　(2)　木曜日　(3)　60通り　(4)　30度　(5)　416cm^3　[3] (1)　**かなたさん**…平均値22点，中央値21点，最ひん値28点／**しおりさん**…平均値22点，中央値22.5点，最ひん値25点　(2)（例）かなたさん／**理由**…(1)の計算結果より，２人の平均点は同じです。採点基準として最ひん値を採用します。なぜなら，最ひん値は最も個数が多い値のことなので，大多数のデータの値を知りたいときに役立ち，多くの人が評価している値だからです。かなたさんの最ひん値は28点，しおりさんの最ひん値は25点でかなたさんの方が高いです。よって，かなたさんを選びます。　[4]　232.36m^2　[5] (1)　31　(2)　303　(3)　**ア**　2　**イ**　C　**ウ**　1　(4)　2814

社 会 ＜第２回試験＞（理科と合わせて50分）＜満点：50点＞

解 答

[1] **問１**　(ハ)　**問２**　(ニ)　**問３**　(ニ)　**問４**　(ロ)　**問５**　(ロ)　**問６**　(ハ)　**問７**　(イ)　**問８**　徳川慶喜　[2] **問１**（例）商品棚の手前に並んでいる商品など，賞味期限がより短い商品を積極的に購入することで，期限切れによる食品の廃棄を減らすことができるから。　**問２**　ジオパーク　**問３**（例）日本の川は外国の川に比べて長さが短く，標高が高い所から短い距離で流れるため，流れが速くなっている。　**問４**　中臣鎌足　**問５**　(イ)　**問６**　内閣　**問７**　京都　[3]（例）資料Ａから，小学校までは３割台だったスマートフォンの保有率が，中学校に入ると８割近くになることがわかる。そのため，多くの人がスマートフォンを持つ前の段階，つまり小学校の間にネット上のいじめについて学ぶ仕組みをつくるべきだ。具体的な仕組みとしては，資料Ｂを見ると，小学校のスマートフォンの使用目的としてゲームと動画の視聴が８割をこえていることから，小学生に人気のゲームや動画を開くと最初にネット上のいじめに関するCMが流れるようにすることを提案する。

理 科 ＜第２回試験＞（社会と合わせて50分）＜満点：50点＞

解 答

1 (1) イ　(2) A けん　B 関節　(3) 胸肉　(4) （例） 立体的に見ることができるはんいが広い点。　(5) （例） 後ろ足がないこと。　(6) （例） 下あごの歯は22本あり，上あごも同じくらいの本数だとすると全体で40本くらいなので，タヌキやアライグマのように，肉食動物のネコやニホンイタチよりも本数が多く，また，きゅう歯が平たい形をしている。以上のことから雑食動物であると考えられる。　2 (1) 116.0 g　(2) 96.1 g　(3) 62.0 g　(4) （例） 発生した二酸化炭素が空気中に逃げたから。そのため，ふたのある容器でふたをして実験をすればよい。　3 (1) ウ　(2) **満月**…A　**新月**…C　(3) ③　(4) ①と③，④と⑥　4 (1) ア　(2) 330回　(3) （例） 巻き付けた針金の分おんさが重たくなって振動しにくくなり，１秒間に振動する回数が少なくなるため。　(4) ウ，キ　(5) （例） 海の上を船が進むさいに，船が波から受ける影響を少なくするために，船首の形状を変えるなどの工夫をし，波の振動と少しずれた振動を新たにつくることで，２つの波を干渉させ，弱め合う。

国 語 ＜第２回試験＞（50分）＜満点：100点＞

解 答

一 **問１** ウ　**問２** **A** ウ　**B** エ　**C** ア　**問３** ウ　**問４** （例） 自分で店を経営していたものの，失敗した　**問５** エ　**問６** ア　**問７** **1** 寛いで食べられる環境 **2** （例） ひやりとするような緊張が生まれない怒り方をする　**問８** エ　**問９** イ　**問10** (1) （例） **「自分への厳しさ」と「他人への厳しさ」は同じであるべきだ。**…○　(2) （例） 太郎さんは，キャプテンという立場から責任をもって，次郎さんに本気で練習するように言うべきだ。クラスの皆に同じ厳しさを求めて，本気で取り組ませる必要があるからだ。　二 **問１** **a** イ　**b** エ　**問２** **A** ウ　**B** オ　**C** ア　**問３** 自己肯定につながる　**問４** ウ　**問５** エ　**問６** ア　**問７** エ　**問８** （例） 他人をほめることは，最終的には自分にも良い影響をもたらす。　**問９** イ　**問10** (1) （例） 表現力が素晴らしい (2) （例） 日本人はよく「つまらないものですが」と言って贈り物を渡すが，それより「とてもおいしいから食べて」と言うほうがよい。なぜなら，そのほうが素直に好意が相手に伝わり，良いコミュニケーションになるからだ。　三 ①～⑦ 下記を参照のこと。　⑧ かつ(いで)　⑨ かんちょう　⑩ えしゃく

●漢字の書き取り

三 ① 起業　② 規模　③ 承知　④ 率(いて)　⑤ 厳か　⑥ 往復 ⑦ 対照

Memo

2023年度 サレジアン国際学園世田谷中学校

【算　数】〈第１回午前試験〉（50分）〈満点：100点〉

＊円周率を使う場合は，3.14として計算しなさい。

1 $\boxed{}$ にあてはまる数をかきなさい。

（1）$59-7\times5-(5+8\times2)=\boxed{\text{①}}$

（2）$\dfrac{4}{5}\times\dfrac{15}{16}-\left(\dfrac{3}{8}+\dfrac{1}{14}\div\dfrac{4}{7}\right)=\boxed{\text{②}}$

（3）$64\div\left\{2\times\left(\boxed{\text{③}}+7\right)-6\right\}=4$

（4）$7\times3.75+7\times1.2-7\times2.25-7\times0.7=\boxed{\text{④}}$

（5）$100-99+98-97+96-\cdots\cdots+2-1=\boxed{\text{⑤}}$

2 次の問いに答えなさい。

（1）はなえさんとだいちさんは，ケーキ屋に行きました。はなえさんは，ショートケーキ４個とチョコレートケーキ３個を買って，代金は1340円になりました。だいちさんは，ショートケーキ３個とチョコレートケーキ２個を買って，代金は960円になりました。ショートケーキとチョコレートケーキはそれぞれ１個いくらか求めなさい。

（2）ジュースを1本100円で120本仕入れました。１日目は仕入れ値の20％の利益を見込んだ定価で売り，２日目は定価の1割引きで売ったところ，２日目ですべて売り切れました。その結果，1440円の利益がありました。１日目に何本売れたか求めなさい。

（３）長さ182mの特急列車が，長さ156m，時速100kmの普通《ふつう》列車に追いついてから追いこすまでに26秒かかりました。特急列車は時速何kmで走っているか求めなさい。

（４）右の図で，AC，BCの長さが等しいとき，アの角度を求めなさい。

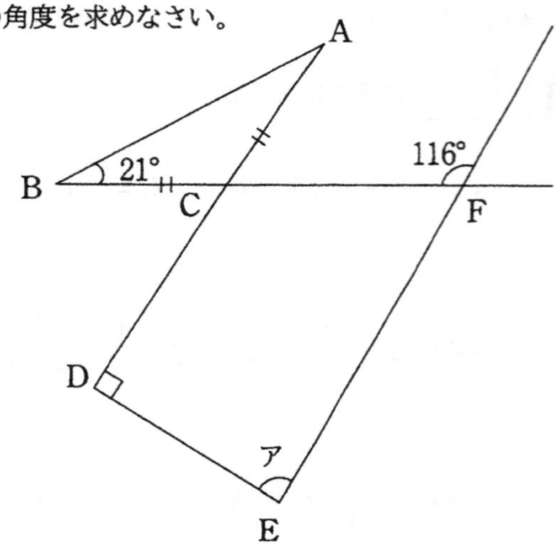

（５）右の図は，直方体から円柱の半分をくり抜いた立体です。この立体の体積を求めなさい。

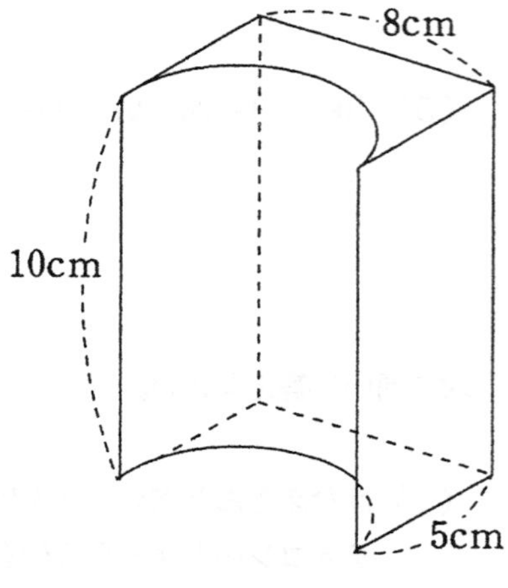

3　２人は水とジュース原液を混ぜて，飲み物を作っています。以下の会話文を読み，次の問いに答えなさい。

さとるさん「水160mLとジュース原液40mLを混ぜて作ってみたよ。①りこさん，飲んでみて。」

りこさん　「おいしいね。このときの水とジュース原液の量の比は，最も簡単な整数の比で表すと，［ア］になるね。」

さとるさん「［ア］の比で混ぜた飲み物を，家族にも飲ませてあげたいな。次は大きいコップで作ってみよう。どのように増やそうかな。」

りこさん　「水もジュース原液も，最初より同じ量ずつ増やせば同じ濃《こ》さになるんじゃないかな。40mLずつ増やして，水200mLとジュース原液80mLを混ぜて作ってみて。」

さとるさん「できたよ。同じ濃さになっているか飲んで確かめてみてくれる？」

りこさん　「あれ？さっきよりも濃くなってしまったよ。40mLずつ増やしたのにどうしてだろう？②」

さとるさん「［　　　イ　　　］」

りこさん　「そうか！ それなら水［ウ］mLとジュース原液80mLを混ぜると，最初と同じ濃さの飲み物になるね。」

（１）［ア］に当てはまる比，［ウ］に当てはまる数字をそれぞれ答えなさい。

（２）ジュース原液が180mLあり，３人で 4:5:6 の比で分けました。それぞれが下線部①と同じ濃さになるように水を入れて飲み物を作りました。一番少ない量の人の飲み物は何mLか求めなさい。

（３）［イ］でさとるさんは，りこさんの下線部②の質問に答えました。考えられる説明をかきなさい。

4 かなたさんは商品についているバーコードについて調べ，【メモ１】【メモ２】にまとめました。しおりさんと，かなたさんの会話文を読み，次の問いに答えなさい。

しおりさん「バーコードには13桁《けた》の数字がかいてあるね。何か意味があるのかな。」
かなたさん「例えば『45 71447 91129 8』という13桁の数字の中には，【メモ１】のような国，企業《きぎょう》，商品アイテムなどの情報が入っているよ。」

【メモ１】
『45』　… 国コード
『71447』… 企業コード
『91129』… 商品アイテムコード
『8』　… チェックデジット

しおりさん「チェックデジットってなんだろう。」
かなたさん「チェックデジットは，数字の列の誤りを検知する数字のことだよ。【メモ２】の方法で『45 71447 91129 8』を計算してみよう。」

【メモ２】チェックデジットの求め方
① チェックデジットの前の12桁の数字を用意する。
② （左から奇数《きすう》番目の数の和）＋（左から偶数《ぐうすう》番目の数の和）×３を計算する。
③ 10から②で計算した数の下1桁をひくと，チェックデジットの数字になる。

しおりさん「本当に8になったね。」
かなたさん「ちなみに，チェックデジットも入れた13桁の数字で②の方法で計算したら，[ア]の倍数になるよ。」
しおりさん「『49 01050 11729 [イ]』でも[ア]の倍数になったよ！」
かなたさん「そうだね。考えてみると，[ア]の倍数になることは，すべてのバーコードで成り立つね。(あ)」

（１）バーコード『49 01050 11729 [イ]』で【メモ２】の方法を用いて，[イ]に当てはまる数字を答えなさい。

（２）［ア］に当てはまる数字を，８，９，１０，１１，１２の5つから1つ選びなさい。

（３）下線部（あ）をどのように考えたか説明しなさい。

5 平行四辺形ABCDがあり，EFとGHはADと平行で，IJとKLはABと平行です。平行四辺形AEMI，OPHF，NJLPの面積がそれぞれ18cm^2，24cm^2，36cm^{2}であるとき，次の問いに答えなさい。

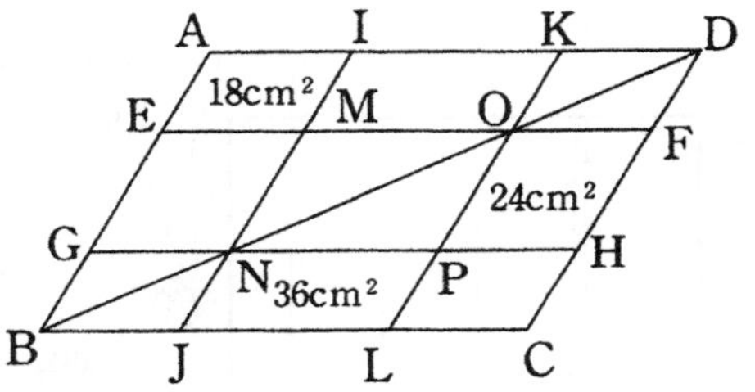

（１）平行四辺形EGNM，平行四辺形IMOK，平行四辺形PLCHの面積をそれぞれ求めなさい。

（２）平行四辺形ABCDの面積を求めなさい。また，解答用紙の図を用いて途中《とちゅう》の式や考え方もかきなさい。

【社　会】〈第１回午前試験〉（理科と合わせて50分）〈満点：50点〉

〈編集部注：実際の試験問題では，1の地図・図と3のグラフはカラー印刷です。〉

1 次の地図は、ある政令指定都市の一部です。地図中にある囲みは古代に置かれていた都の範《はん》囲を示し、また　は著名な寺院の所在地を表しています。なお、地図中の線路は新幹線のものです。この都市に関する【Ⅰ】～【Ⅴ】の文章を読み、下の問いに答えなさい。

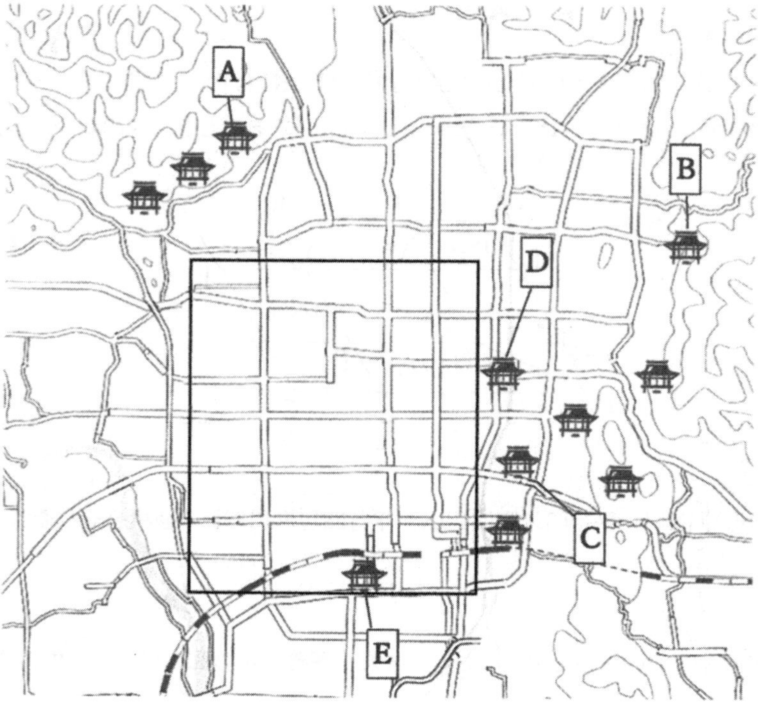

（地理院地図ベクターで作成）

【Ⅰ】Aには当時の権力者が山荘《そう》を築き、それが後に寺院になりました。この山荘が母体となった舎利殿《でん》は当時の①公家文化と武家文化の融《ゆう》合をとてもよく表した建築物です。

【Ⅱ】Bは、都の東側に建てられた寺院です。もともとは山荘として築かれたもので、当時の権力者が、②室町時代にこの都でおきた大きな戦乱に巻きこまれた住民に課税して、建築費用を出していました。

【Ⅲ】Cにある寺院周辺の地区は六波羅《ら》とよばれ、平安時代末期には政治の中心の１つとなっていました。また、鎌《かま》倉時代にはこの地に③六波羅探題が設置されました。

【Ⅳ】Dの地にある寺院は、もともとはちがう場所にありましたが、④16世紀後半に軍勢にせめ入られて焼失したため、現在の位置に移りました。またこの寺院は数回焼失しており、江《え》戸幕府滅《めつ》亡後の［　⑤　］戦争の際にも戦火に巻きこまれています。

【Ⅴ】Ｅにある寺院は、平安時代の初期に嵯峨《さが》天皇が建立を認めた寺院で、796 年に国家を守るために建てられたものです。

問１　下線部①に関して。平安時代から見られる次の図のような公家の邸《てい》宅の建築様式の名称《しょう》として、正しいものを次の中から１つ選び、記号で答えなさい。

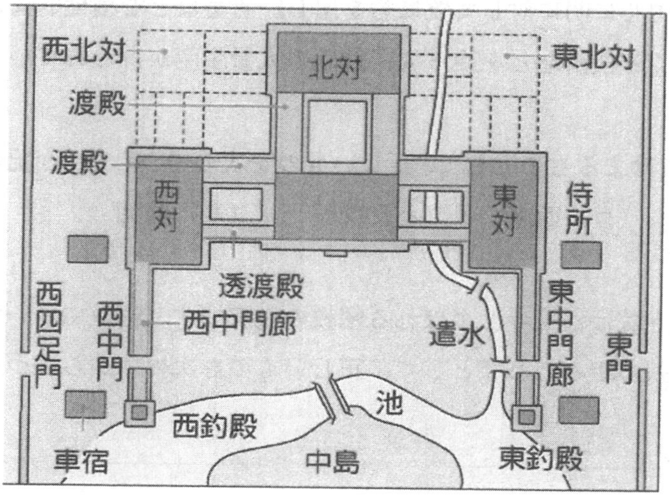

（Weblio より作成）

（イ）禅《ぜん》宗様　　（ロ）大仏様　　（ハ）書院造　　（ニ）寝殿《しんでん》造

問２　下線部②に関して。この戦乱の名称として、正しいものを次の中から１つ選び、記号で答えなさい。

（イ）応仁の乱　　（ロ）平治の乱　　（ハ）関ヶ原の戦い　　（ニ）壬《じん》申の乱

問３　下線部③に関して。これについての説明文ａ～ｄのうち、正しいものの組み合わせを次の中から選び、記号で答えなさい。

ａ　後鳥羽上皇が設置したもので、幕府と戦うための軍事力となった。
ｂ　承久の乱の後に幕府によって設置され、朝廷《てい》の監視などにあたった。
ｃ　14 世紀に足利尊氏がこれをほろぼし、鎌倉幕府を滅亡へと導いた。
ｄ　江戸時代末期に、新選組を支配する役所として機能していた。

（イ）ａとｃ　　（ロ）ａとｄ　　（ハ）ｂとｃ　　（ニ）ｂとｄ

問４　下線部④に関して。この時期の日本で行われていたことについての説明として、適切なものを次の中から１つ選び、記号で答えなさい。

（イ）イギリス人やスペイン人などの南蛮《ばん》人が来日し、キリスト教を布教していた。

（ロ）将軍の権力が非常に強く、そのもとで執《しっ》権を中心に重臣が合議で政治を運営していた。

（ハ）将軍を中心に明に対して貿易船を出し、硫《い》黄などを積極的に輸出していた。

（ニ）刀をつくる技術などを使って、鉄砲《ぼう》の大量生産が行われていた。

問５　⑤ にあてはまるものとして、正しいものを次の中から選び、記号で答えなさい。

（イ）箱館　　（ロ）西南　　（ハ）戊辰《ぼしん》　　（ニ）薩《さつ》英

問６　地図中のＥの寺院は、東寺とよばれる密教の寺院です。密教について説明したＸ・Ｙを読み、その正誤の組み合わせとして、正しいものを次の中から１つ選び、記号で答えなさい。

Ｘ　密教を日本にもたらしたのは、平安時代初期に中国にわたった空海たちで、山中での厳しい修行やいのりで病気や災いを取り除くことができると主張していた。

Ｙ　密教では、戦乱や天災が続く時代が到《とう》来すると予言していて、阿弥陀《あみだ》仏にすがって極楽に往生することを求める貴族に受け入れられた。

（イ）Ｘ－正　Ｙ－正　　（ロ）Ｘ－正　Ｙ－誤
（ハ）Ｘ－誤　Ｙ－正　　（ニ）Ｘ－誤　Ｙ－誤

問７　この都市の地形や夏場の気候の特徴《ちょう》について述べたものとして、最も適切なものを選び、記号で答えなさい。

（イ）周囲が山に囲まれていて、日中に温められた空気がとどまりやすいため、気温が上昇しやすい。

（ロ）瀬《せ》戸内海に面していて、また南北が山脈や山地にはさまれ、降水量が少ない。

（ハ）太平洋に面していて、夏には高気圧におおわれて気温が上昇《しょう》する。

（ニ）日本海からしめった暖かい風がふきこみ、夏には気温が上昇する。

問８　この都市は、オーバーツーリズムという問題をかかえています。この問題を解決する方法として、最も適切なものを次の中から選び、記号で答えなさい。

（イ）地域で増加している高齢《れい》者のコミュニティの拠《きょ》点とするため、手放された町家を利用する。

（ロ）外国人観光客を増やすため、空港からのアクセスを良くする。

（ハ）町の魅《み》力を向上させるため、ゴミのポイ捨て問題に町をあげて取り組む。

（ニ）地域住民の生活と文化の維《い》持のため、これにふさわしくない宿泊《はく》施設の参入を制限する。

2　人の移動や移住についての文章を読み、下の問いに答えなさい。

日本は島国ですが、昔から多くの人が海をわたって様々な国と交流し、また多くの人々が日本に渡《と》来しました。古代においては、中国に遣隋《けんずい》使や遣唐《とう》使などを派遣して、先進的な文物や律令などの①政治制度を取り入れていました。いわゆる「鎖《さ》国」をしていた江戸時代はどうでしょうか。例えば、将軍の代がわりごとに日本に派遣された［　②　］通信使は、各地域で歓迎《かんげい》され、儒《じゅ》学や漢詩などを用いた交流が行われました。

時代が変わり、明治時代になると、日本は③欧《おう》米の先進知識や技術を取り入れることに力を入れるようになりました。当時の日本は、欧米各国に肩《かた》を並べ、独立国として歩むことに必死だったのです。そうして、技術や知識のレベルは向上していきましたが、まだまだ日本は貧しい状態でした。そこでおきたのが、アメリカなど海外への移民の動きです。しかし、1904年からの［　④　］戦争で日本が勝利すると、特にアメリカ合衆国で日本人に対する警戒《かい》心が高まり、日本からの移民を排《はい》除する動きが出ました。そこで次に移民先として多くの日本人がわたったのが、南米の⑤ブラジルでした。日系人の多い国のランキングに、現在でもブラジルが入っているのはそのためです。

第二次世界大戦後、日本は急激に経済成長し、工業が発展しました。そうした中で、日本は外国人の労働者を受け入れていく側へと変化しました。特に、日本で外国人の出入国に関する法律が改正されると、1990年以降、多くの外国人が日本での高い賃金を求めて、来日するようになりました。下の表を見ると、上位４か国は日本の近隣《りん》諸国ですが、５位に日本とつながりの深いブラジルが入っています。特に⑥群馬県や静岡県、愛知県などは、多くのブラジル人が在住していることで知られています。こうした県の自治体では、ポルトガル語をはじめとする外国語の看板を多く見かけたり、スーパーでも外国からの商品が多くあつかわれていたりするなど、外国からの人々と過ごす生活があたり前になっている様子が見られます。

順位（2022年）	日本に在留している外国人の出身国
1	中国
2	ベトナム
3	韓《かん》国
4	フィリピン
5	ブラジル
6	ネパール
7	インドネシア

（出入国在留管理庁 HP より作成）

問１　下線部①に関して。日本の現在の政治制度に関する説明として、正しいものを次の中から１つ選び、記号で答えなさい。

（イ）内閣総理大臣は国民の投票によって選ばれる。

（ロ）衆議院・参議院ともに解散がある。

（ハ）都道府県知事は内閣総理大臣によって任命される。

（ニ）衆議院・参議院それぞれにおいて、総議員数の３分の２以上の賛成により憲法改正を発議することができる。

問２　② にあてはまるものとして、正しいものを次の中から１つ選び、記号で答えなさい。

（イ）琉《りゅう》球　（ロ）オランダ　（ハ）中国　（ニ）朝鮮《せん》

問３　下線部③に関して。これについて述べたものとして、誤っているものを次の中から１つ選び、記号で答えなさい。

（イ）フランスの技術を導入して、富岡製糸場をつくった。

（ロ）イギリスの憲法を参考にして、大日本帝《てい》国憲法を制定した。

（ハ）伊藤《いとう》博文や大久保利通が、海外の視察を行った。

（ニ）津《つ》田梅子が海外に留学し、帰国後に女子英学塾《じゅく》を開いた。

問４　［　④　］にあてはまるものとして、正しいものを次の中から１つ選び、記号で答えなさい。

（イ）甲《こう》午農民　　（ロ）日清　　（ハ）日露《ろ》　　（ニ）日中

問５　下線部⑤に関して。

（１）ブラジルの位置を、問題文や地図Ａを参考に地図Ｂの中から選び、記号で答えなさい。

【地図Ａ】

【地図Ｂ】

（CraftMAP で作成）

（２）次のグラフは日本とブラジルの発電量とその内訳を表したものです。Xにあてはまるものとして、正しいものを次の中から１つ選び、記号で答えなさい。

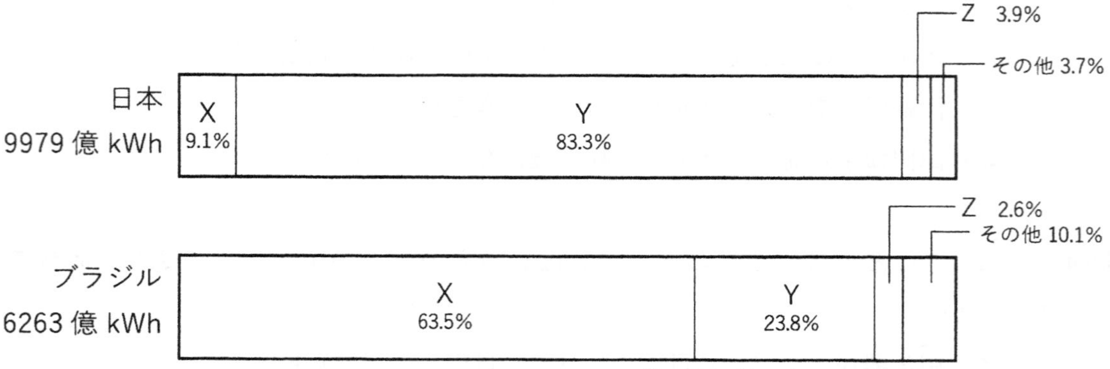

（『日本国勢図会 2022/23 年版』より作成）

（イ）水力　　（ロ）火力　　（ハ）原子力　　（ニ）風力

問６　下線部⑥に関して。これらの地域に外国人労働者が多く集まっている理由として、最も適切なものを次の中から選び、記号で答えなさい。

（イ）自動車やバイクの工場が多くある地域で、高い収入が期待できるから。

（ロ）海に面した地域で、ブラジルと同じような気候での生活が期待できるから。

（ハ）衆議院議員選挙での外国人投票権が認められている地域だから。

（ニ）外国人観光客が急増している地域で、通訳の仕事などが期待できるから。

3 次の資料Ⅰ・Ⅱを見てその内容を読み取り、条件にしたがってレポートを書きなさい。

＜条件＞
・両方の資料に関係するテーマを設定すること。
・グラフから読み取れることについて述べた上で、日本社会の課題とそれに対して取るべき対策をふくめて書くこと。

【資料Ⅰ】運転免許保有者構成率の推移

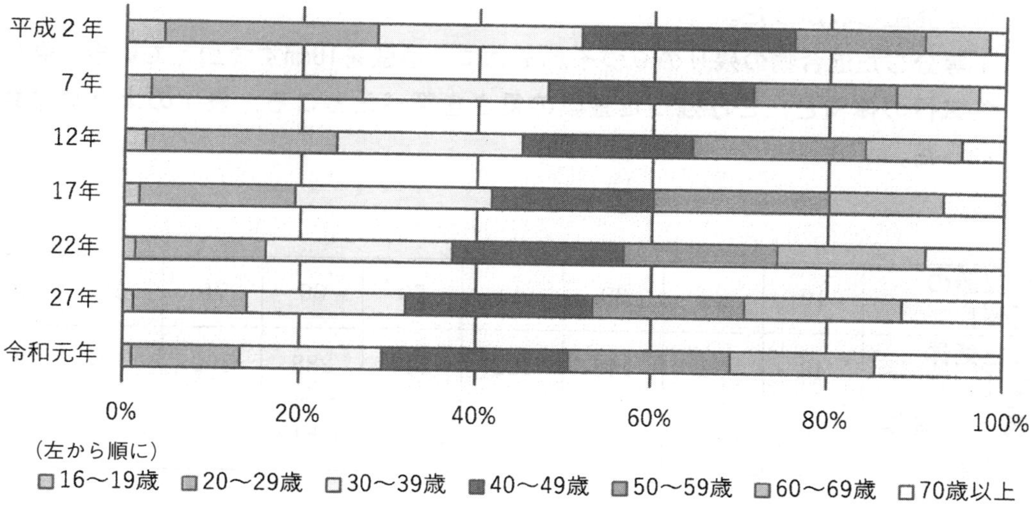

（内閣府『令和２年度交通安全白書』より作成）

【資料Ⅱ】75歳以上の高齢運転者による死亡事故件数の推移

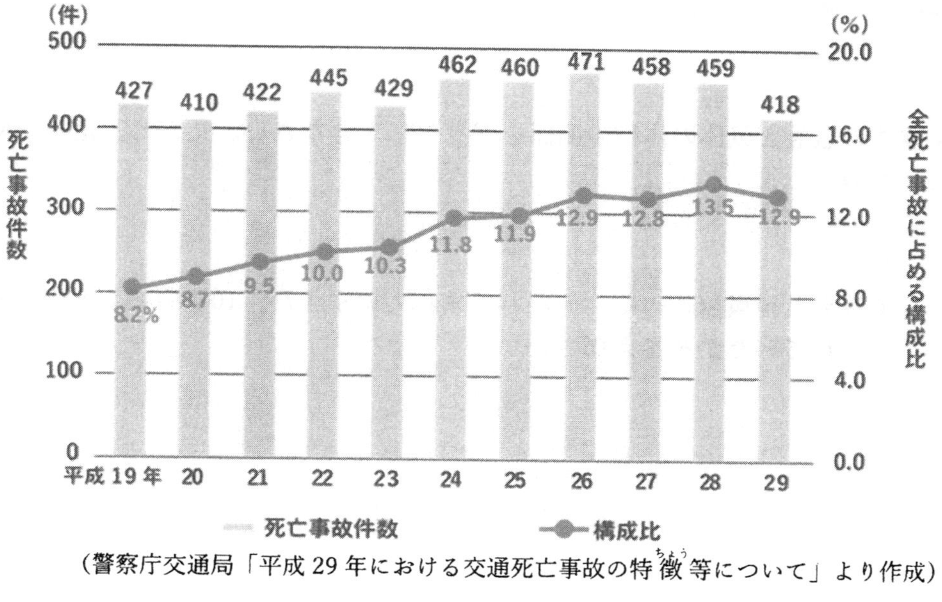

（警察庁交通局「平成29年における交通死亡事故の特徴《ちょう》等について」より作成）

【理　科】〈第１回午前試験〉（社会と合わせて50分）〈満点：50点〉

1　３種類の金属の粉末の混合物が10ｇあります。混合物にふくまれる，それぞれの粉末の割合を求めるために実験１～４を行いました。粉末は，鉄，マグネシウム，アルミニウム，銅のいずれかです。また，混合物は均一に混ざっているものとします。

実験１：混合物に磁石を近づけたところ2.0ｇの粉末が引きついた。

実験２：実験１の後，残った混合物を十等分した。

実験３：十等分した混合物のうちの１つに，水酸化ナトリウム水溶《よう》液を加えたところ，気体は発生しなかった。

実験４：十等分した混合物の残りの９つそれぞれに，塩酸を10㎤ずつ加えていき，発生した気体の体積と，とけ残った金属の重さを調べたところ，表１のような結果になった。

表１

加えた塩酸の体積［㎤］	10	20	30	40	50	60	70	80	90
発生した気体の体積［㎤］	48	96	144	192	240	288	300	300	300
とけ残った金属の重さ［ｇ］	0.752	0.704	0.656	0.608	0.560	0.512	0.500	0.500	0.500

（１）　**実験１**より，どの金属が何ｇふくまれていたことがわかりますか。

（２）　**実験４**で発生した気体の名前を答えなさい。

（３）　**実験４**の塩酸と気体の体積の関係をグラフにかきなさい。ただし，定規を使わなくてよいものとします。

（４）　（１）で答えた金属以外には，何がふくまれていますか。10ｇ中に，どの金属が何ｇずつふくまれていたかを答えなさい。

2　図１は，浮《ふ》沈《ちん》子《し》を表したもので，密閉されたペットボトルの中に，水と，魚の形をしたプラスチック製の容器Ａが入っています。容器Ａには，少量の水と空気が入っていて，ふたは閉まっていません。ペットボトルをにぎると，水面に浮いていた容器Ａが沈み，にぎっていた手をはなすと容器Ａが再び浮かび上がりました。

図１

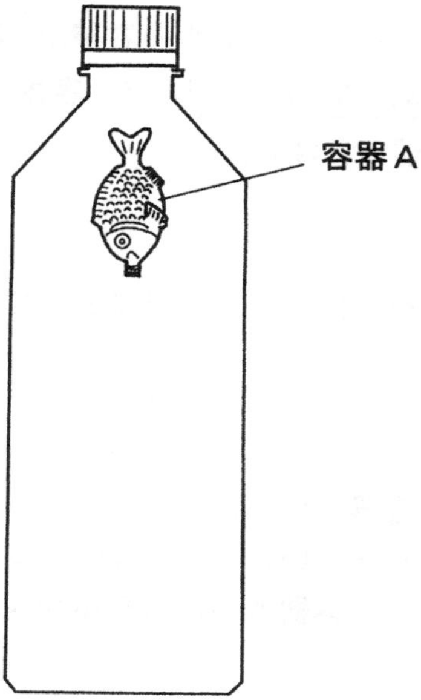

（1）　図２，図３は，水中にゴム膜《まく》のついた筒《つつ》を入れたときのようすです。図２，図３からわかる水圧の特徴《ちょう》をそれぞれ答えなさい。

図２

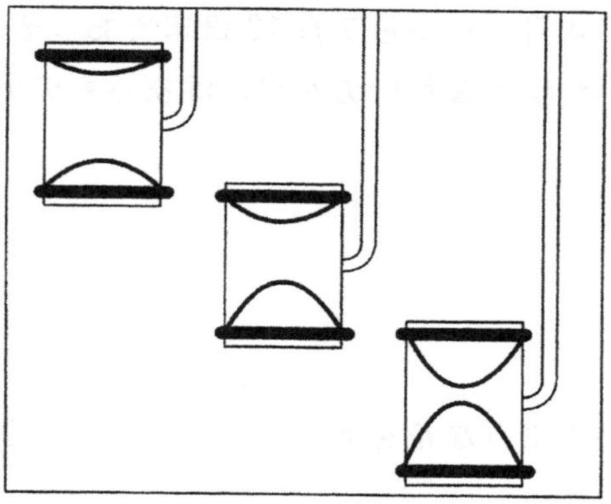

図３

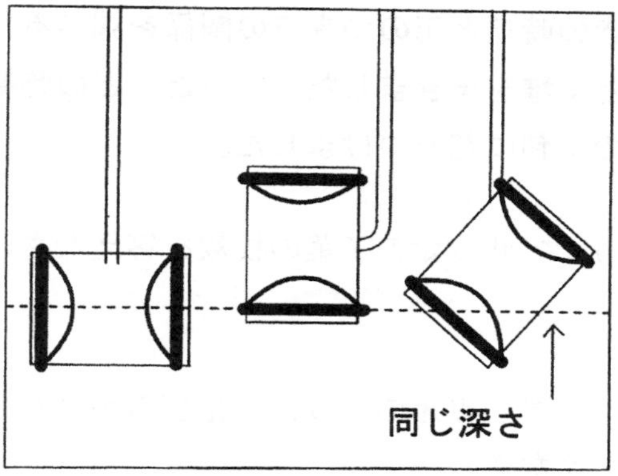

（２） 次の文章は，ペットボトルをにぎったときに中の**容器Ａ**が沈《しず》む理由を説明したものです。文章中の①にあてはまる言葉を答えなさい。②，③はそれぞれふさわしい方を選びなさい。

　水の中にある**容器Ａ**には，上向きに［ ① ］がはたらいていて，［ ① ］の大きさと**容器Ａ**の重さが同じ大きさなので水面に浮《う》いている。
　ペットボトルをにぎると，ペットボトルの容積が［ ②｛大きく・小さく｝］なり，**容器Ａ**の中の水の量が［ ③｛増える・減る｝］ので，**容器Ａ**の重さが［ ① ］の大きさよりも大きくなる。よって，**容器Ａ**は沈む。

（３） 寒い部屋にペットボトルを放置すると，浮沈子が沈んでしまうことがあります。その理由を考え，説明しなさい。

（４） ペットボトルの中にある**容器Ａ**のふたを閉めてペットボトルをにぎると，水面に浮いていた**容器Ａ**が沈み，にぎっていた手をはなすと**容器Ａ**が再び浮かび上がりました。ペットボトルをにぎったときに**容器Ａ**が沈む理由を説明しなさい。

３ 次の文を読み，あとの問いに答えなさい。

アサガオは夏に咲《さ》く花の代表例です。アサガオは，品種にもよりますが大体５月下旬《げじゅん》から６月下旬に種をまくと，８月上旬に花の見ごろをむかえるとされています。そこで，種まきの時期と花のつき方の関係を調べるために，４月１日から７月10日までおよそ20日ごとに種をまきました。すると，どの時期にまいた種も背たけのちがいはあるものの，８月の上旬に花をつけました。

（１） アサガオの子葉の枚数を答えなさい。

（２） アサガオのように，花びらが合わさっているような花を何といいますか。名前を答えなさい。

（３） 現在では，１日のうちの光の当たらない時間（暗期）の長さが植物の多くの種類の花の形成に関係していることがわかっています。アサガオの花の形成と暗期の長さについてまとめた下のグラフをもとに，アサガオが花を形成する暗期の長さについての説明として適当なものをあとの**ア～オ**の中から２つ選び，記号で答えなさい。

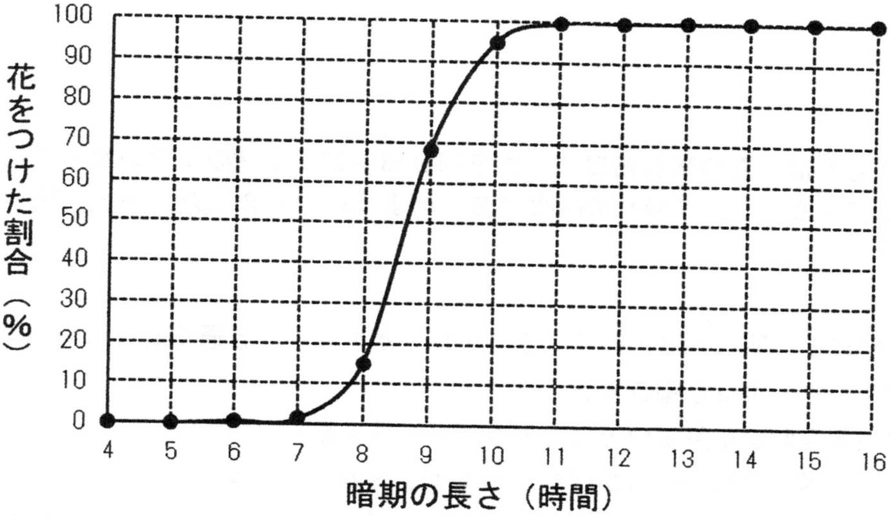

ア　暗期の長さが一定の時間よりも短くなった場合に花が形成される。
イ　暗期の長さが一定の時間よりも長くなった場合に花が形成される。
ウ　アサガオの花ができるかどうかの基準となる暗期の長さは約５～６時間である。
エ　アサガオの花ができるかどうかの基準となる暗期の長さは約７～８時間である。
オ　アサガオの花ができるかどうかの基準となる暗期の長さは約９～10時間である。

（４） 温度と光の当て方を調節しながら，アサガオを栽培してつぼみをつけさせました。これらのつぼみが開く前日に鉢《はち》植えごと温度を一定に保った暗室に移し，光の条件を変えて開花時間を調べました。下の**表１**は，花が開く前日の照明の点灯時刻（**A**）と消灯時刻（**B**），花が開いた当日の点灯時刻（**C**），花を咲かせた時刻（**D**）をまとめたものです。表を参考に開花時刻に関する規則性を推測し，簡単に説明しなさい。

表１

	鉢植え１	鉢植え２	鉢植え３	鉢植え４	鉢植え５
A	５：２８	５：５１	４：２５	５：２８	５：００
B	１８：０２	１７：００	１９：００	１７：３９	１８：３０
C	５：２７	５：５２	４：２６	５：２９	５：０１
D	４：０５	２：５８	５：００	３：４２	４：２８

（５） アサガオの花の形成条件から考えると，秋から春にかけて花をつける個体がいても不思議ではありません。しかし，日本における自然環境下で，冬に咲くアサガオはほとんど見られません。この理由を環境条件の季節変化と植物の生命活動から考察して述べなさい。

4 里香さんは，夏の晴れた日に，東京都世田谷区で太陽の１日の動きを次のような手順で調べました。手順５の結果は表１のようになりました。あとの問いに答えなさい。

手順１：厚紙にとう明な半球と同じ大きさの円をかき，中心を通る直角に交わる２本の直線を引き，方位を書き入れる。

手順２：方位を合わせた厚紙の上に，とう明な半球を置く。

手順３：サインペンのペン先のかげが，ちょうど円の中心にうつるようにし，そのときのサインペンの位置を半球の表面に●印で記録する。この作業を９時から17時まで１時間ごとに行う。

手順４：記録した点をなめらかな曲線で結び，その曲線を半球のふちまでのばし，曲線とふちとの交点をそれぞれ図のようにＡ，Ｂとする。

手順５：各点を紙テープに写しとり，各点の間隔《かく》を測定する。

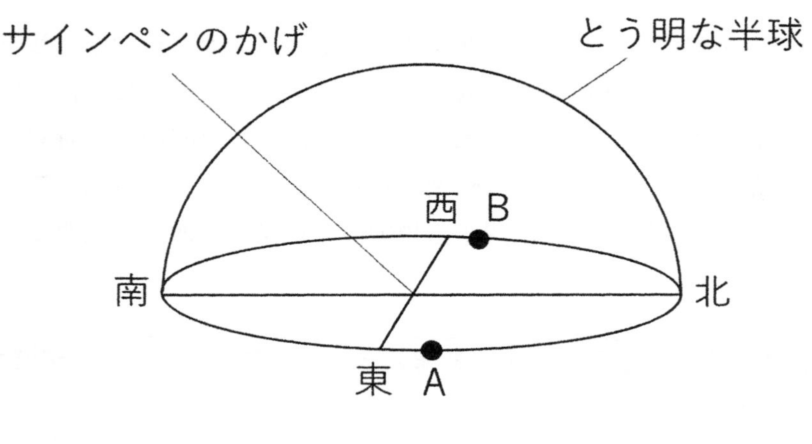

表１

時刻〔時〕	A	9	10	11	12	13	14	15	16	17	B
長さ〔cm〕	0	12.0	14.8	18.1	21.1	24.0	27.0	30.1	32.9	36.0	40.5

（1）　太陽はとう明な半球の表面を１時間に平均何 cm 移動しているように見えますか。

（2）　**手順３**の作業を１分ごとに行うとすると，●印は，半球の表面に何㎜おきにつくことになりますか。

（3）　この日の日の出の時刻は何時何分ですか。

（4）　この日の太陽が南中する時刻は何時何分ですか。

（5）　ある星の動きを，太陽と同じようにとう明な半球に記録できたとすると，それらの●印を結んでできた線はどのようになりますか。次の**ア**～**エ**から１つ選び，記号で答えなさい。ただし，真南を通過したときの地平線からの高さは太陽より星の方が低いものとします。

ア

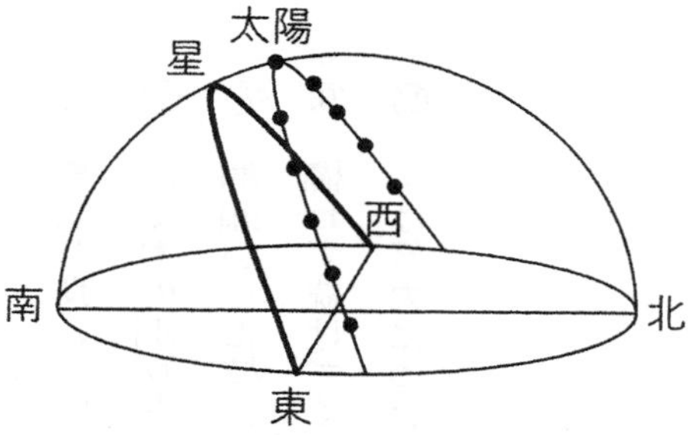

イ

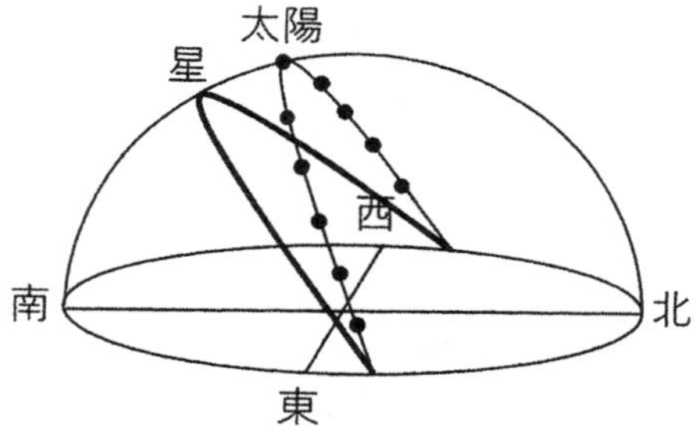

ウ

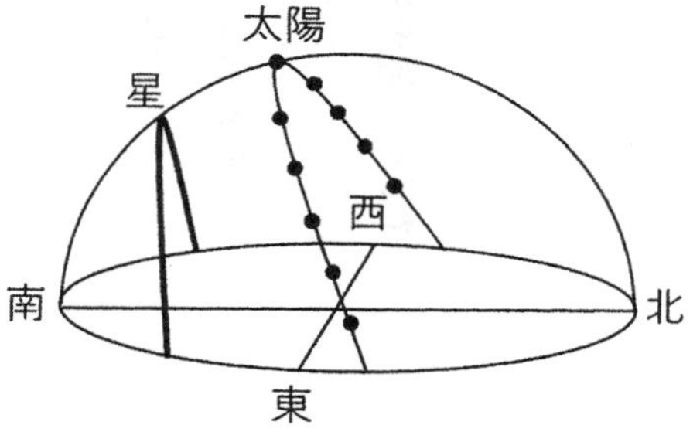

エ

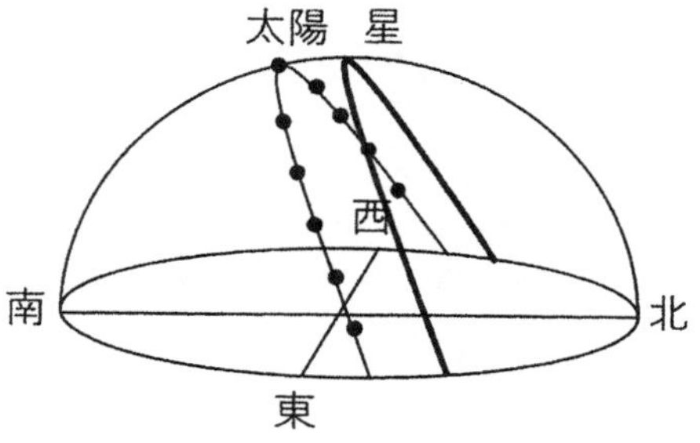

三　次の問いに答えなさい。

問　次の①～⑩の――線部のカタカナは漢字に直し、漢字は読みを書きなさい。

① 浜辺にシオカゼが吹《ふ》く。

② 世田谷区のヤチンは高いそうだ。

③ ソナえあれば憂《うれ》いなし。

④ 将来の夢はベンゴシになることだ。

⑤ ソンケイする人はマザー・テレサだ。

⑥ 事態が良い方向にシンテンする。

⑦ 山で木のボウを拾い集めた。

⑧ 車窓から田植えの様子が見えた。

⑨ 構わず続けてください。

⑩ 父は努力について熱弁を奮っていた。

問八　――線部⑤「廃棄するロス」について、次の会話文を読み、［表］を見て、あとの問いに答えなさい。

Aさん「日本国内でも、食品の廃棄ロスは、大きな問題になっているよね。」
Bさん「そうだね。［表］を見ても、毎年大量の食品が捨てられていることが分かるね。」
Aさん「この文章では、バナナの『色』をうまく使うことで『廃棄するロス』が減らせたと書いてあった。つまり、『色』という『見た目』が、食品ロスを減らしたと言えそうだね。」
Bさん「その通りだと思う。この時代には、『見た目』がロスを減らすことにつながったのだね。でも、今の私たちの身の回りだと、むしろ反対のことが多いとも言えそうだね。」
Aさん「えっ。それは、どういうことかな。」
Bさん「たとえば、［　X　］ということがあげられるね。」
Aさん「なるほどね。それなら、それを解決するためには、［　Y　］というのが効果的だと思うよ。」

［表］2020年度　食品ロス量（単位：万トン）

家庭		247（47%）
家庭以外		275（53%）
	農家など	121（23%）
	市場など	13（2%）
	スーパーなど	60（11%）
	レストランなど	81（16%）
全体		522（100%）

問　次の⑴・⑵に答えなさい。ただし、あとの注意にしたがうこと。（「、」や「。」も字数に入れます。）

※　解答用紙は解答用紙No.２を使用すること。

⑴　［X］に、――線部の「反対のこと」を具体的に説明するような内容を三十字から四十字で書きなさい。

⑵　［Y］に、［X］であげた例に対する解決策を三十字から四十字で書きなさい。

【注意】
・会話やセリフの形では書かないこと。
・本文に書かれていること以外で考えて書くこと。

問三　[A]・[B]に入る言葉として適切なものをそれぞれ次の中から選び、記号で答えなさい。

ア　不可解　　イ　不可侵《ふかしん》　　ウ　不可欠　　エ　不可能　　オ　不可視

問四　――線部②「自然の『操作』」とありますが、ここで「操作」に、「　」（かぎかっこ）が付いている理由として、適切なものを次の中から選び、記号で答えなさい。

ア　これまで人類が自然に対し農業として行ってきたことを「操作」という言葉でまとめ直していることを示すため。
イ　十九世紀末までの農業と、それ以降の自然への「操作」とは全く異なる性質のものであるということを示すため。
ウ　人類が農業という形で自然を「操作」することは、環境に悪影響《あくえいきょう》を与《あた》えていることを読者に印象づけて示すため。
エ　それまでの開拓・対峙・管理に引き続いて、この時代では自然の「操作」がされるようになったことを示すため。

問五　二か所の[C]に共通して入る言葉として、適切なものを次から選び、記号で答えなさい。

ア　実用　　イ　相対　　ウ　多様　　エ　画一

問六　――線部③「赤茶色または濃い紫色をしたダッカと呼ばれる種類」とありますが、この品種が生産されなくなった直接的な理由を述べている一文をこれより後の本文中からさがし、初めの五字をぬき出して答えなさい。

問七　――線部④「黄色いバナナが『自然な』色として広まった」とありますが、これについて、次の⑴・⑵の問いに答えなさい。

⑴　**「黄色いバナナが『自然な』色として広まる」ようになった原因は、何ですか。次の中から二つ選び、記号で答えなさい。**

ア　バナナを材料にしたデザートのレシピが、他の果物と同じくらいに増えたこと。
イ　黄色いバナナだけが大量生産され、そればかりが市場に出回るようになったこと。
ウ　黄色いバナナのほうが価値が高くなり、大衆に愛された食べ物になっていったこと。
エ　本や広告などのメディアで描かれるバナナのほぼ全てが、黄色いものになったこと。
オ　黄色いバナナについての消費者への教育が、学校などでされるようになったこと。

⑵　**「黄色いバナナが『自然な』色として広まった」とは、どういうことですか。それを説明した次の文の空らんに入るように、三十字以内の言葉を書きなさい。**

多くの人々が〔　　　　　　〕ということ。

9　アメリカで黄色いバナナのみが食品売り場に並ぶようになると同時に、料理本や広告、その他様々なメディアで描《か》かれるバナナはほとんどが黄色で表現されるようになった。バナナ輸入会社の広告や冊子の中には、消費者にバナナの食べ頃の色をイラストつきで解説するものがあったのだが、それらは全て黄色のバナナであった。ユナイテッド・フルーツ社がマーケティングのために作り出した、バナナを擬《ぎ》人《じん》化《か》したキャラクター「チキータ」も黄色い皮を身につけている。こうして、多くの人々にとって、普段の買い物や食卓、広告などで目にする④黄色いバナナが「自然な」色として広まったのである。

10　こうした「色彩《しきさい》教育」は消費者に対してのみ行われたわけではない。果物の卸《おろし》問屋《どんや》や小売店に向けてもバナナの「最適な」色について教えるチラシや冊子が配布された。例えば、あるフルーツ輸送会社は、食料品店向けにバナナの色と熟し具合とを説明したポスターを配布し、店の倉庫からいつバナナを売り場に移動させるかの目安を周知するなどしていた。皮に緑色が少し残りおおよそ黄色く色づいている状態が、店頭に並べる最適なタイミングだとされた。これは、生で食べるには早すぎるが、数日間は店頭に並べておける熟し具合で、熟しすぎたものを⑤廃棄《はいき》するロスを減らすことができ、利益率の向上につながったのだ。消費者の多くが、ある特定の色をその食べ物の「自然な」色だと認識するようになったことで、新鮮さや熟し具合を示す色は、生産者や販売者らにとって市場価値を持つ販売戦略の一つとして用いられるようになったのである。

（久野　愛『視覚化する味覚——食を彩る資本主義』）

※１　プランテーション　＝　単一の作物を大量に栽培する大規模農園のこと。

問一　——線部ａ「バリエーションに富んだ」・ｂ「焦点を当て」・ｃ「依然として」を言いかえたものとして、適切なものをそれぞれ次の中から選び、記号で答えなさい。

ａ　「バリエーションに富んだ」　ア　豪華《ごうか》な　イ　多彩《たさい》な　ウ　奇抜《きばつ》な　エ　裕福《ゆうふく》な

ｂ　「焦点を当て」　ア　注目して　イ　比較《ひかく》して　ウ　縮小して　エ　対抗《たいこう》して

ｃ　「依然として」　ア　もうすでに　イ　あいかわらず　ウ　ところによって　エ　たいへん

問二　——線部①「食のグローバル化ともいえるこのような変化」とありますが、この「変化」が起きるきっかけは、何ですか。本文の1段落～3段落の中から二十七字でさがし、初めと終わりの五字をぬき出して答えなさい。

る。

4 人類は農業を開始して以来（もしくはもっとそれ以前から）、様々な技術を駆《く》使《し》して自然を開拓《かいたく》してきた。季節や気候に合った品種を選《せん》択《たく》し、生産性と品質を向上させるため品種改良を行うなど、自然環境と対峙《たいじ》し、また時に自然を管理することを目指したのだ。そして、十九世紀末になり、農業の機械化や大規模生産の始まりによって、②自然の「操作」は、規模・内容ともに大きく変化することとなった。大量生産と商品・生産過程の[C]化は、自動車工場のベルトコンベヤの上だけでなく、「自然」の恵《めぐ》みを受ける田畑にも広まったのである。

5 では、十九世紀末以降、新しい食べ物を初めて目に、そして口にした人々は、どのようにしてそれらの食べ物の「（作られた）あるべき」色を学び、認識《にんしき》するようになったのだろうか。ここでは特にこの頃《ごろ》一般的に広まるようになったバナナとオレンジにb焦点《しょうてん》を当て、これらの果物の色が次第に[C]化され、多くの人々にとって当たり前のものとなった過程を辿《たど》ることとする。

6 本書の冒頭《ぼうとう》で触《ふ》れた『熱帯の果物』を思い出してほしい。一八七一年に制作されたこの絵には、黄色と赤茶色のバナナが描《えが》かれていた。今日よく目にする黄色いもの（当時は主にグロスミッチェルという種）と、③赤茶色または濃《こ》い紫色《むらさきいろ》をしたダッカと呼ばれる種類である。黄色・赤色いずれのバナナも当時は高価で、一本のバナナが一〇セントから二〇セント程で販売《はんばい》されていた（牛のサーロインが四五〇グラム当たりおよそ一〇セントだったことから、バナナが高級食品だったことがわかる）。だが、一八七〇年代から八〇年代になると、c依然《いぜん》として安い果物ではなかったものの、バナナは次第に多くの消費者にとって馴染《なじ》みのある食べ物となっていった。

7 例えば、料理本の中に材料の一つとしてバナナがしばしば登場するようになる。一八八四年刊行の『リンカーン夫人のボストン・クック・ブック』という、当時広く読まれた料理本には、バナナを使用したレシピがいくつか掲載《けいさい》されていた。その中の「トロピカルスノー」（直訳すると「熱帯の雪」）というデザートでは、オレンジやココナッツの他、レッドバナナが材料の一つとして含《ふく》まれていた。このデザートは、オレンジとバナナを薄《うす》くスライスし、皿の上に交互に敷《し》き詰《つ》め、その上にココナッツと砂糖をかけたものだった。実際に何人の人がこのレシピを再現したかは不明であるものの、たとえ実際に食べたことはなくとも、バナナには黄色と赤色の少なくとも二種類があるという認識がある程度共有されていたと考えられる。

8 二〇世紀初頭までにバナナの生産・消費が拡大していくにつれ、人々が普段目にするバナナに変化が起きた。黄色のバナナが市場を独《どく》占《せん》するようになったのである。ユナイテッド・フルーツ社などアメリカのバナナ生産・輸送業者が中南米に※1プランテーションを建設し、バナナの大規模生産を始めると、フルーツ会社はより生産性が高く、効率的な生産・販売を求めて、グロスミッチェルという黄色種のみに特化するようになった。これは、赤い品種は黄色いものよりも皮が薄く傷つきやすいため、長距離輸送に向いていなかったためである。そして、一九〇五年には雑誌『サイエンティフィック・アメリカン』で、バナナは「貧乏《びんぼう》人の果物」だと紹介《しょうかい》されるまでにその価格は下がり、大衆の食べ物として認識されるようになったのである。

問七　――線部④「春の濃霧は、晴れたようだった」とありますが、この情景描写《びょうしゃ》はどのようなことを表していますか。適切なものを次の中から選び、記号で答えなさい。

ア　本木がつらい過去を乗《の》り越《こ》えることができ、もう一度医者を目指して頑張《がんば》ろうと決心していること。
イ　本木がつらい過去を完全に忘れることはできなくても、蕗子の言葉により前を向こうとしていること。
ウ　本木の悲しい過去の話が終わったことで明るい雰囲気《ふんいき》になり、みんながほっとしていること。
エ　本木の今までずっと隠していた過去を知ることができて、みんながすっきりしていること。

問八　今後、本木はどのように行動していくと考えますか。あなたの考えを、本文の内容から根拠《こんきょ》を示しながら九十字以内で書きなさい。
（「、」や「。」も字数に入れます。）
※　解答用紙は解答用紙No.２を使用すること。

二

次の文章を読んで、あとの問いに答えなさい。なお、[1]～[10]は、段落番号を示します。

[1]　フィリピン産のバナナや、カリフォルニアのグレープフルーツ、ノルウェー産のサーモンなど、今日、私たちの食卓《しょくたく》は世界各地から運ばれた生鮮《せいせん》食品で溢《あふ》れている。だが①食のグローバル化ともいえるこのような変化は、この一世紀ほどのできごとである。それまでは、野菜や果物、肉、魚などは、地元でとれたものがほとんどで、手に入る種類も季節により大きく異なっていた。また、海外産の食品があったとしてもそれは非常に高価で、一般《いっぱん》消費者が普段《ふだん》口にすることはほぼ[A]であった。

[2]　アメリカを例にみると、十九世紀末になって、これまで見たこともなかった果物や野菜が遠く離《はな》れた生産地から運ばれるようになり、特に都市部に住む上流家庭の食卓はaバリエーションに富んだものになっていった。例えばバナナやオレンジ、パイナップルなどは、熱帯地域の国や、国内であっても一部の地域でしか生産されておらず、長距離《ちょうきょり》輸送網《ゆそうもう》や輸送技術が発達するまでは、全国市場で消費されることはなかった。一八七〇年代に入り、鉄道や船を使った冷蔵輸送や長距離輸送が可能になったことで、それまで高価で珍《めずら》しかった果物や野菜は次第《しだい》に富裕層《ふゆうそう》のみの食べ物ではなくなっていったのである。

[3]　市場が拡大するにつれ、農産物を大量かつ安価に生産する必要が出てきた。さらに、常に一定した品質を安定供給することも国内およびグローバル市場の拡大とともに[B]となっていった。こうした中、形や大きさと並んで、色は、野菜や果物の品質基準の指標の一つとして用いられており、常に一定基準以上の色をした農産物を生産するため、品種改良や農業技術の開発が行われるようになったのであ

c 「**絶句**」
ア あまりの怒《いか》りに言葉が出なくなること　　イ 何と言ったらいいかわからず困ること
ウ 深い悲しみに耐えきれないこと　　エ 言葉に詰《つ》まりあとが続かないこと

問二 **［A］～［C］に入る言葉として適切なものをそれぞれ次の中から選び、記号で答えなさい。**
ア ぽつりと　　イ ずけずけと　　ウ ぴしゃりと　　エ ふっと　　オ さっと

問三 **――線部①「だけど、実際、向いてなかった」とありますが、本木が考える医者に向いている人とはどのような人ですか。適切なものを次の中から選び、記号で答えなさい。**
ア 親身になって話を聞き、患者の心に寄《よ》り添《そ》った治療《ちりょう》をすることができるような心優《こころやさ》しい人。
イ 一生懸命《いっしょうけんめい》勉強に取り組み、医学部の試験に合格することができるような真面目で努力家な人。
ウ 昔から医者を目指し、周りからも医者に向いていると言われるような非常に優秀《ゆうしゅう》な人。
エ 自分の意思で医者になり、大事な手術に寝坊《ねぼう》することがないような責任感と覚悟のある人。

問四 **――線部②「彼の目には、暗い光が浮かんでいた」とありますが、この時の本木の気持ちを説明した次の文の空らんに入る言葉を三十字以内で書きなさい。**
（　　　　　　　　）を感じている気持ち。

問五 **――線部X「僕は耐えられなくなった」とありますが、ここで使われている「られ」と同じ意味のものを次の中から一つ選び、記号で答えなさい。**
ア 校長先生が急いでこちらに来られる。　　イ 私はいまだに一人で寝られない。
ウ 入院している友人のことが案じられる。　　エ 道でおばあさんに声をかけられた。

問六 **――線部③「先生、という響きが、朱里の耳の底に、重たく沈む」とありますが、これはどういうことですか。「研修医」という言葉を必ず用いて、次の文の空らんに入る言葉を四十字以内で書きなさい。**
朱里が、医者という仕事は（　　　　　　　　）と感じているということ。

「そんなことない。私が今、落ち着いていられるのは、医師免許を持ってる、専門家《せんもんか》の本木くんが、未菜を『大丈夫』って言ってくれたからだよ」

答える蕗子の声は、凛《りん》としていた。

「たとえ、それがたいしたことがない病気でも怪我《けが》でも、私たち素人《しろうと》にはそれがわからないんだよ。大丈夫って言ってくれるプロがいる、それだけで救われることもある。そういう安心感を、本木くんは今日、私にくれたよ」

島に医者がいるということはこういうことなのだと、さっき実感したのは蕗子ばかりでなかった。朱里も、それにみんなもそうだ。

「大変な仕事だと思う。だからこそ、耐えられないこともあったんだと思う。でも――、今は、本当にありがとう」

「……どう、いたしまして」

答える本木の声は、掠《かす》れていたが、震えてはいない。手の震えも、いつしか収まっている。

（中略）

カチコチ、と鳴る壁《かべ》時計の音に混じって、未菜の柔らかい寝息《ねいき》が思い出したように聞こえてくる。

沈黙《ちんもく》を破るように衣花が開けた窓の外に、海の青が広がっている。

④春の濃霧は、晴れたようだった。

（辻村　深月『島はぼくらと』）

※１　ばあや　＝子守《こもり》や家事などを行う、年をとった女性のこと。

※２　勘当　＝　親子の縁《えん》を切って追い出すこと。

※３　同じく逃げてきた　＝　蕗子は元オリンピックの銀メダリストであったが、有名人として扱われる生活に耐えきれなくなり逃げるようにして冴島に引《ひ》っ越《こ》してきた。

問一　━━線部ａ「苦笑」・ｂ「生半可」・ｃ「絶句」の本文中の意味として適切なものをそれぞれ次の中から選び、記号で答えなさい。

ａ「苦笑」

ア　ばかにして笑うこと　　イ　ひそかに笑うこと

ウ　しかたなく笑うこと　　エ　こらえきれずに笑うこと

ｂ「生半可」

ア　中途半端《ちゅうとはんぱ》であること　　イ　戸惑《とまど》っていること

ウ　嫌《いや》がっていること　　エ　おおざっぱであること

部屋の中は、驚《おどろ》くほど静かだった。
独白《どくはく》のような本木の声だけが、響《ひび》いていた。
「手術をしたその患者《かんじゃ》さんとは、研修も兼《か》ねて、術前《じゅつぜん》からよく僕が診察《しんさつ》をさせてもらった。会社を定年になったばかりの男性の患者さんで、手術も、そう難しいものじゃなかった。だけど、身内《みうち》の身体にメスが入るんだから、奥《おく》さんも家族もみんな心配していて、それに『大《だい》丈夫《じょうぶ》ですよ』と答えるのも僕の仕事だった。ただの助手っていう僕にも、手術の前日には『よろしくお願いします』って、本人も奥さんも、みんな頭を下げて――」
一息に言った本木が、そこで、言葉を止めた。当時のことを思い出すように、ゆっくりと、言葉を噛《か》みしめるように口にする。
「遅刻して、あわてて病院に駆《か》け込《こ》んだ時、その患者さんの奥さんが、待合室にいたんだ。身内が手術する、その時間を待つのに耐えるように、お嬢《じょう》さんと一緒《いっしょ》に座《すわ》ってた。そこに入ってきた僕にびっくりして、『先生』って、僕を呼んだ。先生、どうしてここにいるんですか。夫の手術中じゃないんですかって」
③先生、という響《ひび》きが、朱里の耳の底に、重たく沈《しず》む。
「言葉を返せない僕を見て、二人が黙《だま》った。c絶句して、それからとても、がっかりしたような、傷ついた顔を、した」
本木の頬《ほお》が、青白くなっていく。
「今だに、夢に見るよ。遅刻をする夢を、繰《く》り返《かえ》し。――研修医をどうにか終えた頃には、もう、医者を続けられる自信がすっかりなくなってた」
本木が、震える手を隠《かく》すようにしまうのが痛々しかった。彼の口元に、柔《やわ》らかく苦笑が浮かぶ。
「親には、※2勘当《かんどう》されるほど怒《おこ》られたよ。医者が無理なら、医療《いりょう》事務でも、なんでもいいから、病院にかかわる仕事を探すように言われたけど、僕は逃げたんだ」
知っている人が、誰《だれ》もいない土地へ。
（中略）
「でも、未菜を助けてくれたよ」
静寂《せいじゃく》を破ったのは、蕗子の声だった。その顔に、作ったところのない微笑《ほほえ》みが浮かんでいる。青い顔をした本木の前に立ち、「どうもありがとう」と礼を言う。
逃げてきた、という言い方を本木がするなら、※3同じく逃げてきた蕗子にしか言えない言葉が、きっとある。
たとえ、それが今すぐに、本木の元に届かなくても。夢に見るほどの過去を、消すことができなくても、言葉を掛《か》けることはできる。
本木は力なく笑って、答えなかった。根気《こんき》強く、蕗子が告げる。
「本当に、どうもありがとう」
「たいしたことは、何もしてないけど」

「金曜日の救急病院が、深夜、とても忙《いそが》しいってことは想像つく？」

②彼《かれ》の目には、暗い光が浮かんでいた。苦笑して、一人で問いかけの答えを受ける。

「運ばれてくる酔《よ》っ払《ぱら》いや怪我人《けがにん》がひっきりなしで後を絶たない。泣《な》き叫《さけ》んでる赤ちゃんを抱《かか》えたお母さんを何時間も待たせてしまうのもざらで、そんな中で、ほとんど不眠不休《ふみんふきゅう》にみんな働く。特に僕は一番下の立場だったから、もう、何日寝《ね》てないかわからない状態で、頭をぼうっとさせながら、とにかく走ってたっていう印象しかない。何度も逃《に》げ出《だ》したくなったし、『親に言われたから』なんていうｂ生半可な気持ちでやれる仕事じゃないんだなって、何度も思い知った。頭の中が――、そうだな、今日の濃霧《のうむ》みたいな状態。視界の端《はし》がどっかずっと白かったり、暗かったりするんだ」

言い訳、だけどね、と本木が言った。

「初めは気持ちが緊張《きんちょう》してたはずだった。命を、人を扱《あつか》う現場なんだって覚悟《かくご》して、その気持ちが麻痺《まひ》してしまわないように、新米《しんまい》だからこそ、気をつけようって思ってた。だけど……」

激務の週末を終えた、月曜日の朝。

休みが何日も取れないでいたその朝に、本木の気持ちは［ C ］ゆるんでしまった。

「遅刻《ちこく》、したんだ」

「遅刻？」

「先輩《せんぱい》について助手を務めることになってた手術が、その日、入ってた。僕はまだ研修医だったし、メインの執刀医《しっとうい》だったわけじゃない。遅《おく》れて行った時には、別の先生が助手を務めて、手術は始まってて、僕はもう、中に入れなかった」

「――医者って、それぐらいのことでクビになっちゃうの？」

厳しすぎないだろうか。

朱里が思わず尋《たず》ねると、本木が小さく、かぶりを振《ふ》った。

「クビにはならなかったよ。僕は研修医だったし、手術も、無事に終わった」

本木が、遠くを見る目つきになる。

「朱里ちゃんが言うように、それぐらいのこと、なんだよ。遅刻したのは、三十分。その日はどういうわけか、目覚まし時計がどれだけ鳴っても僕は起きられなかった。前日に家に帰ってきて、朝までに一時間だけなら眠《ねむ》れるなって思ったところまでの記憶《きおく》しかない。着替えもせずにベッドに倒《たお》れて――、気づいたら、病院からの電話が鳴ってた。たたき起こされた時には、もう、急いで支度《したく》しても間に合わない時間だった。たかが遅刻、なんだよ」

本木の手が、震《ふる》えだした。わざとでなく、そうなってしまうのだというように。自分のその手を、本木がじっと見つめている。

「その時は別の先生が入って、問題は起こらなかった。だけど、もしこれが緊急《きんきゅう》の手術だったら？　考えたら、震えが止まらなかった。――医者は、たかが遅刻で人の命が奪《うば》われる仕事なんだって、そう思ったら、ｘ僕は耐《た》えられなくなった」

2023年度 サレジアン国際学園世田谷中学校

【国語】〈第一回午前試験〉(五〇分)〈満点：一〇〇点〉

一 **次の文章を読んで、あとの問いに答えなさい。**

朱里《あかり》、新《あらた》、源樹《げんき》、衣花《きぬか》は冴島《さえじま》で暮らす高校生です。ある日、冴島に住むシングルマザーである蕗子《ふきこ》の娘《むすめ》である未菜《みな》が血を吐《は》き、騒《さわ》ぎになります。そこへ本木《もとき》という青年がかけつけ、自分が医師免許《めんきょ》をもっていることを明かして血ではなくいちごの食べ過ぎだと判断します。

着《き》替《が》えて戻《もど》ってきた本木が着ていたのは、これもまた、前といい勝負だと思うような首元が伸《の》びたTシャツだった。変な表情の、あまりかわいくないひよこが描《か》かれている。

蕗子の家には、蕗子と朱里たち、朱里の母、それに新の母がいた。

騙《だま》されていたように感じたなら申し訳ないと、本木はぽつぽつとした口調で語り出した。

「僕《ぼく》の家、父も母も、両方医者でね。実家は、その二人を中心とした内科と皮膚《ひふ》科の開業《かいぎょう》医《い》だったんだ」

「すっげえ、ボンボンじゃん」

源樹が言って、ホテル経営の家の息子《むすこ》が言うことかな、と思うが、本木はa苦笑《くしょう》して、「小さい頃《ころ》に※1ばあやがいたよ」と話す。ばあやって！　と思うが、本木の顔はいたって真面目だ。本当なのかもしれない。

いい子だけど、今どきの子、と母が本木を評《ひょう》していたことを思い出す。確かに、本木は、もらった材料で食事を作ることもまともにできない、"今どきの子"だ。

「そんな環境だったから、昔から、医者になって病院を継《つ》ぐんだと思ってたし、両親からもずっとそう言われてた。――自分には向いてないんじゃないかって、考えたことも、あることはあったんだけど、とりあえず、勉強だけ、ずっとしてきた。医学部にも受かったし」

本木が申し訳なさそうに下を向く。

「①だけど、実際、向いてなかった」と呟《つぶや》く。

「僕には、無理だった」

「どうしてやめたんだよ」

源樹が聞く。こういう時に A 聞いてくれる人間がいるというのは、ありがたかった。本木が顔を上げ、「情けない、話だよ」と前置きした後で、 B こう言った。

2023年度
サレジアン国際学園世田谷中学校 ▶解説と解答

算 数 ＜第１回午前試験＞（50分）＜満点：100点＞

解 答

1 ① 3 ② $\frac{1}{4}$ ③ 4 ④ 14 ⑤ 50 2 (1) **ショートケーキ**…200円，**チョコレートケーキ**…180円 (2) 40本 (3) 時速146.8km (4) 68度 (5) 148.8cm^3 3 (1) **ア**…４：１，**ウ**…320mL (2) 240mL (3) （例） 解説を参照のこと。 4 (1) 7 (2) 10 (3) （例） 解説を参照のこと。 5 (1) **平行四辺形EGNM**…36cm^2，**平行四辺形IMOK**…24cm^2，**平行四辺形PLCH**…18cm^2 (2) 243cm^2

解 説

1 四則計算，逆算，計算のくふう

(1) 59－７×５－（５＋８×２）＝59－35－（５＋16）＝59－35－21＝３

(2) $\frac{4}{5}\times\frac{15}{16}-\left(\frac{3}{8}+\frac{1}{14}\div\frac{4}{7}\right)=\frac{3}{4}-\left(\frac{3}{8}+\frac{1}{14}\times\frac{7}{4}\right)=\frac{3}{4}-\left(\frac{3}{8}+\frac{1}{8}\right)=\frac{3}{4}-\frac{4}{8}=\frac{3}{4}-\frac{2}{4}=\frac{1}{4}$

(3) 64÷｛２×（□＋７）－６｝＝４より，２×（□＋７）－６＝64÷４＝16，２×（□＋７）＝16＋６＝22，□＋７＝22÷２＝11 よって，□＝11－７＝４

(4) ７×3.75＋７×1.2－７×2.25－７×0.7＝７×（3.75＋1.2－2.25－0.7）＝７×２＝14

(5) 100－99＋98－97＋96－…＋２－１＝（100－99）＋（98－97）＋（96－95）＋…＋（２－１）＝１＋１＋１＋…＋１＝１×（100÷２）＝50

2 消去算，売買損益，通過算，角度，体積

(1) ショートケーキ１個の値段を㋛，チョコレートケーキ１個の値段を㋠として，はなえさんとだいちさんが買ったケーキの代金を式に表すと，下の図１のア，イのようになる。アの式を２倍，イの式を３倍してチョコレートケーキの個数をそろえると，ショートケーキ，９－８＝１（個）の値段が，2880－2680＝200（円）とわかる。よって，チョコレートケーキ１個の値段は，（1340－200×４）÷３＝180（円）である。

(2) ジュース１本の定価は，100×（１＋0.2）＝120（円）で，定価の１割引きの値段は，120×（１－0.1）＝108（円）である。つまり，ジュース１本を定価で売ると利益は，120－100＝20（円），定価の

図１

㋛×４＋㋠×３＝1340（円）…ア
㋛×３＋㋠×２＝ 960（円）…イ
⬇
㋛×８＋㋠×６＝2680（円）…ア×２
㋛×９＋㋠×６＝2880（円）…イ×３

図２

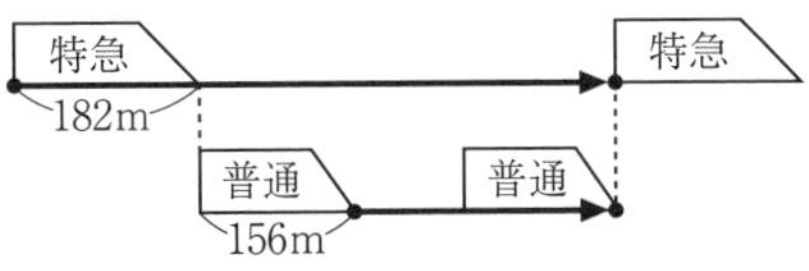

図３

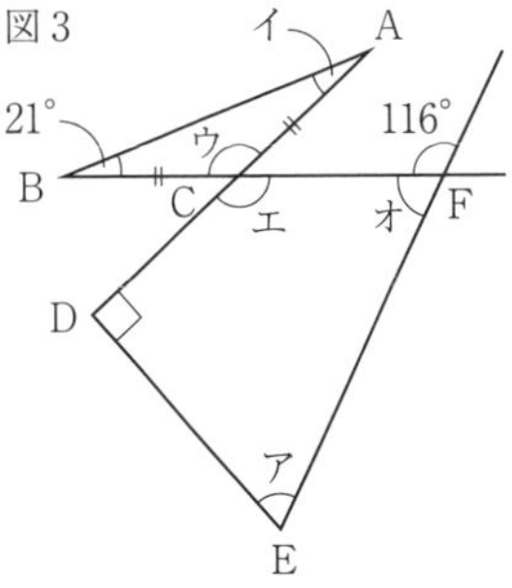

１割引きで売ると利益は，108－100＝８(円)になる。120本すべてを定価の１割引きで売ったとすると，利益の合計は，８×120＝960(円)になるが，実際には1440円なので，1440－960＝480(円)足りない。ジュース１本を定価の１割引きで売ることから，定価で売ることに変えるごとに，利益は，20－８＝12(円)ずつ増えるので，１日目に定価で売ったジュースの本数は，480÷12＝40(本)とわかる。

⑶　特急列車が普通《ふつう》列車に追いついてから追いこすまでのようすは，上の図２のようになる。図２より，特急列車は普通列車より，182＋156＝338(m)多く進んでいる。これに26秒かかったから，特急列車は普通列車よりも，秒速，338÷26＝13(m)だけ速く進むとわかる。これを時速に直すと，13×60×60÷1000＝46.8(km)だから，特急列車の時速は，100＋46.8＝146.8(km)と求められる。

⑷　上の図３で，三角形ABCは，AC＝BCの二等辺三角形なので，イの角度は21度で，ウの角度は，180－21×２＝138(度)である。また，ウとエは対頂角で同じ大きさだから，エの角度も138度となる。さらに，オの角度は，180－116＝64(度)なので，四角形CDEFに注目すると，アの角度は，360－(138＋90＋64)＝68(度)と求められる。

⑸　くり抜《ぬ》いた立体の底面は，半径，８÷２＝４(cm)の半円だから，その底面積は，４×４×3.14÷２＝８×3.14＝25.12(cm^2)である。すると，くり抜いてできた立体の底面積は，５×８－25.12＝14.88(cm^2)になるので，この立体の体積は，14.88×10＝148.8(cm^3)とわかる。

3　割合と比

⑴　はじめに作った飲み物について，水とジュース原液の量の比は，160：40＝４：１(…ア)である。そこで，同じ濃《こ》さの飲み物を作るには，ジュース原液80mLに対して水を，$80\times\frac{4}{1}=320$(mL)(…ウ)混ぜればよい。

⑵　ジュース原液180mLを４：５：６の比で分けたとき，一番少ない人のジュース原液の量は，$180\times\frac{4}{4+5+6}=48$(mL)になる。よって，水とジュース原液の量の比を４：１にして飲み物を作るとき，水を，$48\times\frac{4}{1}=192$(mL)混ぜればよいので，この飲み物の量は，48＋192＝240(mL)とわかる。

⑶　はじめに作った飲み物は，水とジュース原液の量の比が４：１(＝８：２)である。また，水200mLとジュース原液80mLを混ぜると，水とジュース原液の量の比は，200：80＝５：２になる。すると，はじめに作った飲み物よりも水の割合が少ないから，はじめよりも濃くなる。

4　整数の性質

⑴　問題文中の②の方法で計算すると，(４＋０＋０＋０＋１＋２)＋(９＋１＋５＋１＋７＋９)×３＝７＋32×３＝103になる。この下１桁《けた》の数は３なので，チェックデジットの数字は，10－３＝７と求められる。

⑵　バーコード『45 71447 91129 8』について，13桁の数字で②の計算をすると，(４＋７＋４＋７＋１＋２＋８)＋(５＋１＋４＋９＋１＋９)×３＝33＋29×３＝120になる。また，バーコード『49 01050 11729 7』について，13桁の数字で計算すると，(４＋０＋０＋０＋１＋２＋７)＋(９＋１＋５＋１＋７＋９)×３＝14＋32×３＝110になる。これらはどちらも10の倍数だから，アに当てはまる数字は10とわかる。

⑶　チェックデジットの数字を a とする。また，チェックデジットの前の12桁の数字について，②

の方法で計算した結果の下１桁の数字をbとする。すると，チェックデジットの求め方より，$10-b=a$であり，$a+b=10$となる。また，チェックデジットは左から奇数《きすう》番目の数なので，チェックデジットも入れた13桁の数字で②の計算をすると，12桁の数字で計算したときと比べて，aだけ大きくなる。したがって，$a+b=10$より，13桁の数字で計算した結果の下１桁の数字は０になるから，これは10の倍数である。

5　平面図形―辺の比と面積の比，相似

⑴　平行四辺形を対角線で分割すると，合同な２つの三角形に分かれるから，右の図で同じ印をつけた三角形はそれぞれ面積が等しい。また，四角形EBLOも平行四辺形なので，三角形EBOと三角形LOBは合同になる。よって，平行四辺形EGNMは平行四辺形NJLPと面積が等しくなり，36cm^{2}とわかる。同様に考えると，平行四辺形IMOKは平行四辺形OPHFと面積が等しいので24cm^2，平行四辺形PLCHは平行四辺形AEMIと面積が等しいので18cm^{2}である。

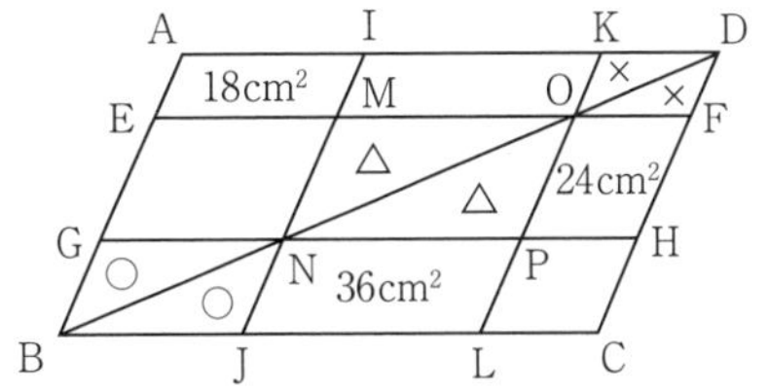

⑵　⑴より，平行四辺形AEMIと平行四辺形IMOKの面積の比は，18：24＝３：４なので，AI：IK＝３：４である。また，平行四辺形NJLPと平行四辺形PLCHの面積の比は，36：18＝２：１なので，JL：LC＝IK：KD＝２：１(＝４：２)である。すると，AI：IK：KD＝３：４：２とわかる。同様に，平行四辺形AEMIと平行四辺形EGNMの面積の比は，18：36＝１：２なので，AE：EG＝１：２(＝２：４)である。また，平行四辺形OPHFと平行四辺形PLCHの面積の比は，24：18＝４：３なので，FH：HC＝EG：GB＝４：３である。すると，AE：EG：GB＝２：４：３とわかる。よって，平行四辺形AEMIと平行四辺形ABCDを比べると，底辺の比は，３：(３＋４＋２)＝１：３，高さの比は，２：(２＋４＋３)＝２：９だから，面積の比は，(１×２)：(３×９)＝２：27となる。したがって，平行四辺形ABCDの面積は，$18\times\frac{27}{2}=243$(cm^2)と求められる。

社　会　＜第１回午前試験＞（理科と合わせて50分）＜満点：50点＞

解　答

1　**問１**　(ニ)　**問２**　(イ)　**問３**　(ハ)　**問４**　(ニ)　**問５**　(ハ)　**問６**　(ロ)　**問７**　(イ)　**問８**　(ニ)　**2**　**問１**　(ニ)　**問２**　(ニ)　**問３**　(ロ)　**問４**　(ハ)　**問５**　⑴　(ロ)　⑵　(イ)　**問６**　(イ)　**3**　(例)　高齢者による交通事故を減らすためには／高齢化が急激に進む日本では，運転免許保有者構成率においても，高齢者の割合が増えている。その中で，日本全体では，死亡事故件数は減少傾向にあるが，全死亡事故に占める75歳以上の高齢運転者による死亡事故の割合が高まっている。そのため，高齢運転者が安全に運転できる技術を開発していくことが重要である。

解　説

1　ある政令指定都市についての地理と歴史の問題

問１　平安時代の貴族の住まいに用いられた建築様式を寝殿造という。主人の住む寝殿とよばれる建物を中心に，家族の住む対屋などを渡殿《わたどの》(透《すき》渡殿)とよばれる廊下《ろうか》でつなぎ，屋敷の南側に池のある庭園を設けることなどを特色とした。

問２　室町時代の1467年に京都で起きた戦乱は応仁の乱である。室町幕府の第８代将軍足利義政のあとつぎ争いなどがきっかけで起こり，この戦乱によって主戦場となった京都は荒れはてた。

問３　源氏の将軍が３代でとだえると，後鳥羽上皇は政権を鎌倉幕府から取り戻そうと1221年に承久の乱を起こしたが，上皇に味方する武士は少なく，１か月ほどで幕府軍にやぶれた。後鳥羽上皇は隠岐《おき》(島根県)に流され，京都には朝廷や西国の武士を監視《かんし》するための幕府の機関として六波羅《ろくはら》探題が設置された。鎌倉時代末期，後醍醐天皇は倒幕の計画を立てて各地の武士を味方につけ，さらには幕府の御家人であった足利尊氏が六波羅探題を攻撃《こうげき》したこともあり，1333年に鎌倉幕府が滅亡した。なお，江戸時代に京都に置かれたのは京都所司代などである。

問４　(イ)　南蛮《なんばん》人とよばれ，16世紀後半に日本に貿易に来ていた西洋人は，ポルトガル人やスペイン人である。　(ロ)　執権《しっけん》らによる合議制が行われたのは，鎌倉時代である。　(ハ)　室町幕府の第３代将軍をつとめた足利義満は，明(中国)と正式に交易を結んだ(日明貿易)。日明貿易では，日本からは硫黄や刀などが輸出され，明からは生糸や陶磁器などが輸入された。　(ニ)　1543年に種《た》子《ねが》島(鹿児島県)に中国船が流れ着き，乗っていたポルトガル人によって日本に鉄砲が伝わると，刀をつくる技術などを持つ堺《さかい》(大阪府)などの地域で鉄砲がさかんに生産された。

問５　1867年，江戸幕府の第15代将軍徳川慶喜が朝廷に政権を返す大政奉還を行ったことで江戸幕府は滅亡した。江戸幕府滅亡後，1868年１月の京都での鳥羽・伏見の戦いに始まり，翌69年５月の箱館戦争(函館五稜郭《ごりょうかく》の戦い)で旧幕府軍が降伏《こうふく》したことによって終結した戊辰《ぼしん》戦争が起こった。なお，(ロ)は1877年に九州で起こった明治政府に不満を持つ旧士族らによる反乱，(ニ)は江戸時代末期の1863年に起こった薩摩藩(鹿児島県)とイギリスの戦争。

問６　X　山中で厳しい修行を行い，加持祈禱《かじきとう》とよばれる祈《いの》りによって病気や災いを取り除こうとする密教は，平安時代初期に唐(中国)に渡って密教を学んだ空海らによって日本で広められた。

Y　阿弥陀《あみだ》仏にすがって極楽に往生することをとなえたのは，浄土《じょうど》教である。

問７　周囲が山に囲まれた盆地に位置する京都市は，風が山にさえぎられるため，日中に温められた空気がとどまりやすいことから，気温が上昇《じょうしょう》しやすい。

問８　オーバーツーリズムとは，観光客が増加しすぎることで地域住民の生活や自然環境に悪影響をおよぼし，観光地の魅力《みりょく》低下につながってしまうことを指す言葉である。よって，地域住民の生活と文化を守るための方法として適切なものは(ニ)と考えられる。

2　人の移動や移住を題材にした問題

問１　(イ)　内閣総理大臣は国会議員の中から国会の議決で指名される。　(ロ)　解散があるのは衆議院のみで，参議院に解散はない。　(ハ)　都道府県知事は住民による直接選挙によって選ばれ任命される。　(ニ)　憲法改正は衆・参各議院で総議員の３分の２以上が賛成すると国民に発議され，国民投票の結果，有効投票数の過半数の賛成が得られると，天皇が改正された憲法を国民の名で公布する。

問２　江戸時代に原則として将軍の代がわりごとに日本に派遣されたのは朝鮮通信使である。鎖国体制にあった日本の社会や文化に大きな影響をもたらした。

問３　大日本帝国憲法は，君主権が強いドイツ(プロイセン)の憲法を参考に制定され，1889年２月11日に発布された。

問４　1904～05年に起こった日露戦争は，満州(中国東北部)や朝鮮の支配をめぐる日本とロシアの対立が原因で始まり，アメリカ大統領ルーズベルトの仲だちによってポーツマス条約が結ばれたことで終結した。

問５　(1)　文章の第３段落に，ブラジル人が多く在住する自治体では「ポルトガル語をはじめとする外国語の看板」を見かけるとある。これはブラジルがかつてポルトガルによる植民地支配を受けていたためで，現在でもブラジルではポルトガル語が公用語となっている。よって，【地図Ａ】と【地図Ｂ】を見比べると，ポルトガルが植民地支配していた(ロ)がブラジルだとわかる。なお，(イ)はコロンビア，(ハ)はボリビア，(ニ)はアルゼンチン。　(2)　世界最大の流域面積を持つアマゾン川が流れるブラジルでは水力発電がさかんであるため，Ｘには水力発電の発電電力量があてはまるとわかる。なお，日本の発電電力量で最も多くの割合を占《し》めるのは火力発電なのでＹは火力発電，Ｚは原子力発電である。

問６　群馬県，静岡県，愛知県は機械工業がさかんであるということが共通している。これらの県では機械工業のうち，特に輸送用機械である自動車やバイクの工場が多く立地している。

3　**高齢運転者を題材にした問題**

【資料Ⅰ】から，平成２年から令和元年にかけて，運転免許保有者のうち70歳以上の割合が高まっていることがわかる。また，【資料Ⅱ】から，75歳以上の高齢運転者による死亡事故件数が増加傾向《けいこう》にあることが読み取れる。このことから【資料Ⅰ】と【資料Ⅱ】に関係しているのは，高齢運転者であると考えられる。日本では少子高齢化が進んでいるため，高齢者が車を運転する機会は増えていくと予想される。生活をするうえで車が欠かせない高齢者も多くいると考えられるので，運転免許証の自主返納をすすめるなどの対策のほかに，高齢運転者が安全に運転できる技術の開発・普及《ふきゅう》があげられる。

理　科　＜第１回午前試験＞（社会と合わせて50分）＜満点：50点＞

解　答

1　(1)　鉄が2.0ｇ　(2)　水素　(3)　解説の図を参照のこと。　(4)　銅が5.0ｇ，マグネシウムが3.0ｇ　**2**　(1)　**図２**…(例)　水深が深くなるほど，水圧は大きくなる。　**図３**…(例)　同じ水深ではどの方向にも同じ大きさの水圧がかかる。　(2)　①　浮力　②　小さく　③　増える　(3)　(例)　温度が低くなると空気が縮み，容器Ａの中の水の量が増えるから。　(4)　(例)　ペットボトルをにぎると，ペットボトル内の圧力が大きくなる。水よりも空気の方がおし縮めやすいので，容器Ａの中の空気が縮み，容器Ａの密度が水の密度より大きくなるから。　**3**　(1)　２枚　(2)　合弁花　(3)　イ，オ　(4)　(例)　当日の点灯時刻に関係なく，消灯時刻から約10時間後に開花する。　(5)　(例)　日本の冬は暗期が長くなるが，その分，日照時間が短くなる。さらに，気温が低いため，開花に必要な栄養分を十分につくれるほど光合成ができず，花をつけることができないから。　**4**　(1)　3.0cm　(2)　0.5mm　(3)　５時00分　(4)　11時45分　(5)　ア

解　説

1　金属の性質や分類，気体の発生についての問題

⑴　鉄，マグネシウム，アルミニウム，銅のうち，磁石に引きつけられる金属は鉄だけなので，この実験で用いた混合物10gには，鉄が2.0gふくまれていたことがわかる。

⑵　鉄やマグネシウム，アルミニウムが塩酸と反応すると水素が発生する。

⑶　まず，表1のとおり，加えた塩酸の体積と発生した気体の体積を示す点をすべてグラフに記入する。それらの点について，加えた塩酸の体積が10cm³から60cm³のときの点を結ぶ直線と，加えた塩酸の体積が70cm³から90cm³のときの点を結ぶ直線が交わるようなグラフを書くと右の図のようになる。

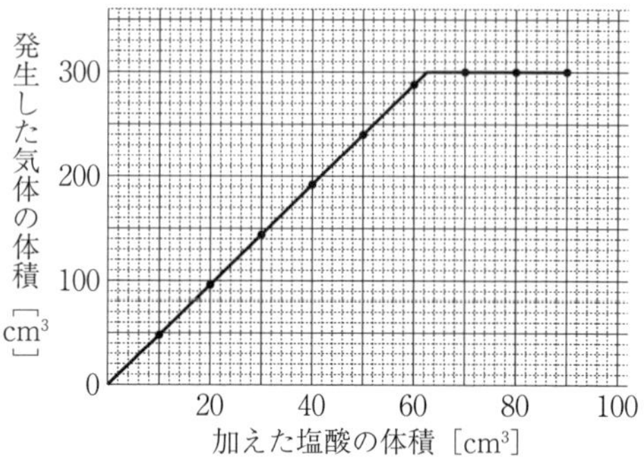

⑷　アルミニウムが水酸化ナトリウム水溶液《すいようえき》と反応すると水素が発生するので，実験3より，混合物にはアルミニウムがふくまれていないことがわかる。また，実験1で鉄は取り除かれているので，実験4の時点で混合物にはマグネシウムと銅がふくまれている。銅は塩酸と反応しないことから，表1より，加えた塩酸が70cm³以上のときに，混合物にふくまれていたマグネシウムはすべて塩酸と反応し，このときにとけ残った金属はすべて銅とわかる。よって，十等分した混合物1つあたりにふくまれる銅が0.500gなので，もとの混合物10gには，0.50×10＝5.0(g)の銅がふくまれていたことになる。また，⑴より，もとの混合物10gに鉄が2.0gふくまれているので，もとの混合物にふくまれていたマグネシウムの重さは，10−(5.0＋2.0)＝3.0(g)と求められる。

2　水圧や浮《ふ》力《りょく》についての問題

⑴　**図2**…水圧が大きいほど，ゴム膜《まく》のへこみが大きくなるので，水深が深くなるほど水圧が大きくなるとわかる。　**図3**…同じ深さでのゴム膜のへこみはほとんど同じになっているので，同じ水深ではどの方向にも同じ大きさの水圧がかかると予想できる。

⑵　容器Aには浮力がはたらいている。容器Aの重さが容器Aにはたらく浮力よりも小さいと，容器Aはペットボトルの中で浮《う》き，容器Aの重さが容器Aにはたらく浮力よりも大きいと，容器Aはペットボトルの中で沈《しず》む。ペットボトルをにぎると，ペットボトルの容積が小さくなり，おされた水が容器Aの中へ流れこむため，容器Aの中の水の量が増える。そのため，容器Aにはたらく浮力よりも容器Aの重さが大きくなるので，ペットボトルをにぎると，容器Aがペットボトルの中で沈むと考えられる。

⑶　温度が低くなると，容器Aの中にある空気が収縮して，容器Aの中へ流れこむ水の量が増える。すると，容器Aにはたらく浮力よりも容器Aの重さが大きくなり，浮沈子《ふちんし》が沈むことがある。

⑷　空気はおし縮められやすいが，水はおし縮められにくい。そのため，ペットボトルをにぎって，中の圧力の大きさが大きくなると，ペットボトルや容器Aの中の水の体積はほとんど変化しないが，容器Aの中の空気はおし縮められ，容器Aの体積は小さくなる。このとき，ふたを閉めた容器Aの重さは変わらないので，容器Aの密度が大きくなる。その結果，容器Aの密度の大きさが水の密度よりも大きくなり，容器Aはペットボトルの中で沈んだと考えられる。

3　アサガオのつくりや開花についての問題

(1)　アサガオのように子葉が２枚の植物を双子《そうし》葉類といい，子葉が１枚の植物を単子葉類という。

(2)　アサガオのように花びらが根元でくっついている花を合弁花，花びらが１枚１枚離《はな》れている花を離弁花《りべんか》という。

(3)　グラフより，暗期の長さが長くなるにつれて，アサガオが花をつける割合が増えているので，イは正しい。また，暗期の長さが８時間までは，花をつけた割合は20％以下だが９時間をこえると70％以上のアサガオが花をつけている。よって，オが適する。

(4)　A，B，Cそれぞれの時刻と，Dの時刻をくらべて考える。BとDの時刻に注目をすると，すべての鉢《はち》植えでBの時刻から約10時間後にDの時刻をむかえているとわかる。したがって，アサガオは消灯時刻から約10時間後に開花する規則があると推測できる。しかし，AやCの時刻とDの時刻にはっきりとした規則性は見つけられない。

(5)　花をつけるためには，十分な栄養分が必要である。栄養分は光合成によりつくられるが，日本における冬の日照時間は短く，花をつけるのに必要な栄養分を光合成で十分につくることができないため，冬に咲《さ》くアサガオはほとんど見られないと考えられる。

4　太陽の１日の動きについての問題

(1)　とう明な半球の表面を太陽が１時間あたりに移動して見える長さは，表１より，９時から10時では，14.8－12.0＝2.8(cm)，10時から11時では，18.1－14.8＝3.3(cm)，11時から12時では，21.1－18.1＝3.0(cm)，12時から13時では，24.0－21.1＝2.9(cm)，13時から14時では，27.0－24.0＝3.0(cm)，14時から15時では，30.1－27.0＝3.1(cm)，15時から16時では，32.9－30.1＝2.8(cm)，16時から17時では，36.0－32.9＝3.1(cm)とわかる。したがって，これらの平均を求めると，(2.8＋3.3＋3.0＋2.9＋3.0＋3.1＋2.8＋3.1)÷８＝3.0(cm)となる。

(2)　(1)より，太陽はとう明な半球の表面を１時間に平均３cm移動して見えるので，１分では，３×10÷60＝0.5(mm)移動して見えることになる。よって，●印は0.5mmおきにつく。

(3)　とう明な半球上で，太陽がAの位置にあるときが日の出なので，その時刻を求めればよい。太陽はとう明な半球の表面を１時間に平均３cm移動して見えるので，A点から９時の●印までの12.0cmを移動するには，12÷３＝４(時間)かかる。したがって，この日の日の出の時刻は，９－４＝５(時)と求められる。

(4)　太陽が南中する時刻は，{(日の出の時刻)＋(昼の長さ)÷２}で求められる。また，昼の長さは，とう明な半球上で太陽がAからBまで移動するのにかかる時間といえる。AからBまでの長さは40.5cmなので，昼の長さは，40.5÷３＝13.5(時間)と求められ，その半分は，13.5÷２＝6.75(時間)，つまり，0.75×６＝45より，６時間45分になる。(3)より，この日の日の出は５時なので，南中時刻は５時から６時間45分後の11時45分と求められる。

(5)　同じ地点で観察すると，アのように，太陽や星がとう明な半球上で移動する動きを表す線の傾《かたむ》き方は同じになる。なお，エは太陽よりも星の方が真南を通過したときの地平線からの高さが高くなっているので正しくない。

国　語　＜第１回午前試験＞（50分）＜満点：100点＞

解　答

一　**問１**　a　ウ　　b　ア　　c　エ　　**問２**　A　イ　　B　ア　　C　エ　　**問３**　エ
問４　（例）　研修医時代のつらいできごとを思い出し，後ろめたさと後悔　　**問５**　イ　　**問６**
（例）　たとえ研修医であったとしても「先生」とよばれるほど責任が重く厳しい仕事である
問７　イ　　**問８**　（例）　本木は島で医者としてやり直し，前向きに生きていくと考える。なぜなら，今回蕗子に感謝されたことで本木は自分の存在意義を知り，自分だからこそできることを知ることができたからだ。　　二　**問１**　a　イ　　b　ア　　c　イ　　**問２**　鉄道や船を～なったこと　　**問３**　A　エ　　B　ウ　　**問４**　ア　　**問５**　エ　　**問６**　これは，赤
問７　(1)　イ，エ　　(2)　（例）　バナナは黄色いのが当たり前だという認識を持つようになった
問８　(1)　（例）　曲がったキュウリが品質が悪いと考えられて売れないために捨てられてしまう
(2)　（例）　スーパーで形が悪い野菜を使って料理教室を開き，味が変わらないことをアピールする　　三　**問**　①～⑦　下記を参照のこと。　　⑧　しゃそう　　⑨　かま(わず)　　⑩　ふる(って)

●漢字の書き取り

三　問　①　潮風　　②　家賃　　③　備(え)　　④　弁護士　　⑤　尊敬　　⑥　進展　　⑦　棒

解　説

一　**出典は辻村深月《つじむらみづき》の『島はぼくらと』による。**研修医時代に手術に遅刻《ちこく》し，医者を続ける自信を失って逃《に》げ出した本木《もとき》は，蕗子《ふきこ》の娘《むすめ》を救ったことで蕗子に感謝され，前を向けるようになる。

問１　a　困ったときなどに，それをかくすためにしかたなく笑うこと。　　b　いいかげんなようす。中途半端《ちゅうとはんぱ》なようす。　　c　話のとちゅうで言葉につまること。

問２　A　なぜ医者をやめたのかと，聞きにくいことを源樹《げんき》が聞いてくれた場面なので，遠慮《えんりょ》なくはっきりものを言うようすをいう「ずけずけと」が合う。　　B　つらいできごとを思い出し，改めて後悔《こうかい》を感じながら語っているので，言葉すくなに話すようすを表す「ぽつりと」がよい。
C　緊張《きんちょう》をとぎらせずに仕事にのぞんでいたはずが，たまたま手術の朝に気持ちがゆるんでしまったのだから，ものごとがとつぜん起こるようすをいう「ふっと」が入る。

問３　研修医時代に本木は，医者とは，親に言われたからなどといういいかげんな気持ちでやれる仕事ではないと何度も思い知ったと言っている。また，命を預かる責任の重い仕事だという覚悟《かくご》が必要で，大事な手術に寝坊《ねぼう》するようでは務まらないと感じたのだから，エがあてはまる。

問４　医者をやめた理由を聞かれた本木は，そのきっかけになった研修医時代のできごとを語ろうとしている。連日の激務での寝不足のためか，手術に遅刻した自分は医者失格だと本木は考えたのだが，そのつらいできごとを思い出し，改めて後ろめたさや後悔《こうかい》を感じていると想像できる。

問５　ぼう線部Xの「られ」は可能の意味なので，イが同じ意味になる。なお，アは尊敬，ウは自発，エは受身の意味で使われている。

問６　「研修医」とは，研修中でひとり立ちしていない医師をいう。だが，研修医であったとして

も「先生」とよばれるほどに責任が重く，厳しい仕事なのだということを朱里《あかり》は感じたと考えられる。

問７　責任の重さと激務で逃げ出したくなった研修医時代の自分を，本木は「今日の濃霧《のうむ》みたいな状態」だったと言っているが，未菜《みな》を救い，蕗子に礼を言われたことで自分の存在意義を見いだし，声や手の震《ふる》えも収まって，前を向けるようになっている。よって，イがよい。

問８　担当していた患者《かんじゃ》の手術に遅刻し，患者の家族を失望させた本木は医者を続ける自信を失って逃げ出した。だが，今回蕗子に，未菜は大丈夫《だいじょうぶ》とプロに言われて救われたと感謝され，本木は自分の存在意義に気づき，医師免許《めんきょ》を持つ自分だからこそできることを知った。そのため，医者のいないこの島で医者としてやり直し，前向きに生きていくと考えられる。

[二] **出典は久野愛《ひさのあい》の『視覚化する味覚―食を彩《いろど》る資本主義』による。**ある特定の色がその食べ物の「自然な」色だと消費者に認識させる戦略について，バナナを例に説明している。

問１　a　「バリエーション」は，変形，変種という意味なので，イがよい。　b　「焦点《しょうてん》を当てる」は，多くのものごとから一つに注目すること。　c　「依然《いぜん》」は，もとのとおりで変わらないようすをいうので，イが合う。

問２　[2]段落に，長距離輸送網《ちょうきょりゆそうもう》や輸送技術が発達するまでは，遠くの生産地から運ぶ必要のある果物や野菜が全国市場で消費されることはなかったとある。だが，「鉄道や船を使った冷蔵輸送や長距離輸送が可能になったこと」で，高価で珍《めずら》しい果物や野菜も庶民《しょみん》の手に入るようになったのである。

問３　A　非常に高価な食品だと，一般《いっぱん》消費者が普段《ふだん》口にすることは「不可能」と考えられる。「不可能」は，できないようす。　B　前の文には，市場の拡大とともに，農産物を大量かつ安価に生産する必要が出てきたとある。さらには，一定した品質を安定供給することも求められるようになったのだから，安定供給が「不可欠」になったといえる。「不可欠」は，欠かせないようす。

問４　「十九世紀末になり～自然の『操作』は，規模・内容ともに大きく変化」したとあるので，「自然の『操作』」とは，それまでの農業をふくめ，人間が農作物をつくるために自然に手を加えること一切を指している。よって，アがあてはまる。

問５　[6]～[9]段落に，以前バナナは黄色と赤色の種類があると認識されていたが，大規模生産に都合のよい黄色い品種のみが生産・販売《はんばい》されるようになったと書かれている。このように，果物の色は「画一」化されたのである。「画一」は，一つ一つの性質などを考えず，全体を同じようにすること。

問６　フルーツ会社が黄色種だけに生産を特化しはじめた理由として，[8]段落の「これは，赤い品種は」で始まる一文に，赤い品種は黄色種よりも皮が薄《うす》く傷つきやすいため，長距離輸送に向いていなかったからだと書かれている。

問７　(1)　ぼう線部④の「黄色いバナナ」は直前で「普段の買い物や食卓《しょくたく》，広告などで目にする」と説明されている。[9]段落中にあるとおり，食品売り場には黄色いバナナのみが並び，広告などのメディアで描《えが》かれるバナナもほとんどが黄色で描かれるようになったのだから，イとエが選べる。

(2)　料理本や絵に登場するバナナに黄色と赤色とがあった時代には，人々はバナナには少なくとも二種類の色があるという認識でいたとある。だが，買い物や広告などで黄色いバナナだけを目にするようになり，バナナは黄色いのが当たり前だという認識を人々は持つようになったのである。

問８　(1)「反対のこと」とは，食品の「見た目」を理由に廃棄《はいき》することにあたるので，形などの悪い野菜は品質が悪い印象で売れないため，捨てられてしまうことなどについて，具体例をあげて説明すればよい。　(2)　形などが悪くても味は変わらないことを知ってもらい，買ってもらうためには，形が悪い野菜を使った料理教室をスーパーで開き，味に問題がないことをアピールすることなどが考えられる。

三　漢字の書き取りと読み

問　①　海からふく塩気をふくんだ風。　②　家や部屋を借りている人がはらう借りちん。　③　音読みは「ビ」で，「備品」などの熟語がある。　④　裁判で，事件に関係する人に代わって弁護をしたりうったえたり，法律に関係する事務をしたりする人。　⑤　人を心から立派だと思い，うやまうこと。　⑥　ものごとが進行して，新しい方向に広がっていくこと。　⑦　手で持てるほどの細長い竹や木など。　⑧　乗り物の窓。　⑨　音読みは「コウ」で，「構造」などの熟語がある。　⑩　音読みは「フン」で，「奮起」などの熟語がある。

2023年度 サレジアン国際学園世田谷中学校

【算　数】〈第１回午後試験〉（50分）〈満点：100点〉

＊円周率を使う場合は，3.14として計算しなさい。

1 $\boxed{}$ にあてはまる数をかきなさい。

（１）$100-3\times(15+28\div 4)=\boxed{①}$

（２）$\dfrac{1}{8}\div\dfrac{5}{12}+\left(\dfrac{7}{10}-\dfrac{2}{15}\times\dfrac{3}{4}\right)=\boxed{②}$

（３）$7+(2\times\boxed{③}-3)\div 5=10$

（４）$3\times 426-3\times 297+3\times 74-3\times 103=\boxed{④}$

（５）$1-\dfrac{1}{3}+\dfrac{1}{2}-\dfrac{1}{4}+\dfrac{1}{3}-\dfrac{1}{5}+\dfrac{1}{4}-\dfrac{1}{6}+\dfrac{1}{5}-\dfrac{1}{7}+\dfrac{1}{6}-\dfrac{1}{8}+\dfrac{1}{7}-\dfrac{1}{9}+\dfrac{1}{8}-\dfrac{1}{10}=\boxed{⑤}$

2 次の問いに答えなさい。

（１）36人が英単語のテストを受けたところ，合格者は12人で，合格者と不合格者の平均点の差が24点でした。また，全員の平均点は68点です。このとき，合格者の平均点を求めなさい。

（２）いくつかのあめを，Aさん，Bさん，Cさんの３人で分けます。Aさんは全体の$\dfrac{1}{3}$と2個，Bさんは残りの$\dfrac{1}{2}$と1個を取ったところ，Cさんは10個もらえました。あめは全部で何個あったか求めなさい。

（３）しおりさんは家から学校までの2kmの道のりを，はじめは分速75mで歩き，途中《とちゅう》から分速160mで走ったところ，家を出発してから21分で学校に着きました。このとき，走った距離《きょり》は何mか求めなさい。

（４）右の図の，①，②，③，④の角の大きさを全部たすと何度になるか求めなさい。
ただし，四角形ABCDは平行四辺形です。

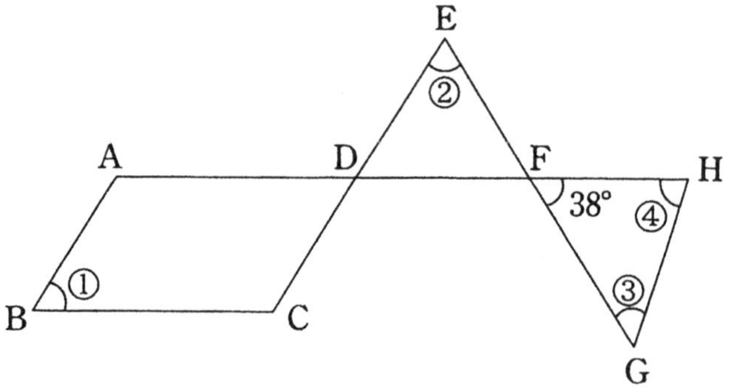

（５）右の図は，正方形やおうぎ形を組み合わせた図形です。ぬりつぶした部分の面積を求めなさい。

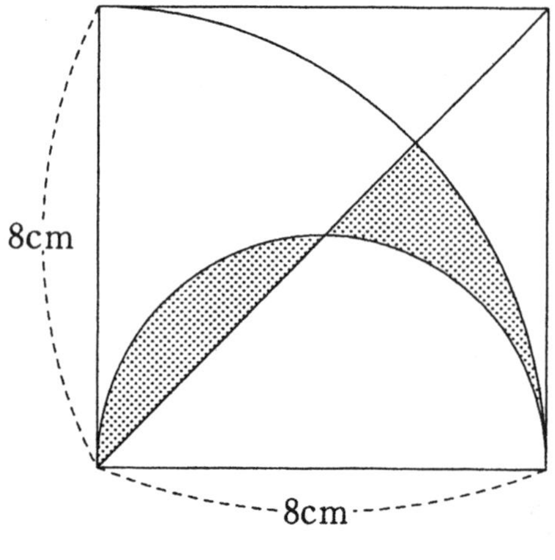

3 ある約束にしたがって計算をします。
例えば，$3!=1\times2\times3=6$，$5!=1\times2\times3\times4\times5=120$ と表します。
このとき，次の問いに答えなさい。

（１）７！－６！を計算しなさい。

（２）2023！×2023＝□！－○！となるように，□と○の数字をそれぞれ求めなさい。また，途中《とちゅう》の式や考え方もかきなさい。

4 かなたさんは，立方体を指定した平面で切った切り口が表示されるアプリで勉強しています。
下はその画面です。

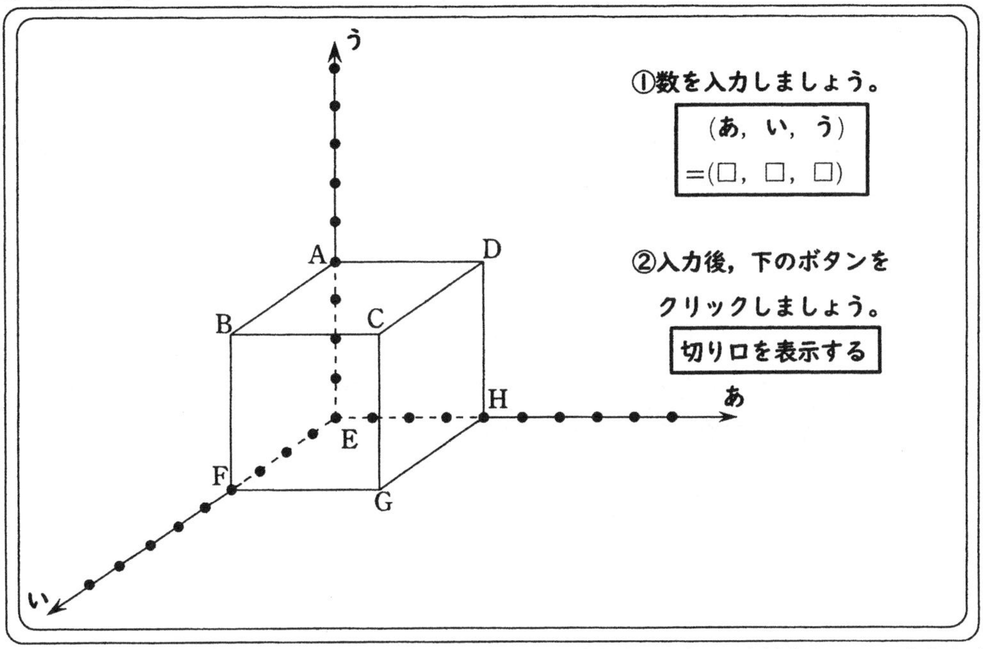

一辺の長さが4cmの立方体ABCD－EFGHの辺EH，EF，EAをのばした直線を**あ**，**い**，**う**とします。また，直線**あ**，**い**，**う**上の1cmおきに●をとります。アプリでは，①で直線**あ**，**い**，**う**上の３点の位置を左から順に入力し，②でボタンをクリックすると，この立方体を，入力した３点を通る平面で切った切り口が表示されます。

例えば①で (2, 3, 4) を入力し，**切り口を表示する** をクリックしたところ，下の【図１】のような切り口の三角形が表示されました。このとき，次の問いに答えなさい。

【図１】

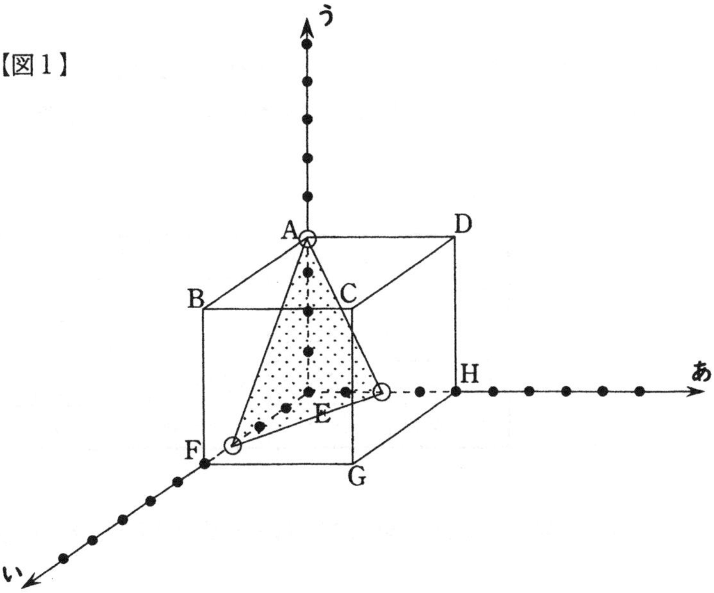

（１）かなたさんは，①で(4, 4, 4) と入力し，**切り口を表示する** をクリックしました。このとき，表示される切り口の図形の名前を答えなさい。

（２）かなたさんは，①で(6, 6, □) と入力し， 切り口に正六角形を表示させようとしています。□に当てはまる数を答えなさい。

（３）かなたさんは，①で(4, 4, 8) と入力し，**切り口を表示する** をクリックしました。この切り口で立方体を２つの立体に分けたとき，Eをふくむ立体と，もとの立方体の体積比を求めなさい。また，途中《とちゅう》の式や考え方もかきなさい。

5 ゆみさんと，じゅんさんはサッカーの試合について話しています。以下の会話文を読み，次の問いに答えなさい。

じゅんさん「サッカーのワールドカップは話題になったね。予選は，総当たり戦というすべてのチームと試合ができる対戦法で行われたよ。例えば４チームあるとすると，【表１】のような試合結果の表を作ることができるよ。」

ゆみさん　「【表１】をみると，チームAとチームBが戦って，３対２でチームAが勝ったということだね。」

じゅんさん「そうだね。４チームだと合計６試合あるよ。」

ゆみさん　「チーム数が多いと試合数の合計が多くなりそうだね。」

【表１】

	チームA	チームB	チームC	チームD
チームA		○3－2	△3－3	○2－1
チームB	×2－3		×1－2	(あ)
チームC	△3－3	○2－1		△4－4
チームD	(い)	×3－5	△4－4	

※　○…勝ち
△…引き分け
×…負け
を表している

（１）【表１】の(あ)，(い)に当てはまる試合結果を，他の試合結果を参考にしてかきなさい。

（２）６チームが総当たり戦で試合を行うとき，試合数の合計を求めなさい。

（３）４チームが総当たり戦で試合をしています。チームAとチームD，チームBとチームCの２試合が残っている段階での結果は，【表２】です。順位決定のルールをもとに，チームAだけが優勝するための条件を１つかきなさい。また，そのときの(**う**)，(**え**)に当てはまる試合結果例を，他の試合結果を参考にしてかきなさい。

【表２】

	チームA	チームB	チームC	チームD
チームA		△2－2	△3－3	(**う**)
チームB	△2－2		(**え**)	○6－4
チームC	△3－3			△4－4
チームD		×4－6	△4－4	

順位決定のルール

① 試合に勝った場合は２点，引き分けた場合は１点，負けた場合は０点がポイントとなり，ポイントの合計が多い順に順位を決める。

② ポイントの合計が同じ場合，全試合でゴールした得点の多い方が上の順位とする。

③ ポイントの合計も，全試合でゴールした得点も同じ場合，同じ順位とする。

【社　会】〈第１回午後試験〉（理科と合わせて50分）〈満点：50点〉

〈編集部注：実際の試験問題では，2と3の国旗やグラフはカラー印刷です。〉

1　次の年表を見て、下の問いに答えなさい。

年代	日本の主なできごと
1590	豊臣秀吉《ひでよし》が全国を統一する……A
1603	江《え》戸幕府が開かれる
	X
1641	「鎖《さ》国」体制が固まる…………B
1716	徳川吉宗の改革が始まる………C
1772	田沼《ぬま》意次が老中になる
	Y
1787	松平定信の改革が始まる………D
1841	水野忠邦《くに》の改革が始まる………E

問１　X　の時期におきたできごとではないものを次の中から１つ選び、記号で答えなさい。

（イ）参勤交代が制度化される。　（ロ）島原・天草一揆《き》がおきる。

（ハ）バテレン追放令が出される。　（ニ）大阪の陣《じん》がおきる。

問２　［ Y ］の時期におきた天明のききんは、ある火山の噴《ふん》火によってさらに被《ひ》害が拡大しました。その火山の位置を下の地図から１つ選び、記号で答えなさい。

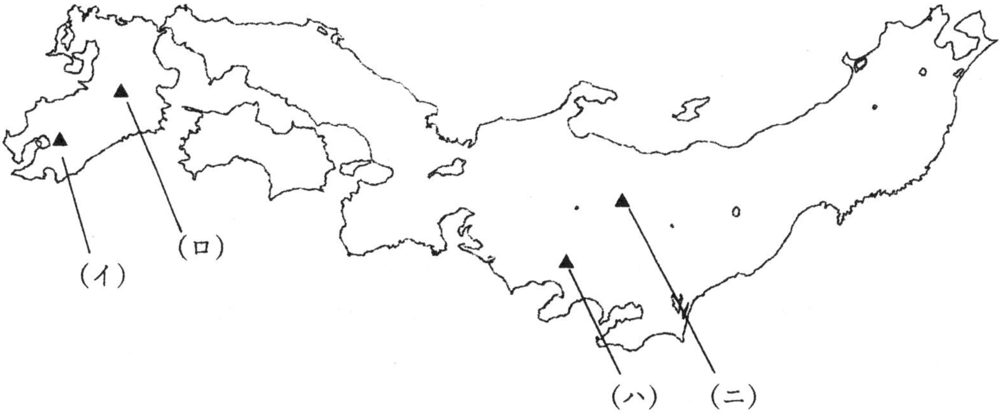

（CraftMAP で作成）

問３　Aに関して。豊臣秀吉は、小田原の北条氏をたおして全国を統一しました。小田原のある都道府県の形として、正しいものを次の中から１つ選び、記号で答えなさい。なお、縮尺はそれぞれ異なります。

（イ）

（ロ）

（ハ）

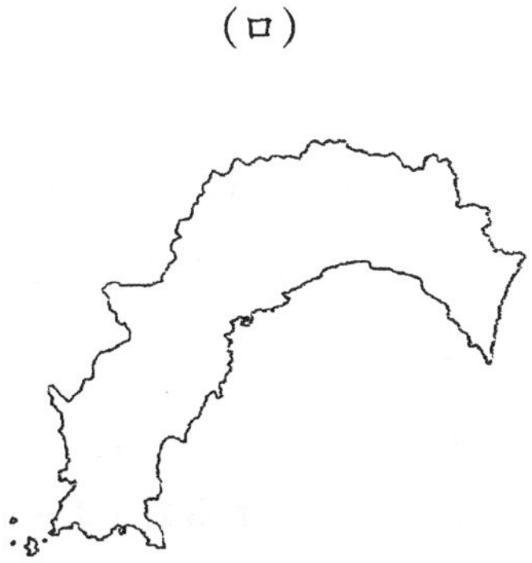

（ニ）

問4　Bに関して。江戸幕府は、日本人が海外にわたることや、海外にわたった日本人が帰国することを禁止しました。次の（イ）（ロ）の各年代にも、日本政府が国民に対して、海外または特定の国への渡航や、そこからの帰国を制限したことがあります。どのような理由から制限をしたのか、いずれか１つの年代を記号で選び、その内容を具体的に答えなさい。

（イ）1940 年代　　（ロ）2020 年代

問5　Cに関して。この改革の内容について述べたものとして、正しいものを次の中から１つ選び、記号で答えなさい。

（イ）じゃがいもの栽培《さいばい》をすすめた。　　（ロ）目安箱を設置した。

（ハ）禁中並公家諸法度を制定した。　　（ニ）異国船打払《はらい》令を出した。

問6　Dに関して。この改革の内容について述べたものとして、あてはまらないものを次の中から１つ選び、記号で答えなさい。

（イ）幕府の学校では朱《しゅ》子学以外の講義を禁じた。

（ロ）蝦夷《えぞ》地の開発や印旛《いんば》沼の干拓《たく》を計画した。

（ハ）旗本や御《ご》家人の借金を帳消しにした。

（ニ）ききんに備えて農村に米を貯蔵する倉庫をつくらせた。

問7　Eに関して。水野忠邦は物価上昇《しょう》の原因が、株仲間による営業の独占《せん》によるものだと考えました。現代における物価上昇を引きおこす直接の理由として、ふさわしくないものを次の中から１つ選び、記号で答えなさい。

（イ）お金の流通量が増加すること　　（ロ）商品の人気が高まること

（ハ）原材料の費用が上がること　　（ニ）賃金が下がること

2　次の文章を読み、下の問いに答えなさい。

2022 年２月 24 日、ロシアが①ウクライナに侵攻《しんこう》するというできごとがおき、両国は戦争状態になりました。なぜロシアはウクライナに侵攻したのでしょうか。

冷戦終結後、旧ソ連をリーダーとするグループに属していた国々の中には、ポーランドやバルト三国のように、ロシアの軍事力をおそれ西ヨーロッパ諸国や②ＮＡＴＯに接近する国が現れました。もともとウクライナとロシアは、民族も言葉も近い兄弟のような国でしたが、やがてウクライナもまたロシアと距離《きょり》をとり、③ＥＵやＮＡＴＯへの加盟を求める動きを見せました。そのため、ＮＡＴＯの拡大を脅威と感じているロシアはこれを国家の危機とし、指導者であるプーチン大統領は今回の軍事行動を「国を守るためにおこした」と述べました。しかし、④安全保障のためにどの国と同盟を結ぶか、どの団体に加盟するかは、ウクライナの国民が決めることです。また、対話でなく、いきなり戦争という手段で問題を解決しようとしたロシアの姿勢に、世界中から非難が集まりました。

さて、ロシアと日本との関係の歴史は、18世紀にさかのぼります。1792年に日本の漂《ひょう》流民を連れたラクスマンは、「生活に必要な品ものを日本との交易で手に入れたい」という目的で日本に来航しました。1858年、⑤日米修好通商条約が結ばれると、その後、同じような内容の不平等条約を当時の江戸幕府はロシアと結びました。20世紀に入ると、日本とロシアの間に⑥日露《ろ》戦争がおこりました。第二次世界大戦末期には、日ソ中立条約を破ってソ連が対日参戦したため、日本の ⑦ がうばわれました。この地は現在もロシアによって支配されており、日ロ間の国際問題となっています。

問１　下線部①に関して。右はウクライナの国旗です。青は空を、黄色はウクライナで多くとれる、ある穀物を表しています。日本におけるこの穀物に関することがらについて述べたものとして、誤っているものを次の中から１つ選び、記号で答えなさい。

（イ）輸入品におされ、国内生産量は1970年代には戦後最低となったが、1980年代になると米からの転作が増え、生産量は次第に回復した。

（ロ）国内生産量に輸入量を加えた総供給量の大半は、家畜《ちく》の飼料に使われている。

（ハ）日本の国内自給率は低く、大部分を輸入にたよっているが、その主な相手国はアメリカである。

（ニ）国内の主な産地は北海道であり、2019年度の国内の収穫《かく》量の約65%をしめる。

問２　下線部②に関して。これは何という組織の略称か、日本語で答えなさい。

問３　下線部③について述べたものとして、誤っているものを次の中から１つ選び、記号で答えなさい。

（イ）ＥＵ内では、賃金の低い国から高い国に労働者が移動し、職を得られなかった人がその国でホームレスになるなどの問題が発生している。

（ロ）1992年にマーストリヒト条約が調印され、ＥＵの創設が定められた。

（ハ）2021年１月にフランスがＥＵから完全に離脱《りだつ》した。

（ニ）ＥＵ内で使われる共通通貨はユーロである。

問４　下線部④に関して。このように、「国の政治のあり方や方針を最終的に決める権利」を何というか答えなさい。

問５　下線部⑤に関して。この条約を結んだ、幕府の代表者とアメリカの代表者の組み合わせとして、正しいものを次の中から選び、記号で答えなさい。

（イ）徳川慶《よし》喜－ペリー　　（ロ）徳川慶喜－ハリス

（ハ）井伊《い》直弼《すけ》－ペリー　　（ニ）井伊直弼－ハリス

問６　下線部⑥の戦争後におこったできごととして、誤っているものを次の中から１つ選び、記号で答えなさい。

（イ）関東大震《しん》災　　（ロ）満州事変　　（ハ）三国干渉《しょう》　　（ニ）韓《かん》国併《へい》合

問７　⑦　をふくむ地方の雨温図として、最も適当なものを次の中から選び、記号で答えなさい。

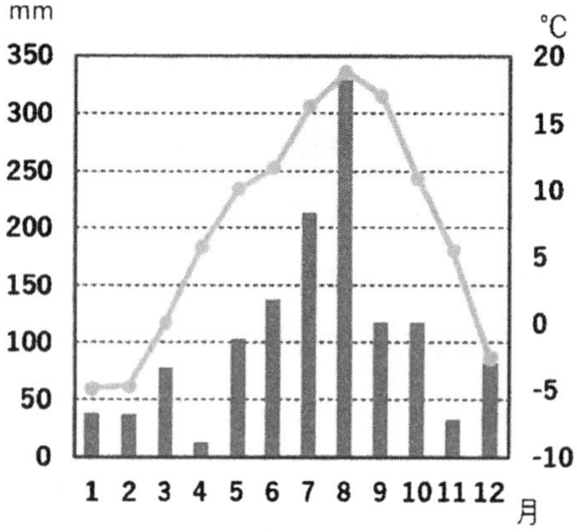

（イ）

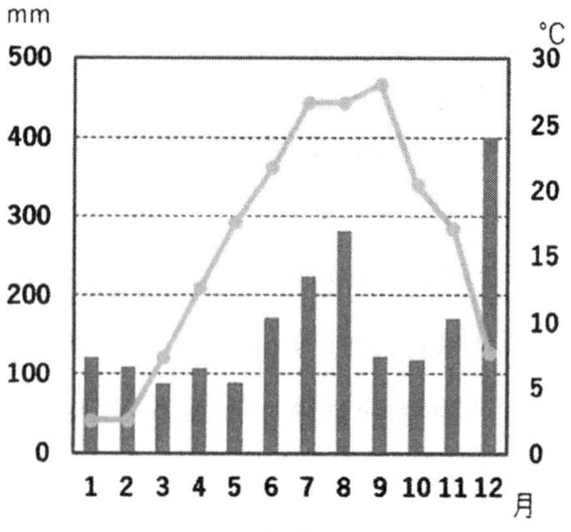

（ロ）

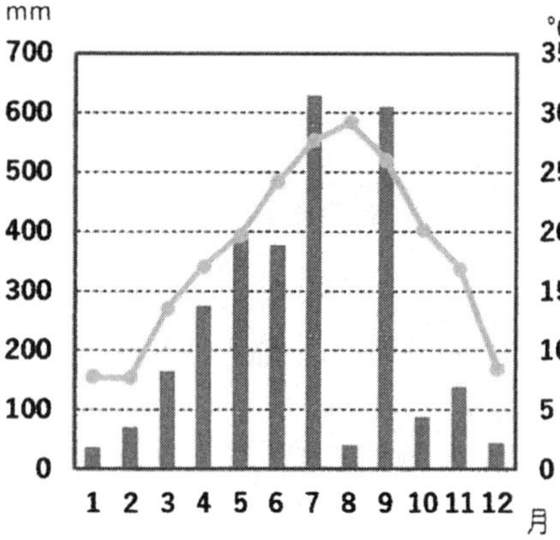

（ハ）

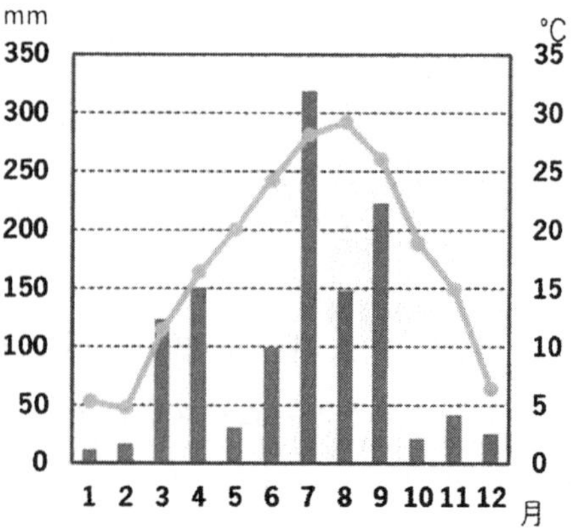

（ニ）

（気象庁 HP　2022 年の気象データより作成）

3　次の資料 A～C は東京都の気象に関するものです。これらの資料から参照するものを１つ以上選び、選んだ資料から読み取れる気候変動をあげた上で、それが交通や労働に対してどのような影響《えいきょう》を与えると考えられるかを述べなさい。また、そうした影響を最小限におさえるために、あなたなら、国や東京都にどのような対策をとることを提案するか述べなさい。解答欄《らん》の指定に合わせて答えること。

【資料Ａ】１時間降水量 30 ㎜以上※１の発生回数の変化（東京都）

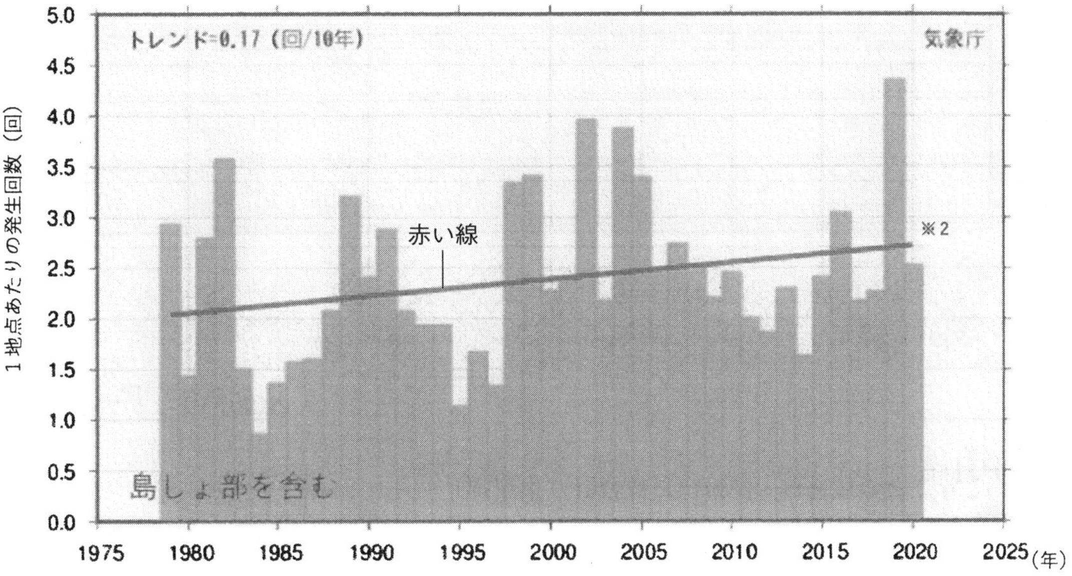

※１　「バケツをひっくり返したように降る雨」と表現される量。

※２　赤い線は 10 年間ごとの平均的な変化を表したもの。

（東京管区気象台 HP「東京都の気候変動」より作成）

【資料Ｂ】10 年ごとの年平均気温（東京都）

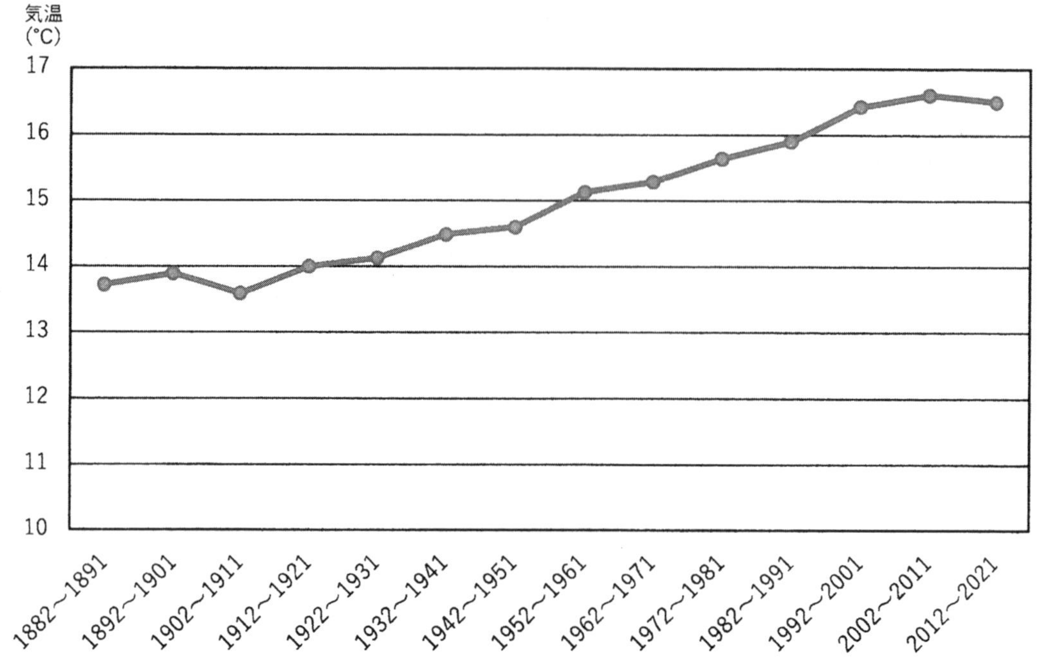

（気象庁 HP より作成）

【資料Ｃ】10 年ごとの猛暑日・熱帯夜日数合計（東京都）

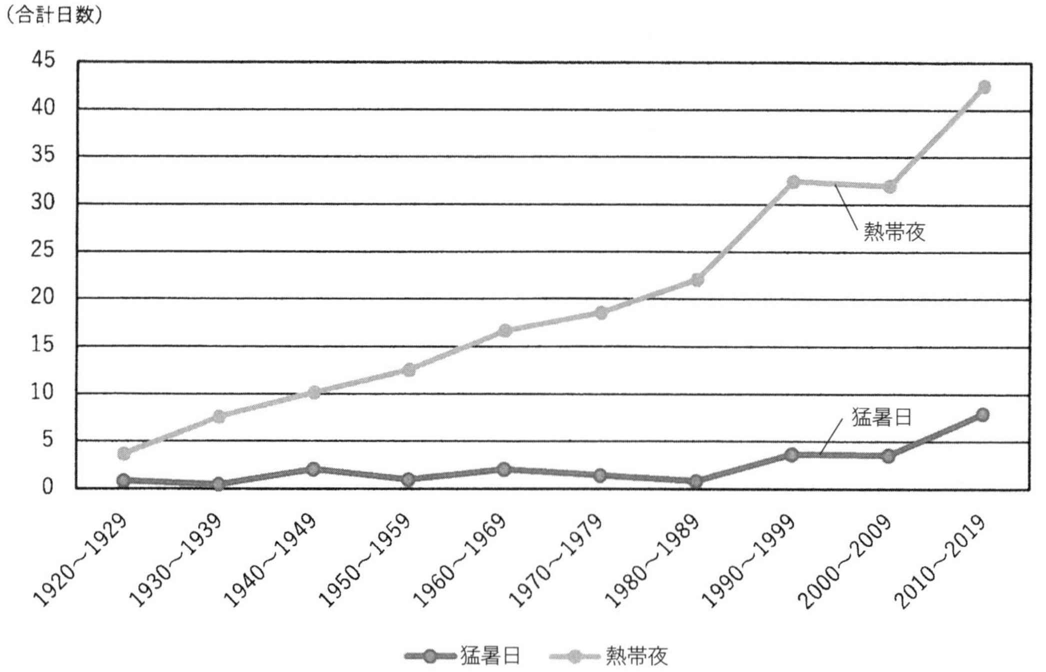

（気象庁 HP より作成）

【理　科】〈第１回午後試験〉（社会と合わせて50分）〈満点：50点〉

1　次の文を読み，あとの問いに答えなさい。

昆虫《こんちゅう》のからだはあたま，むね，はらの３つの部位に分けることができます。また，A昆虫のからだの器官はそれぞれ決まった部位から出ています。器官のうち，特にはねは昆虫の種類によって枚数が異なっています。①チョウや②ハチなどは４枚のはねをもちますが，③ハエや④カなどは２枚のはねをもちます。そのため，よくハチとまちがえられるハナアブやガガンボなどはハエやカのなかまですので，はねの枚数をよく観察すればヒトに害をあたえる昆虫ではないとわかります。では，逆にヒトに害をあたえる昆虫について考えてみたいと思います。地球上で最も人類に害をあたえている昆虫として話題になるのが，カです。ある種のカにさされることによって，カが媒介《ばいかい》する病原体が体内に入って感《かん》染症《せんしょう》が引き起こされる可能性があります。具体的なものとしては，熱帯地域で注意が必要なデング熱やジカ熱があげられます。これらの感染症は，国際的な人間の行き来やB地球規模の環境《かんきょう》問題の進行によって，熱帯地域だけではなく日本などでも危険性が増しています。

（１）　**下線部A**について，以下の**ア〜ウ**の器官は「あたま」，「むね」，「はら」のうち，どの部位から出ているでしょうか。正しいものをそれぞれ選びなさい。ただし，同じ言葉を２回用いてもよいものとします。

ア　あし　　　**イ**　触角《しょっかく》　　　**ウ**　はね

（２）　一般《いっぱん》的な昆虫のあしの本数を答えなさい。

（３）　**下線部①〜④**の昆虫のうち，完全変態をするものをすべて選び，番号で答えなさい。これらの昆虫のうち，完全変態をするものがいない場合は，×を解答らんに記入すること。

（４）　**下線部B**について，温室効果ガスの増加によって引き起こされる環境問題を何というか答えなさい。

（５）　（４）の環境問題が進行することで，なぜカが媒介する感染症が広がることにつながるのでしょうか。解答らんの枠内《わくない》で説明しなさい。

2　**熱と温度に関する以下の実験を行いました。あとの問いに答えなさい。**

【実験】

90℃の金属Ａと，10℃の金属Ｂがそれぞれ 100g ずつあります。金属Ａと金属Ｂをとなりあわせてつなぐと，熱は金属Ａから金属Ｂに向かって伝わり，十分に時間がたつと，金属Ａと金属Ｂは共に 30℃になりました。

このとき，金属Ａと金属Ｂの熱は空気中ににげませんでした。また，金属Ａと金属Ｂは異なる種類の金属を使用しました。

（１）　**金属Ａ**と**金属Ｂ**をつないだとき，時間の経過と温度の変化のグラフとして正しいものを**ア～オ**から１つ選び，記号で答えなさい。

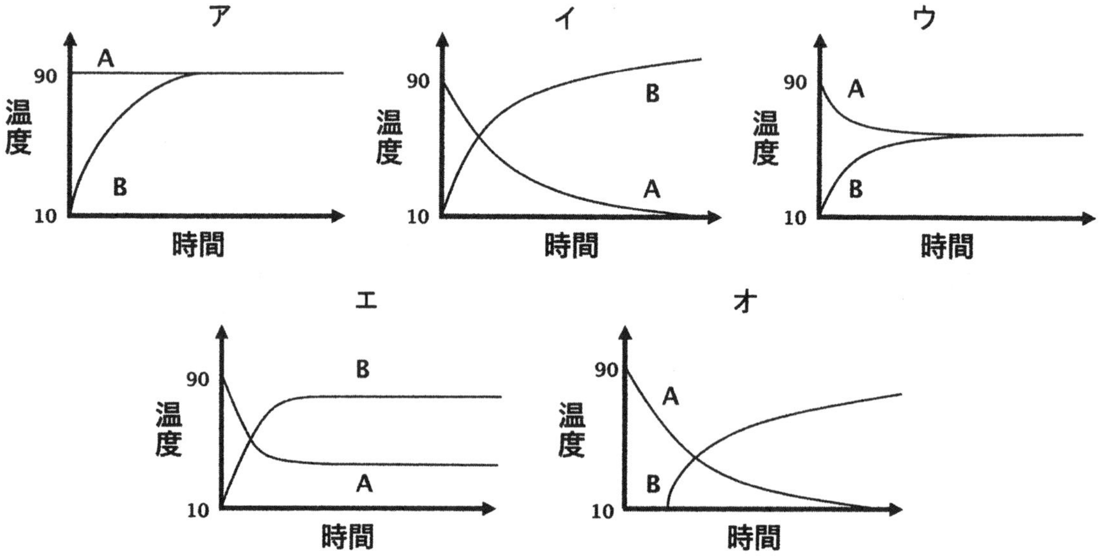

（２）　１ｇの物質の温度を１℃上げるのに必要な熱の量を比熱といいます。水の比熱を１としたとき，**金属Ａ**の比熱は 0.1 でした。**金属Ｂ**の比熱は水を１としたときに，いくらになるか答えなさい。ただし，割り切れない場合は小数第２位を四捨五入して小数第１位まで答えること。

（３）　**金属Ａ**を 100g から 300g に変えて同じ実験をしたとき，**金属Ａ**と**金属Ｂ**はともに何℃になるか答えなさい。ただし，割り切れない場合は小数第１位を四捨五入して整数で答えること。

（４）　家の片付けをしていたところ，古い温度計が出てきたので，正しい温度を測ることができるかを確かめる実験をしました。その結果，温度を正しく測ることのできる温度計が０℃と 90℃を示したとき，古い温度計は３℃と 87℃を示しました。この古い温度計が 24℃を示すとき，正しい温度は何℃になると考えられますか。ただし，割り切れない場合は小数第２位を四捨五入して小数第１位まで答えること。また，考え方も説明すること。

3　夜空をいろどる色とりどりの花火のしくみを不思議に思った里香さんは，先生にすすめられて実験を行うことにしました。これについて，あとの問いに答えなさい。

【実験】
試薬
・ミョウバン（硫酸《りゅうさん》カリウムアルミニウム十二水和物）
・重曹《じゅうそう》（炭酸水素ナトリウム）
・サンボルドー（塩化銅を主成分とする園芸用殺虫剤《さっちゅうざい》）
・チョークの粉（炭酸カルシウム）

実験手順
・Ａ～Ｄの蒸発皿にエタノール 10mL を入れる。
・Ａにはミョウバン，Ｂには重曹，Ｃにはサンボルドー，Ｄにはチョークの粉をそれぞれ薬さじ１杯《ぱい》ずつ入れて混ぜる。
・スチールウールをガスバーナーの炎《ほのお》に入れて加熱したものをそれぞれＡ～Ｄの蒸発皿に入れ，火を近づける。

結果

	A	B	C	D
炎の色	（　①　）色	（　②　）色	（　③　）色	（　④　）色

Ａ～Ｄそれぞれの蒸発皿の炎の色が異なるのを不思議に思った里香さんは，金属と炎の色の関係について調べることにしました。

里香さんのメモ１

炎色《えんしょく》反応
　金属を燃やしたときに，その金属の種類によって決まった色を放出することを，「炎色反応」という。
　リチウム→赤色　ナトリウム→黄色　カリウム→紫《むらさき》色　バリウム→黄緑色
　銅→青緑色　カルシウム→橙《だいだい》色
　例えば，塩化ナトリウム水溶液を白金線につけて，ガスバーナーの炎に入れると黄色を示す。

さらに，里香さんは打ち上げ花火のしくみも調べました。

里香さんのメモ２

打ち上げ花火について
　筒《つつ》に打ち上げ火薬と花火玉を入れ，打ち上げ火薬を爆発《ばくはつ》させることで花火玉を上空に飛ばす。
　花火玉の中には，星とよばれる炎色材（発色の素）をふくんだ火薬を混ぜ合わせて球にして乾燥させたものと，割薬という花火玉を空中で割るための火薬がふくまれている。
　打ち上げ火薬によって飛び上がった花火玉は，導火線から割薬に火が到達すると破裂《はれつ》し，花火玉が開くと同時に星が四方八方に飛び散り，鮮《あざ》やかな色を出しながら燃えつきる。

（1）　①～④の炎の色はそれぞれ何色になると考えられますか。

（2）　図のような構造をした星をふくむ打ち上げ花火は，空でどのように見えると考えられますか。説明しなさい。

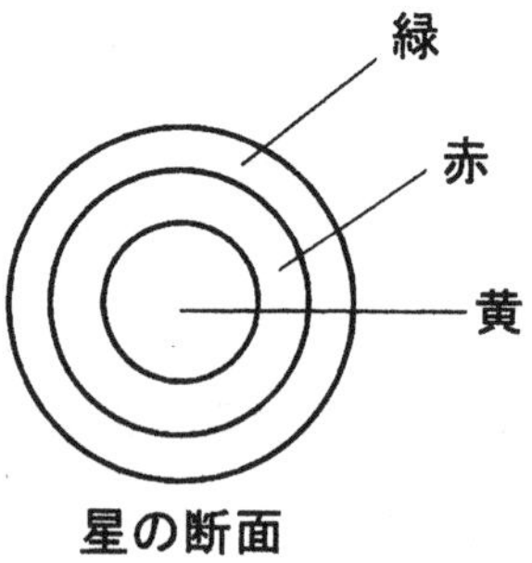

星の断面

（3）　打ち上げ花火について調べていた里香さんは，打ち上げ火薬の爆発が花火玉を数百メートルも夜空に打ち上げるほどの威力《いりょく》をもつにもかかわらず，花火玉が筒の中で爆発してしまわないことを疑問に思いました。なぜ花火玉が打ち上げと同時に爆発しないのか，理由を推測して答えなさい。

4　次の文は雲のできかたについての説明で，図１はそれを図で表したものです。これについて，あとの問いに答えなさい。

雲は，微小《びしょう》な水滴《すいてき》や氷の結晶《けっしょう》からできています。そのもとになっているのは，海や川，地面など，さまざまな場所にある水です。水は太陽の熱などで温められると，蒸発して，水蒸気に変化して空気中にとけこみます。そして，水蒸気をふくんだ空気のかたまりが上昇《じょうしょう》気流に乗って，上空へのぼります。上空に行くほど気圧が低く，大気の圧力が減るため，①上昇した空気のかたまりは膨張《ぼうちょう》します。このとき，空気のかたまりは膨張することに自身のエネルギーを消費するため，温度が下がります。空気がふくむことができる水蒸気量には限界があり，気温が低いほど，空気がふくむことができる水蒸気量は少なくなります。そのため，②膨張して温度が下がり，空気がこれ以上水蒸気をふくみきれなくなると，水蒸気は気体の状態を保てなくなります。すると，水蒸気は空気中にただようちりなどの周りに集まって，水滴や氷の結晶に成長します。この空にうかぶ水滴や氷の結晶の集合体が，普段《ふだん》わたしたちが目にする「雲」なのです。水蒸気はわたしたちの目には見えませんが，水滴や氷の結晶になることでその姿をとらえられるようになるのです。

図１

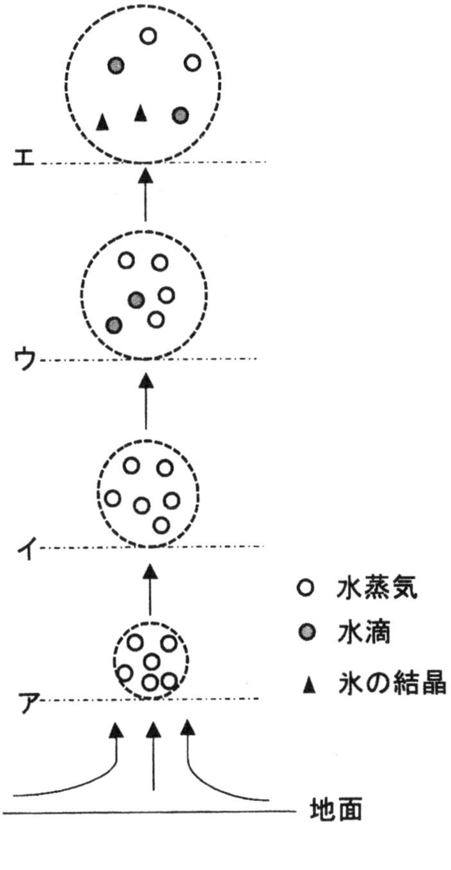

（1） **図１**で，雲ができはじめるのは，**ア～エ**のどの位置に空気のかたまりが上昇したときですか。記号で答えなさい。

（2） **下線部①**で，雲ができるまでは，空気のかたまりは100ｍ上昇するごとに気温が１℃下がり，雲ができはじめると，空気のかたまりは100ｍ上昇するごとに気温が0.5℃下がります。標高2500ｍの山に登っていたところ，標高1500ｍから山頂まで雲がかかっていました。山のふもと**Ａ地点**の空気のかたまりが山頂まで上昇したとき，この空気の温度は何℃になっていますか。ただし，山のふもと**Ａ地点**の気温は32℃であったものとします。また，**Ａ地点**の標高は０ｍです。

（3） 雲ができていないとき，空気のかたまりは 100ｍ下降するごとに気温が１℃上がります。（2）の山頂から反対側のふもと**Ｂ地点**までは雲がかかっていないとしたら，山頂の空気のかたまりが反対側の山のふもと**Ｂ地点**にふき下りたとき，温度は何℃上昇しましたか。ただし，**Ｂ地点**の標高は０ｍであるとします。

（4） （2），（3）のような結果により，埼玉《さいたま》県の熊谷《くまがや》市などは，昨年度の夏も全国の最高気温を連日記録しています。このような現象を何といいますか。

（5） **下線部②**で，雲ができるときの温度を露点《ろてん》といいます。水蒸気をふくんだ空気のかたまりが山を上昇すると，気温が下がり露点に近づきます。空気のかたまりが 100ｍ上昇するごとに，露点は0.2℃下がります。山のふもと**Ａ地点**の気温が 28℃，露点が10℃の空気のかたまりが上昇したとき，標高何ｍで雲ができますか。

（6） （5）で，山のふもと**Ａ地点**の空気のかたまりが山頂をこえて**Ｂ地点**までふき下りたとき，**Ａ地点**の空気のかたまりと，**Ｂ地点**の空気のかたまりで，乾燥《かんそう》しているのはどちらですか。

問九　――線部Ａ「ジンバルドーの言葉」をもじって、本文の内容をふまえた上で、「〔　　　　〕人は自分に対する最良の批評家である」という言葉を作りました。これについて次の⑴・⑵の問いに答えなさい。

※　解答用紙は解答用紙No.２を使用すること。

⑴　〔　　　　〕に入る十字以内の言葉を考えて書きなさい。

⑵　⑴でその言葉を入れた理由を八十字以内で書きなさい。（「、」や「。」も字数に入れます。）

三　次の問いに答えなさい。

問　次の①～⑩の――線部のカタカナは漢字に直し、漢字は読みを書きなさい。

①　ダイトウリョウの演説を聞いた。
②　グンタイの足並みのそろった行進。
③　多くの食品がネアげされた。
④　姉はコウセイ労働省で働いている。
⑤　将来はキショウ予報士になりたい。
⑥　昨日の深夜から大雨ケイホウが出ている。
⑦　二時間前に飲んだ薬がキき始めた。
⑧　ウイルスの新たな変異株が発見された。
⑨　立派な調度品が整っている。
⑩　日曜日のご都合はいかがですか。

問三　――線部①「恥ずかしがりやの人は自分に対する最悪の批評家である」とありますが、その理由を説明した次の文の空らん１・２に入る言葉をそれぞれ十字以内で答えなさい。

他人だけでなく自分までも自分に〔　１　〕ことで、自分の心を〔　２　〕から。

問四　――線部②「愛情欲求が満たされず自分に批判的な人」がそのような自分を変えるためには、どのようなことをすればよいと筆者は述べていますか。本文中から十八字でさがし、その初めの五字をぬき出して答えなさい。

問五　X に入る言葉として適切なものを次の中から選び、記号で答えなさい。

ア　たまには大声で他人を笑っていいんだよ
イ　何も気にしないで一緒にいていいんだよ
ウ　一人でゆっくり風呂《ふろ》に入ればいいんだよ
エ　無理にでも自分に甘えればいいんだよ

問六　――線部③「『実際に感じている自分』」とは、どのような自分なのですか。本文中の言葉を用いて二十字以内で書きなさい。（「、」や「。」も字数に入れます。）

問七　次の文を本文中にもどす場合、【ア】～【エ】のどこが適切ですか。記号で答えなさい。

〈すさんだあなたの心を、あなたへの期待でさらにすさんだものにするだけの話である。〉

問八　筆者の主張として適切なものを次の中からすべて選び、記号で答えなさい。

ア　自分が自分にやさしくなれば他人のやさしさを知り、何もよそおうことなく他人と交流できる。
イ　子供の頃に味わった、愛されなかったというさみしい気持ちを人間は克服《こくふく》することはできない。
ウ　小さい頃に愛情欲求不満を満たされた人は、その後大人になると幸せな人生が約束されている。
エ　うぬぼれた人は臆病で卑怯なため、自分にも他人にもかなり批判的に接する傾向がある。
オ　自分に批判的に生きる人は、「よそおう自分」を他人だけでなく自分の前にも用意してしまう。

れる人とも出会える。情緒《じょうちょ》的に成熟した人は、ある人が自分にやさしくするという行動をとった時それを許す。

愛情欲求不満をひきずって、心の底で自分に批判的になりながら、虚勢をはったり、うぬぼれたりすると、いつになっても心やさしい人と出会えない。【エ】

心の底では自分に批判的なのに、いや批判的だからこそ表面に虚勢をはる。この人は、心の底で自分をどう感じているかといえば、自分はつまらない人間だと感じている。しかし他人と自分の前にはそれと違《ちが》った自分を示そうとする。

心の底で実際に感じている自分と、他人に対してよそおう自分とが違う人というのは、他人と親しくなれない。他人と付き合うことで最終的には自分で自分を犠牲《ぎせい》にし、同時に他人をも犠牲にする。そのような人達は一緒にいる時、どんなに笑い声で話しあっていても最終的にはお互いに不快な感情を持ってその場の交流を終わる。

それは「よそおう自分」と「よそおう自分」との付き合いで、③「実際に感じている自分」と「実際に感じている自分」との付き合いではないからである。

このような交流をどんなにしても、その人の愛情欲求は満たされるものではない。「よそおう自分」と「よそおう自分」との交流ははじめは表面的にすごくうまくいくことがよくある。 D お互いに「実際に感じている自分」は隠《かく》しているのだから交流はいつになっても深まらない。そして最終的にはお互いに傷つけあって終わることがほとんどなのである。

（加藤　諦三『自分に気づく心理学』）

※１　虚勢　＝　実力の伴《ともな》わない見かけばかりの強がりのこと。
※２　虚無　＝　何もなくてむなしいこと。

問一　 A ～ D には、「しかし」がいくつ入りますか。次の中から選び、記号で答えなさい。

ア　二つ　　イ　三つ　　ウ　四つ　　エ　一つも入らない

問二　――線部a「ついつい」・b「あくまで」の意味として適切なものをそれぞれ次の中から選び、記号で答えなさい。

a「ついつい」　ア　わざわざ　　イ　とうとう　　ウ　ついでに　　エ　思わず

b「あくまで」　ア　どこまでも　　イ　自然と　　ウ　当然　　エ　実を言えば

的に生きることは難しい。どうしても臆病になってしまう。

小さい頃《ころ》愛情欲求を満たされることなくすごした人は、自分は自分の第一の理解者であろうと本気で決意することである。本気で自分にやさしくなろうとすることである。

これは本気でなければ効果はない。なぜなら本気でないと、それはうぬぼれになり、虚勢になるからである。

心の底で自分にやさしくなれていないと、やはり他人が自分をどう評価するかということが気になって、[a]ついつい虚勢をはってしまう。

日常生活で自分にやさしくすること、日常生活で自分をよく世話すること、日常生活で自分が自分に甘《あま》えることを許すこと、日常生活で自分のめんどうをよく見ることを忘れないことである。【ア】

日常生活で疲《つか》れた時、無理に笑顔《えがお》をふりまいて立派そうにすることはないのである。そんな時、「疲れているんだろ、少し一人で休んだら」とでも「疲れているんだろ、一緒《いっしょ》にいたければ、[X]」と自分にいいきかせることであろう。

疲れた自分にやさしい感じのする服があれば、それを着ることを自分に許すことである。人に気にいられるための服など着る必要はどこにもない。そんなに他人の眼《め》を気にしてみたところで、他人が自分の人生に責任をとってくれるわけではない。

最終的には自分が自分の人生の責任をとらなければならない。他人の期待にかなおうとどんなに勤勉に頑張《がんば》ってみても、その人達《たち》が自分の心の底の※2虚無《きょむ》を満たしてくれるわけではない。

小さい頃の満たされない愛情欲求を大人になってもひきずって、他人の眼を気にして生きている。この苦しんでいるあなたに何かを期待する人など、決して、決してあなたの心の底を満たしてなどくれない。【イ】

他人の期待にこたえられないのが怖《こわ》くてあなたは勤勉に頑張っている。それが何よりもあなたが愛情欲求不満である証拠《しょうこ》だ。愛情欲求不満でない人も、他人の期待にこたえようと勤勉に頑張る時がある。[B]それは期待にこたえられないことが恐《こわ》いからではない。それは[b]あくまで他人への愛情である。

愛されなかった者は恐れている。【ウ】

人間の心の不思議である。小さい頃愛された人は、大人になっても自分を愛する。[C]小さい頃愛されなかった人は、大人になっても自分を自分で愛さない。

人間の意志はここでこそ働かせなければならないのではなかろうか。私は小さい頃我執の人達に囲まれて育った。私は愛されなかった。しかし私は私を愛してみせるぞと決断することである。

この決断が心の虚無を満たしていくスタートである。いやもう走りだしている。なぜならそう決断する人は自分の愛情欲求不満のすさまじさに気づいているからである。気づくことがスタートである。

（中略）

そして自分が自分をいつくしみ、やさしくすれば、自分の周囲で誰が自分にやさしい人なのかも分かる。そして自分にやさしくしてく

問十　サレジアン国際学園世田谷中学校（本校）では、小学校の時よりもいろいろな生徒が集まります。年齢は同じでも生き方や考え方、国籍や生活習慣、得意な科目などさまざまな違いがあるかもしれません。その「自分とは違いのある」仲間たちと、どのように学校生活を送っていくのがよいと思いますか。あなたの考えを八十字以内で書きなさい。（「、」や「。」も字数に入れます。）
※解答用紙は解答用紙No.２を使用すること。

二　次の文章を読んで、あとの問いに答えなさい。

①恥《は》ずかしがりやの人は自分に対する最悪の批評家である、というのはAジンバルドーの言葉である。人間の心が成長するのには順序がある。まずやさしい理解者がいて、その次の段階で批判者がでてくるのはかまわない。しかし、やさしい理解者がいないのに、いきなり厳しい批判者と接したら、その人の心は破壊《はかい》されてしまう。あまりにも恥ずかしがりやの人などはこの例である。

恥ずかしがりやの人ばかりでなく、他人が自分をどう思っているかばかり気にして生きている人も同じである。本当のやさしさに接することなく、人生の大切な時期をすごしてしまったのである。

そのうえ自分までが自分に批判的になる必要はない。自分は自分にやさしく、養育的な態度で接することである。ただ人間の心の成長というのは本当に難しいものだと思う。それは、心やさしい母親に育てられた人は、大人になってほっておいても自分にやさしくする傾向《けいこう》がある。

［Ａ］、恥ずかしがりやの人の例にみるように、子供の心を理解する能力のない母親に育てられると、その人は自分に批判的に接するようになる傾向がある。

※1虚勢《きょせい》をはっている人なども同じである。心の底で自分に批判的になっているからこそ、他人に虚勢をはってしまうのである。ありのままの自分にもし他人が批判的であっても、自分はやさしくしようと決心し、それを実行できていれば、だいたい虚勢をはる必要がない。

普通《ふつう》にしていられないのは、何かそうしなければいられない心の必要があるからであろう。

うぬぼれているように見える人も同じである。うぬぼれている人は心の底では何かを恐《おそ》れているのである。心の底では何かを恐れているから新しいことに挑戦《ちょうせん》的になれないし、自分の世界を広げることもできないのである。

そして質量ともに狭《せま》い住みなれた自分の世界で、一人で得意になっているのがうぬぼれた人である。うぬぼれた人は臆病《おくびょう》な人なのである。そして卑怯《ひきょう》な人でもある。つまりうぬぼれた人は我執《がしゅう》の人である。

我執の人というのは、臆病で卑怯で、支配的な人のことであろう。自分にやさしい人は臆病になる必要がない。何かに失敗してもそのことで自分を責めたりしないからである。

②愛情欲求が満たされず自分に批判的な人が何かと失敗を恐れるのである。そういう人が自分の失敗に批判的になる。従って何かに挑戦

問六　――線部④「それじゃまるで犬のしつけみたいじゃないか」とありますが、どのような点を「まるで犬のしつけみたい」と言っているのですか。適切なものを次の中から選び、記号で答えなさい。

ア　明確な理由を説明して納得させることをせず、行動を強制するために罰を与《あた》えている点。

イ　道徳的には正しくなくても、指示に従えるかどうかを試したいだけで罰を与えている点。

ウ　暴力的な人に対し、世の中をうまく回すためという口実をでっちあげて罰を与えている点。

エ　事の経緯《けいい》をくわしく聞かないまま、差別をするような人だと決めつけて罰を与えている点。

問七　――線部⑤「それはヤバいね」とありますが、「息子」がそう考えたのは「ボロい借家の子」の発言がどのようなものだったからですか。「ボロい借家の子の発言が」に続けて、四十字以内で書きなさい。（「、」や「。」も字数に入れます。）

問八　――線部⑥「２人を平等に叱った」とありますが、先生がそのようにしたのはなぜですか。それを説明した次の文の空らんについて、あとの⑴・⑵の問いに答えなさい。

２人を平等に叱ったのは、先生が〔　１　〕という考えを持っていて、２人は〔　２　〕ことをわからせたかったからである。

⑴　〔　１　〕に入る言葉を、本文中から二十字でさがし、初めの五字をぬき出して答えなさい。

⑵　〔　２　〕に入る言葉を十五字以内で答えなさい。

問九　――線部⑦「余裕を見せている」とありますが、「息子」が「余裕を見せている」のはなぜですか。適切なものを次の中から選び、記号で答えなさい。

ア　学校から罰せられて喧嘩ができず、ティムとダニエルが表面上は仲良くしようとしてくれているから。

イ　ティムとダニエルがわざと鉢合わせする機会を作っていて、それが順調にうまくいっているから。

ウ　ティムとダニエルの交流や自分の言葉がけによって、二人の関係性に改善の兆《きざ》しがみられているから。

エ　友人である自分が言葉を尽《つ》くして頼《たの》めば、ダニエルはティムと仲良くしてくれそうだと思ったから。

b 「逆手に取り」

ア 機転を利《き》かせて不利な状況を活《い》かす　イ 素直《すなお》に聞き入れて相手に従う

ウ 抵抗《ていこう》する力がないものを打ち負かす　エ 悪知恵《わるぢえ》を働かせて思い通りにする

問二 X ～ Z に入る言葉として適切なものを次の中からそれぞれ選び、記号で答えなさい。なお、二つの Y には同じ言葉が入ります。

X　ア 期待　イ 不安　ウ 偏見《へんけん》　エ 興奮

Y　ア 国際性　イ 民族性　ウ 生産性　エ 共感性

Z　ア 真理　イ 差別　ウ 教育　エ 失敗

問三 ――線部①「の」と同じ意味で使われているものを次の中から一つ選び、記号で答えなさい。

ア これは私の本です。　イ 母の作ったケーキはおいしい。

ウ 甘《あま》いのが食べたいです。　エ あなたはもう帰りたいのですか。

問四 ――線部②「ヤバい空気」とありますが、このような状況を表した四字熟語を次の中から選び、記号で答えなさい。

ア 急転直下　イ 相思相愛　ウ 一触即発《いっしょくそくはつ》　エ 九死一生

問五 ――線部③「納得いかない」とありますが、どのようなことに納得いかなかったのですか。適切なものを次の中から選び、記号で答えなさい。

ア 先に手を出した人ではなく、後から反撃《はんげき》した人の方が重い罰を受けたこと。

イ 先に差別をした人ではなく、後から差別をした人の方が重い罰を受けたこと。

ウ 貧乏な人を差別した人も、人種差別をした人も同じような罰であったこと。

エ 貧乏な人を差別した人と、人種差別をした人が同じような罰でなかったこと。

「差別はいけないと教えることが大事なのはもちろんなんだけど、あの先生はちょっと違ってた。どの差別がいけない、っていう前に、人を傷つけることはどんなことでもよくないっていつも言っていた。だから２人を平等に叱ったんだと思う」

「……それは、［Ｚ］だよね」と息子がしみじみ言うのでわたしも答えた。

「うん。世の中をうまく回す意味でも、それが有効だと思う」

翌日から息子には新たなミッションができた。

学校から罰《ばっ》されているのでティムもダニエルも喧嘩はもうできないという事実をｂ逆手に取り、わざと鉢合《はちあ》わせする状況《じょうきょう》をつくったりして仲良くさせようとしているようだが、学食でも校庭でもなかなかうまくいかないらしい。しかし、最近、体育の授業でサッカーをやったときに、ダニエルがアシストしたボールをティムがゴールへ叩《たた》き込《こ》んだ後に一瞬《いっしゅん》だけちょっといい感じになったという。

「時間の問題だと思うよ」と息子は⑦余裕《よゆう》を見せている。「こないだ、ダニエルと２人でランチを食べていたときに、母ちゃんが聞かせてくれた話をしたんだ。クラスメートと喧嘩して、先生に怒《おこ》られると思って下を向いて泣いていた日本の男の子の話。ダニエル、黙《だま》ってじっと聞いていたよ」と言うので、「あ、そう」とわたしは答えた。

40年前、殴り合いの喧嘩をして下を向いて泣いていたのは実は男の子ではなく、いま自分の母ちゃんになっているということを息子はまだ知らない。

（ブレイディ　みかこ　『ぼくはイエローでホワイトで、ちょっとブルー』）

※１　ヘイト＝反感を抱《いだ》くこと。憎《にく》しみ。
※２　レイシズム＝人種差別。
※３　アンダークラス＝収入や財産が少ない家庭のこと。
※４　フリー・ミール制度＝生活保護などを受ける貧しい家庭の子どもが学生食堂で好きな食べ物や飲み物を無料で受け取ることができる制度。
※５　雨天車両問題＝雨の日にどちらの家族が「息子」を学校へ送るかということについて、ティムとダニエルがいさかいを起こしていた。

問一　━━線部ａ「判然としない」・ｂ「逆手に取り」の意味として適切なものをそれぞれ次の中から選び、記号で答えなさい。

ａ「判然としない」
ア　心がやすらかでない　　イ　はっきりとわからない
ウ　あまり楽しそうでない　　エ　思い通りにいかない

「あの人ね、ちょうど母ちゃんがあんたぐらいのとき、担任の先生だったんだ」
「もう40年も前じゃん」
「うん。で、今でも覚えてるんだけど、あの頃《ころ》、母ちゃんの学校でも似たようなことがあったよ」
わたしは食器を洗う手を休めて台ふきん《ティータオル》で手を拭《ふ》きながら話し始めた。
「母ちゃんの学校の近くにも、坂の上の高層団地みたいに差別されている地区があってね。でも、そこはもっとずっと昔から、人々に『あそこの人たちとは付き合うな』とか『あそこの住人は俺《おれ》たちと違う』っていわれなき差別をされてきたコミュニティだった。で、あのスーパーで会った先生は、あの頃、大学を出たばかりで、若くてすごく可愛《かわ》いかったんだけど、そのコミュニティの人と恋《こい》をして結婚《けっこん》しようと思ったんだ。でも、先生の家族は大反対で『あんなところに住んでいる人と結婚するのは許さない』とか言うから、先生は家出して、ようやくそのコミュニティの人と結婚したんだ」
「なんで母ちゃんが先生のそんなプライベートなこと知ってたの」
「田舎だったからすぐ何でも噂《うわさ》になって、大人たちがみんな話してたんだよ」
「ふうん」
「で、ある日、教室で喧嘩が起きたんだ。ある生徒が、別の生徒のことを『ボロい借家の子』ってバカにしたんだ。バカにしたほうの子はお金持ちだったからすごく大きな新築の家に住んでいて、バカにされた子の家は小さくて古くて、その子は自分の家のことを恥《はじ》に思ってたから絶対に友達を遊びに来させたりしなかったし、どこに住んでいるのかも知られたくない様子だった。それで、お金持ちの子がそれをからかったんだね」
「そんなのひどい」
「それで、バカにされた子はくやしいから、『おまえだってあの地区の住人のくせに』って言い返したんだ。そのお金持ちの子は、差別されているコミュニティに住んでいたから。そしたらお金持ちの子も激怒《げきど》して、ティムとダニエルみたいに殴《なぐ》り合《あ》いの喧嘩になっちゃった」
「それで、どうなったの？」
「あの先生が2人を止めに入ったんだけど、『ボロい借家の子』って言われた子は、絶対に自分のほうが叱《しか》られるとわかってたから、先生が何も言わないうちから下を向いて泣いていた。だって、先生はその子がバカにしたコミュニティの住人になっていたし、実際、そのコミュニティの人と結婚するためにすごく苦労したってことを大人たちから聞いていたから」
「⑤それはヤバいね」
「でも、先生はその子だけを叱らなかったんだよ。⑥2人を平等に叱った。『暴力は言葉でもふるえるんです。2人とも、殴られるよりそっちのほうが痛かったでしょう』って」
わたしがそう言うと、息子が聞いた。
「なんでその先生は喧嘩両成敗にしたんだろうね」

「うん」
「じゃあ、どうして多様性があるとややこしくなるの」
「多様性ってやつは物事をややこしくするし、喧嘩や衝突《しょうとつ》が絶えないし、そりゃないほうが楽よ」
「楽じゃないものが、どうしていいの？」
「楽ばっかりしてると、無知になるから」
とわたしが答えると、「また無知の問題か」と息子が言った。以前、息子が道端《みちばた》でレイシズム的な罵倒《ばとう》を受けたときにも、そういうことをする人々は無知なのだとわたしが言ったからだ。
「多様性は、うんざりするほど大変だし、めんどくさいけど、無知を減らすからいいことなんだと母ちゃんは思う」
わたしがそう言うと、息子はわかったのかわからなかったのか a判然としない面持《おもも》ちで、おやつのチーズをむしゃむしゃ食べていた。

（中略）

ティムとダニエルと息子をめぐる※５雨天車両問題は、雨の日が減るとともに落ち着きを見せたのだったが、ついにある日、ティムとダニエルが校内で派手に衝突してしまった。
ティムのリュックの底が破れて本やノートが飛び出しているのを見たダニエルが「貧乏《びんぼう》人」と笑ったので、ティムが「ファッキン・ハンキー（中欧《ちゅうおう》・東欧出身者への蔑称《べっしょう》）」と言い返し、逆上したダニエルがティムにとびかかって取っ組み合いの喧嘩になったのである。若い男性の体育教員が飛んできて、２人とも生徒指導室に連れて行かれたらしい。
「③納得《なっとく》いかないのはティムのほうが厳しい罰《ばつ》を受けたことなんだ。ダニエルは居残りだけで済んだけど、ティムは一日中、自習室に隔《かく》離《り》されて、一週間も放課後に奉仕《ほうし》活動をさせられている」
「人種差別的なことを言ったからでしょ」
「けど、ダニエルも、ティムに『貧乏人』って言ったんだよ。僕《ぼく》はどっちも悪いと思うんだけど、友達はみんな、人種差別のほうが社会に出たら違法《いほう》になるから悪いことだって言うんだ」
息子は不満そうに語気を荒《あら》らげて続けた。
「人種差別は違法だけど、貧乏な人や恵《めぐ》まれない人は差別しても合法なんて、おかしくないかな。そんなの、本当に正しいのかな？」
「いや、法は正しいってのがそもそも違うと思うよ。法は世の中をうまく回していくためのものだから、必ずしも正しいわけじゃない。でも、法からはみ出すと将来的に困るのはティムだから、それで罰を重くしたんじゃないかな」
「④それじゃまるで犬のしつけみたいじゃないか」
息子の真剣な目つきを見ていると、ふと自分も同じぐらいの年齢《ねんれい》に戻《もど》ったような気分になった。
「去年、夏に日本に帰ったとき、スーパーで母ちゃんの昔の学校の先生に会ったの、覚えてる？」
「うん。女の先生だよね？」

2023年度 サレジアン国際学園世田谷中学校

【国 語】〈第一回午後試験〉（五〇分）〈満点：一〇〇点〉

一 次の文章を読んで、あとの問いに答えなさい。

「私」は英国人の夫を持つ日本人のライターです。英国の公立中学校に通っている「私」の息子《むすこ》は、ハンガリー移民の両親を持つ「ダニエル」と、差別されている地域の高層団地に住む「ティム」という２人の友人たちの間で板挟《いたばさ》みになっています。

「友達から取り合いされてん①の？　人気者じゃん」

と笑うと、息子が真剣《しんけん》な顔つきで言った。

「そういうんじゃないんだよ。あの２人、互《たが》いに※１ヘイトをぶつけ合っている」

ダニエルは、ハンガリー移民の両親を持つわりには移民に対する差別発言が多く、うちの息子とも最初はそれで喧嘩《けんか》したりしていたが、一緒《いっしょ》にミュージカルに出演したことをきっかけに仲良くなった。以降、まじめなうちの息子が彼《かれ》の※２レイシズム発言を口うるさく注意するので、最近ではあまりどぎついことは言わないらしい。

ところが、界隈《かいわい》で「チャヴ団地」と呼ばれる坂の上の高層団地に住むティムと息子が仲良くなっているのをダニエルは快く思っていない。「あいつの一家は反社会的」とか「※３アンダークラスとつきあうとろくなことがない」などと言っていて、本人の前ではさすがにそういうことは言わないらしいが、X に満ちた目つきというのは見られている当人にはわかるものだ。ティムはティムで、「くそハンガリー人」とか「東欧《とうおう》の田舎者《いなかもの》」とか人種差別的なことを言い出したそうで、顔を合わせれば②ヤバい空気が漂《ただよ》うと息子はため息をついた。

「確かに、それじゃあ一緒に通学はできそうもないね」

「うん。どうしてこんなにややこしいんだろう。小学校のときは、外国人の両親がいる子がたくさんいたけど、こんな面倒《めんどう》なことにはならなかったもん」

「それは、カトリック校の子たちは、国籍《こくせき》や Y は違《ちが》っても、家庭環境《かんきょう》は似ていたからだよ。みんなお父さんとお母さんがいて、※４フリー・ミール制度なんて使ってる子いなかったでしょ。でもいまあんたが通っている中学校には、国籍や Y とは違う軸《じく》でも多様性がある」

「でも、多様性っていいことなんでしょ？　学校でそう教わったけど？」

2023年度
サレジアン国際学園世田谷中学校 ▶解　答

※　編集上の都合により，第１回午後試験の解説は省略させていただきました。

算　数　＜第１回午後試験＞（50分）＜満点：100点＞

解　答

[1]　①　34　②　$\frac{9}{10}$　③　9　④　300　⑤　$\frac{58}{45}$　[2]　(1)　84点　(2)　36個　(3)　800m　(4)　284度　(5)　$9.12cm^2$　[3]　(1)　4320　(2)　□…2024，○…2023　[4]　(1)　正三角形　(2)　6　(3)　7：24　[5]　(1)　(あ)　○５―３　(い)　×１―２　(2)　15試合　(3)　**条件**…(例)　チームＡとチームＤの試合でチームＡが勝ち，チームＢとチームＣの試合でチームＣが勝つ。またこの試合で，チームＡはチームＣより３点以上多くの得点をとる必要がある。　**試合結果例**…(う)　○５―１　(え)　×１―２

社　会　＜第１回午後試験＞（理科と合わせて50分）＜満点：50点＞

解　答

[1]　**問１**　(ハ)　**問２**　(ニ)　**問３**　(イ)　**問４**　(例)　(イ)／第二次世界大戦が起こったため，渡航に制限がかけられた。((ロ)／新型コロナウイルスの感染拡大の防止，日本国内への水際対策のため制限がかけられた。)　**問５**　(ロ)　**問６**　(ロ)　**問７**　(ニ)　[2]　**問１**　(ロ)　**問２**　北大西洋条約機構　**問３**　(ハ)　**問４**　主権　**問５**　(ニ)　**問６**　(ハ)　**問７**　(イ)　[3]　(例)　**選んだ資料の記号**…Ａ　**影響**…Ａからは，１時間の降水量が30mm以上の発生回数が増加している傾向を読み取ることができる。都心のような，地下鉄が重要な移動手段である都市では，浸水被害により出勤が困難になることが予想される。　**提案**…下水道設備の見直しなどのほか，こうした気象災害の影響が少ない，地方での住環境や労働環境を整備し，人口の移動をうながして，都心依存の在り方をも解消し，被害を受ける人を減らす。

理　科　＜第１回午後試験＞（社会と合わせて50分）＜満点：50点＞

解　答

[1]　(1)　**ア**　むね　**イ**　あたま　**ウ**　むね　(2)　６本　(3)　①，②，③，④　(4)　(地球)温暖化　(5)　(例)　気温が上昇することで熱帯のような気温になる地域が増え，カの生息できる範囲が広がるため。　[2]　(1)　ウ　(2)　0.3　(3)　50℃　(4)　(例)　古い温度計の１度は，正しい温度計の，(90－０)÷(87－３)＝$\frac{15}{14}$(℃)になる。よって，古い温度計が３

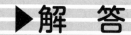

℃から，24－３＝21(℃)上昇して，24℃を示すとき，正しい温度計は，$0+\frac{15}{14}\times 21=22.5$(℃)を示す。　3 (1) ① 紫　② 黄　③ 青緑　④ 橙　(2) (例) 緑，赤，黄の順で色が変化するように見える。　(3) (例) 花火玉の外側は丈夫な和紙などを何層にも重ねて作られているため，花火玉の内部が外側の爆発にたえられる構造になっているから。　4 (1) ウ　(2) 12℃　(3) 25℃　(4) フェーン現象　(5) 標高2250m　(6) B地点

国　語　＜第１回午後試験＞（50分）＜満点：100点＞

解　答

一 **問１** a イ　b ア　**問２** X ウ　Y イ　Z ア　**問３** エ　**問４** ウ　**問５** エ　**問６** ア　**問７** (例) (ボロい借家の子の発言が)実際にそのコミュニティへの差別に苦しむ先生を傷つけ，怒らせると思ったから。　**問８** (1) 人を傷つけ　(2) (例) 言葉で互いを傷つけているという　**問９** ウ　**問10** (例) よく会話を交わすのが良いと考える。なぜなら，会話することで，様々な面での違いはあっても，その人個人のことを知ることができ，偏見がなくなっていくと考えるからだ。　二 **問１** ウ　**問２** a エ　b ア　**問３** １ (例) 批判的になる　２ (例) 破壊してしまう　**問４** 本気で自分　**問５** イ　**問６** (例) 自分はつまらない人間だと感じている自分。　**問７** 【イ】　**問８** ア，オ　**問９** (1) (例) 自分にやさしい　(2) (例) 自分にやさしい人は愛情欲求が満たされて，失敗しても自分を責めないし，他人の評価も気にしない。つまり，自分は今の自分で良いのだと普通にしていられるからだ。　三 **問** ①～⑦ 下記を参照のこと。　⑧ かぶ　⑨ ちょうど　⑩ つごう

●漢字の書き取り

三 **問** ① 大統領　② 軍隊　③ 値上(げ)　④ 厚生　⑤ 気象　⑥ 警報　⑦ 効(き)

Memo

2022年度　目黒星美学園中学校

〔電　話〕　(03) 3416－１１５０
〔所在地〕　〒157－0074　東京都世田谷区大蔵２－８－１
〔交　通〕　小田急線 ―「成城学園前駅」より徒歩15分
バス ―「ＮＨＫ技研前」下車徒歩２分

【算　数】〈第１回午前試験〉（50分）〈満点：100点〉

＊円周率を使う場合は，3.14として計算しなさい。

＊**3**，**6**については，とちゅうの式や考え方も書きなさい。

1　$\boxed{}$ にあてはまる数をかきなさい。

（１）$148-5\times(28-14)=\boxed{\text{①}}$

（２）$1.2\times0.3\div1.25\div0.2=\boxed{\text{②}}$

（３）$2+\left(\frac{2}{3}-\frac{4}{9}\right)\times\frac{15}{4}=\boxed{\text{③}}$

（４）$45-\left(64-\boxed{\text{④}}\times5\right)\div13=42$

（５）$0.6-\left(\boxed{\text{⑤}}\times2-\frac{1}{3}\right)\times\frac{3}{4}=0.55$

（６）整数の約数の個数を[10]=4, [5]=2と表すとき，[24]＝$\boxed{\text{⑥}}$ です。

（７）長さ120 m の列車が秒速15 m で走っています。この列車が電柱の前を通過するのに $\boxed{\text{⑦}}$ 秒かかります。ただし，電柱の太さは考えないものとします。

（8）花子さんはある本を読んでいます。1日目に全体のページの$\frac{1}{4}$，2日目に残りのページの$\frac{1}{3}$を読んだところ，残りは130ページでした。花子さんの読んでいる本は，全部で［⑧］ページあります。

（9）学年の生徒で集会をすることになりました。長いす1台に2人ずつ座っていくと，28人の生徒が座れません。長いす1台に3人ずつ座っていくと，長いす2台には2人ずつ座り，さらに長いすが2台余ります。このとき，長いすが全部で［⑨］台あり，生徒は［⑩］人です。

（１０）原価2000円の品物に4割の利益があるように定価をつけました。しかし，売れなかったので定価の2割引きで売りました。このとき売値は［⑪］円です。

（１１）下の図において，角xの大きさは［⑫］°です。

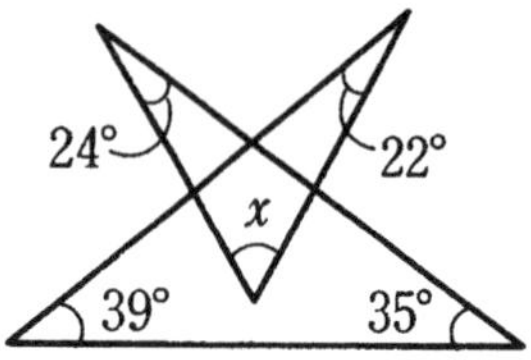

（１２）現在，父の年令は42才，母は38才，長女は13才，次女は10才です。今から［⑬］年後に，両親の年令の和が2人の子どもの年令の和の2倍になります。

2 棒を下の図のように並べました。1段，2段，3段，…と並べていったとき，次の問いに答えなさい。

（1）4段まで並べたとき，棒は何本必要ですか。

（2）10段まで並べたとき，棒は何本必要ですか。

3 下の図形は，1辺10cmの正方形に同じ大きさの円やおうぎ形を組み合わせた図形です。影をつけた部分の面積を求めなさい。

（1）

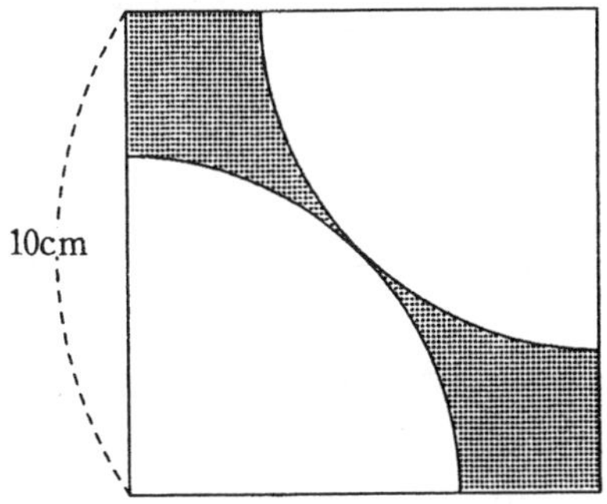

（2）

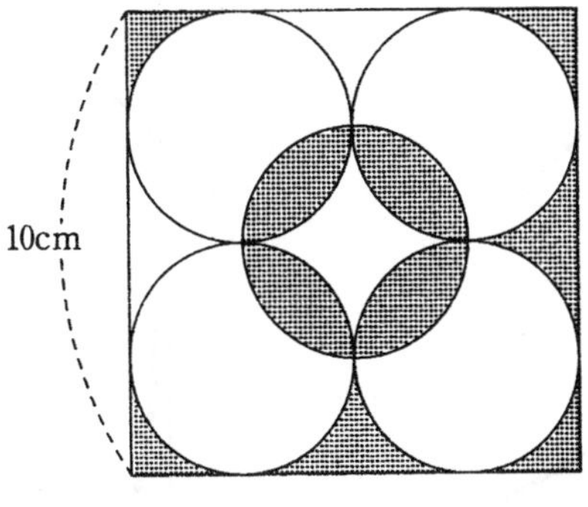

4　次の図①～⑥は対応する2つの数○と△の関係を示しています。次の問いに答えなさい。

① たて○cm，横△cmの長方形の周囲の長さが20cm

○	4	8
△	ア	2

② 子どもの年令○才と，20才上の先生の年令△才

○	4	10
△	イ	30

③ 20kmの道のりを時速○kmで走るのに△時間かかる

○	4	10
△	ウ	2

④ 1枚20円の折り紙を○枚買ったときの合計金額△円

○	4	10
△	エ	200

⑤

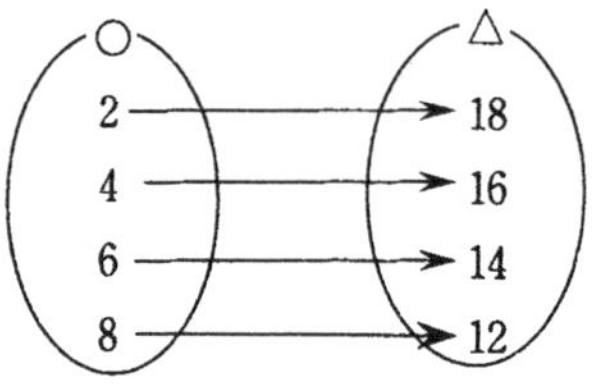

⑥

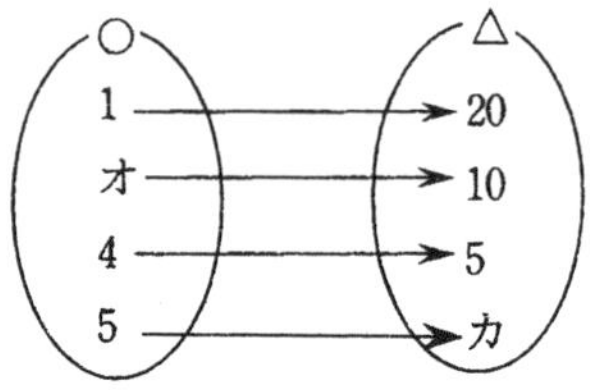

（１）ア～カに当てはまる数字を書きなさい。

（２）⑤の図の○と△の関係を式で表すと　20－○＝△ とかけます。①～④，⑥を○と△の関係を式で表しなさい。

（３）①～⑥で○と△が比例の関係になっているのはどれですか。番号で答えなさい。

（４）③の○と△の関係をグラフに表したものを下の（A）～（F）の中から選びなさい。

(A)

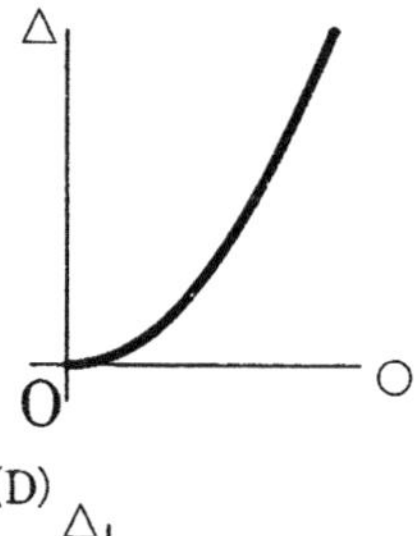

(B)

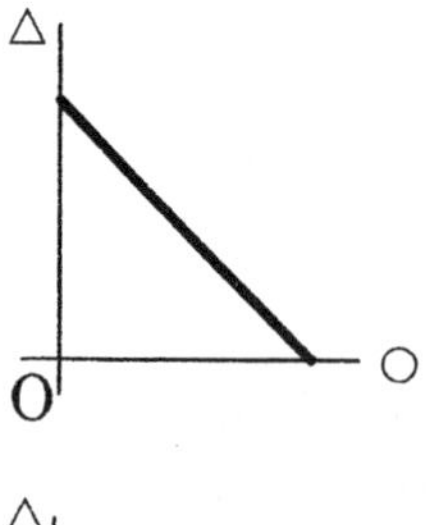

(C)

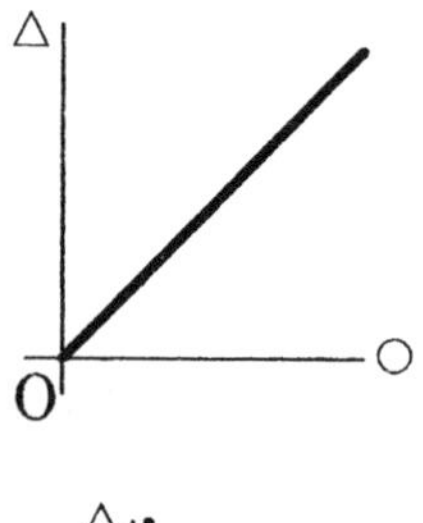

(D)

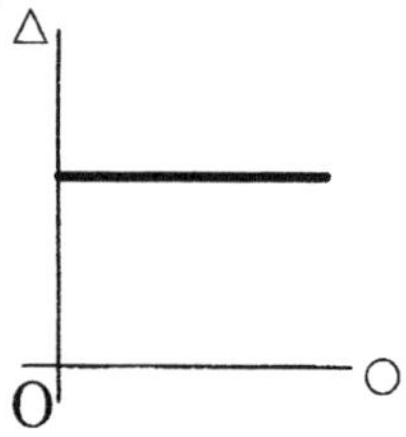

(E)

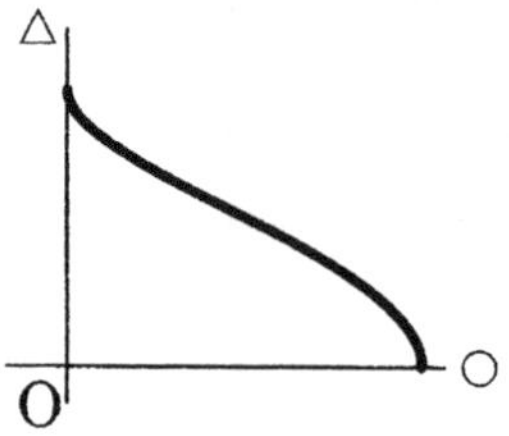

(F)

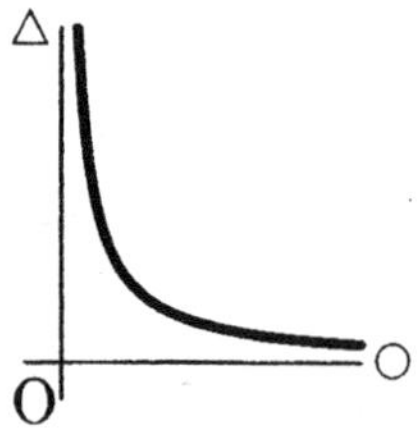

5　げんき君は5円玉，10円玉，50円玉の硬貨を200円分持っています。次の問いに答えなさい。

（１）げんき君の持っている硬貨の枚数が10枚であるとき，それぞれの硬貨を何枚持っていますか。

（２）（１）の枚数の硬貨で，おつりがないように支払える金額は，全部で何通りありますか。ただし，0円は考えないものとします。

6　図1の直方体の容器に，毎秒75 cm^3 ずつ水を入れます。次の問いに答えなさい。

（１）図1の容積を求めなさい。

（２）図1の容器が水でいっぱいになるのは，水を入れ始めてから何秒後ですか。

（３）（２）のとき，水の高さは毎秒何 cmずつ高くなるか求めなさい。

（４）図2のように，この容器を空にして底面積が60 cm^2 の直方体のおもりを底に置いたところ，（２）のときより4秒早く水でいっぱいになりました。このとき，おもりの高さを求めなさい。

図1

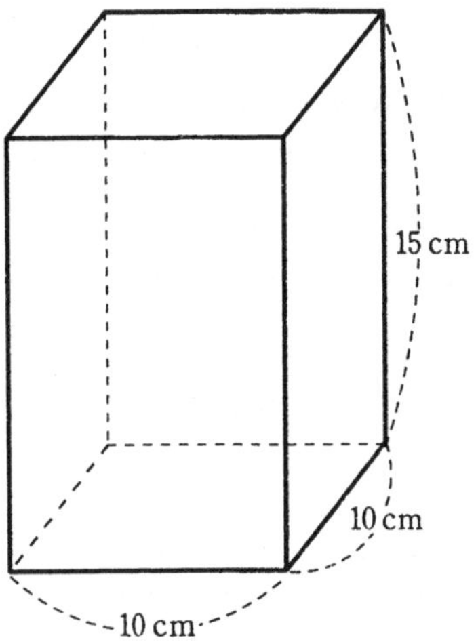

図2

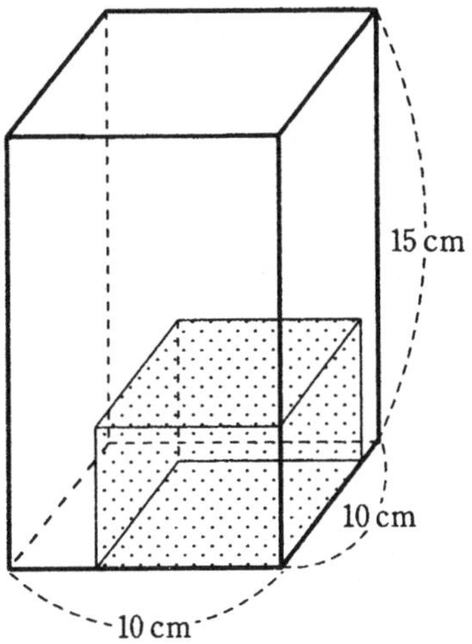

【社　会】〈第１回午前試験〉（理科と合わせて50分）〈満点：50点〉

1　次の地図を見て、下の問いに答えなさい。

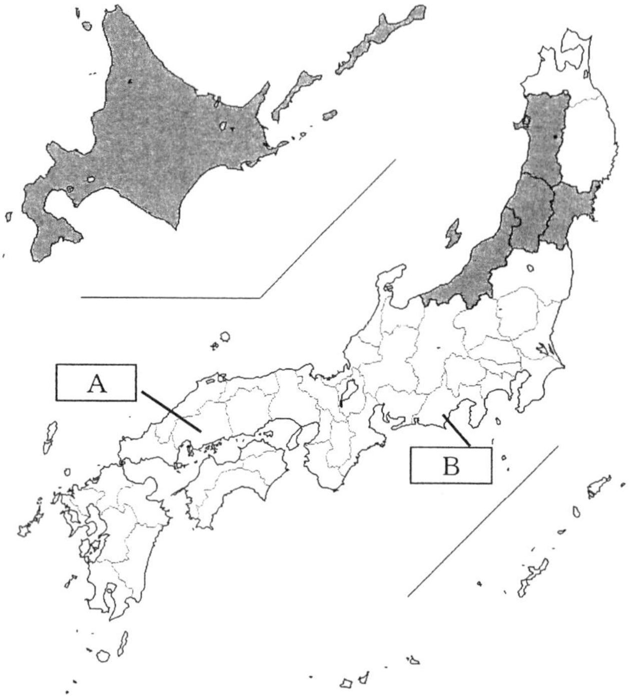

（CraftMAP HP より作成）

問１　地図中の  は、ある農産物生産量の全国上位５道県（2019 年）を示しています。下のグラフは、この農産物の世界の国別生産量割合と輸出量割合を示したものです。生産量では１位の中国が、輸出量になると６位となっています。一方で、アメリカの生産量は上位６か国にふくまれていませんが、輸出量では５位に入っています。中国とアメリカの順位がこのように変わる理由を、この農産物名を明らかにしながら説明しなさい。

国別生産量割合

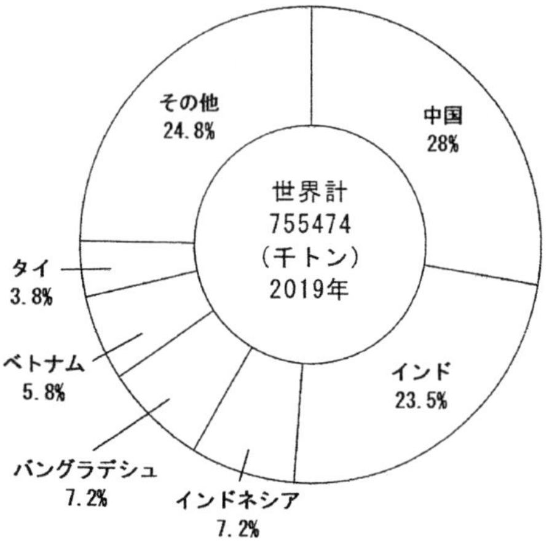

国別輸出量割合

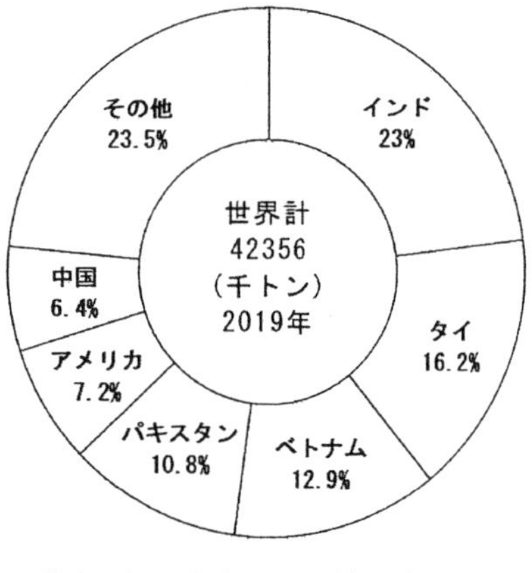

（とうほう HP「地理Navi統計資料」より作成）

問２　下の資料は、地図中 A ・ B の県でおこったできごとについての新聞記事の一部です。

> A 、岡山県などをおそった西日本豪《ごう》雨から３年をむかえた。災害関連死をふくめて 300 人をこえる死者、行方不明者を出し、平成最悪の豪雨災害となった。(中略)
>
> この数年は毎年のように集中豪雨による災害が起きている。昨年は熊本県を中心に 81 人の死者、行方不明者を出した九州豪雨に見まわれた。そして今年も記録的な大雨となった B 熱海市で土石流が起き、多くの安否不明者が出ている。(中略)
>
> 避《ひ》難がおくれた西日本豪雨を教訓に、５月から早めの対応ができるように避難情報の伝え方を見直した。避難勧《かん》告と避難指示を指示に統一するなどした。
>
> 積乱雲が次々発生し、数時間にわたり猛烈《もうれつ》な雨をもたらす「線状降水帯」の発生を知らせ、強く警戒《かい》をうながす情報提供も６月から始めた。
>
> 避難のタイミングは、本人の判断に委ねられる。自らが住む土地の実情をよく知り、警戒レベルが低い段階でも避難を始めることも意識すべきだ。
>
> 高齢《れい》者や障害者の避難方法をあらかじめ決めておく「個別避難計画」作りもおくれている。基本法※で「努力義務」にされたのに、作成済みは中国地方の自治体では８市町だけ。災害弱者を守るために自主防災組織づくりを充《じゅう》実させることも急がれる。
>
> コロナ禍《か》で密を避けようと避難をためらうおそれもある。いざというときの避難ルートや避難場所を、日ごろから確認し、冷静な行動につなげたい。(中略)
>
> 地域によって、土砂くずれや地すべり、洪《こう》水などのリスクも異なる。災害はどこで起きるか分からない。西日本豪雨の教訓を土台とし、十分な備えを徹《てつ》底させなければならない。
>
> ※災害対策基本法のこと。　(中國《ごく》新聞 2021 年７月６日「社説」より引用)

（１） A に入るものと、この記事から読み取れることがらとの組み合わせとして、正しいものを次の中から１つ選び、記号で答えなさい。

a　広島県　　b　福島県

> あ　避難情報、避難のタイミングは自治体の判断に委ねられている。
> い　毎年のように集中豪雨がおこっているが、その備えは十分とはいえない。

（イ）a － あ　　（ロ）a － い　　（ハ）b － あ　　（ニ）b － い

（2）地図中 B について述べたものとして、正しいものを次の中から１つ選び、記号で答えなさい。

（イ）日本におけるオートバイ発祥《しょう》の地であり、楽器メーカーが多いことで有名である。

（ロ）日本における近代造船発祥の地であり、シラス台地での茶の生産がさかんなことで有名である。

（ハ）日本における製鉄業発祥の地であり、ソフトウェアメーカーが多いことで有名である。

（ニ）日本における航空発祥の地であり、菓《か》子メーカーが多いことで有名である。

2 次のグラフは、ある農産物の日本の国別輸入量割合と都道府県別収穫《かく》量割合を示したものです。この農産物として、正しいものを次の中から１つ選び、記号で答えなさい。

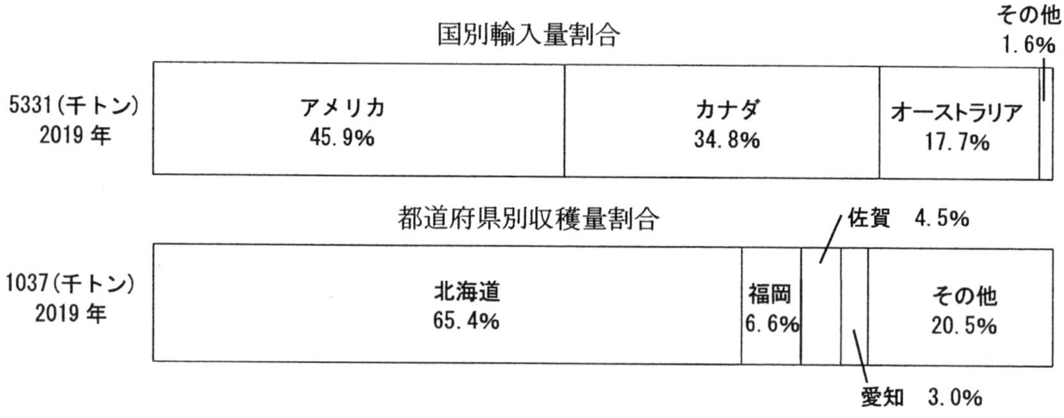

（『日本国勢図会 2020/21 年版』・農林水産省「食料需給表」より作成）

（イ）さとうきび　　（ロ）綿花　　（ハ）らっかせい　　（ニ）小麦

3　2021 年７月、「北海道・北東北の縄文遺跡《せき》群」がユネスコの世界文化遺産に登録されました。これは日本にとって、20 件目の世界文化遺産となります。

次の表は、時代の異なる６つの文化遺産を書き出したものです。これを見て、下の問いに答えなさい。

記　号	文化遺産名	説　明
A	①法隆《りゅう》寺地域の仏教建造物	法隆寺のある地域には、世界最古の［　②　］建築が数多く残っています。この地域の仏教建築物の多くは聖徳太子とゆかりがあり、また３～６世紀の中国文化の影響《えいきょう》を受けています。
B	③原爆《ばく》ドーム	原爆ドーム（当時の産業奨励《しょうれい》館）は、中国山地から広島湾《わん》へと流れる［　④　］が形成したデルタ（三角州）上に建ち、爆心地から北西約 160 メートルと極めて近い場所にあったため、熱線と爆風をあびて大破、全焼しました。
C	⑤厳島神社	厳島神社は、瀬戸内海を行き来する船の安全を祈願する神社でもありました。そのためもあり、中世以降⑥歴代の権力者の厚い援《えん》助に支えられてきました。
D	富岡製糸場と絹産業遺産群	富岡製糸場と絹産業遺産群は、⑦世界経済の一体化が進んだ明治時代に、良質な⑧生糸の大量生産を実現した、技術の交流・革新を示すものです。これにより、世界の絹産業が発展し、絹の消費が増えました。
E	長崎と⑨天草地方の潜伏《せんぷく》キリシタン関連遺産	禁教時代の長崎と天草地方では、「潜伏キリシタン」が、それまでの社会・宗教とも共生しながら、自分たちの信仰《こう》をひそかに続けました。
F	⑩北海道・北東北の縄文遺跡群	北海道・北東北の縄文遺跡群は、１万年以上続いた「縄文時代」の生活や精神文化を現代に伝えるもので、その遺跡や出土品からは、自然と人間の共生、争いをさける共同体づくりなど、現代にも通じるテーマを感じ取ることができます。

（文化庁ＨＰを参考に作成）

問１　下線部①に関して。これについて述べたものとして、誤っているものを次の中から１つ選び、記号で答えなさい。

（イ）法隆寺を建立した聖徳太子は、遣隋《けんずい》使として小野妹子を中国に派遣した。

（ロ）法隆寺は日本で最初に建てられた仏教寺院である。

（ハ）法隆寺の回廊《ろう》の柱は、中間部がふくらんだエンタシスとよばれる特徴《ちょう》を持つ。

（ニ）「柿食えば鐘《かね》が鳴るなり法隆寺」という句をよんだのは、明治時代の俳人・正岡子規である。

問２　［　②　］にあてはまる語句を漢字２字で答えなさい。

問３　下線部③に関して。これについて述べたものとして、誤っているものを次の中から１つ選び、記号で答えなさい。

（イ）1945年８月６日、広島に世界で初めて原爆が投下された。

（ロ）原爆を投下したアメリカは、原爆の投下が戦争の終結を早めたと主張している。

（ハ）広島への原爆投下後にソ連が参戦し、北方領土がうばわれた。

（ニ）現在、原爆などの核《かく》兵器の全廃《ぱい》に向けた核兵器禁止条約に、日本をふくむ80カ国以上が参加している。

問４　［　④　］にあてはまるものを次の中から選び、記号で答えなさい。

（イ）太田川　（ロ）淀《よど》川　（ハ）四万十川　（ニ）糸魚川

問５　下線部⑤に関して。これは、もとは小さな神社でしたが、［　X　］が大改修を行うと一気に規模が大きくなり、権威《い》も高まりました。また［　X　］は、［　Y　］を行うために、現在の兵庫県に大輪田泊《とまり》という港を整備しました。［　X　］・［　Y　］にあてはまるものの組み合わせとして、正しいものを次の中から選び、記号で答えなさい。

（イ）X－源頼《より》朝　Y－日宋《そう》貿易　（ロ）X－平清盛　Y－日宋貿易

（ハ）X－源頼朝　Y－日明貿易　（ニ）X－平清盛　Y－日明貿易

問６　下線部⑥に関して。この権力者にあてはまらないものを次の中から１人選び、記号で答えなさい。

（イ）足利義満　（ロ）豊臣秀吉《ひでよし》　（ハ）桓《かん》武天皇　（ニ）毛利元就

問７　下線部⑦に関して。これに最も近い意味を持つものを次の中から選び、記号で答えなさい。

(イ) ノーマライゼーション　　(ロ) グローバリゼーション

(ハ) モータリゼーション　　(ニ) ナショナリゼーション

問８　下線部⑧に関して。下のグラフは、「日本における養《よう》蚕業の推移」を表したものです。これについて述べたものとして、誤っているものを次の中から１つ選び、記号で答えなさい。

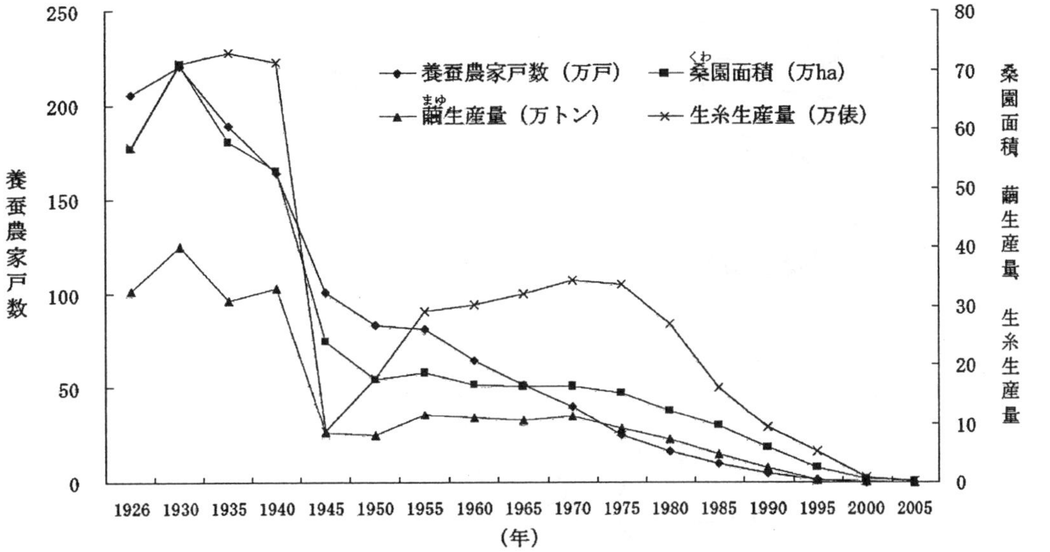

(財団法人大日本蚕糸会蚕業科学技術研究所『養蚕』より引用)

(イ) 第二次世界大戦後、生糸の生産量は上昇《しょう》し、一時は年30万俵をこえる時もあった。

(ロ) 桑園の面積は、1930年から減少し続けている。

(ハ) 桑園の面積と繭の生産量は、1960年以降、ほぼ同じ動きで推移している。

(ニ) 高度経済成長期以降は、養蚕農家の数は減少し続けている。

問９　下線部⑨に関して。この位置を示す下の地図中のａまたはｂと、この地方について説明した文Ｘ・Ｙとの組み合わせとして、正しいものを次の中から１つ選び、記号で答えなさい。

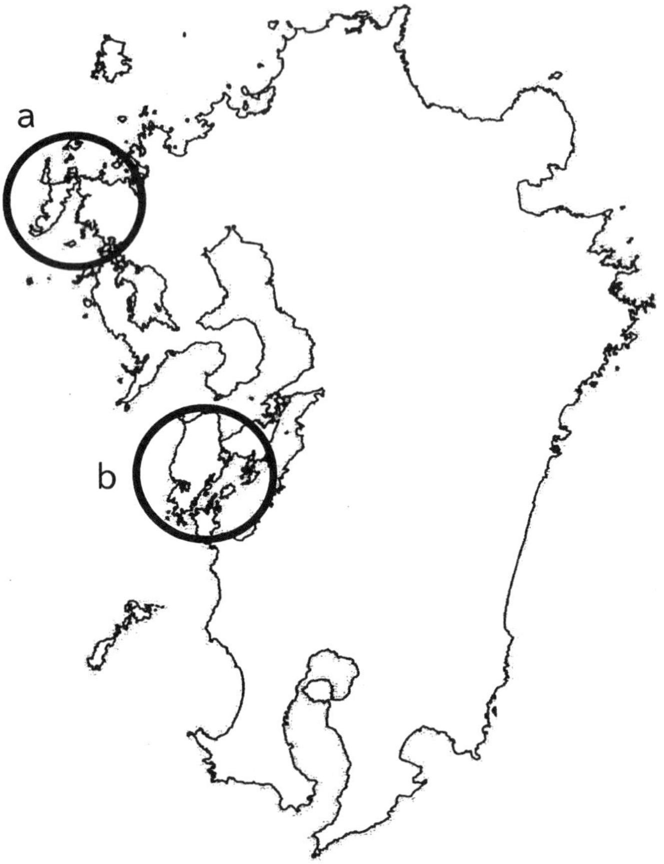

Ｘ　年貢《ぐ》の厳しい取りたてがこの地で行われたことも一因となり、多数のキリシタンをふくむ大規模な反乱がおこった。

Ｙ　オランダ商館が移され、日本人との自由な交流が禁じられた。

（イ）ａ－Ｘ　（ロ）ａ－Ｙ　（ハ）ｂ－Ｘ　（ニ）ｂ－Ｙ

問10　下線部⑩に関して。これにふくまれるものを次の中から１つ選び、記号で答えなさい。

（イ）三内丸山遺跡　（ロ）登呂《ろ》遺跡

（ハ）吉野ヶ里遺跡　（ニ）岩宿遺跡

問 11　Ａ～Ｆの６つの文化遺産の説明文がさし示す時代を古い順に並べかえると、下のようになります。[　　] に入るものとして、正しいものを次の中から選び、記号で答えなさい。

Ｆ→ [　　　　　] →Ｂ

（イ）Ｃ→Ａ→Ｄ→Ｅ　　（ロ）Ａ→Ｃ→Ｄ→Ｅ
（ハ）Ｃ→Ａ→Ｅ→Ｄ　　（ニ）Ａ→Ｃ→Ｅ→Ｄ

問 12　Ａ～Ｄの４つの文化遺産のうち、同じ都道府県にあるものの組み合わせとして、正しいものを次の中から１つ選び、記号で答えなさい。

（イ）ＡとＢ　（ロ）ＡとＣ　（ハ）ＡとＤ
（ニ）ＢとＣ　（ホ）ＢとＤ　（ヘ）ＣとＤ

問 13　Ａ～Ｆの６つの文化遺産のうち、１つだけ他の５つと明らかに性質の異なるものがあります。それはどれですか。記号とともに、その理由を答えなさい。

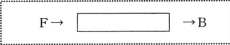

4 次の文章を読み、下の問いに答えなさい。

2021年に世界経済フォーラムが発表した、男女平等がどれだけ達成されているかをはかる「ジェンダーギャップ指数」の日本の順位は、世界156か国のうち120位でした。これは先進国では最低レベル、アジア諸国の中では韓《かん》国や中国および①<u>ASEAN</u>諸国よりも低い結果です。このジェンダーギャップ指数は、政治・経済・教育・健康の分野について評価したものですが、日本は特に政治や経済の分野における男女平等が課題であることがわかります。

政治の分野では、前回の調査結果と比べて達成度には改善が見られていますが、順位は前回よりも下がっています。これは［ ② ］といえます。他の国と比べて日本が政治の分野で男女平等が進んでいないと判断される原因の１つに、③<u>国会議員や大臣に女性が少ない</u>ということがあげられます。世界経済フォーラムのレポートでは、国会議員の女性割合は9.9%、大臣の割合も 10%程度であると指摘《てき》されています。日本はこうした状況《きょう》ですが、一方で国会議員の男女のかたよりを大きく改善することに成功したのがフランスでした。フランスでは2002年には国会議員の女性議員の比率は12%でしたが、2017年には39%にまで増えています。

さて、経済の分野ではどうでしょうか。この分野では女性の管理職がどれくらいいるのかということや、男女の間での賃金格差などが指標にふくまれています。日本政府は女性の管理職を 30%とすることを目標としているのに対して、現実では 14.7%にとどまり低い状態です。では実際に働いている人々の声はどうなのでしょうか。2020年に民間企《き》業が行った調査によれば、働いている女性のうち、今後も働き続けたいと考えている女性が約34%いるのに対して、管理職につくなど出世に意欲を示した女性は20%未満でした。したがって、政府が企業に対して「女性の管理職を増やしなさい」というだけでは不十分なのかもしれません。

一方、別の民間企業の調査によれば、女性が管理職につくには、環《かん》境を整えることや、コロナ禍で注目が高まった［ ④ ］という働き方を積極的に活用するといった声が多くありました。制度だけではなく周辺の環境もともに整備し、一緒《しょ》に働く人の意識も変えていく必要がありそうです。また、賃金の面でも日本の男女間には大きな差があります。男女の一生涯《がい》で得る収入を比較《かく》すると、女性の方が約40%も低く、これは［ ⑤ ］という背景が考えられます。

このように、男女平等や男女共同参画社会を実現させるには、取り組むべき課題が多くありますが、外国を手本とした政策を日本に導入することで対策をとることもできそうですね。

問１　下線部①に関して。これは東南アジア諸国連合のことです。その構成国として誤っているものを次の中から１つ選び、記号で答えなさい。

（イ）インド　（ロ）カンボジア　（ハ）マレーシア　（ニ）シンガポール

問２　② に入るものとして、最も適切なものを次の中から選び、記号で答えなさい。

（イ）日本政府が、香港の活動家の周庭さんを保護しようとした結果

（ロ）日本政府が、女性の外出を制限するような法律を制定した結果

（ハ）日本が行った改善と比べ、前回日本よりも下位だった国がさらに努力した結果

（ニ）日本が行った改善の努力が、国際社会で高く評価された結果

問３　下線部③に関して。

（１）日本で女性の国会議員が増えると、次のどのSDGsの課題解決につながると思いますか。(あ)～（う）の中から１つ選びその記号とともに、その理由を説明しなさい。

(あ)「すべての人に健康と福祉《し》を」

(い)「働きがいも経済成長も」

(う)「住み続けられるまちづくりを」

（２）日本で女性議員の候補者を増やすためには、どのような政策をとることがよいと考えますか。具体的に説明しなさい。

問４　④ にあてはまるものとして、誤っているものを次の中から１つ選び、記号で答えなさい。

（イ）ダブルワーク　（ロ）フレックスタイム

（ハ）リモートワーク　（ニ）サブスクリプション

問５　⑤ にあてはまるものとして、正しいものを次の中から１つ選び、記号で答えなさい。

（イ）出産や育児などのために、女性はパートなどでの労働となることが多い

（ロ）女性は出産や育児などにお金がかかるので、２つ以上の仕事をすることが多い

（ハ）男性と比べて女性は計画的に、若い時から貯金をしている人が多い

（ニ）女性は転職を重ねてキャリアアップをはかることが多い

【理　科】〈第１回午前試験〉（社会と合わせて50分）〈満点：50点〉

〈編集部注：実際の試験問題では，図・グラフはカラー印刷です。〉

1　食事からタンパク質をとると，体内で分解されてアンモニアを生じます。そのアンモニアは肝臓《かんぞう》で尿《にょう》素に変えられ，腎臓《じんぞう》から尿中に排出されます。下水道に流れる水の中にもアンモニアはふくまれており，近年そのアンモニアの窒素《ちっそ》分を肥料として有効活用する取り組みが始まっています。また，燃焼しても二酸化炭素が出ないアンモニアは次世代エネルギーとしても期待されています。

アンモニアについて考えてみましょう。アンモニアは水素と窒素から合成します。図１は，アンモニアが生成する化学反応式のモデルを示したものです。

水素分子と窒素分子のモデルは図１のように，それぞれ水素原子と窒素原子が２つずつ結びついてできています。原子はこれ以上分割することのできない最小の粒子《りゅうし》のことを指し，このような原子がいくつか結びついてできているものを分子といいます。アンモニア分子のモデルは，図１のように，窒素原子１つと水素原子３つからできています。

図１

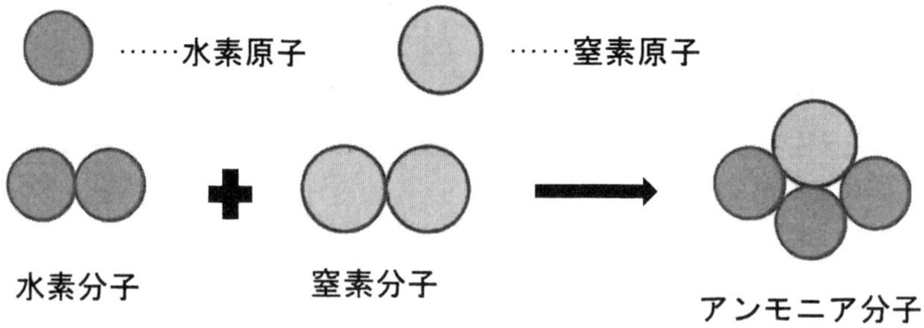

化学反応の前後で原子は多くなったり少なくなったりしません。組み合わせが変わるだけです。

図１の化学反応式のモデルでは，矢印の左と右で原子の種類ごとに数がそろっていません。例えば，窒素原子は矢印の左側では２個ですが，矢印の右側では１個になっています。アンモニアについて次の問いに答えなさい。

（１）　図１で，化学反応の前後で窒素原子の数をそろえるために水素分子，窒素分子，アンモニア分子のうち，どれをいくつ増やせばよいですか。

（２）（１）で窒素原子の数はそろいましたが，水素原子の数がまだそろいません。水素原子の数をそろえるために，水素分子，窒素分子，アンモニア分子のうち，どれをいくつ増やせばよいですか。

（３）　アンモニアを水に溶《と》かしたアンモニア水について答えなさい。

①　アンモニア水を加熱して水分を蒸発させたとき，固体が残るか残らないか答えなさい。

②　アンモニア水をリトマス紙につけたときの変化で正しいものを次の**ア**～**ウ**から選び，記号で答えなさい。

ア　赤色リトマス紙を青色に変える。
イ　青色リトマス紙を赤色に変える。
ウ　赤色リトマス紙も青色リトマス紙も色に変化はない。

③　アンモニア水と水酸化ナトリウム水溶《よう》液を見分ける方法とその結果の組み合わせを２通り書きなさい。

２　次の文章を読み，あとの問いに答えなさい。

地球上の水は，地表の水は水蒸気となって大気中に移動し，大気中の水蒸気は冷やされて雲となり，雲は雨や雪となって地表へもどります。このように，水蒸気（気体），水（液体），氷（固体）と姿を変えて地表と大気の間を循環《じゅんかん》しています。大気中にふくまれている水蒸気の量が多いときはジメジメしていると，少ないときは乾燥《かんそう》していると感じます。大気中にふくまれる水蒸気の量には限度があり，気温が高いほど，ふくむことができる水蒸気の量は増加します。図１は，気温と空気（大気）１m^3あたりにふくむことができる水蒸気の最大量の関係を表したグラフです。このグラフを用いると，天気予報でよく聞く「湿度《しつど》」の値を計算することができます。湿度とは，大気中にふくまれる水蒸気の量が，その気温での水蒸気の最大量の何%にあたるかを表したものです。

①水蒸気をふくむ大気のかたまりが上昇《じょうしょう》すると，100m上昇するごとに気温は1℃ずつ低くなります。そしてある高さまで上昇すると，水蒸気をふくみきれなくなり，ふくみきれなくなった水蒸気は小さな水滴《すいてき》に変わります。このようにしてできた小さな水滴が集まり，空の高いところに浮《う》かんでいるのが雲なのです。

図１

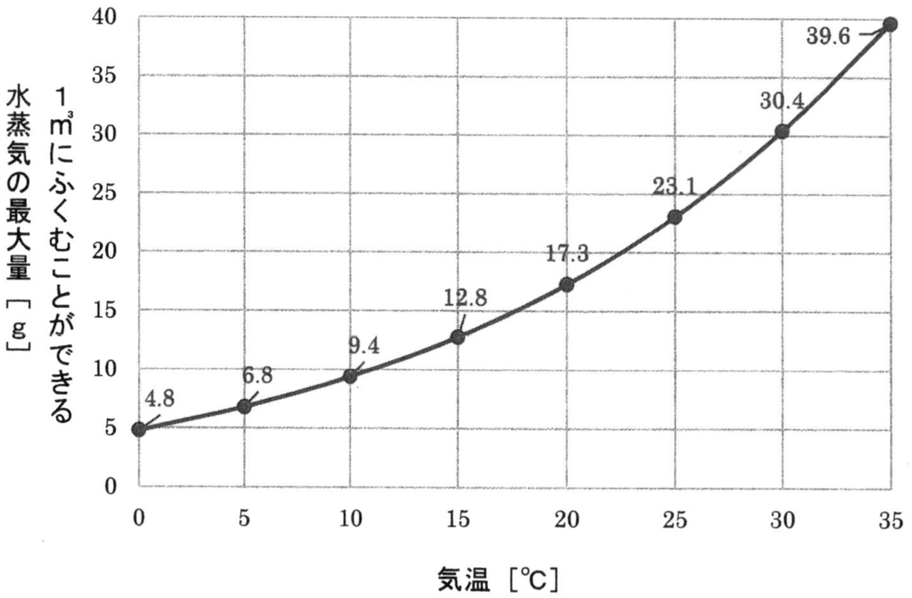

（１）　地球全体で考えると，大気中の水蒸気はどこから蒸発してできたものが一番多いと考えられますか。

（２）　気温10℃のとき，150㎥の大気中にふくむことができる水蒸気の最大量は何ｇですか。

（３）　気温15℃のとき，500㎥の大気中に水蒸気が3400ｇふくまれていました。この大気の湿度は何％ですか。小数第２位を四捨五入して答えなさい。

（４）　**下線部①**から考えると，大気のかたまりが上昇すると湿度はどのように変化しますか。ただし，大気にふくまれる水蒸気の量は変化しないものとします。

（５）　（３）の大気のかたまりが500ｍ上昇すると，この大気の湿度は何％になりますか。小数第２位を四捨五入して答えなさい。

（６）　（３）の大気のかたまりが何ｍ上昇すると，雲ができ始めますか。

（７）　雲ができ始めたときの湿度は何％ですか。

3　以下に示すシチューのレシピを読んであとの問いに答えなさい。

＜材料（５皿分）＞

Ａ．市販《しはん》のシチュールウ…５皿分

Ｂ．鶏《とり》肉……………………250 g

Ｃ．タマネギ………………300 g

Ｄ．ジャガイモ……………300 g

Ｅ．ニンジン………………100 g

Ｆ．サラダ油(植物油)……大さじ１

Ｇ．水………………………700mL

Ｈ．牛乳……………………100mL

＜作り方＞

１．具材を一口大に切りそろえる。

２．厚手の鍋にサラダ油を熱し，一口大に切った具材を炒める。［中火］

３．水を入れて煮《に》こむ。このとき，あくを取り，具材がやわらかくなるまで煮こむ（沸《ふつ》とう後15分）。［弱火～中火］

４．ルウを割り入れて溶《と》かす。

５．時々かき混ぜながら煮こむ（約５分）。［弱火］

６．牛乳を入れてさらに煮こむ（約５分）。［弱火］

（１）　ニワトリを飼育するときには，穀物などが入ったエサをあたえますが，本来，ニワトリは昆虫《こんちゅう》やトカゲなどの小動物も食べます。このように，植物が昆虫に食べられ，昆虫が鳥類に食べられるといったような「食べる・食べられる」の関係を何といいますか。

（２）　光合成をするときに，植物から放出される気体を１つ答えなさい。

（３）　光合成をするときに，植物に取りこまれる気体と，その存在を確かめる実験に用いる液体の組み合わせとして正しいものを次の**ア**～**カ**から１つ選び，記号で答えなさい。

	取りこまれる気体	実験に用いる液体
ア	水蒸気	石灰水
イ	水蒸気	炭酸水
ウ	水蒸気	塩酸
エ	二酸化炭素	石灰水
オ	二酸化炭素	炭酸水
カ	二酸化炭素	塩酸

（４）　ジャガイモの断面にヨウ素液をかけると，色の変化が見られました。次の問いに答えなさい。

①　ヨウ素液をかけた後に見られた色として正しいものを**ア～エ**から１つ選び，記号で答えなさい。

ア　白色　　**イ**　茶色　　**ウ**　青むらさき色　　**エ**　黄緑色

②　この変化によって存在が確認された物質の名前を答えなさい。

（５）　私たちはニンジンの根・茎《くき》・葉のいずれかの部分を食べています。一般《いっぱん》的にニンジンと同じ部位を食べている野菜を次の**ア～オ**からすべて選び，記号で答えなさい。

ア　ブロッコリー　　**イ**　ピーマン　　**ウ**　ダイコン　　**エ**　ナス　　**オ**　ゴボウ

（６）　シチューに入っているタマネギは辛味《からみ》がなくなっていて，むしろ甘《あま》味を感じます。気になって調べると**＜作り方＞２**で辛味が失われていることがわかりました。そこで，シチューの作り方を参考にタマネギが辛味を失う条件について調べるための実験を計画しました。**＜作り方＞２**で辛味成分が失われる原因を特定できる実験を**ア～カ**から２つ選び，記号で答えなさい。また，それぞれの実験を選んだ理由も解答らんに書きなさい。

ア　タマネギをサラダ油に浸《ひた》し，10 分後の味の変化を確かめる。
イ　タマネギを水に浸し，10 分後の味の変化を確かめる。
ウ　タマネギをフライパンに入れ，油で熱し，味の変化を確かめる。
エ　タマネギを電子レンジで熱し，味の変化を確かめる。
オ　切ったタマネギを食べ，味を確かめる。
カ　シチューからタマネギを取り出し，水で洗ってから味を確かめる。

4　図１のように，ばねＡとばねＢにおもりをつるしたとき，おもりの重さとばねの長さの関係を調べました。結果は次の表のようになりました。ただし，ばねの重さは無視できるものとして，あとの問いに答えなさい。

おもりの重さ（g）	5	10	15	30	50	60
ばねＡの長さ（cm）	21	22	23	26	30	32
ばねＢの長さ（cm）	31.5	33	34.5	39	45	48

図１

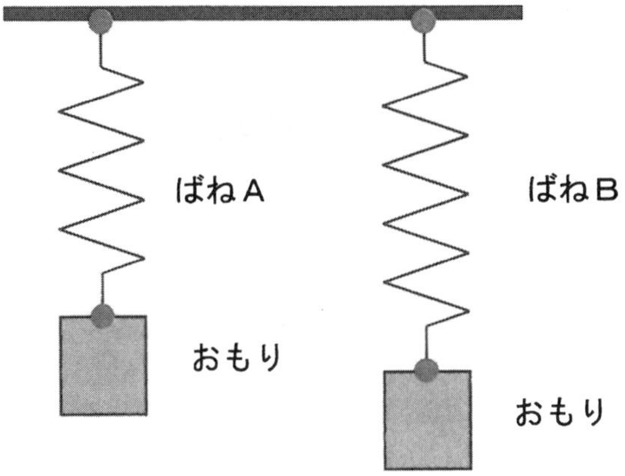

（１）　ばねＡに40ｇのおもりをつるすと，ばねＡの長さは何cmになりますか。

（２）　ばねＡの長さを33cmにするためには何ｇのおもりをつるせばよいですか。

（３）　次にばねＢを２本使って，図２のように重さの無視できる軽い棒につけて，棒の中央に50ｇのおもりをつるしました。ばねＢの長さは何cmになりますか。

図２

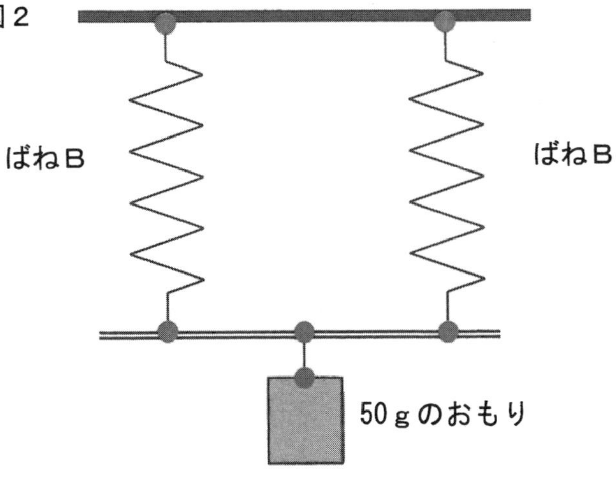

（4）　次に，**図３**のように**ばねＡ**と**ばねＢ**をつなぎ，**ばねＢ**に40ｇのおもりをつるしました。**ばねＡ**と**ばねＢ**の長さを合わせると何cmになりますか。

（5）　次に，**図４**のように**ばねＡ**と**ばねＢ**の間に20ｇのおもりをつけ，**ばねＢ**に40ｇのおもりをつるしました。

①　**ばねＡ**の長さは何cmになりますか。

②　**ばねＢ**の長さは何cmになりますか。

（6）　**図３**で別のおもりに取りかえたところ，**ばねＡ**と**ばねＢ**の長さは合わせて60cmになりました。このときのおもりの重さは何ｇですか。

図３

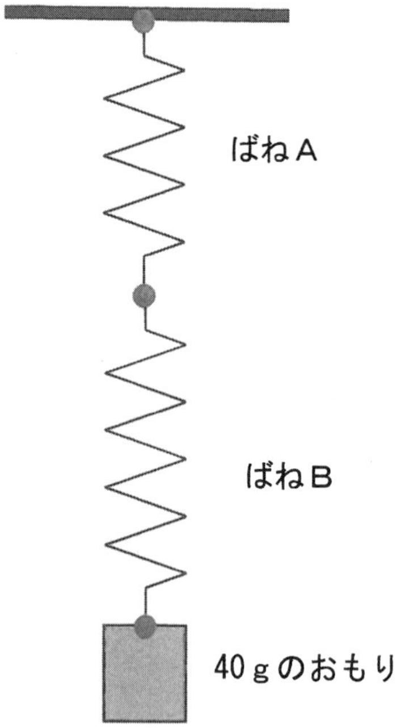

図４

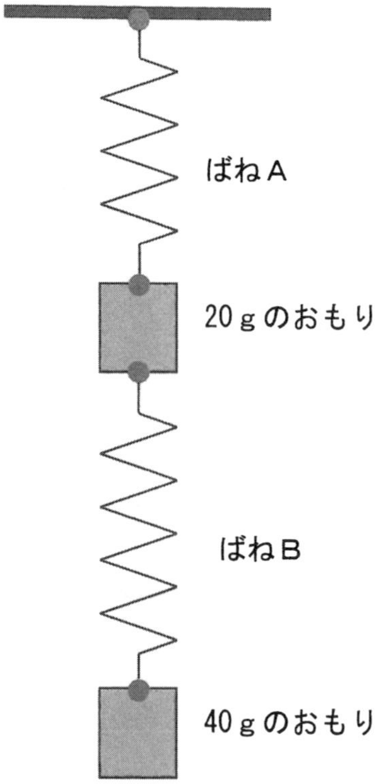

三　次の各問いに答えなさい。

問一　次の①～⑩の――線部のカタカナは漢字に直し、漢字は読みを書きなさい。

① 教会はシンセイな場所です。
② 私はダンコとして反対だ。
③ 新しい方法をドウニュウしよう。
④ 大会の出場をジタイした。
⑤ 五月三日はケンポウ記念日だ。
⑥ この町はエンガン漁業が盛《さか》んだ。
⑦ リンジ国会が開かれた。
⑧ 芸能人の直筆のサインをもらう。
⑨ 彼は得体の知れない人物だ。
⑩ 私にとっては何の造作もないことだ。

問二　次の①～③が四字熟語として〔　〕内の意味になるように、［A］～［C］に入る漢字を書きなさい。

① 自［A］自□　〔自分のしたことの報《むく》いを自分の身に受けること。〕
② 適［B］適□　〔その人の適性や能力に応じて、それにふさわしい地位などにつかせること。〕
③ ［C］心□心　〔字や言葉を使わなくても、お互いの心と心で通じ合うこと。〕

問三　次の①～④がことわざや慣用句として意味を成すように□に入る語をあとから選び、それぞれ記号で答えなさい。

① 能ある□は爪《つめ》をかくす
② □の一声
③ 捕《と》らぬ□の皮算用
④ □の額

ア　たぬき　イ　馬　ウ　鷹《たか》　エ　犬　オ　猫《ねこ》　カ　鶴《つる》　キ　亀《かめ》　ク　虎《とら》

問五　**［Ⅰ］・［Ⅱ］に入る言葉の組み合わせとして適切なものを選び、記号で答えなさい。**

ア　Ⅰ：恐怖　Ⅱ：驚い　　イ　Ⅰ：不満　Ⅱ：感心し

ウ　Ⅰ：満足　Ⅱ：笑っ　　エ　Ⅰ：不安　Ⅱ：同情し

問六　**――線部③「道ばたにすら雑草が生えることは許されない」とありますが、その理由となる一文を、これより前からさがし、その最初の五字をぬき出して答えなさい。**

問七　**［Ⅲ］に入る五字の言葉を本文中からさがし、ぬき出して答えなさい。**

問八　**――線部④「『自然と共生する』などということができるのだろうか」とありますが、筆者がこのように主張する理由として適切なものを選び、記号で答えなさい。**

ア　「草花を愛する」と言いながら、日本在来の草よりも大きくて美しい外来の草ばかりを大事にしているから。

イ　「自然の美」と言いつつも、専門の業者が刈り込んで見栄え良く整えた草花だけを「美」と考えているから。

ウ　「草花を愛する」と言いながら、愛するのは人為的に植えた草ばかりで、自然に生えた草を大切にしないから。

エ　「雑草の種が飛んでくる」と自分の庭の草ばかりを大事にし、他人の庭の管理にまで文句を言う人がいるから。

問九　**次の文は本文中の【ア】～【エ】のどこかにあったものです。それを元にもどすとどこに入りますか。記号で答えなさい。**

〈大切なのは人工的な芝生なのである。〉

問十　**筆者の主張しているものとして適切なものを選び、記号で答えなさい。**

ア　自然に生える草を邪魔《じゃま》な「雑草」として嫌《きら》う日本固有の感覚は、これから変えるべきだ。

イ　たくましい野生の草を見習い、教育の世界でも若者に「生きる力」を身につけさせるべきだ。

ウ　忙《いそが》しくても道ばたに咲く小さな花のかわいらしさを鑑賞《かんしょう》する心の余裕《よゆう》を持ち続けるべきだ。

エ　「生きる力」を強く持つ野生の植物にも価値を見い出し、尊重する気持ちを持つべきだ。

の世界でのこのごろ流行のことばを使えば、これこそがまさに「生きる力」というのではないだろうか。

（『人間はどこまで動物か』日高　敏隆）

※１　八重むぐら　＝　雑草が幾重《いくえ》にも生《お》い茂《しげ》っている草むらのこと。
※２　公舎　＝　公務員用の住宅のこと。

問一　**[A]〜[C]に入る言葉として適切なものをそれぞれ次の中から選び、記号で答えなさい。**

ア　また　　イ　しかし　　ウ　ところで　　エ　たとえば　　オ　つまり

問二　**――線部ａ「たわいのない」・ｂ「思い思い」の意味として適切なものをそれぞれ次の中から選び、記号で答えなさい。**

ａ　**「たわいのない」**　　ア　ふざけていない　　イ　現実的でない　　ウ　たいしたことがない　　エ　目新しくもない
ｂ　**「思い思い」**　　ア　それぞれ　　イ　思い出深い　　ウ　思いがけない　　エ　味わいのある

問三　**――線部①「そんなとき」の内容として適切なものを選び、記号で答えなさい。**

ア　夏の間に、草や木が信じられないほどよく成長しているのを目にしたとき。
イ　雑草が日ざしを存分に浴びて、勢いよく葉を茂らせている姿を目にしたとき。
ウ　大都市の東京でも、郊外に行けば意外に緑が多いのを自分だけが発見したとき。
エ　日本では、どこにでも緑の山と田畑が豊かに存在していることを感じたとき。

問四　**――線部②「その意味」の内容として適切なものを選び、記号で答えなさい。**

ア　日本と中国では植物を育てる技術に差があり、中国ではうまく育たないということ。
イ　中国のある山で木を植えようとしても、寒さや水不足のためにうまくいかないということ。
ウ　外国では砂漠化《さばくか》したり、植林に苦労したりするほど自然環境《かんきょう》に恵《めぐ》まれていないということ。
エ　世界では人間の無計画な木の伐採《ばっさい》等により、自然環境の破壊《はかい》が進んでいるということ。

春を過ぎたらすぐ乾《かわ》いた枯草《かれくさ》の季節になるヨーロッパでは、畑の草取りの必要はない。夏になったら草は早々に実をつけて枯れてしまう。ぼくは昔、フランスでこれを見て、つくづく Ⅱ た。そしてこういう乾燥《かんそう》した土地では、枯れた草を牛や羊に食べさせて、その肉を主食にするほかはないということがよくわかった。

C 、世界の多くの土地の人々は草の生えないことと戦ってきたのに対して、日本では人は草の生えることと戦って生きてきたのである。【ア】

このことがどうやら、日本の美学に深く根づいてしまったような気がする。

「※1八重むぐら茂れる宿のさびしきに……」という昔の歌がある。家のまわりの草を取るゆとりもないことを嘆《なげ》いたものだろう。日本では昔から、人の目に触《ふ》れる場所に野草を生やしておいてはならないという感覚がしみついていた。

昔も今も、たいていの大学のキャンパスでは、定期的にお金をかけて草を刈《か》る。郊外《こうがい》の大学ではキャンパスの中に、いろいろな野草がいつのまにか生えてきて、小さなかわいらしい花を咲《さ》かせてくれる。それは情緒《じょうちょ》的にも大切なことだと思うのだが、管理者である大学の事務局は、ある日それらの草を一掃《いっそう》してしまった。【イ】

人為《じんい》的に植えた草以外は「雑草」と呼ばれる。世界のどこでもこれは変わりはないが、日本ではそれが極端《きょくたん》である。③道ばたにすら雑草が生えることは許されない。

かつて彦根《ひこね》の学長※2公舎に住んでいたころ、公舎の庭には芝生《しばふ》があった。そこにはいろいろな草が生えてきて、b思い思いの花を咲かせ、チョウやいろいろな虫がやってきた。ぼくにはそれがひとときの心のやすらぎであり、楽しみでもあった。【ウ】

しかし大学には、町の住民からしばしば苦情がきた。「芝生に雑草がたくさん生えている。うちの庭にその雑草の種が飛んでくるから、大学はちゃんと管理をして欲《ほ》しい」などなど。

事務局からのたっての依頼《いらい》だったので、「仕方がない。大きな草だけ抜《ぬ》いて下さい」とぼくは答えた。翌日、大学の仕事を終えて公舎に帰ったら、芝生の草は可憐《かれん》なネジバナに至るまですべて完全に抜き取られていた。残っていたのは、彦根在来の草ではなく、人が植えた外来の草だけであった。

道ばたの草は許さない、団地の隅《すみ》にやっと生えて小さな花を咲かせた草も団地の草取りデーにはすべて抜く、木は思うままに刈《か》り込《こ》んで見栄《みば》え良く整える。それが Ⅲ らしい。

最近は「自然の美」とかいって草花を愛する人が増えている。けれどそれも外来の植物を中心としたガーデニングである。本当の自然の草は依然《いぜん》として「雑草」だ。こんなことで④「自然と共生する」などということができるのだろうか？【エ】

舗装《ほそう》された道路のへりのほんのすき間に、野生の草がなんとか根づき、必死でいくつかの花を咲かせて子孫を残そうとしている。教育

二　次の文章を読んで、あとの問いに答えなさい。

毎年この季節になると、夏の間に草や木がよくまあ茂《しげ》ったものだと思う。二階の部屋の窓から見える向かいの山の木々も、通りすがりの道ばたの草も、暑かった日々の日ざしを存分に浴びて、葉を茂らせ、枝を伸ばしている。

考えてみると、日本にはなんと緑が多いことだろう。東京への出張でしばしば往復する新幹線の車窓から見ていても、すこし町をはずれたら、どこも緑の山と田畑である。

①そんなときぼくはいつも、飛行機から見下ろした外国の砂漠のことを思い出す。[A]オーストラリアのシドニーからシンガポールへ飛んだときのこと。

シドニーを飛び立ってしばらくは、眼下に広い草原が広がっていた。きっとあの草原にはカンガルーたちが跳《と》びはねているのだろうなどと、ぼくはaたわいのない想像を楽しんでいた。

しかしやがて飛行機は、砂漠地帯にさしかかった。高空から見る限り、一木一草もなさそうな褐色《かっしょく》の大地。はじめのうちぼくはその珍《めずら》しい光景にみとれ、カメラのシャッターを切り続けた。

そんな光景が一時間近くも続くと、さすがに飽きてきて、眠りこんでしまった。一時間も経《た》っただろうか。ふと目をさまして、もう砂漠は過ぎたかなと見下ろすと、眼下の光景は何も変わっていない。砂漠は延々と続いていた。

砂漠が終わって西海岸の緑が見えてくるまで約四時間。ぼくは砂漠の驚くべき広さに[I]すら感じた。

今年の一月。研究所の仕事で中国へ行ったときもそうだった。山々は完全に裸《はだか》だった。一月の真冬だから緑がないのではない。見渡す限りの山々に、木というものが一本もなく、見えるのは裸の土ばかりなのである。

この地域はもともとは木に覆《おお》われていた土地である。人々が長年の間にその木をみな伐《き》って建材や燃料に使ってしまったために、もう木が生えなくなってしまったのだ。

中国は今、ここに再び木を植える仕事に必死で取り組んでいる。[B]寒くて水もないこの山では、お互いに支え合ってきた木が一本もなくなってしまうと、せっかく植えた木の苗《なえ》も容易には根づかず育たないのだ。

②その意味で日本は幸せである。海に囲まれて高い山もある島だから雨はよく降るし、夏は台風が水を持ってきてくれる。冬は大陸から雪がもたらされる。そして夏は暑く、植物はどんどん茂る。草は生えすぎて困るくらいだ。

昔から日本では、田畑の収穫《しゅうかく》を確保するために、草取りが欠かせなかった。放っておけばたちまち草が生えて、作物が負けてしまうからである。

問六　――線部②「頬と耳がみるみる真っ赤に染まった」とありますが、行人がなぜこのようになったのかを説明しなさい。

問七　――線部③「うれしかった」とありますが、なぜですか。その説明として適切なものを次の中から選び、記号で答えなさい。

ア　用水路に落ちかけていた行人を助けたことで初めて一対一で話す機会ができ、これまで優等生としてあこがれていた行人と一気に仲良くなることができたから。

イ　行人は正直に手袋をなくした事情を説明してくれたのに、いい加減な対応をしてしまって失礼だったかと心配したが、行人は満希と仲良くなろうとしてくれたから。

ウ　今日一日様子がおかしかったことから、同級生の満希に対して不満を持っているのかと心配していたが、様子がおかしかったのは自分のせいではないと分かったから。

エ　優等生で近づきがたい雰囲気《ふんいき》だったために、一か月間ずっと緊張《きんちょう》して行人となかなか関係を深められずにいたが、行人が思いがけなく素直な表情や反応を見せたから。

問八　――線部ｄ「こんなにたくさん積もってたら」とありますが、この様子を比ゆを用いて表現しているところを本文中の――線部ｄよりも前の部分から十字でさがし、ぬき出して答えなさい。

問九　――線部④「ただ胸のあたりだけがじんわり熱かった」とありますが、これはどのようなことを表していますか。その説明として適切なものを次の中から選び、記号で答えなさい。

ア　雪遊びがきっかけで行人の性格が分かったものの、学校でも仲良くできるか心配しているということ。

イ　行人との笑いをふくむやり取りを通して、体は冷え切っているものの、心は満たされているということ。

ウ　行人にあこがれの気持ちを持っていたが、行人の本心を知ってますます好きになっているということ。

エ　行人を引っぱり上げたり、雪で遊んだりしているうちに身体の内側から温まっていっているということ。

問一　――線部ａ「すんでのところで」・ｂ「ひるんだような」の意味として適切なものをそれぞれ次の中から選び、記号で答えなさい。

ａ「すんでのところで」

ア　ほんの少し　　イ　しっかりと　　ウ　勢いよく　　エ　危《あや》うく

ｂ「ひるんだような」

ア　怒《おこ》って責《せ》めているようなさま　　イ　困って悩《なや》んでいるようなさま

ウ　怖《こわ》くなって弱気になるようなさま　　エ　悲しくなって落《お》ち込《こ》んでいるようなさま

問二　①・②には同じ漢字一字が入り、「うそいつわりなく本物であること。」という意味の四字熟語になります。その漢字一字を答えなさい。

問三　③について、そのあとの――線部もふくめて「③の打ちどころがなかった」で意味が通るように、③に入る漢字一字を答えなさい。

問四　――線部①「さっきまでとは違う理由」とありますが、Ａ「さっきまでの理由」・Ｂ「さっきまでとは違う理由」にあたるものをそれぞれ次の中から選び、記号で答えなさい。

ア　助けを求められてもいないのに、満希が力任せに行人を引っぱり上げたから。

イ　行人のことを一日じゅう気にして観察していたことを変に思われそうだったから。

ウ　いつもは優等生で落ち着いている行人が、一日を通して様子がおかしかったから。

エ　満希の予想通り、人通りがない田んぼで助けを呼んでもだれも来なかったから。

オ　雪で見えなくなっている用水路に行人が気づかずに落ちてしまいそうだったから。

問五　Ａ～Ｄに入る言葉の組み合わせとして適切なものを次の中から選び、記号で答えなさい。

ア　Ａ：怒《いか》り　Ｂ：まぬけな　Ｃ：自信なさげに　Ｄ：拗《す》ねている

イ　Ａ：不安　Ｂ：まぬけな　Ｃ：不満げに　Ｄ：拗ねている

ウ　Ａ：不安　Ｂ：不機嫌《ふきげん》な　Ｃ：不満げに　Ｄ：困っている

エ　Ａ：怒り　Ｂ：不機嫌な　Ｃ：自信なさげに　Ｄ：困っている

「ごめん、ごめん。」
わたしの謝《あやま》り方《かた》はどう考えても雑だった。だけど、こみあげてくる感情をすぐにしずめるなんてできなかったんだ。
自分と同学年の山村留学生が現れてからというもの、ずっと張りつめていた身の回りの空気がふいにゆるみだして、おかしくて、わたしはけらけら笑い続けた。
濃《こ》い茶色の睫毛《まつげ》を伏《ふ》せ、野見山くんは気まずそうに立《た》ち尽《つ》くしていた。思いっきりばかにされたのでつんと[D]ようにも見えた。その素直《すなお》なリアクションが妙《みょう》に③うれしかった。
「の、野見山くんさあ！　雪投げるの、そんなに好きなの？」
「だって……投げたくならない？　ｄこんなにたくさん積もってたら。」
「そうかなあ。毎年これくらいは必ず降るよ。」
「僕《ぼく》はこんな景色、今年はじめて見たんだ。千葉じゃめったに積もらないから。降っても水っぽくてべしゃべしゃだったりして、うまく丸められないし。」
「丸められない雪って、それほんとに雪なの？」
尋《たず》ねると、野見山くんはきょとんとした。
そしてあらためて周囲を見渡《みわた》して、ふふふ、とくぐもった声を洩《も》らしたと思ったら、堪《こら》えきれなくなったようにくしゃっと笑った。
「そうだね。こっちがほんとの雪だ。」
それはわたしの発言にウケたわけじゃなく、はしゃいで手袋を投げてしまった今朝から、いやもしかしたらもっとずっと前から、野見山くんの中で温められていたらしいおかしさが、ぽこんと表に飛び出てきたような笑顔《えがお》だった。
ひと月見てきた中でいちばん、いきいきとしてる。
だからわたしも、思いっきり笑った。
お互いの口から真っ白い息がほわっと立ち昇《のぼ》って、布地に隠《かく》されていない頬《ほ》っぺたは冷えきって感覚がなかったけど、④ただ胸のあたりだけがじんわり熱かった。

（『みつきの雪』　眞島　めいり　）

ちてしまう。子どもが自力で這《は》いあがるのは難しいし、助けを呼んでもひとが通るとはかぎらない。

まだ暴れまわっている心臓を落ち着けようとしながら、わたしは野見山くんが着ているベンチコートをしっかりつかみ直した。離《はな》しちゃいけないと何かが強く訴《うった》えかけていた。

「野見山くん、きょう、ずっと変……。」

勢いで言ってしまってから、あっと思う。これじゃ、一日じゅう気になって観察してましたって白状したのとおんなじだ。

やばい。変なのはわたしのほうだよ。

①さっきまでとは違《ちが》う理由で焦《あせ》りながら、おそるおそる相手の表情をうかがう。

すると野見山くんは驚《おどろ》いた目をして、口を半開きにして固まっていた。

それはすごく、子どもっぽい反応だった。

もちろん野見山行人は［①］真［②］銘《めい》の小学五年生だったんだけど、それまでの一か月間、この男の子は生活態度にも学校の成績にも［③］の打ちどころがなかったから、同い年って気があまりしていなかったのかもしれない。

だからこんな、急に驚かされて何も言えなくなっちゃうような、［B］顔もするんだと知ってわたしのほうがびっくりしてしまった。

「……登校してるとき、手袋《てぶくろ》をなくして。」

ぼそぼそと、［C］その唇《くちびる》が動く。

わたしは野見山くんの両手をぱっと見た。そう言われてみると、左手には黒い手袋をはめているのに、右手は肌《はだ》が丸見えだ。指先がかじかんで赤くなっている。

「このへんに落としたってこと？」

「落としたっていうか、投げた。」

「『投げた』？」

「雪を丸めて、田んぼに向かって何回か投げてるうちに、すぽっと脱《ぬ》げちゃって……。」

はっきりとは言い切らずに、野見山くんは人さし指で正面をさす。

そこに広がる田んぼの表面をわたしはじっくり眺《なが》めてみた。ぶ厚い雪のじゅうたんのところどころに、動物の足跡《あしあと》にしては大きすぎるへっこんだ部分があった。どうやらそれが、雪玉を投げこんだっていう跡《あと》らしい。

……っていうか、雪投げて手袋なくすって！

「ぶふっ。」

我慢《がまん》できずに噴《ふ》き出すと、優等生の②頬《ほお》と耳がみるみる真っ赤に染まった。

二〇二二年度
目黒星美学園中学校

【国　語】〈第一回午前試験〉（五〇分）〈満点：一〇〇点〉

一　**次の文章を読んで、あとの問いに答えなさい。**

「わたし（満希《みつき》）」は信州の村に住んでおり、通っている小学校ではただ一人の小学五年生です。一か月前に同じ年の都会からの山村留学生（転校生）の野《の》見《み》山《やま》行《ゆき》人《と》がやって来ました。次の場面は、学校で様子のおかしかった行人が帰り道に田んぼに足をふみ入れるところを「わたし」が見かけたところです。

考える暇《ひま》もなく、わたしは駆《か》けだした。息をするのも忘れて。

……間に合って！

両手を思いっきり前へ伸《の》ばす。さらに、二、三歩進んだ青い長靴《ながぐつ》が、白い地面にすっぽり埋《う》もれてしまうａすんでのところで、わたしの指が野見山くんの右腕《みぎうで》にかかった。

爪《つめ》を立てて力任せにぐいっと引っぱりあげる。

間に合った！

野見山くんが腰《こし》をひねるようにして振《ふ》り向《む》いた。あっけにとられ、なおかつｂひるんだようなその目がわたしをとらえる。きっと何が起きたかわからなかったんだと思う。

はあっとお腹《なか》から空気を吐《は》き出《だ》し、わたしはようやく呼吸を取《と》り戻《もど》した。

一拍《いっぱく》遅《おく》れて、身体《からだ》の中に［Ａ］に似た感情がふつりふつりと湧《わ》きあがる。目の前の華奢《きゃしゃ》な身体をがくがく揺《ゆ》さぶってやりたくなった。

「この下！　用水路！」

「……あっ。」

わたしのことばを理解したらしい野見山くんは、慌《あわ》てて体勢を立て直すと、よろけながら後ずさった。雪が積もる前この場所にどういうものがあったか、自分の今いる位置がどこなのか、やっとわかってきたみたいだった。

冬だから稲《いね》を育てるための水は流れていないけど、だからこそもし雪がやわらかかったら、コンクリートの溝《みぞ》の底までずっと滑《すべ》り落《お》

2022年度

目黒星美学園中学校　▶解説と解答

算　数　＜第１回午前試験＞（50分）＜満点：100点＞

解　答

1 ①　78　②　$1\frac{11}{25}$　③　$2\frac{5}{6}$　④　5　⑤　$\frac{1}{5}$　⑥　8　⑦　8　⑧　260　⑨　36　⑩　100　⑪　2240　⑫　60　⑬　17　**2** (1)　26本　(2)　155本　**3** (1)　21.5cm^2　(2)　25cm^2　**4** (1)　ア…６，イ…24，ウ…５，エ…80，オ…２，カ…４　(2)　(例)　①…○＋△＝10，②…○＋20＝△，③…20÷○＝△，④…20×○＝△，⑥…○×△＝20　(3)　④　(4)　(F)　**5** (1)　**５円玉**…４枚，**10円玉**…３枚，**50円玉**…３枚　(2)　40通り　**6** (1)　1500cm^3　(2)　20秒後　(3)　毎秒0.75cm　(4)　５cm

解　説

1 **四則計算，逆算，約数と倍数，通過算，相当算，過不足算，売買損益，角度，年令算**

(1)　148－５×(28－14)＝148－５×14＝148－70＝78

(2)　$1.2\times0.3\div1.25\div0.2=\frac{6}{5}\times\frac{3}{10}\div\frac{5}{4}\div\frac{1}{5}=\frac{6}{5}\times\frac{3}{10}\times\frac{4}{5}\times\frac{5}{1}=\frac{36}{25}=1\frac{11}{25}$

(3)　$2+\left(\frac{2}{3}-\frac{4}{9}\right)\times\frac{15}{4}=2+\left(\frac{6}{9}-\frac{4}{9}\right)\times\frac{15}{4}=2+\frac{2}{9}\times\frac{15}{4}=2+\frac{5}{6}=2\frac{5}{6}$

(4)　45－(64－□×５)÷13＝42より，(64－□×５)÷13＝45－42＝３，64－□×５＝３×13＝39，□×５＝64－39＝25　よって，□＝25÷５＝５

(5)　$0.6-\left(\square\times2-\frac{1}{3}\right)\times\frac{3}{4}=0.55$より，$\left(\square\times2-\frac{1}{3}\right)\times\frac{3}{4}=0.6-0.55=0.05$，$\square\times2-\frac{1}{3}=0.05\div\frac{3}{4}=\frac{1}{20}\times\frac{4}{3}=\frac{1}{15}$，$\square\times2=\frac{1}{15}+\frac{1}{3}=\frac{1}{15}+\frac{5}{15}=\frac{6}{15}=\frac{2}{5}$　よって，$\square=\frac{2}{5}\div2=\frac{1}{5}$

(6)　24の約数は，１，２，３，４，６，８，12，24の８個なので，[24]＝８である。

(7)　右の図Ｉのように，長さ120ｍの列車が電柱の前を通過するとき，列車の長さの120ｍだけ進むから，120÷15＝８(秒)かかる。

図Ｉ

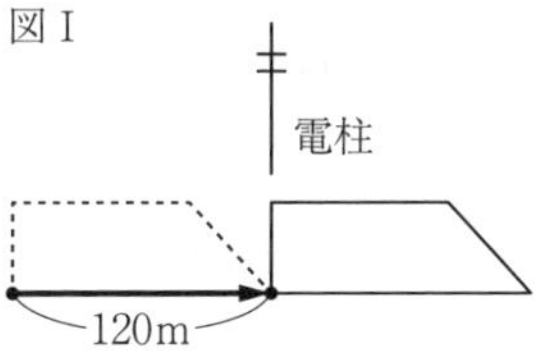

図Ⅱ

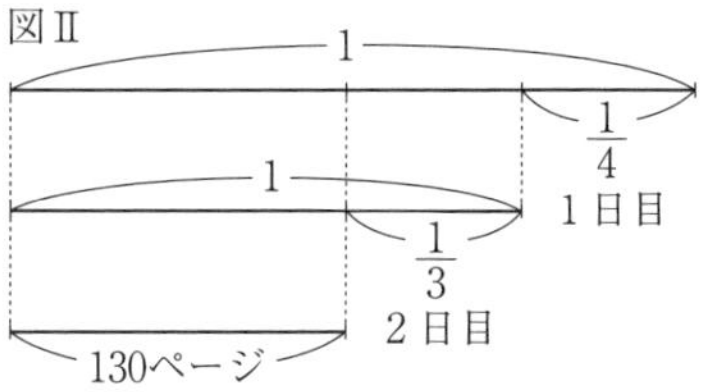

(8)　右の図Ⅱから，２日目に読んだ後の残りのページ数は，本全体の，$\left(1-\frac{1}{4}\right)\times\left(1-\frac{1}{3}\right)=\frac{1}{2}$にあたることがわかる。これが130ページなので，本のページ数は全部で，$130\div\frac{1}{2}=260$(ページ)である。

(9)　長いす１台に３人ずつ座ったとき，２人ずつ座った２台にはあと，３－２＝１(人)ずつ座れて，余った２台にはあと３人ずつ座れるから，あと，１×２＋３×２＝８(人)座ることができる。よって，長いす１台に２人ずつ座るときと３人ずつ座るときで，座れる人数の差は，１台につき，３－２＝１(人)で，全体では，28＋８＝36(人)となる。したがって，長いすは，36÷１＝36(台)(…⑨)あり，生徒は，２×36＋28＝100(人)(…⑩)いる。

(10)　原価2000円の品物に４割の利益があるように定価をつけると，定価は，2000×(１＋0.4)＝

2800(円)である。これを定価の２割引きで売ると，売値は，2800×(１－0.2)＝2240(円)になる。

⑾　右の図Ⅲで，三角形ABCに注目すると，内角と外角の関係から，角㋐の大きさは，39＋35＝74(度)である。同様に，三角形ADEの内角と外角の関係から，㋑＋㋒＝㋐＝74(度)となる。よって，三角形DEFに注目すると，角xの大きさは，180－(24＋22＋㋑＋㋒)＝180－(24＋22＋74)＝180－120＝60(度)とわかる。

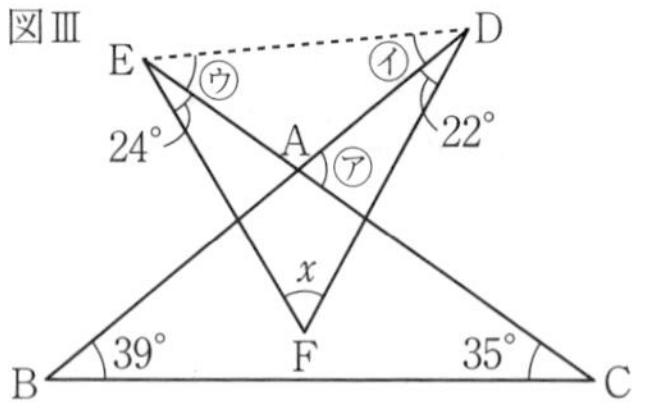

⑿　両親の年令の和が２人の子どもの年令の和の２倍になるのを$\boxed{1}$年後とする。$\boxed{1}$年後のそれぞれの年令は，父が，42＋$\boxed{1}$(才)，母が，38＋$\boxed{1}$(才)，長女が，13＋$\boxed{1}$(才)，次女が，10＋$\boxed{1}$(才)だから，42＋$\boxed{1}$＋38＋$\boxed{1}$＝(13＋$\boxed{1}$＋10＋$\boxed{1}$)×２という式に表せる。すると，80＋$\boxed{2}$＝(23＋$\boxed{2}$)×２，80＋$\boxed{2}$＝23×２＋$\boxed{2}$×２，80＋$\boxed{2}$＝46＋$\boxed{4}$より，$\boxed{4}$－$\boxed{2}$＝$\boxed{2}$が，80－46＝34と等しいので，$\boxed{1}$＝34÷２＝17となり，両親の年令の和が２人の子どもの年令の和の２倍になるのは17年後と求められる。

2　図形と規則

⑴　４段まで並べると右の図のようになるので，棒は26本必要とわかる。

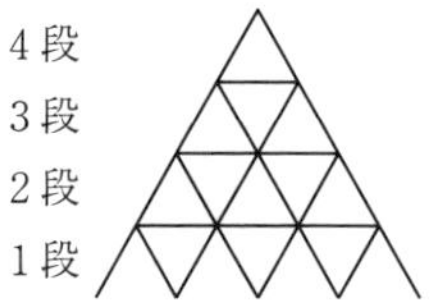

⑵　１段から４段までに必要な棒の数は，２本，７本，15本，26本で，それぞれ５本，８本，11本と増えており，増える本数は３ずつ大きくなっている。このことから，10段目に必要な棒の本数は，２＋５＋８＋11＋14＋17＋20＋23＋26＋29＝(２＋29)×10÷２＝155(本)となる。

3　平面図形―面積

⑴　右の図Ⅰで，正方形ABCDの面積は，(10÷２)×(10÷２)＝５×５＝25(cm^2)である。また，BDは，おうぎ形の半径であり，正方形ABCDの対角線でもあるから，おうぎ形の半径を□cmとすると，正方形ABCDの面積について，□×□÷２＝25という式に表せる。すると，□×□＝25×２＝50とわかる。よって，影《かげ》をつけた部分の面積は，10×10－□×□×3.14×$\frac{1}{4}$×２＝100－50×3.14×$\frac{1}{4}$×２＝100－25×3.14＝100－78.5＝21.5(cm^2)となる。

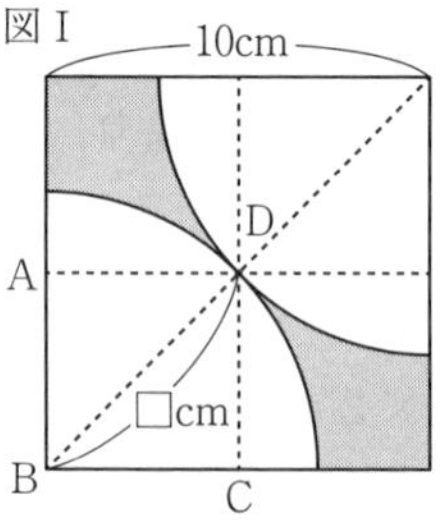

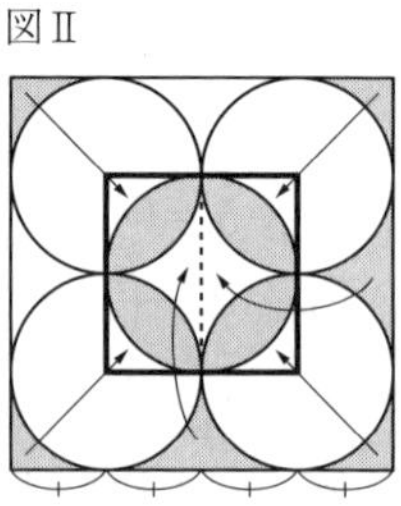

⑵　右上の図Ⅱのように，影をつけた部分の一部を移動すると，太線で示すような，１辺，10×$\frac{2}{4}$＝５(cm)の正方形になるから，影をつけた部分の面積は，５×５＝25(cm^2)とわかる。

4　正比例と反比例

⑴　①で，たて４cm，横アcmの長方形の周囲の長さが20cmなので，(４＋ア)×２＝20となり，ア＝20÷２－４＝６である。②で，子どもの年令４才に対して，20才上の先生の年令がイ才なので，イ＝４＋20＝24である。③で，20kmの道のりを時速４kmで走るのにウ時間かかるので，ウ＝20÷４＝５である。④で，１枚20円の折り紙を４枚買ったときの合計金額がエ円なので，エ＝20×４＝80である。⑥の図で，○＝１のとき△＝20，○＝４のとき△＝５だから，１×20＝20，４×５＝20より，○×△＝20であると考えられる。すると，○＝オのとき△＝10なので，オ×10＝20より，オ＝20÷10＝２である。また，○＝５のとき△＝カなので，５×カ＝20より，カ＝20÷５＝４である。

⑵　⑴をもとにして考えると，①は，(○＋△)×２＝20より，○＋△＝10である。また，②は，○

＋20＝△，③は，20÷○＝△，④は，20×○＝△，⑥は，○×△＝20と表せる。

(3)　○と△が比例の関係になっているとき，「○×(決まった数)＝△」という式で表すことができる。(2)より，そのような形の式になっているのは，20×○＝△という式で表された④だけだから，○と△が比例の関係になっているのは④である。

(4)　③の○と△の関係は，反比例の関係で，グラフは(F)のような曲線になる。なお，③は，○の値が増えると△の値は減るので，(A)，(C)，(D)は正しくない。また，③で○と△が０になることはないので，(B)，(E)も正しくない。

5　つるかめ算，場合の数

(1)　50円玉を４枚持っているとすると，これで200円分となり，硬貨《こうか》の枚数は全部で４枚となるから，正しくない。また，50円玉を２枚持っているとすると，５円玉と10円玉は合わせて，10－２＝８(枚)あり，その合計金額は，200－50×２＝100(円)となる。しかし，８枚とも10円玉にしても，10×８＝80(円)にしかならないので，これも正しくない。よって，50円玉は３枚持っていることがわかる。つまり，５円玉と10円玉は合わせて，10－３＝７(枚)あり，その合計金額は，200－50×３＝50(円)となる。もし，７枚すべてが５円玉だとすると，金額は，５×７＝35(円)になり，50円よりも，50－35＝15(円)少なくなる。５円玉１枚を10円玉１枚と置きかえるごとに，金額が，10－５＝５(円)ずつ増えるから，10円玉は，15÷５＝３(枚)，５円玉は，７－３＝４(枚)となる。

(2)　10円玉３枚と５円玉４枚だけで，５円から，10×３＋５×４＝50(円)までの５の倍数の金額がすべて支払《しはら》える。これに50円玉を１枚加えると，５＋50＝55(円)から，50＋50＝100(円)までの５の倍数の金額がすべて支払え，50円玉を２枚加えると，５＋50×２＝105(円)から，50＋50×２＝150(円)までの５の倍数の金額がすべて支払え，50円玉を３枚加えると，５＋50×３＝155(円)から，50＋50×３＝200(円)までの５の倍数の金額がすべて支払える。よって，５円から200円までの５の倍数の金額がすべて支払えるから，全部で，200÷５＝40(通り)の金額が支払える。

6　立体図形―水の深さと体積

(1)　直方体の体積は，(たて)×(横)×(高さ)で求められるから，問題文中の図１の容器の容積は，10×10×15＝1500(cm^3)である。

(2)　容積が1500cm^{3}の容器に，毎秒75cm^{3}ずつ水を入れていくから，水を入れ始めて，1500÷75＝20(秒後)に容器が水でいっぱいになる。

(3)　(2)より，水の高さは20秒で15cmになったから，毎秒，15÷20＝0.75(cm)ずつ高くなる。

(4)　容器の中におもりを置くと，(2)のときより４秒早く容器がいっぱいになったので，おもりの体積は，４秒で入る水の体積と等しい。よって，おもりの体積は，75×４＝300(cm^3)であり，おもりの底面積は60cm^{2}だから，おもりの高さは，300÷60＝５(cm)と求められる。

社　会　＜第１回午前試験＞（理科と合わせて50分）＜満点：50点＞

解　答

1　**問１**　(例)　中国では米の国内消費が多いが，アメリカでは米の国内消費が少ないため。
問２　(1)　(ロ)　(2)　(イ)　**2**　(ニ)　**3**　**問１**　(ロ)　**問２**　木造　**問３**　(ニ)　**問４**

(イ)　**問５**　(ロ)　**問６**　(ハ)　**問７**　(ロ)　**問８**　(ロ)　**問９**　(ハ)　**問10**　(イ)　**問11**　(ニ)　**問12**　(ニ)　**問13**　Ｂ／(例)　人類のあやまちを記憶する負の遺産であるため。　**4**　**問１**　(イ)　**問２**　(ハ)　**問３**　(1)　(例)　(う)／災害対策に女性の視点を取り入れることにつながると考えられる。　(2)　(例)　フランスのように，立候補のときは男女ペアであることを義務づける。　**問４**　(ニ)　**問５**　(イ)

解　説

1　米の生産地と豪雨《ごうう》災害についての問題

問１　米の生産量は新潟県が全国第１位で，北海道がこれにつぐ。地方別では東北地方が最も多く，秋田県，山形県，宮城県が第３～５位を占《し》めている。世界の国別では，米を主食とするアジアの国が上位を占め，中国，インド，インドネシアの順に多い。中国の輸出量がそれほど多くないのは，世界最大の人口をかかえていて国内での消費量が多いためである。一方，アメリカは主食が米ではなく，米の消費量が少ないことから，生産した米の多くを輸出に回すことができ，そのために輸出量では世界の上位に入る。統計資料は『日本国勢図会』2021／22年版による。

問２　(1)「西日本豪雨」とあるので，西日本に位置し，岡山県の西に位置する広島県が選べる。また，新聞記事の第５段落にあるように，「避難《ひなん》のタイミングは，本人の判断に委《ゆだ》ねられ」ており，最後の段落に「十分な備えを徹底《てってい》させなければならない」とあることから，現在の備えが十分とはいえないことも読み取れる。　(2)　熱海《あたみ》市は静岡県東部に位置する都市で，温泉地として知られる。静岡県西部の浜松市は，同県の沿岸部を中心に広がる東海工業地域の中心都市の１つで，オートバイなどの輸送用機械器具の生産と，世界的な楽器メーカーによる楽器の生産がさかんである。なお，(ロ)は鹿児島県，(ハ)は岩手県，(ニ)は埼玉県について述べた文。

2　ある農産物についての問題

日本は小麦のほとんどを輸入に頼っており，そのほぼすべてがアメリカ・カナダ・オーストラリアから輸入される。国内生産量は北海道が最も多く，ついで福岡県・佐賀県といった，米と麦の二毛作がさかんな地域が続く。なお，さとうきびは沖縄県，らっかせいは千葉県が生産量全国第１位。また，綿花は現在，日本ではほとんど生産されておらず，アメリカやオーストラリアから輸入している。

3　各時代の歴史的なことがらについての問題

問１　法隆寺は607年に聖徳太子によって建てられたが，これ以前の596年には，日本で最初の本格的な仏教寺院として，蘇我《そがの》馬子が飛鳥寺を建てている。

問２　法隆寺は607年に建てられたあといったん焼失したが，７世紀後半から８世紀初めごろに再建された。それでもなお，現存する世界最古の木造建築として，1993年にユネスコ(国連教育科学文化機関)の世界文化遺産に登録された。

問３　2017年に国際連合の総会で核兵器禁止条約が採択《さいたく》され，2021年に発効したが，核保有国であるアメリカ・イギリス・フランス・ロシア・中国などはこの条約を結んでいない。また，アメリカと同盟関係にあり，アメリカの核兵器に守られている(アメリカの「核の傘《かさ》」の下にいる)日本や韓国なども，この条約には参加していない。

問４　河川の河口付近にできるデルタ(三角州)は水が得やすいことから，水田に利用されたり都市が形成されたりすることが多く，広島市の市街地は太田川のつくったデルタの上に発展した。なお，淀《よど》川は琵琶湖から流れ出し，大阪平野を形成して大阪湾へと注ぐ河川，四万十《しまんと》川は高知県西部を流れる河川。糸魚《いとい》川は，新潟県西部の地名である。

問５　平安時代後半，平清盛は父の忠盛のころから行われていた日宋貿易の利益に注目し，大輪田《おおわだの》泊《とまり》（兵庫県，現在の神戸港の一部）を修築するなどしてこれを積極的に進め，大きな利益を得た。また，清盛は日宋貿易の航路でもあった瀬戸内海上の厳島《いつくしま》神社（広島県）を航海の守り神として厚く信仰し，現在見られるような豪華な社殿を建築した。

問６　中世とは一般に，平安時代後期の院政期あるいは鎌倉時代から安土桃山時代までをさす。桓武天皇は奈良時代末に即位《そくい》して794年には都を平安京に移し，平安時代初めに活躍《かつやく》した。よって，この時期は，古代にあたる。

問７　技術革新などによって，政治・文化・経済などが世界規模で拡大する現象をグローバリゼーションという。日本の明治時代にあたる19～20世紀には，列強とよばれた欧米諸国が植民地を拡大したことで，グローバリゼーションが進展したともいえる。なお，ノーマライゼーションとは，障がい者や高齢者などをふくめ，誰《だれ》もが平等に通常の暮らしを送れるような社会にするべきという考え方である。モータリゼーションは，自動車が広く普及《ふきゅう》し，日常生活に不可欠なものとなる状態をいう。ナショナリゼーションは，国有化または国営化を意味する。

問８　桑園の面積は1930年から減少しているが，1950年代には増加した時期もあり，減少し続けているわけではない。なお，(イ)と(ニ)について，「第二次世界大戦後」は1945年以降，「高度経済成長期以降」は1950年代後半以降にあたる。

問９　天草地方は地図中のｂにあたり，天草諸島は熊本県に属する。江戸時代の1637年には，天草地方と島原（長崎県）の農民やキリスト教徒らが，領主の圧政やキリスト教徒への弾圧に対し，天草四郎時貞《ときさだ》を首領として反乱を起こした（島原天草一揆《いっき》，島原の乱）。なお，地図中のａにはオランダ商館の置かれた平戸（長崎県）があるが，平戸のオランダ商館は1641年に長崎の出島に移され，オランダ人の行動は厳しく制限された。

問10　「北海道・北東北の縄文遺跡群」は，北海道と青森・岩手・秋田の各県に点在する遺跡群で構成されており，青森県青森市にある三内丸山遺跡はこれを代表する構成資産の１つである。なお，登呂遺跡は静岡県にある弥生時代の遺跡，吉野ヶ里遺跡は佐賀県にある弥生時代の遺跡，岩宿遺跡は群馬県にある旧石器時代の遺跡。

問11　Ａは飛鳥時代，Ｂは昭和時代，Ｃは平安時代，Ｄは明治時代，Ｅは江戸時代，Ｆは縄文時代にあたるので，時代の古い順にＦ→Ａ→Ｃ→Ｅ→Ｄ→Ｂとなる。

問12　Ａは奈良県，ＢとＣは広島県，Ｄは群馬県にある世界文化遺産である。

問13　世界遺産は，歴史的・文化的に貴重なものを後世に残すために登録され，保護や保全が行われる。これらのなかには，人類が行った過ちをくり返さないよう，教訓の意味をこめて登録される「負の遺産」もあり，原爆ドームもこれにあたる。

4 「ジェンダーギャップ指数」を題材にした問題

問１　ASEANは東南アジア諸国連合の略称で，東南アジアに位置する10か国で構成される地域共同体である。インドは南アジアに位置し，ASEANには加盟していない。

問２　「達成度には改善が見られ」るものの，ジェンダーギャップ指数における日本の国際的な順位が前回よりも下がったのだから，ほかの国の達成度がより高かったのだと考えられる。

問３ (1) 女性の国会議員が増えれば，男性議員とは違った視点での政策が提案・実現され，現在ある課題の解決につながる。特に日本では，結婚や出産を機に仕事を離れる女性がまだ多いため，育児と仕事の両立がしやすい福祉政策や職場環境の整備，まちづくりなど，社会生活のさまざまな場面において，女性の視点や意見が大いに影響すると考えられる。　(2) 政策によって女性議員の候補者を増やすためには，これまで男性中心だった政界の慣習やイメージを，フランスのように，ある程度ルールで変えていく必要があると考えられる。2018年には，フランスの法律にならって，政党に男女の候補者の数をできるだけ同じにするよう努力することを義務づけた候補者男女均等法(政治分野における男女共同参画の推進に関する法律)が制定されるなど，これに向けた動きは見られるが，現状では不十分といえる。また，企業における女性管理職の現状と同様，「制度だけではなく周辺の環境もともに整備」することも重要になると考えられる。

問４ サブスクリプションは「定期購読《こうどく》，定期購入」といった意味の言葉で，料金を支払うことにより，商品やサービスを一定期間利用する権利が得られるというものだが，働き方とは関係がない。なお，ダブルワークは，定職を持ちながら就業時間外の時間帯や休日に別の仕事をすること。フレックスタイムは，あらかじめ定められた総労働時間内で，労働者自身が日々の労働時間の長さや始業・終業時刻を決定できる制度。リモートワークは，インターネットを活用し，会社以外の場所で働くこと。

問５ 女性は結婚や出産・育児を機にいったん仕事を辞め，復帰するときにはパートなどでの労働になることが多い。近年は，結婚や出産・育児を機に離職する女性の割合は減少しているが，結婚や出産後にパートなどの非正規雇用《こよう》を選ぶ女性も少なくない。つまり，女性は男性よりもパートなどの働き方を選んでいる割合が高く，パートなどの非正規雇用は一般的に正規雇用(正社員)に比べて賃金が安いので，女性のほうが男性よりも生涯《しょうがい》で得られる収入が少なくなっている。

理 科 ＜第１回午前試験＞（社会と合わせて50分）＜満点：50点＞

解 答

[1] (1) アンモニア(分子を) 1 (つ増やす)　(2) 水素(分子を) 2 (つ増やす)　(3) ① 残らない　② ア　③ (例) **方法**…においをかぐ。　**結果**…刺激臭がある方がアンモニア水である。／**方法**…水分を蒸発させる。　**結果**…固体が残る方が水酸化ナトリウム水溶液である。

[2] (1) 海　(2) 1410 g　(3) 53.1%　(4) 高くなる　(5) 72.3%　(6) 1000m　(7) 100%

[3] (1) 食物連さ　(2) 酸素　(3) エ　(4) ① ウ　② デンプン　(5) ウ，オ　(6) **記号**…ア　**理由**…(例) サラダ油に辛味が溶けだすかどうかを調べるため。／**記号**…エ　**理由**…(例) 熱で辛味が失われるかどうかを調べるため。

[4] (1) 28cm　(2) 65 g　(3) 37.5cm　(4) 70cm　(5) ① 32cm　② 42cm　(6) 20 g

解 説

[1] 化学反応や水溶液《すいようえき》の性質についての問題

(1) 図１を見ると，化学反応前の窒素《ちっそ》分子には窒素原子が２個，化学反応後のアンモニア分子には窒素原子が１個あるから，アンモニア分子を１個増やせば，化学反応の前後で窒素原子の数がそろう。

⑵　図１を見ると，化学反応前の水素分子には水素原子が２個，化学反応後のアンモニア分子には水素原子が３個あるが，⑴より，化学反応後のアンモニア分子の数を２個にするので，化学反応後の水素原子は，３×２＝６(個)となる。したがって，さらに水素分子を２個増やせば化学反応前の水素分子が３個になり，水素原子は，２×３＝６(個)になるから，化学反応の前後で水素原子の数がそろう。

⑶　①　アンモニア水は，気体のアンモニアが水に溶《と》けてできた水溶液なので，水分を蒸発させても固体は残らない。　②　アンモニア水はアルカリ性の水溶液なので，赤色リトマス紙につけると青色に変化する。　③　アンモニア水も水酸化ナトリウム水溶液もアルカリ性の水溶液なので，リトマス紙などでは見分けにくい。においに注目すると，アンモニア水は刺《し》激《げき》臭《しゅう》があるが，水酸化ナトリウム水溶液は無臭なので，においをかぐ方法で見分けることができる。また，水溶液に溶けているものに注目すると，アンモニア水は気体のアンモニアが水に溶けているのに対して，水酸化ナトリウム水溶液は固体の水酸化ナトリウムが水に溶けているから，水分を蒸発させたとき，固体が残る方が水酸化ナトリウム水溶液だとわかる。

2　水の循《じゅん》環《かん》や湿《しつ》度《ど》についての問題

⑴　地球は表面の約30％が陸地，約70％が海なので，大気中の水蒸気は海から蒸発してできたものが一番多くなる。

⑵　図１より，気温10℃のときに大気１m^3にふくむことができる水蒸気の最大量は9.4ｇなので，150m^3の大気中には，9.4×150＝1410(ｇ)までふくむことができる。

⑶　湿度は，$\dfrac{(\text{大気１}m^3\text{にふくまれる水蒸気の量})}{(\text{大気１}m^3\text{にふくむことができる水蒸気の最大量})}$×100で求められる。500$m^3$の大気中に3400ｇの水蒸気があるとき，大気１$m^3$には，3400÷500＝6.8(ｇ)の水蒸気がふくまれている。図１より，気温15℃のときに大気１m^3にふくむことができる水蒸気の最大量は12.8ｇなので，この大気の湿度は，$\dfrac{6.8}{12.8}$×100＝53.125より，53.1％となる。

⑷　下線部①より，大気のかたまりが上《じょう》昇《しょう》すると，大気の気温が下がることがわかる。大気の気温が下がると，図１より，大気１m^3にふくむことができる水蒸気の最大量が減るから，大気にふくまれる水蒸気の量が変化しないとき，大気にふくまれる水蒸気の量の，最大量に対する割合が増える。したがって，大気のかたまりが上昇すると，湿度は高くなる。

⑸　15℃の大気のかたまりが500m上昇すると，大気の気温は，１×$\dfrac{500}{100}$＝５(℃)下がるので，15－５＝10(℃)になる。図１より，気温が10℃のときの大気１m^3にふくむことができる水蒸気の最大量は9.4ｇで，⑶より，大気１m^3にふくまれる水蒸気の量は6.8ｇだから，このときの大気の湿度は，$\dfrac{6.8}{9.4}$×100＝72.34…より，72.3％と求められる。

⑹　大気１m^3にふくまれる水蒸気の量が，大気１m^3にふくむことができる水蒸気の最大量をこえると雲ができ始める。⑶より，このとき大気１m^3には6.8ｇの水蒸気がふくまれており，大気１m^3にふくむことができる水蒸気の最大量が6.8ｇになるのは，図１より５℃になったときだから，大気の気温が，15－５＝10(℃)下がったときである。したがって，大気のかたまりが，100×$\dfrac{10}{1}$＝1000(m)上昇すると，雲ができ始めると考えられる。

⑺　大気１m^3にふくまれる水蒸気の量が，大気１m^3にふくむことができる水蒸気の最大量をこえ

たとき雲ができ始めるので，このときの湿度は100％になっている。

3 植物の光合成や栄養分についての問題

(1) 生物どうしの「食べる・食べられる」の関係を，食物連さという。

(2) 光合成では，水と二酸化炭素からデンプンと酸素がつくられ，酸素は葉などにある気孔《きこう》から放出される。なお，光合成がさかんに行われるときには，根からの水の吸収を促進《そくしん》するために蒸散も活発に行われるので水蒸気も放出される。

(3) 光合成をするときに取りこまれる気体は二酸化炭素である。二酸化炭素を石灰水に通すと石灰水が白くにごるので，二酸化炭素の存在は石灰水で確かめられる。

(4) ヨウ素液はジャガイモにふくまれるデンプンと反応すると，青むらさき色に変化する。この反応をヨウ素デンプン反応という。

(5) 一般《いっぱん》的に，ニンジンやダイコン，ゴボウは根，ブロッコリーは花のつぼみ，ピーマンやナスは果実の部分を食べている。

(6) 作り方２では，タマネギを加熱したサラダ油で炒《いた》めているから，タマネギの辛味《からみ》成分が失われたのは，熱またはサラダ油が原因だと考えられる。そこで，アの方法で辛味が油に溶けだしてなくなるかを調べ，エの方法で辛味が熱で失われるかを調べればよい。

4 ばねの長さについての問題

(1) 表より，ばねＡは５ｇで１cmのびているので，おもりをつるさないときの長さは20cmとわかる。40ｇのおもりをつるすと，$1\times\frac{40}{5}=8$(cm)のびるので，ばねＡの長さは，20＋８＝28(cm)となる。

(2) 20cmのばねＡが33cmになるとき，ばねは，33－20＝13(cm)のびている。ばねＡは５ｇで１cmのびるので，13cmのばすためには，$5\times\frac{13}{1}=65$(ｇ)のおもりをつるせばよい。

(3) 表より，ばねＢは５ｇで1.5cmのびているので，おもりをつるさないときの長さは30cmとわかる。図２で50ｇのおもりは棒の中央につるされているので，左右のばねＢには，50÷２＝25(ｇ)ずつの重さがかかる。ばねＢに25ｇの重さがかかると，$1.5\times\frac{25}{5}=7.5$(cm)のびるので，ばねＢの長さは，30＋7.5＝37.5(cm)になる。

(4) 図３のようにばねＡとばねＢをつるすと，ばねＡとばねＢのいずれにも40ｇの重さがかかる。(1)より，ばねＡに40ｇのおもりをつるすと28cmになる。そして，ばねＢに40ｇのおもりをつるすと，$1.5\times\frac{40}{5}=12$(cm)のびるので，ばねＢの長さは，30＋12＝42(cm)になる。したがって，ばねＡとばねＢを合わせた長さは，28＋42＝70(cm)と求められる。

(5) ① 図４のようにばねＡとばねＢをつるすと，ばねＡには，20＋40＝60(ｇ)の重さがかかるので，ばねＡの長さは，表より32cmとなる。　② ばねＢには40ｇの重さがかかるので，ばねＢの長さは，(4)で述べたことより，42cmになる。

(6) 図３のようにおもりをつるしたときには，ばねＡとばねＢいずれにもおもりの重さぶんの重さがかかるから，同じ重さのおもりをつるしたときのばねＡとばねＢののびの合計を考えればよい。おもりをつるさないとき，ばねＡは20cm，ばねＢは30cmなので，ばねＡとばねＢの長さの合計が60cmのとき，ばねＡとばねＢののびの合計は，60－(20＋30)＝10(cm)とわかる。５ｇの重さがかかったとき，ばねＡとばねＢののびはそれぞれ１cmと1.5cmなので，のびの合計は，１＋1.5＝2.5(cm)となる。したがって，のびの合計が10cmとなるときのおもりの重さは，$5\times\frac{10}{2.5}=20$(ｇ)と求められる。

国　語　＜第１回午前試験＞（50分）＜満点：100点＞

解　答

一　問１　a　エ　b　ウ　問２　正　問３　非(の打ちどころがなかった)　問４　A　オ　B　イ　問５　ア　問６　(例)　雪を投げていたせいで手袋を無くしてしまったことを満希に笑われてはずかしくなったから。　問７　エ　問８　ぶ厚い雪のじゅうたん　問９　イ　二　問１　A　エ　B　イ　C　オ　問２　a　ウ　b　ア　問３　エ　問４　イ　問５　ア　問６　日本では昔　問７　日本の美学　問８　ウ　問９　イ　問10　エ　三　問１　①～⑦　下記を参照のこと。　⑧　じきひつ　⑨　えたい　⑩　ぞうさ　問２　A　業　B　材　C　以　問３　①　ウ　②　カ　③　ア　④　オ

●漢字の書き取り

三　問１　①　神聖　②　断固　③　導入　④　辞退　⑤　憲法　⑥　沿岸　⑦　臨時

解　説

一　**出典は眞島《ましま》めいりの『みつきの雪』による。**満希《みつき》は，一か月前に転校してきた同級生の行人《ゆきと》が，用水路の上の雪に足をふみ入れそうになるところを助け，行人の意外な一面を知る。

問１　**a**　「すんでのところで」は，“もう少しのところで”という意味。　**b**　「ひるむ」は，“相手の勢いなどにおされて弱気になる”という意味。

問２　「正」を入れると，“うそいつわりなく本物であること”という意味の「正真正銘《しょうしんしょうめい》」という四字熟語ができる。

問３　「非の打ちどころがない」は，欠点や短所が少しもないこと。

問４　**A**　これより前で満希が焦《あせ》っている場面をさがすと，本文のはじめに，「息をするのも忘れて」駆《か》けだし，「両手を思いっきり前へ伸《の》ば」して行人を「引っぱりあげ」ている場面がある。この後，満希が行人に「この下！　用水路！」と言っていることから，このままでは行人が用水路に落ちてしまうと思って焦ったことがわかる。　**B**　直前に注目する。「野見山《のみやま》くん，きょう，ずっと変……」と言ってしまった後で「これじゃ，一日じゅう気になって観察してましたって白状したのとおんなじだ」と気づいて，行人に変に思われているのではないかと焦っているのである。

問５　A　直後に「ふつりふつりと湧《わ》きあがる」，「目の前の華奢《きゃしゃ》な身体をがくがく揺《ゆ》さぶってやりたくなった」とあることから，「怒《いか》り」があてはまる。　B　行人の「驚《おどろ》いた目をして，口を半開きにして固まって」いるようすを表す言葉が入るので，「まぬけな」が合う。　C　「ぼそぼそと」説明する行人のようすなので，「自信なさげに」があてはまる。　D　「思いっきりばかにされた」後の行人のようすなので，「拗《す》ねている」がふさわしい。

問６　ぼう線部②は，話を聞いた満希から「雪投げて手袋《てぶくろ》なくすって！」と「噴《ふ》き出」され，はずかしく思う行人のようすを表している。よって，「雪を投げていたら手袋まで投げてなくしたこ

とを満希に笑われて，はずかしかったから」などのようにまとめる。

問７　直前に注目すると「その素直《すなお》なリアクションが」とある。これまでは，優等生で「同い年って気があまりしていなかった」行人の，雪玉を投げていて手袋をなくしたうえに，「けらけら笑い続け」る自分の前で「気まずそうに立《た》ち尽《つ》くし」ている素直で子どもらしいようすに，満希が親近感を覚えていることがわかる。よって，エが合う。

問８　行人が「雪を丸めて，田んぼに向かって何回か投げてるうちに，すぽっと脱《ぬ》げちゃって……」と説明している場面に「ぶ厚い雪のじゅうたん」という表現がある。これは，田んぼ一面にたくさんの雪が積もっていることを表す隠喩《いんゆ》である。

問９　「頬《ほ》っぺたは冷えきって感覚がなかったけど，ただ胸のあたりだけがじんわり熱かった」というのは，体は冷えているものの，「ひと月見てきた中でいちばん，いきいきとしてる」行人といっしょに「思いっきり笑った」後で，心が温かくなっているようすを表している。よって，イが選べる。

二　**出典は日髙敏隆《ひだかとしたか》の『人間はどこまで動物か』による。**世界の多くの土地とは反対に，日本では草の生えることと戦ってきた。そして，見える所に野草を生やしておいてはならないという感覚がしみついた。最近では「自然の美」といって草花を愛する人が増えているが，本当の自然である野草を大切にしなければ「自然と共生する」とはいえないと筆者は述べている。

問１　**A**　「飛行機から見下ろした外国の砂漠《さばく》」の一つの例として「オーストラリアのシドニーからシンガポールへ飛んだときのこと」をあげているので，具体的な例をあげるときに用いる「たとえば」が合う。　　**B**　「中国は今，ここに再び木を植える仕事に必死で取り組んでいる」と述べた後で「寒くて水もないこの山では～根づかず育たない」と，それがうまくいっていないことが述べられているので，前のことがらを受けて，それに反する内容を述べるときに用いる「しかし」がふさわしい。　　**C**　二つ前の段落に「昔から日本では，田畑の収穫《しゅうかく》を確保するために，草取りが欠かせなかった」と述べられている。それに対して「春を過ぎたらすぐ乾《かわ》いた枯草《かれくさ》の季節になるヨーロッパでは，畑の草取りの必要はない」とある。この状況《じょうきょう》を空らんの後で「世界の多くの土地の人々は草の生えないことと戦ってきたのに対して，日本では人は草の生えることと戦って生きてきたのである」とまとめているので，前に述べた内容を“要するに”とまとめて言いかえるときに用いる「つまり」があてはまる。

問２　**a**　「たわいのない」は，“取るに足らない”という意味。　　**b**　「思い思い」は，それぞれが思うままにするようす。

問３　「そんなとき」とは，筆者が，日本では「すこし町をはずれたら，どこも緑の山と田畑である」のを見て，「日本にはなんと緑が多いことだろう」と感じたときのことを指している。よって，エが選べる。

問４　直前に注目する。中国のある地域では「寒くて水もない」ので「お互《たが》いに支え合ってきた木が一本もなくなってしまうと，せっかく植えた木の苗《なえ》も容易には根づかず育たない」と述べられている。その点からいえば，日本は「海に囲まれて～植物はどんどん茂《しげ》る」ので，「幸せ」だというのである。よって，イが合う。

問５　Ⅰ，Ⅱ　Ⅰは，「砂漠が終わって西海岸の緑が見えてくるまで約四時間」という「砂漠の驚くべき広さ」に，驚きを通りこして感じたものなので，「恐怖《きょうふ》」だと考えられる。Ⅱは，筆者がフランスで「夏になったら草は早々に実をつけて枯れてしまう」のを見て，日本とのちがいを感じた場面なので，「驚い」たとするのがふさわしい。

問６　ぼう線部③は，日本人の「雑草」に対する姿勢である。この二つ前の段落に「日本では昔から，人の目に触《ふ》れる場所に野草を生やしておいてはならないという感覚がしみついていた」とあり，これが理由になっている。

問７　直前の「道ばたの草は許さない～見《み》栄《ば》え良く整える」という日本人の行動の裏にある考えを表す言葉があてはまる。空らんＣの直後に，「日本では人は草の生えることと戦って生きてきた」のであり「このことがどうやら，日本の美学に深く根づいてしまったような気がする」とあるので，ここから「日本の美学」がぬき出せる。

問８　直前に注目する。日本の人々が愛しているのは「本当の自然」とはいえない「外来の植物を中心としたガーデニング」であり，「本当の自然」の草花は「雑草」とよんでぬいてしまっている現状を見て，筆者はぼう線部④のように言っている。よって，ウがふさわしい。

問９　もどす文には「大切なのは人工的な芝生《しばふ》」とあるので，それ以外の植物を大切にしていないという内容の後に入れると文意が通る。【イ】の直前には，「大学のキャンパス」の中の「小さなかわいらしい花を咲《さ》かせてくれる」野草を「一掃《いっそう》してしまった」という内容が述べられているので，ここにもどすのがよい。

問10　最後のほうに注目する。「最近は～できるのだろうか？」から，筆者は「自然と共生する」ためには，「本当の自然」である野草を大切にしなければならないと考えていることがわかる。また，「野生の草がなんとか根づき，必死でいくつかの花を咲かせて子孫を残そうとしている」姿は，「生きる力」を見せてくれているとも述べている。よって，エがふさわしい。

三　漢字の書き取りと読み，四字熟語の完成，ことわざ・慣用句の完成

問１　①　清らかで尊いこと。　②　周りに左右されない固い決意を持って行うようす。　③　導き入れること。　④　遠慮《えんりょ》して断ること。　⑤　国で最も強い効力を持つ法。　⑥　海や川，湖の陸地に沿った部分。　⑦　前もって決めたときでなく，そのときどきの状況に応じて行うこと。　⑧　本人が直接書いたもの。　⑨　正体。　⑩　面倒《めんどう》なこと。

問２　Ａ　「自業自得」で，“自分の行いの報《むく》いを自分が受けること”という意味。　Ｂ　「適材適所」で，“人の能力などを正しく評価して，ふさわしい地位や仕事につけること”という意味。　Ｃ　「以心伝心」で，“だまっていても心が通じ合うこと”という意味。

問３　①　「能ある鷹《たか》は爪《つめ》をかくす」は，“才能や実力のある者ほど，それを表に出さない”という意味。　②　「鶴《つる》の一声」は，“多くの者の意見をおさえつけ，むりやり従わせるような権力者の一言”という意味。　③　「捕《と》らぬたぬきの皮算用」は，“まだ手に入れていないものの利益をあてにして，計画を立てること”という意味。　④　「猫《ねこ》の額」は，“場所がせまいこと”のたとえ。

Dr.福井の入試に勝つ！脳とからだのウルトラ科学

意外！　こんなに役立つ“替え歌勉強法”

病気やケガで脳の左側（左脳）にダメージを受けると，字を読むことも書くことも，話すこともできなくなる。言葉を使うときには左脳が必要だからだ。ところが，ふしぎなことに，左脳にダメージを受けた人でも，歌を歌う（つまり言葉を使う）ことができる。それは，歌のメロディーが右脳に記憶されると同時に，歌詞も右脳に記憶されるからだ。ただし，歌詞は言葉としてではなく，音として右脳に記憶される。

そこで，右脳が左脳の10倍以上も記憶できるという特長を利用して，暗記することがらを歌にして右脳で覚える“替え歌勉強法”にトライしてみよう！

歌のメロディーには，自分がよく知っている曲を選ぶとよい。キミが好きな歌手の曲でもいいし，学校で習うようなものでもいい。あとは，覚えたいことがらをメロディーに乗せて替え歌をつくり，覚えるだけだ。メロディーにあった歌詞をつくるのは少し面倒かもしれないが，つくる楽しみもあって，スムーズに暗記できるはずだ。

替え歌をICレコーダーなどに録音し，それを何度もくり返し聞くようにすると，さらに効果的に覚えることができる。

音楽が苦手だったりして替え歌がうまくつくれない人は，かわりに俳句（川柳）をつくってみよう。五七五のリズムに乗って覚えてしまうわけだ。たとえば，「サソリ君，一番まっ赤は，あんたです」（さそり座の１等星アンタレスは赤色――イメージとしては，運動会の競走でまっ赤な顔をして走ったサソリ君が一番でゴールした場面）というように。

Dr.福井（福井《ふくい》一成《かずしげ》）…医学博士。開成中・高から東大・文Ⅱに入学後，再受験して翌年東大・理Ⅲに合格。同大医学部卒。さまざまな勉強法や脳科学に関する著書多数。

2022年度　目黒星美学園中学校

〔電　話〕　(03) 3416－１１５０
〔所在地〕　〒157－0074　東京都世田谷区大蔵２－８－１
〔交　通〕　小田急線 —「成城学園前駅」より徒歩15分
　　　　　　バス —「ＮＨＫ技研前」下車徒歩２分

【算　数】〈第２回試験〉（50分）〈満点：100点〉

＊円周率を使う場合は，3.14として計算しなさい。

＊**4**，**5**については，とちゅうの式や考え方も書きなさい。

1　$\boxed{}$ にあてはまる数をかきなさい。

（1）$217-(17+18)\times 6=\boxed{\text{①}}$

（2）$8.5\times 4+3.6\times 5-0.125\times 8=\boxed{\text{②}}$

（3）$3\frac{3}{4}+\left(\frac{7}{6}-\frac{7}{8}\right)\div\frac{7}{4}=\boxed{\text{③}}$

（4）$(\boxed{\text{④}}+5\times\boxed{\text{④}})\div 3-\boxed{\text{④}}=2$　$\boxed{\text{④}}$ は同じ数

（5）$\left(\boxed{\text{⑤}}\times\frac{1}{3}+0.2\right)\times 4=32$

（6）１から60までの整数の中で，3の倍数でも4の倍数でもない数は $\boxed{\text{⑥}}$ 個あります。

（7）長さ400mの列車が，長さ464mの鉄橋を渡り始めてから渡り終わるまでに48秒かかります。列車の秒速を6m速くすると，かかる時間は $\boxed{\text{⑦}}$ 秒です。

（8）しおりさんは所持金の $\frac{3}{5}$ で本を買い，残りのお金の $\frac{3}{4}$ でおかしを買うと，残金は200円になりました。このとき，はじめの所持金は $\boxed{\text{⑧}}$ 円です。

（9）二輪バイクと四輪自動車が合わせて50台あります。タイヤの数を数えたら，全部で120輪ありました。

二輪バイクは ⑨ 台あります。

（１０）図のような正六角形があります。このとき角アは ⑩ °，角イは ⑪ °です。

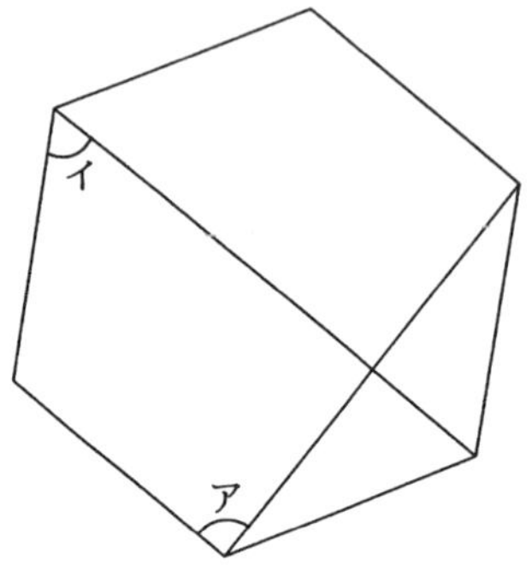

（１１）星子さんの母の年令は 12 年前に星子さんの年令の 9 倍で，現在は 3 倍です。現在の星子さんの母の年令は ⑫ 才です。

2 A町からB町までの10 km の道を，ミサさんは徒歩でカナデさんは自転車で出かけました。
下のグラフのたては，A町からの道のり，横は時刻を表しています。このとき，次の問いに答えなさい。

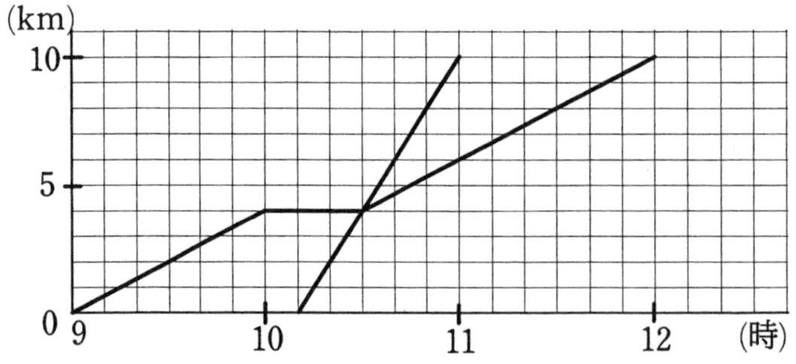

（１）折れ線が平らな部分は，どんなことを表していますか。

（２）カナデさんがミサさんに追いついた時刻は，何時何分ですか。

（３）カナデさんの自転車の速さは時速何 km ですか。

（４）カナデさんがB町に着いたとき，ミサさんはB町より何 km 手前にいますか。

3　次の問いに答えなさい。

（１）下の図の①～④の4つの部分を3色の絵の具をすべて使ってぬる方法は何通りありますか。
ただし，となり合う部分はことなる色にします。

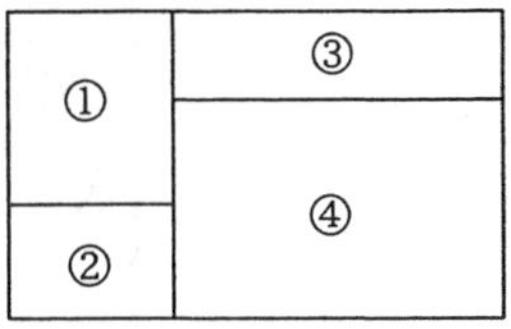

（２）下の図の①～⑥の6つの部分を3色の絵の具をすべて使ってぬる方法は何通りありますか。
ただし，となり合う部分はことなる色にします。

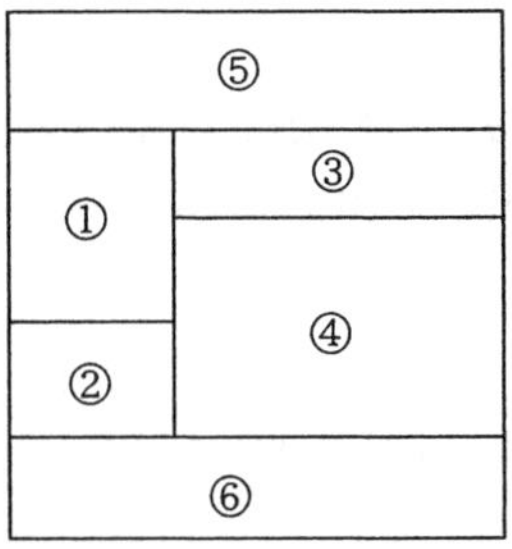

（３）下の図の立方体の6つの面を3色の絵の具をすべて使ってぬる方法は何通りありますか。
ただし，立方体を回転させて一致《いっち》するものは同じものとし，となり合う部分はことなる色にします。

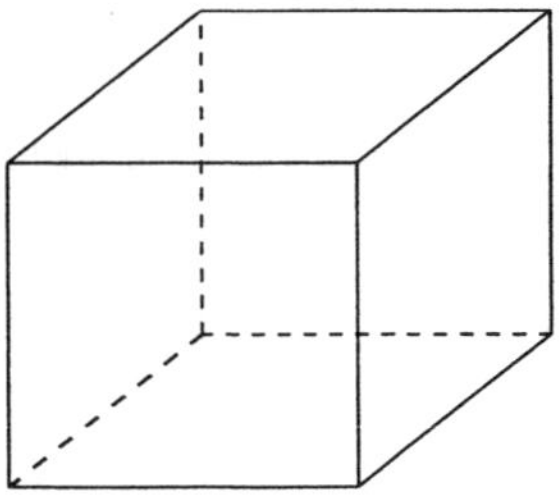

4　図のように正方形の中に円がぴったりくっついている。
しゃ線部分の面積を求めなさい。

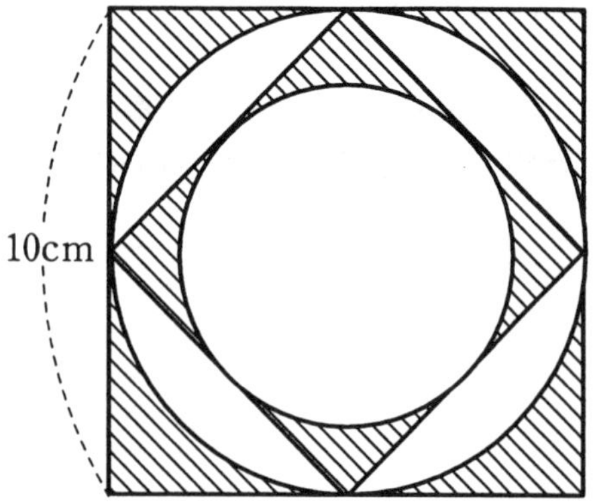

5　水に食塩を溶かして卵を入れ，浮くかどうかを調べる実験をしました。ただし水 1 cm^3 あたりの重さは1 g とします。

【実験】

①　容器に水 300cm^3 を入れた。この中に重さ 60 g，体積 55cm^3 の卵を入れると，沈んだ。

②　容器の水に食塩を 10 g ずつ入れて，よく溶かし，同じ卵が浮くかどうかを調べた。
その結果次の表のようになった。

加えた食塩の重さ(g)	0	10	20	30	40	50	60
食塩水の体積(cm^3)	300	304	308	312	316	318	320
卵の浮き沈み	沈む	沈む	沈む	沈む	沈む	浮く	浮く

次の問いに答えなさい。

（１）この容器に入れた卵の 1cm^3 あたりの重さは何 g ですか。ただし小数第三位を切り捨て，小数第二位までの値を答えなさい。

（２）食塩を何 g 以上加えると，卵は浮きますか。表中の値で答えなさい。

（３）（２）のときの食塩水の濃さは何％以上ですか。ただし小数第一位は四捨五入して，整数で答えなさい。

（４）（２）のときの食塩水の 1cm^3 あたりの重さは何 g ですか。小数第三位を切り捨て，小数第二位までの値を答えなさい。

（５）（４）のとき，卵が浮いたのはなぜか（１）で求めた数値を使って説明しなさい。

6　ゆかさんは，空間図形をより理解するために「立体アプリ」を使って学習することにしました。
この立体アプリ［図①］は，立方体の中の3点を選択すると切り口を表示するものです。立方体の1辺の長さを6cmとするとき，次の問いに答えなさい。

［図①］

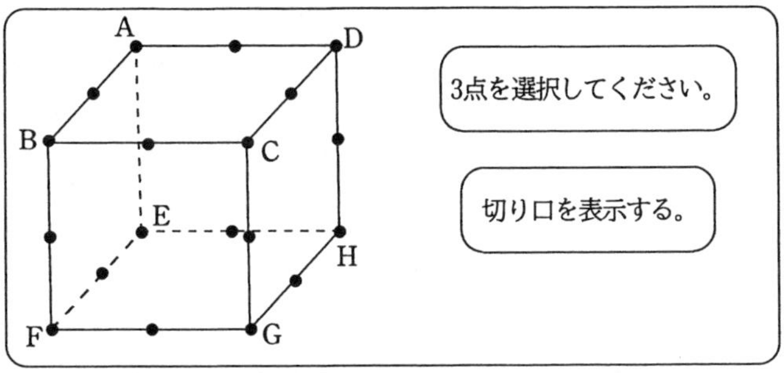

（１）ゆかさんは3点B，D，Gを選択すると［図②］のように切り口が表示された。この3点を通る平面で立方体を切ったとき，体積の小さい方の立体の体積を求めなさい。

［図②］

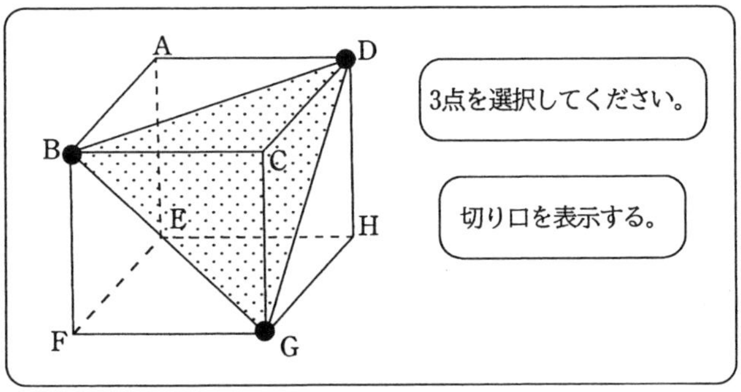

（２）次に，辺BC, CD, CGの真ん中の点I，K，Jを選択すると［図③］のように切り口が表示された。この3点を通る平面で立方体を切ったとき，体積の小さい方の立体の体積は（１）で求めた立体の体積の何倍か求めなさい。

［図③］

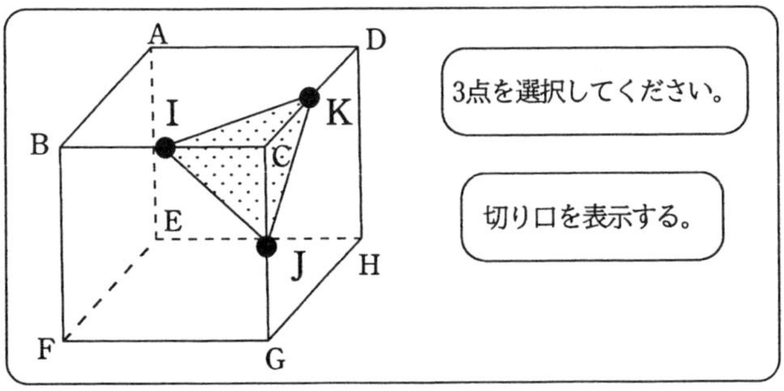

（3）［図④］のように辺AB，AD，FGの真ん中の点L，M，Nを選択し，切り口を表示させるとき，切り口の図形は何か答えなさい。

［図④］

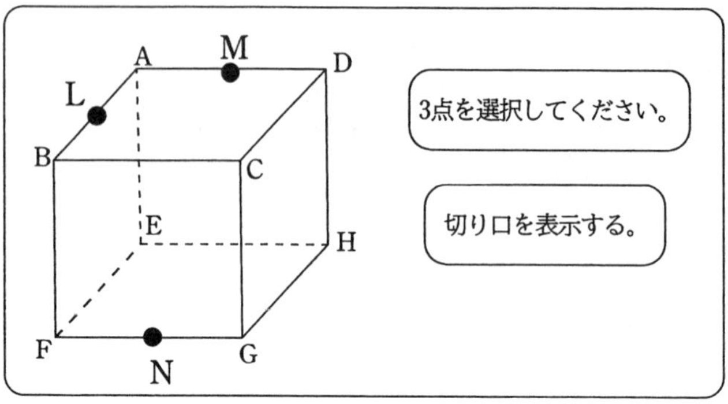

【社　会】〈第２回試験〉（理科と合わせて50分）〈満点：50点〉

1　星子さんは、日本でおきたさまざまなできごとについてまとめています。次の資料は星子さんがつくったメモです。これを見て、問いに答えなさい。

経験から学んで未来に活かそう

≪ 環《かん》境 ≫

高度経済成長期に各地で深刻な①公害が発生しました。しかし、「環境モデル都市宣言」を行った水俣《また》市のように、地域が協力して環境を取りもどす努力をして、先進的な環境対策をするようになった自治体が多く見られます。

≪ エネルギー ≫

②日本は地下資源がとぼしい国ですが、1970 年代におきたオイルショックをきっかけに、省エネ法が制定されました。その結果、エネルギーを効率よく使う技術が発展して、省エネ先進国になりました。

≪ 防 災 ≫

日本は世界有数の災害大国で、様々な災害が多発することから、最先端《たん》の③防災技術が発達してきました。これまで日本で３回の「国連防災世界会議」が開かれ、国際的な防災の取り組み方針が定められてきました。

≪ 平 和 ≫

戦争で大きな犠牲《ぎせい》を出した日本は、平和主義をかかげています。軍事都市だった④広島は、原子爆弾《ばくだん》を落とされた経験から、戦後、平和記念都市として歩み、核《かく》兵器のない平和な世界の実現に向けて取り組みを続けています。

≪ 農 業 ≫

鳥取砂丘《きゅう》での農業が重労働であったことから、砂丘地での農業の研究が行われるようになりました。現在では、世界の砂漠《ばく》化や干ばつなどの問題解決についての研究が行われ、その成果は世界各地で役立てられています。

≪ 現在おきていること ≫

2020 年から新型コロナウイルス感染症《しょう》が広がりましたが、その中で日本では、⑤ピンチをチャンスに変える動きも見られました。

問１　下線部①に関して。公害を経験して、環境対策に力を入れるようになった地域のうち、イタイイタイ病が発生した地域に関係する地図を次の中から１つ選び、記号で答えなさい。なお、それぞれの地図の縮尺は異なります。

（イ）

（ロ）

（ハ）

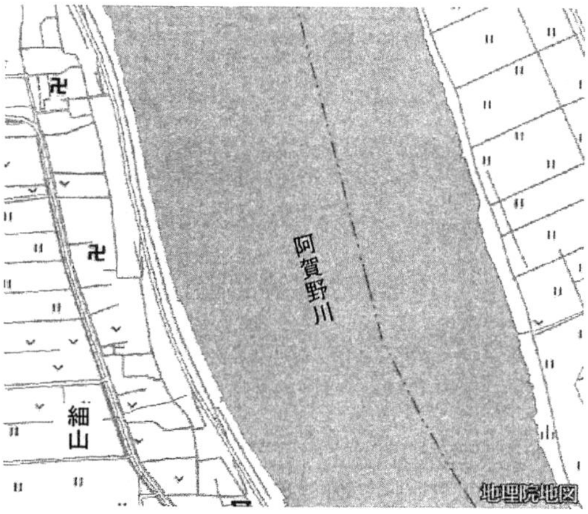

（ニ）

（国土地理院ＨＰ「地理院地図」より作成）

問２　下線部②に関して。このため、日本は資源やエネルギーを輸入にたよっています。次の（イ）～（ニ）は、それぞれ原油、鉄鉱石、ダイヤモンド、レアアースのいずれかの2020年における日本の輸入先上位３か国を表しています。原油の輸入先として、正しいものを１つ選び、記号で答えなさい。

（イ）１位：中国　２位：ベトナム　３位：フランス

（ロ）１位：サウジアラビア　２位：アラブ首長国連邦《ぼう》　３位：クウェート

（ハ）１位：インド　２位：ベルギー　３位：イスラエル

（ニ）１位：オーストラリア　２位：ブラジル　３位：カナダ

問３　下線部③に関して。現在、国や自治体などから分散避《ひ》難の重要性がよびかけられています。分散避難の意味として、正しいものを次の中から１つ選び、記号で答えなさい。

（イ）災害時に快適な生活を送れるように、自宅のさまざまな場所に備蓄《ちく》品を分けて置いておくこと。

（ロ）一人ひとりが助かる可能性を高めるために、災害がおきたら家族がバラバラににげること。

（ハ）避難所だけではなく、安全が確保できる自宅やホテル、友人宅などさまざまな場所に避難すること。

（ニ）災害が発生した際に自宅に留まるのは危険なため、必ず自宅近くの避難所に行くこと。

問４　下線部④に関して。次の地図Ⅰ・Ⅱは、どちらもこの都市の地図です。

［地図Ⅰ］

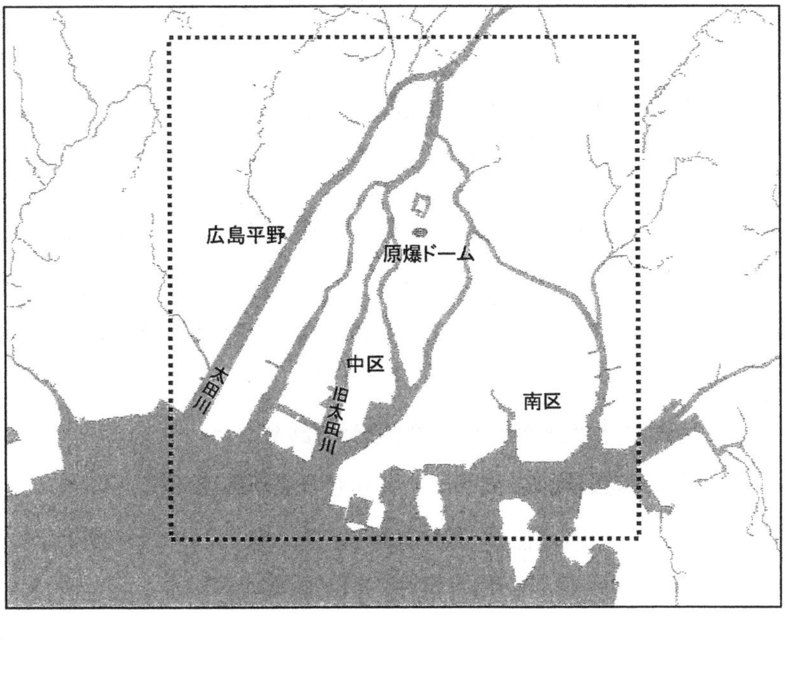

［地図Ⅱ］

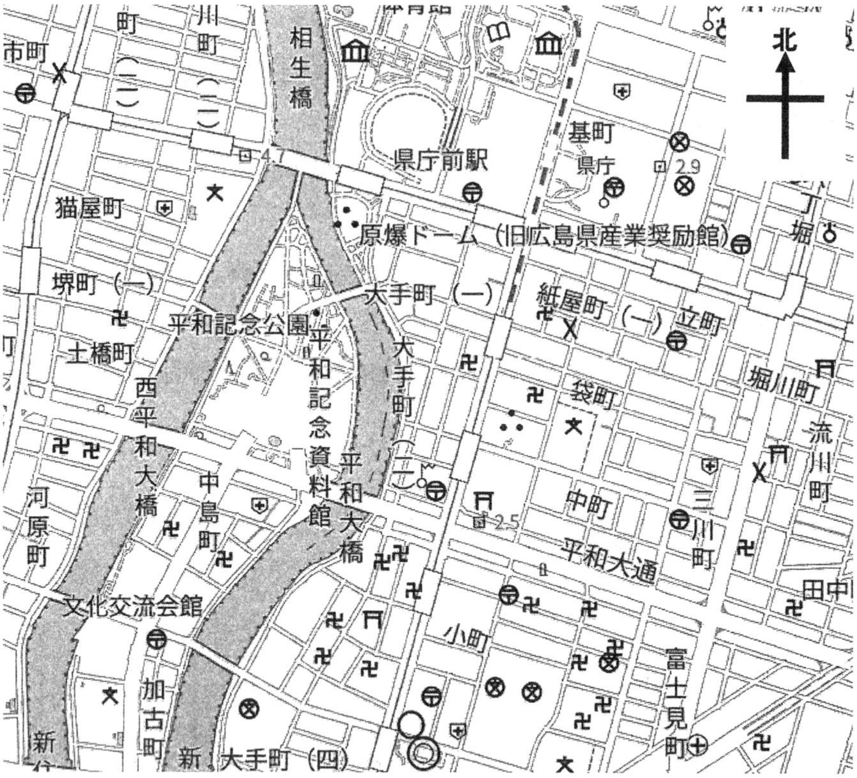

（地図Ⅰ・Ⅱは、国土地理院ＨＰ「地理院地図」より作成）

（１）地図Ⅰに見られる点線で囲まれた部分の地形を何といいますか。

（２）地図Ⅱから読み取れることとして、正しいものを次の中から１つ選び、記号で答えなさい。

（イ）平和大通よりも南側には、郵便局がない。

（ロ）平和記念公園は、原爆ドームよりも南側に位置している。

（ハ）原爆ドームの西に位置する猫《ねこ》屋町には、老人ホームがある。

（ニ）市役所から見て、南東に高校が２校並んでいる。

問５　下線部⑤に関して。新型コロナウイルス感染症が広がったことでさまざまな社会の変化が生まれました。その中で、人々の生活をより便利にしたり、日本の社会がかかえている課題の改善につながったりしたことの具体例を１つあげて、どのような変化をもたらしたのか説明しなさい。

2 次のＡ～Ｄの各文章を読み、下の問いに答えなさい。ただし、Ａ～Ｄは時代順ではありません。

A	このころの日本では、源頼《より》朝が関東を中心に軍事的な力を持ち始めました。朝廷《てい》からは、①関東や一部の地域の治安を保つことや年貢《ぐ》を取り立てることなどを任されるようになり、次第にその地域の支配権を強めていきました。この過程で、②将軍と御《ご》家人の主従関係もできあがりました。
B	このころの日本では、［③］天皇が政治的な力をにぎっていましたが、武家のリーダーである足利氏との対立が始まります。足利氏は武家に味方をしてくれる光明天皇の後ろだてとなりました。［③］天皇は奈良の吉《よし》野にのがれ、南朝を開き、これ以後、④南北２つの朝廷が存在することになりました。
C	このころの日本では、都が京都に移り、律令政治を実現しようと制度づくりを進めていました。しかし、皇族ではない⑤藤《ふじ》原氏が摂《せっ》政や関白という地位につくようになり、天皇の政治的な力が弱まっていきました。また、当時の貴族は寝殿《しんでん》造りとよばれる立派な屋敷《しき》に住んでいました。
D	このころの日本では、権力を思いのままにしていた蘇《そ》我氏を、中大兄皇子と中臣鎌《かま》足が討ち、⑥権力を天皇にもどそうとする動きがありました。その後、中大兄皇子は、都を難波宮に移して天皇を中心とする国家をつくり、日本独自の最初の元号である［⑦］を定めるなどの改革を行いました。

問１　下線部①に関して。このような権限をもつ役職を何といいますか。正しいものを次の中から１つ選び、記号で答えなさい。

（イ）守護と地頭　　（ロ）守護と地侍《ざむらい》

（ハ）防人と地頭　　（ニ）防人と地侍

問２　下線部②を説明したものとして、正しいものを次の中から１つ選び、記号で答えなさい。

（イ）将軍が御家人に自分と同じ姓《せい》をあたえる。

（ロ）将軍が御家人を国司に任命する。

（ハ）御家人が将軍に自分の領地をあずける。

（ニ）御家人が将軍のために幕府の警備をする。

問３　[　③　] にあてはまるものを次の中から選び、記号で答えなさい。

（イ）天智《じ》　（ロ）天武　（ハ）後醍醐《だいご》　（ニ）後白河

問４　下線部④に関して。この時代の文化を説明したものとして、正しいものを次の中から１つ選び、記号で答えなさい。

（イ）巨《きょ》木や巨石などが宗教的な儀《ぎ》式に使われるようになった。

（ロ）庶《しょ》民の間で油絵やオルガンなどのヨーロッパの品々が流行した。

（ハ）国家の平安を願って、寺院や仏像などが多くつくられ始めた。

（ニ）武士の間で連歌をたしなむことや、はなやかで派手な服装が好まれた。

問５　下線部⑤に関して。下の資料は、藤原氏の繁《はん》栄を記したものです。資料を読み、問いに答えなさい。

> 寛《かん》仁２年 10 月 16 日、今日は三女の藤原威《い》子が皇后《こう》の位につくおめでたい日である。藤原道長殿《どの》が私をまねいて「和歌をよもうと思うが、ぜひ返歌をしてほしい」とおっしゃった。私は「きっと返歌をいたしましょう」と申し上げた。すると、道長殿は、「これはほこらしく思ってよんだもので、思いついてとっさにつくったのだ」と弁解して、「この世はすべて自分のもののような心地だ。ちょうど [　　　] が欠けるところがないように、願ってかなわないものはない」とよまれた。私は「すばらしい歌で、とても返歌どころではありません。ここにいるみなで、この歌を唱和しましょう」と申し上げた。

（『小右記』の一部を現代語訳）

（１）藤原道長がほこらしくなった理由を、資料からぬき出し解答らんに合わせて答えなさい。

（２）[　　　] にあてはまる語句を漢字２字で答えなさい。

問６　下線部⑥に関して。これを目的として行われた公地公民制の説明として、最も適切なものを次の中から選び、記号で答えなさい。

（イ）皇族や豪《ごう》族の土地・人民を国が所有し、支配する。
（ロ）大仏をつくるために農民から武器をとりあげる。
（ハ）城下町をつくって、家臣や商人を住まわせる。
（ニ）貴族や寺社が全国から土地を買い集める。

問７　⑦ にあてはまる語句を漢字２字で答えなさい。

問８　A～Dの各文章を時代の古い順に並べかえたものとして、正しいものを次の中から選び、記号で答えなさい。

（イ）C－D－A－B　　（ロ）C－D－B－A
（ハ）D－C－A－B　　（ニ）D－C－B－A

3　次の表を見て、下の問いに答えなさい。

時代区分	できごと
江《え》戸	江戸幕府が開かれ、戦乱のない時代に入っていった。また、３代将軍の徳川家光の代では、地方の大名たちに ① を命じ、忠誠心を示させた。
明治	日本で初めての憲法を定めたほか、外国の文化や技術などを積極的に取り入れ、②ヨーロッパの国々と対等な関係を目ざした。
③	③ デモクラシーの中で、女性解放運動や部落差別解放運動、普《ふ》通選挙運動など、一連の社会運動が活発化した。
昭和	④満州事変をきっかけに中国への進出を始めると、日本は国際的に孤《こ》立し、軍国主義をおし進めるようになった。

問１　① にあてはまるものとして、正しいものを次の中から１つ選び、記号で答えなさい。

（イ）楽市・楽座　　（ロ）参勤交代　　（ハ）徴《ちょう》兵令　　（ニ）生類あわれみの令

問2　下線部②に関して。当時、日本が結んでいた不平等な外交関係として、正しいものを次の中から１つ選び、記号で答えなさい。

（イ）日本にいる外国人が罪を犯しても、日本の法で裁くことができない。

（ロ）国際連盟に加盟することができない。

（ハ）外国に日本のものを売ることができない。

（ニ）ヨーロッパの軍事技術をまねすることができない。

問3　[③] にあてはまる語句を<u>漢字２字</u>で答えなさい。

問4　下線部④に関して。この事件より後におこったできごととして、正しいものを次の中から１つ選び、記号で答えなさい。

（イ）世界恐慌《きょうこう》がおきた。

（ロ）朝鮮《せん》半島をめぐって日露《ろ》戦争がおきた。

（ハ）関東大震《しん》災がおきた。

（ニ）日本がポツダム宣言を受け入れた。

4　次の文章を読み、下の問いに答えなさい。

「すごい人になるのを大人になるまで待つことはありませんよね。今何かをしたいと思ったのです。」

これは、インドネシアのバリ島で「バイバイ・プラスチックバッグ」という活動を始めた二人の姉妹の言葉です。地域のプラスチックごみの問題に着目し、この活動を始めた当時、二人は 10歳《さい》と 12 歳でした。プラスチック製のふくろをゼロにすることを目標にしているこの活動は、学校や地域の子どもたち、島民だけでなく、海外からも多くの賛同を得ました。

日本でも①<u>SDGs</u> の広まりとともに②<u>プラスチックごみを減らすこと</u>の必要性がいわれ始めています。2020 年には全国でプラスチック製買い物ぶくろの有料化がスタートし、買い物時のマイバッグ持参が増えるなど、人々の意識が変わってきました。しかし、買い物時に必要がなくなっても、家庭内で使用するためにプラスチック製のふくろを別に購《こう》入する人が増えているなど、課題も多いようです。

さて、メディアや街で見かけることが多くなった SDGs ですが、目標達成を目ざす 2030 年まで残り 10 年を切りました。国連はこの残りの 10 年を「 [③] の 10 年」とし、世界中の人々によびかけています。そして、より多くの人々に SDGs を自分事として考えてもらい、目標を達成しようという、意欲的な取り組みが世界各地で展開されています。

それでは、SDGs の達成のために、私たちにできることは何でしょうか。「子どもだからできることがない」ということはありません。バリ島で活動を始めた姉妹だけでなく、日本でも子どものアイディアやうったえが地域の人たちを動かした例がたくさんあります。自分たちの通学路に落ちているごみが気になった小学生の兄弟が、陳《ちん》情書（住民の要望や希望を述べたもの）を自分たちの暮らしている長野県佐久市の議会に提出したことで、ポイ捨てを防止する④条例がつくられました。また、⑤児童労働や子どもの貧困について知った小学生の女の子が、親になる人たちに子どもの人権について知ってもらおうと、母子手帳に「子どもの権利条約」をのせることを世田谷区長にお願いし、それを実現させました。

さて、私たちにも何かできることがあるのではないでしょうか。「まだ子どもだから」とだれかが何かをしてくれるのをただ待っているのではなく、SDGs が私たちに投げかけているものを⑥自分の身近な課題に引き寄せて考え、できることを探してみましょう。

問１　下線部①に関して。SDGs は日本語で「 X 可能な Y 目標」と訳されます。
X ・ Y にあてはまる語句を、それぞれ漢字で答えなさい。

問２　下線部②に関して。この基本は「３Ｒ」であるといわれています。この３Ｒのほかに、地方公共団体や企《き》業は、環境問題に関するさまざまな「Ｒ」から始まる言葉を紹介《しょうかい》しています。プラスチックごみを減らすためにあなたが取り組めるものを次の中から１つ選び、記号で答えなさい。また、選んだ言葉をどのような場面で実行し効果を出すのか、下の【答え方の例】を参考に説明しなさい。なお、この例と同じ実行内容を答えることはできません。

【答え方の例】
記号：(イ)
実行：自宅で食べ物を保存する時は、プラスチック製のふくろやラップを使用せず、ふたのある容器を使う。

(イ) リプレイス（置きかえる）　(ロ) リターン（もどす）
(ハ) リフューズ（ことわる）　(ニ) リペア（直す）

問３　③ にあてはまるものを次の中から１つ選び、記号で答えなさい。
(イ) 試行　(ロ) 忍耐《にんたい》　(ハ) 行動　(ニ) 創造

問４　下線部④に関して。これについて述べたものとして、誤っているものを次の中から１つ選び、記号で答えなさい。

（イ）地方公共団体が法律の範《はん》囲内で定めることができる。

（ロ）住民が必要な数の署名を集めて、地方公共団体の長に制定を請《せい》求できる。

（ハ）必ず地方議会の議決を経て制定される。

（ニ）違《い》反しても、罰《ばっ》せられることはない。

問５　下線部⑤に関して。発展途《と》上国におけるこれらの問題に対して、私たちができることの１つに［　　　］の商品を購入するという方法があります。これは、発展途上国の格差をうめるとともに、子どもの労働と貧困の解決にもつながります。［　　　］にあてはまるものを次の中から１つ選び、記号で答えなさい。

（イ）ハラール　　　（ロ）フェアトレード

（ハ）エコマーク　　　（ニ）プランテーション

問６　下線部⑥に関して。美佳《か》さんは自分にとって身近な場である「小学校」とSDGs「10.人や国の不平等をなくそう」に着目しました。そして、来日して間もない、日本語や日本の文化に不慣れな転校生が、日本の小学校生活に慣れていくための助けになるよう、校内の必要なところにピクトグラム※をつくって掲《けい》示することを考えました。

あなたなら小学校内のどこにピクトグラムを掲示しますか。掲示が必要と考える場所とその理由を、下の【答え方の例】を参考に答えなさい。なお、この例と同じ掲示場所・理由を答えることはできません。

※文字のかわりに絵を使ってわかりやすく示したもの。

【答え方の例】

掲示場所：各教室のごみ箱

理　　由：学校ではどのようなごみが「もえるごみ」「もえないごみ」に分類されるかを伝えるため。

【理　科】〈第２回試験〉（社会と合わせて50分）〈満点：50点〉

1　**次の文章は自由研究の発表のための原こうの下書きです。この文章を読み，あとの問いに答えなさい。**

「身近にいるこん虫の特ちょう」

私たちの班は，身近にいるこん虫をテーマに５種類の生き物についての研究を行いました。調べた生き物は「チョウ」，「バッタ」，「トンボ」，「クモ」，「ダンゴムシ」です。この生き物たちを選んだ理由は，どの生き物も私たちの身近に存在していて見たことがあったからです。

まず，私たちは食べ物のちがいについて調べることにしました。食べ物のちがいは飼育方法を調べると，①他のこん虫や動物を食べるもの，葉や花のみつを食べるもの，そして動物と植物の両方を食べるものなどもいることがわかりました。

次に，それぞれの幼虫と成虫のからだのちがいを調べました。チョウの幼虫にははねがなく，飛ぶことができません。また，（　②　）の幼虫は水中で生活します。その他の生き物の幼虫は，ほぼ成虫と変わりない形をしていました。

最後に，実際に成虫をつかまえて観察をしました。すると，どの生き物も共通してからだには節があり，それが曲がって動いていることがわかりました。また，あしの本数を数えたところ，チョウやバッタ，トンボは６本であったのに対して，クモは（　③　）本，ダンゴムシは14本でした。

調べていく中で，クモの巣の形はそのクモの種類によって異なると書いてあったので，今度はクモの種類のちがいがその巣の形のちがいとどのように関係しているか調べてまとめてみようと思います。これで発表を終わります。

（1）　こん虫は，からだのつくりを３つの部位に分けることができます。それぞれの名前を答えなさい。

（2）　**下線部①**について，上の生き物のうち他のこん虫や動物だけを食べるものをすべて答えなさい。

（3）　文中の**空らん②**に入る生き物を原こうの下書きの中から１つ答えなさい。

（4）　こん虫は卵から生まれて幼虫から成虫になるのが一般《いっぱん》的です。チョウが幼虫と成虫の間にとる形を何といいますか。

（5）　文中の**空らん③**に入る数字を答えなさい。

（6）　この原こうを先生に見せて話し合いをしたところ，題名がまちがっていると指摘《してき》されました。題名のどの部分がまちがっているかを，簡単に説明しなさい。

（7）　（6）で題名がまちがっていると指摘される原因となった生き物を２つ書きなさい。

2　次の文章を読み，あとの問いに答えなさい。

目玉焼き，ゆで卵，オムレツなど私たちはニワトリの卵を料理によく使っています。卵１個の重さは約50ｇで，卵1個あたりにふくまれているタンパク質は約6.2ｇです。タンパク質だけではなく，ビタミン，カルシウム，鉄など私たちの健康を維持《いじ》するために必要な栄養素が多くふくまれています。卵料理の方に目が向いてしまいますが，調理には使われない卵の殻《から》もさまざまなところで利用されています。卵の殻は，身近なところではカルシウム強化食品，土壌改良剤《どじょうかいりょうざい》，肥料などに利用されています。卵の殻にはカルシウムの化合物である炭酸カルシウムが多くふくまれているからです。卵の殻に炭酸カルシウムがどのくらいふくまれているかを調べるために次のような手順で実験を行いました。

〔実験〕

手順１　純粋な炭酸カルシウムの量を変えて，同じ濃度《のうど》，同じ量の塩酸と十分な時間反応させ，発生した気体の体積を調べる。

手順２　発生した気体は何であるかを調べる。

手順３　卵の殻の量を変えて，手順１と同じ濃度，同じ量の塩酸と反応させ，発生した気体の体積を調べる。

手順１の実験結果は表１，手順２の実験結果は表２，手順３の実験結果は表３のようになりました。

表１

炭酸カルシウムの重さ[ｇ]	0.25	0.50	0.75	1.0	1.5	2.0	2.5
発生した気体の体積[㎤]	60	120	180	240	360	360	360

表２

調べたこと	結果
火のついた線香を入れる	変化なし
マッチの火を近づける	変化なし
石灰水を加える	白くにごる
赤色リトマス紙の変化を見る	変化なし

表３

卵の殻の重さ[ｇ]	0.25	0.50	0.75	1.0	1.5	2.0	2.5
発生した気体の体積[㎤]	54	108	162	216	324	324	324

（1） この実験で発生する気体は何ですか。

（2） **表1**で，途中《とちゅう》から気体の体積が増えなくなったのはなぜですか。簡単に理由を説明しなさい。

（3） 炭酸カルシウムの重さを横軸《じく》，発生した気体の体積をたて軸にとり，**表1**をグラフに表しなさい。ただし，数値のないところは，予想して書きなさい。

（4） **手順1**と同じ濃度の塩酸を用い，量を半分にして実験を行うと，どのような結果となりますか。**表4の空らん①～③**にあてはまる数値を答えなさい。

表4

炭酸カルシウムの重さ[g]	0.25	0.50	0.75	1.0	1.5	2.0	2.5
発生した気体の体積[㎤]	①	②		③			

（5） **手順1**と同じ濃度の塩酸を用い，量を2倍にして実験すると，どのような結果となりますか。**表5の空らん④～⑥**にあてはまる数値を答えなさい。

表5

炭酸カルシウムの重さ[g]	0.25	0.50	0.75	1.0	1.5	2.0	2.5
発生した気体の体積[㎤]			④			⑤	⑥

（6） この実験で使用した卵の殻にふくまれている炭酸カルシウムの重さは，全体の何%ですか。割り切れないときは，小数第1位を四捨五入し，整数で答えなさい。

3　次の図１はある地域の標高を，図２は地下のようすを調べたものです。地点Ａ～Ｄは，東西南北のいずれかに同じ割合でかたむいていることがわかっています。あとの問いに答えなさい。

図１

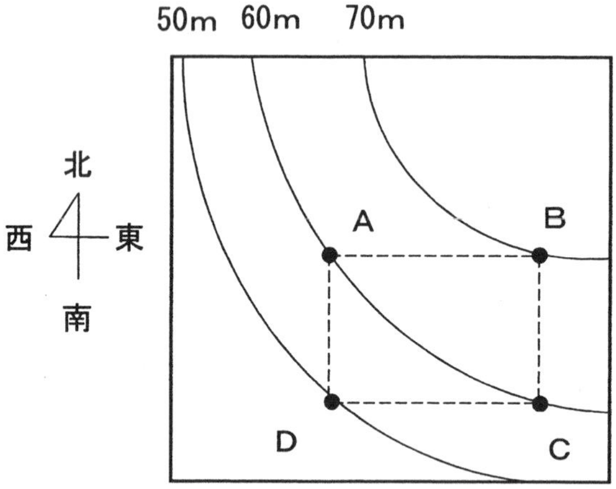

数字は標高を表す

図２

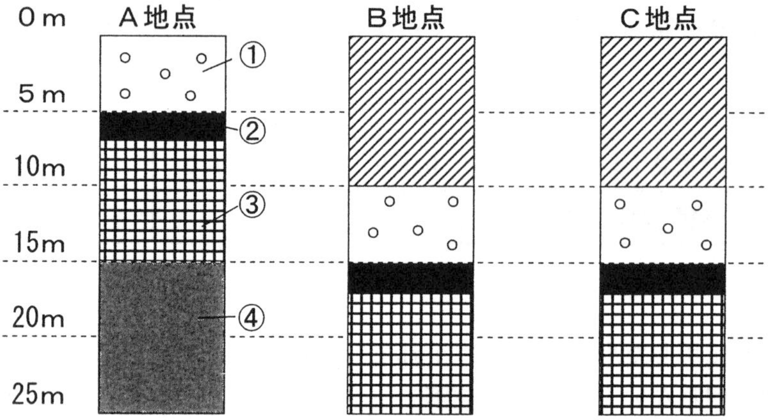

（１）　地下のようすを調べるために，地下深くの土や岩石をほりとることを何といいますか。

（２）　図２の①の層にはサンゴの化石がありました。この地層がたい積した当時は，どのような海であったと考えられますか。

（３）　次の文の空らんに適語を入れなさい。

②は火山灰の層でした。日本で有名な火山灰によってできた地層として（　　　　）ローム層があります。

（４）　③は砂の層，④はねん土の層でした。この地域のようすはどのように変わっていきましたか。次の**ア～ウ**から１つ選び，記号で答えなさい。

ア　海の水深がどんどん浅くなっていった。
イ　海の水深がどんどん深くなっていった。
ウ　海の水深はほとんど変化していない。

（５）　この地域の地層はどちらにかたむいていますか。次の文の空らんに東西南北のいずれかを入れなさい。

（　　）にいくほど，下向きにかたむいている。

（６）　**Ｄ**地点では，地表から何ｍの深さまでほると，②の層が出てきますか。

4　**空気中を伝わる音の速さは気温によって変化します。15℃では毎秒340ｍの速さで伝わります。次の問いに答えなさい。**

（１）　星子さんが受験勉強をしていると雷《かみなり》が発生しました。その雷はピカッと光ってから音が聞こえるまでに７秒かかりました。雷が発生した場所から星子さんまでの距離《きょり》は何ｍですか。ただし，気温を15℃，光の速さはとても速く無視することができるものとして求めなさい。

（２）　空気中を伝わる音の速さは，気温が１℃上昇《じょうしょう》するごとに毎秒0.6ｍずつ増加します。気温が０℃のときの音の速さは毎秒何ｍですか。

（３）　太陽から出た光が地球にとどくまでに８分20秒かかります。このことから太陽から地球までの距離は何億kmですか。ただし，光の速さを毎秒300000kmとします。

（４）　海上にうかんでいる船の上から2250ｍの深さの海底に向かって音を出したら，３秒後にはね返って聞こえました。海水中を進む音の速さは毎秒何ｍですか。

（５）　救急車の運転手が，前方にある壁《かべ》に向かって毎秒10ｍで走る救急車からサイレンを鳴らすと，反射したサイレンの音が４秒後に聞こえました。運転手がサイレンの音を聞いたとき，救急車は壁から何ｍ離《はな》れていますか。ただし，気温を15℃として求めなさい。

三　次の各問いに答えなさい。

問一　次の①～⑩の――線部のカタカナは漢字に直し、漢字は読みを書きなさい。

① 九九をアンショウする。
② 病気の原因をカイメイする。
③ 友達の家をタズねる。
④ 広いシヤを持つことが大切だ。
⑤ 雨のため運動会はエンキになった。
⑥ 自動車のハンドルをソウサする。
⑦ 大きなコウドウで卒業式をした。
⑧ 野球選手が現役から退く。
⑨ 縦列駐車の方法を習う。
⑩ この箱には細工がしかけられている。

問二　次の①～④がことわざや慣用句として意味を成すように、□に入る漢数字を答えなさい。

① 石の上にも□年
② 二《に》兎《と》を追う者は□兎も得ず
③ □死に一生を得る
④ □聞は一見にしかず

問三　次の①・②について、四つの熟語が成立するように、□に入る漢字一字をそれぞれ書きなさい。

①
参
↓
計 → □ → 面
↓
像

②
物
↓
弱 → □ → 階
↓
色

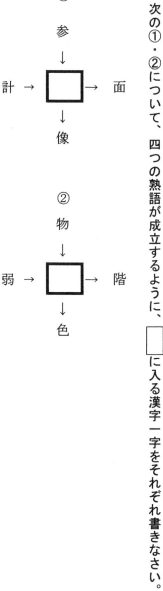

問八　【文章３】の［Ｃ］に入る言葉として適切なものを次の中から選び、記号で答えなさい。

ア　一方　　イ　自主　　ウ　決定　　エ　一般《いっぱん》

問九　【文章３】の――線部⑤「できなかったことができるようになったことで、まわりから認められ、自信を持つことができました」とありますが、この部分について、本文の内容をまとめて説明したものとして適切なものを次の中から選び、記号で答えなさい。

ア　Ａちゃんは、かたづけができるようになったことで、いろいろな人から褒められたり、良い評判を持たれたりしたため、自信を持つことができた。

イ　Ａちゃんは、かたづけの方法を教えてもらったことで、かたづけができることを友だちに自慢できるようになったため、自信を持つことができた。

ウ　Ａちゃんは、部屋をかたづけて友だちを家に呼ぶことができたことで、友だちと親密な関係になることができたため、自信を持つことができた。

エ　Ａちゃんは、学級図書や掃除用具を整えることで忘れ物を減らすことができて、学校に通うのが楽しくなったため、自信を持つことができた。

問十　【文章３】の――線部⑥「未来の可能性」とは、Ａちゃんの場合、具体的には何ですか。【文章３】の中の言葉を用いて、十字から十五字で書きなさい。

問三　【文章１】の――線部①「一度考えてみましょう」とありますが、ここで筆者が言いたいことはどのようなことですか。次の中から適切なものを選び、記号で答えなさい。

ア　部屋のスペースは、モノを置くためのものと自分のためのものとに分けられていることをよく知ってほしいということ。
イ　部屋があるのは、モノを置くためなのか、それとも自分のためなのかを多くの人に話し合って決めてほしいということ。
ウ　部屋のスペースは、モノを置くためでなく、自分が生活するためにあるものだということに気付いてほしいということ。
エ　部屋があるのは、いらないモノを置くためではなく、スペースを広げて勉強するためだと理解してほしいということ。

問四　【文章２】の［Ｂ］に入る言葉を【文章１】の中から五字以内でさがし、ぬき出して答えなさい。

問五　【文章２】の――線部②「お母さんがどうして人を家に呼ばないのかもわかった」とありますが、そのことが「わかった」のは、なぜですか。それを説明した次の文の空らん１・２に入る言葉を、【文章２】の中の言葉を用いて、それぞれ指定された字数で書きなさい。

友だちの家に〔１　八字以内　〕ことがきっかけで、自分の家がとても〔２　十五字以内　〕から。

問六　【文章２】の――線部③「モノが捨てられない」とありますが、それはなぜですか。次の中から選び、記号で答えなさい。

ア　モノを捨てるのはもったいないことだと、お母さんからきつく言われていたから。
イ　お母さんがモノを捨てないため、モノは捨てるものではないと思い込んでいたから。
ウ　引き出しいっぱいの鉛筆や消しゴムがあっても、お母さんが捨ててくれなかったから。
エ　お母さんと一緒にゴミ捨てをしたことがなく、モノの捨て方がわからなかったから。

問七　【文章２】の――線部④「良好だった人間関係を悪くする可能性もある」とありますが、それはなぜですか。それを説明した次の文の空らんに入る言葉を、【文章２】の中から十字以内でさがし、ぬき出して答えなさい。

かたづいていないことが原因で、〔　　　　〕ことになってしまうから。

それ以外にも、友だちに「ごめんね」と伝える手紙や、友だちにあてた書きかけの誕生日カードなどが出てきます。それを渡すことができていたなら、いさかいの原因になった誤解を解くこともできたでしょうし、友だちへのやさしい思いはきちんと伝わったでしょう。こうしてかたづいていないことが起因《きいん》となり、④良好だった人間関係を悪くする可能性もあるのです。

【文章3】

ある小学校四年生の女の子は、部屋がかたづいたあと、生まれて初めて友だちを家に呼ぶことができました。その友だちが言いました。

「Aちゃんの部屋はどうしてこんなにキレイなの？　私にもかたづけ方を教えて！」

そして翌日、彼女は友だちの家に行ってかたづけの方法を教えてあげました。そのときに友だちのお母さんからも褒《ほ》められました。しばらくすると、クラスで「Aちゃんはかたづけが上手」と評判になりました。

教室で学級図書を並べ直したり、掃除《そうじ》道具をそろえてしまったり、他の子が気付かないことが［　C　］的にできるようになりました。すると今度は先生にも褒められるようになりました。

ほんの少し前まで、かたづけの方法がわからず、モノが捨てられず、学校に提出するプリントも出せなかったりしたAちゃんですが、かたづけられるようになったことで、忘れ物もなくなり、みんなからも信頼され、学校が今までよりずっと楽しい場所になりました。

さらには「人に教えてあげることがおもしろい！」と思ったそうです。だから、学校の先生になりたいと話をしてくれました。⑤できなかったことができるようになったことで、まわりから認められ、自信を持つことができました。そして、今まで見えなかった⑥未来の可能性も見えるようになったのです。

（『中高生のための「かたづけ」の本』　杉田　明子・佐藤　剛史　）

問一　【文章1】の［　A　］に当てはまる言葉として適切なものを次の中から選び、記号で答えなさい。

ア　次第に　　イ　実際に　　ウ　反対に　　エ　同様に

問二　次の文は【文章1】の【ア】～【エ】のどこかにあったものです。それを元にもどすとどこに入りますか。記号で答えなさい。

〈　でもスペースが確保できないから、そのすべてをあきらめていました。　〉

いらないモノに囲まれて暮らすということは、スペースを失います。そしていつの間にか、本来持っている選択肢《せんたくし》も失います。彼《かれ》の場合は、自分の部屋で自分のペースで暮らす、という選択肢です。

モノがあるのが当たり前になってしまって、自分の生活するスペースよりも、モノのスペースを優先させていることに気付いていない彼のような人が実はたくさんいます。【エ】

もし、心当たりがあるようならモノのために部屋があるのか、自分のために部屋があるのか、①一度考えてみましょう。

【文章2】

中学一年になったばかりの女の子のお話です。

彼女のお母さんは、彼女が友だちを家に呼ぶことを許してくれませんでした。お母さんも自分の友だちを家に呼ばないので、そういうものだと思《おも》い込《こ》んでいました。

小学校低学年まではその理由について深く考えることはありませんでしたが、高学年になって、友だちの家に遊びに行くようになると、自分の家がどれだけ散らかっているのか気付くようになりました。同時に家に友だちを呼んではいけないと、きつく言われていた理由もようやくわかりました。

彼女にとっては、散らかっている状態が日常だったので、キレイにかたづけられている家に行って初めて自分の家を客観的に見ることができたのです。その過程で、②お母さんがどうして人を家に呼ばないのかもわかったのです。

さらに彼女は自分もまたお母さんと一緒で、③モノが捨てられないことにも気付きました。でも本当は捨てられないのではなく、捨てていいということを知らなかったのです。

短くなって使えなくなった鉛筆《えんぴつ》も引き出しいっぱいに取ってありました。小さくなった消しゴムも同じです。お母さんがモノを捨てないので、捨ててはいけないと思っていたそうです。

家に人を呼ばないといけない理由はありません。そのことで友だちとの親密度ははかれません。けれど呼べない理由がかたづけができていないからだとしたら、どうでしょう。それはかたづけができないことで「友だちが遊びに来てくれる」という B が一つ減ってしまっているともいえます。

彼女と一緒にかたづけをしていると、友だちから借りっぱなしの本やCD、学校に提出しそびれたプリントなどが部屋のあちこちから出てきます。借りたモノを返す、出すべきモノは期限内に出す、そういった当たり前のことができていない状態も目にします。そういうことを積み重ねるとどうなるか、そう、人からの信用を失うことにつながります。大事なことをうっかり忘れてしまうのにはやはり限度があります。それはたくさんのモノに囲まれ、かたづいていないことが原因で起こってしまいます。

問十　走り始めた時は弱気であったジローですが、駅伝の大会を通してジローの気持ちはどのように変化しましたか。その説明として適切なものを次の中から選び、記号で答えなさい。

ア　桝井とのやりとりを思い出して、妥協《だきょう》せずに結果を出すことを大事にしようという思いに変化している。
イ　桝井とのやりとりを思い出して、自分らしくやり遂《と》げることを大切にしようという思いに変化している。
ウ　桝井とのやりとりを思い出して、努力をすれば他の選手にも負けないという気持ちに変化している。
エ　桝井とのやりとりを思い出して、悩んだ時には一人で考えず人に相談しようという気持ちに変化している。

二　次の文章を読んで、あとの問いに答えなさい。

次の【文章１・２・３】は、家庭や企業《きぎょう》でかたづけについて相談を受けたり、指導したりしている筆者が、その活動の中で出会った子どもたちのエピソードについて述べている部分から、それぞれ別の子どもたちについて書かれている部分をとりだしたものです。これを読んで、後の問いに答えなさい。

【文章１】

自分の部屋を持っている高校三年生の男の子がいました。

でも、せっかくの部屋にはたくさんのモノであふれ、勉強する場所がありません。そのため勉強はいつもリビングでしていました。 [A]

自分の部屋にベッドがあるにもかかわらず、その上にもモノが一杯《いっぱい》で、仕方なくお母さんと小学生の妹と同じ部屋で寝《ね》ていました。

唯一自分の部屋で使えていたのは、入り口近くのスペースのみでした。そこには学校の教科書や、部活の用具だけを置いていました。

依頼を受けて、男の子と一緒《いっしょ》に部屋のかたづけを始めました。まず部屋の中のモノを全部外に出してみました。広げて分類すると小学校からのすべての教科書や通信教材、読まなくなった漫画《まんが》、図画工作の授業でつくった作品、着られなくなった洋服、幼稚園の時に集めていたフィギュア、もう遊ばないオモチャたちでした。それらで部屋が埋《う》めつくされていたのがわかりました。そのどれもがいらないと決められるモノばかりでした。**【ア】**

必要なモノを選び、収めたあとは、自分の部屋で勉強して、自分のベッドで寝られるようになりました。**【イ】**

そもそもその男の子は高校三年生になってからは特に、自分の部屋で静かに集中して勉強したい、寝たり起きたりする時間も自分のペースで決めたい。毎日そんな気持ちでいました。**【ウ】**

問五　――線部②「これ以上離されたら、やばい」とありますが、この時のジローはどのような様子で走っていますか。それを説明した次の文の空らんに入る言葉を本文中から十三字でさがし、ぬき出して答えなさい。

自分が〔　　　　〕を台無しにしてしまうのではないかと考え、気が気でない様子。

問六　――線部③「なんだってって？」とありますが、桝井がこのように聞き返したのはなぜですか。その理由として適切なものを次の中から選び、記号で答えなさい。

ア　他には誰にも頼んでいないのに、他の人が自分の誘いをどのように断ったのかを聞いてくることが不思議だから。
イ　他の人を誘っていないということを知りながら、誰を誘ったのか何度も聞いてくることに腹を立てているから。
ウ　他の人の断り方を必死で聞いてくる様子から、ジローが駅伝を楽しんでいないことに気づき悲しくてならないから。
エ　三宅や安岡より足の遅いジローを誘ったことが原因で、ジローが自信をなくしてしまい複雑な気持ちになったから。

問七　――線部④「断るのは一瞬、引き受けたら一生だな」とありますが、この時のジローの気持ちを説明した次の文の空らん１・２に入る言葉を指定された字数で本文中からそれぞれさがし、ぬき出して答えなさい。

駅伝を簡単に引き受けたことを〔1　二字　〕し、やはりここは俺の〔2　七字　〕ではないと感じている。

問八　――線部⑤「ストレートで俺のところに依頼が来るなんて、不思議だ」とありますが、ジローがそのように思っているのはなぜですか。その理由を説明した次の文の空らん１・２に入る言葉を考え、指定された字数で書きなさい。

自分は〔1　十五字以内　〕ので、そんな自分に駅伝を頼むのは、他に〔2　十字以内　〕だけだと思っているから。

問九　――線部⑥「うまく言えないけど、やっぱりジローはジローだから」とありますが、これはどのようなことを言っていますか。その説明として適切なものを次の中から選び、記号で答えなさい。

ア　ジローは明るいだけでなく皆《みな》が頼《たよ》りにする存在なので、周りからの信頼《しんらい》には自信をもってほしいということ。
イ　ジローのような明るい人は駅伝に向いているので、自分の良さを知ってほしいと願っているということ。
ウ　駅伝チームは皆気難しいので、いいタイムが出なくても気にしないジローの能天気さが大切だということ。
エ　いるだけでその場の雰《ふん》囲《い》気《き》を良くすることができるのがジローであり、そのジローらしさが必要だということ。

「了解《りょうかい》」

渡部は手早く襷を受け取って、すぐさま駆け出した。これでもう大丈夫《だいじょうぶ》だ。渡部に襷をつないだとたん、俺の身体も心もすっとほぐれていった。

（『あと少し、もう少し』　瀬尾　まいこ　）

※上原 ＝ 駅伝部の顧問《こもん》の先生。

問一　――線部ａ「はやる」・ｂ「あっけなく」の意味として適切なものをそれぞれ次の中から選び、記号で答えなさい。

ａ「はやる」

ア　心が進みあせる　　イ　がっかりして困る　　ウ　心が高鳴りはずむ　　エ　動揺《どうよう》して悩《なや》む

ｂ「あっけなく」

ア　計画よりも難しく発展しないさま　　イ　期待を上回るほど単純で素早《すばや》いさま

ウ　思いのままにものごとが進むさま　　エ　予想よりも簡単で手ごたえのないさま

問二　Ａ　に入る体の一部を表す漢字を書きなさい。

問三　Ｂ　に入る四字熟語として適切なものを次の中から選び、記号で答えなさい。

ア　一進一退　　イ　用意《ようい》周到《しゅうとう》　　ウ　一心不乱　　エ　暗中模索《あんちゅうもさく》

問四　――線部①「そう意気ごんではみたけど」とありますが、この時ジローは、どんなことを「意気ごんで」いたのですか。その説明として適切なものを次の中から選び、記号で答えなさい。

ア　もう二度といい加減な大田に戻《もど》ってほしくないので、そのためには大田よりも速いタイムで走らなければならないということ。

イ　上位大会に進めば大田も中学生らしくいられるので、そのためにも自分がここで頑張《がんば》って今の順位をキープしたいということ。

ウ　大田には、何かに熱中する時間をまだ味わっていてほしいので、そのためにもいい走りをして上位大会に行きたいということ。

エ　誰よりも駅伝に懸《か》けている大田の思いに応えたいので、そのためにはいい加減な自分を変えなければならないということ。

「そうだってば」
「すぐに俺に頼むなんて、そんなに断られるのが嫌《いや》だったのか？」
「まあ、ジローなら簡単に引き受けてくれるだろうって期待したのは確かだけど、だからってジローに頼んだわけじゃないよ」
「じゃあ、何だ？」
他に俺に駅伝を頼む理由などあるだろうか。俺は桝井の顔を見つめた。
「うーん、ジロー楽しいし、明るいし。ほら、ジローがいるとみんな盛り上がるだろ」
「そんなの走ることに何も関係ないじゃん」
「そうだな。でも、⑥うまく言えないけど、やっぱりジローはジローだから」
いつも的確に答える桝井が困っている。でも、桝井の言いたいことはわかった。
高校に大学にその先の世界。進んで行けばいくほど、俺は俺の力に合った場所におさまってしまうだろう。力もないのに機会が与《あた》えられるのも、目に見える力以外のものに託《たく》してもらえるのも、今だけだ。速さじゃなくて強さでもない。今、俺は俺だから走ってる。

「ジロー、がんばれ！」
「あと1キロだよ！」
「ジロー、ファイト。ここからここから」
広い道に出ると、沿道には応援《おうえん》をする人が溢《あふ》れていた。
（中略）
渡部が言ったとおり、俺は何一つ損なんかしていない。いつもの調子で引き受けたからこそ、今ここにいられるのだ。俺は身体に神経を向けて、自分の残っている力を確認《かくにん》した。いける。ここから残り1キロ弱。ペースを上げても走りきれる。元気がいい走り。※上原に褒《ほ》められたように、思い切りのいい走りをしよう。俺は前を走る集団を見すえて、腕を大きく振《ふ》った。
息を切らしながら走っているうちに、中継所《ちゅうけいじょ》が近づき渡部の姿が見えた。唯一俺が苦手とするやつで、唯一俺を心配してくれるやつ。今はどうだろう。走れもしないくせに引き受けてと、やきもきしながら見ているだろうか。いや、そんなことはない。俺が俺らしくやりさえすれば、渡部は認めてくれるはずだ。
「ジロー。いいぞ、そのままそのまま。ここまで」
渡部は手を振りながら、叫《さけ》んでいる。早くあの手に襷を渡《わた》さなくては。俺は集団の中に突《つ》っ込《こ》むのも気にせず、［ B ］に渡部をめがけて走った。
「頼む」

ピードを上げている。②これ以上離《はな》されたら、やばい。何とかしなくては。けれど、いくら加速しても追いつかない。どこの学校だって必死なのだ。いろんなことを乗《の》り越《こ》えているのは、俺たちだけじゃない。前との距離《きょり》は、俺の走力でどうにかできる範囲《はんい》を超《こ》えている。俺は焦りと不安で心臓が速くなるのを止められなかった。

こんなの謝《あやま》ったってすまないよな。みんなが懸命《けんめい》に練習していた姿を思うと、泣きたくなった。設楽《したら》や大田が繋《つな》いできたものを俺が崩してしまう。二人とも試走以上のいい走りをしたのに、俺がそれを無駄《むだ》にしてしまう。そう思うと、逃げたくなった。だから、ほいほい引き受けるんじゃなかったんだ。

「岡下《おかした》とか城田にはさ、なんて言って断られたんだ？」

夏休みの終わり、暑さと練習の厳しさでバテそうになった俺は桝井に訊《き》いてみた。みんながどんなふうにうまいこと断るのか知りたかったのだ。

「岡下にも城田にも頼《たの》んでないよ」

「そっか。あいつら短距離《たんきょり》だもんな。じゃあ、三宅《みやけ》や安岡《やすおか》？　あの辺はなんだって？」

「③なんだってって？」

俺と同じ練習をしたはずなのに、桝井は涼《すず》しい顔のまま［A］をかしげた。冷却《れいきゃく》装置でもついているのかと思うほど、桝井は真夏でもさらりとしている。

「どうやって駅伝を断ったのかと思ってさ。三宅って気が弱そうなのに、いざという時には断るんだな」

少し勇気を出して拒否《きょひ》すれば、後々しんどい思いをしなくてすむのだ。④断るのは一瞬、引き受けたら一生だな。暑さに参ったせいか、俺はほんの少し後悔《こうかい》しそうになっていた。

「三宅にも安岡にも駅伝の話すらしてないよ。大田に声かけて渡部《わたべ》に声かけて、それでジロー。他には頼んでないけど」

渡部と俺の間に、足の速いやつなんて何人もいる。みんなに断られて、いく当てがなくなって回ってきたと思っていた俺は驚《おどろ》いた。

「渡部の次が俺？」

「どうして俺なの？　たいして走るの速くないのに」

「ジローならやってくれるだろうと思ったし」

「だって、誰にも断られてないんだろう？」

「そうだって言ってるじゃん」

「俺が三番目？」

⑤ストレートで俺のところに依頼《いらい》が来るなんて、不思議だ。俺が何度も訊くのに、桝井は笑い出した。

二〇二二年度
目黒星美学園中学校

【国語】〈第二回試験〉（五〇分）〈満点：一〇〇点〉

一 次の文章を読んで、あとの問いに答えなさい。

毎年、夏の大会で県大会に出場している駅伝部だが、駅伝に出るメンバーが足りず、部長の桝井は大田、渡部、ジローを誘い、練習を始める。以下は駅伝の大会本番の場面である。

大田から受け取った襷《たすき》は重かった。この一瞬《いっしゅん》に俺《おれ》たち以上のものをかけているのだ。いい加減なことばかりやってきた大田にとって、この駅伝の持つ意味は大きい。駅伝にかかわっていた時間は、大田にとって唯一《ゆいいつ》中学生でいられた時間だったにちがいない。いや、まだこの時間は続く。上の大会に進んで、あと少し大田にこういう思いをさせてやりたい。

①そう意気ごんではみたけど、駆《か》け出《だ》して５００メートルも行かないうちに、俺は後ろにいた三人に抜《ぬ》かれた。記録会でも俺よりずっと速かったやつらだ。こいつらと同じように走っては、最後までもたない。俺は軽く腕《うで》を揺《ゆ》らして、aはやる気持ちを抑《おさ》えた。

３区はなだらかなコースだから、勝負をかけてくる学校も多い。だけど、ペースを崩《くず》すな。桝井がスタート前に言ったことを思い出して、俺は一歩一歩足を進めた。俺を抜いたやつらはずいぶん前に進んでいるけど、これでいいのだ。まだ五位なのだから落ち着いていこう。今の俺は自分のペースがわかっている。ど素人《しろうと》だったころの俺とは違《ちが》うんだ。焦《あせ》って台無しにするな。大事に走らなくてはいけない。これは記録会でも試走でもなく、本番なのだ。

俺が走る道の横には田んぼが広がっている。来週に稲《いね》刈《か》りをする家が多いのだろう。刈《か》られるのを待っている稲穂《いなほ》がきらきらと日の光を受けている。いい風景だ。田舎《いなか》から早く出ていきたいと言っているやつらも多いけど、俺はこの地域を気に入っていた。すぐ間近に川があり田んぼがあって、それぞれ季節ごとに違う香りがする。俺は思いっきり田んぼの香《こう》ばしい匂《にお》いを吸《す》い込んだ。

１キロ地点を俺は試走より一割ほど速いペースで通過した。いいペースで走っているはずだ。しかし、１キロ通過直後のゆるいカーブで後ろにいた集団にとらえられた。そして、カーブを曲がり切り体勢を立て直そうとしたところで、bあっけなくその集団に抜《ぬ》き去《さ》られてしまった。

いくらなんでも抜かれすぎた。俺を抜いた集団は六人。二位でもらった襷は、もう十一位まで落ちている。ペースを守ったって、こんなに後ろに追いやられたんではどうしようもない。俺は何とか取《と》り戻《もど》そうと、ピッチを上げた。だけど、前を行くみんなも同じようにス

2022年度

目黒星美学園中学校　▶解　答

※　編集上の都合により，第２回試験の解説は省略させていただきました。

算　数　＜第２回試験＞（50分）＜満点：100点＞

解　答

[1]　①　7　②　51　③　$3\frac{11}{12}$　④　2　⑤　23.4　⑥　30　⑦　36　⑧　2000　⑨　40　⑩　90　⑪　60　⑫　48　[2]　(1)　（例）　立ち止まっていた　(2)　10時30分　(3)　時速12km　(4)　4 km手前　[3]　(1)　6 通り　(2)　6 通り　(3)　1 通り　[4]　$32.25cm^2$　[5]　(1)　1.09 g　(2)　50 g 以上　(3)　14％　(4)　1.10 g　(5)　（例）　食塩水 1 cm^3あたりの重さが1.10 g，卵 1 cm^3あたりの重さが1.09 g であり，1 cm^3あたりの重さは食塩水の方が重いから。　[6]　(1)　$36cm^3$　(2)　$\frac{1}{8}$倍　(3)　正六角形

社　会　＜第２回試験＞（理科と合わせて50分）＜満点：50点＞

解　答

[1]　**問１**　(イ)　**問２**　(ロ)　**問３**　(ハ)　**問４**　(1)　三角州　(2)　(ロ)　**問５**　（例）　在宅での仕事が増加した結果，宅配事業などが発展したこと。　[2]　**問１**　(イ)　**問２**　(ニ)　**問３**　(ハ)　**問４**　(ニ)　**問５**　(1)　三女の藤原威子が皇后の位につく(から。)　(2)　満月(望月)　**問６**　(イ)　**問７**　大化　**問８**　(ハ)　[3]　**問１**　(ロ)　**問２**　(イ)　**問３**　大正　**問４**　(ニ)　[4]　**問１**　**X**　持統　**Y**　開発　**問２**　（例）　(ハ)／カフェで飲み物を頼むとき，使い捨てのプラスチック製ストローをもらわない。　**問３**　(ハ)　**問４**　(ニ)　**問５**　(ロ)　**問６**　**掲示場所**…(例)　げた箱　**理由**…(例)　校舎に入るときに，上ばきにはきかえる場所を伝える必要があるため。

理　科　＜第２回試験＞（社会と合わせて50分）＜満点：50点＞

解　答

[1]　(1)　あたま，むね，はら　(2)　トンボ，クモ　(3)　トンボ　(4)　さなぎ　(5)　8　(6)　（例）　こん虫ではない生き物も調べている部分。　(7)　クモ，ダンゴムシ　[2]　(1)　二酸化炭素　(2)　（例）　加えた塩酸がすべて反応し，なくなったから。　(3)　下の図　(4)　①　60　②　120　③　180　(5)　④　180　⑤　480　⑥　600　(6)　90％　[3]　(1)　ボーリング　(2)　あたたかく浅い海　(3)　関東　(4)　ア　(5)　南　(6)　5 m

4 (1) 2380m　(2) 毎秒331m　(3) 1.5億km　(4) 毎秒1500m　(5) 660m

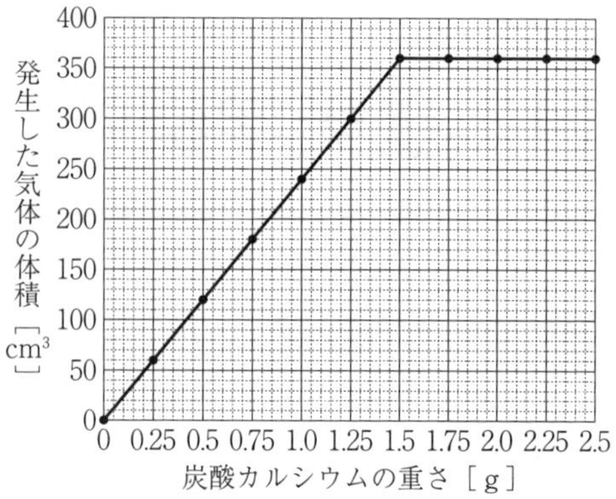

国語 ＜第２回試験＞（50分）＜満点：100点＞

解答

一　問１　a　ア　b　エ　問２　首　問３　ウ　問４　ウ　問５　設楽や大田が繋いできたもの　問６　ア　問７　１　後悔　２　力に合った場所　問８　１　（例）　たいして走るのが速くない　２　（例）　頼む相手がいない　問９　エ　問10　イ　二　問１　エ　問２　ウ　問３　ウ　問４　選択肢　問５　１　（例）　遊びに行った　２　（例）　散らかっていることに気付いた　問６　イ　問７　人からの信用を失う　問８　イ　問９　ア　問10　（例）　学校の先生になるという目標　三　問１　①～⑦　下記を参照のこと。　⑧　しりぞ(く)　⑨　じゅうれつ　⑩　さいく　問２　①　三　②　一　③　九　④　百　問３　①　画　②　音

●漢字の書き取り

三　問１　①　暗唱　②　解明　③　訪(ねる)　④　視野　⑤　延期　⑥　操作　⑦　講堂

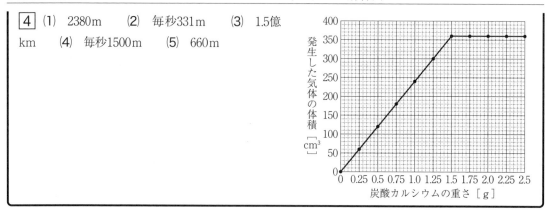

2021年度　目黒星美学園中学校

〔電　話〕　(03) 3416－１１５０
〔所在地〕　〒157－0074　東京都世田谷区大蔵２－８－１
〔交　通〕　小田急線 ―「成城学園前駅」より徒歩15分
バス ―「ＮＨＫ技研前」下車徒歩２分

【算　数】〈第１回午前試験〉（50分）〈満点：100点〉

＊円周率を使う場合は，3.14として計算しなさい。

＊**3**，**4**の(２)と(３)，**6**の(２)については，とちゅうの式や考え方も書きなさい。

1　□にあてはまる数をかきなさい。

(１)　$124-(27+16)\times 2=\boxed{\text{①}}$

(２)　$0.125\times 8-2.75\div 11=\boxed{\text{②}}$

(３)　$\left(\frac{4}{5}+\frac{1}{2}\right)\times\frac{5}{13}-\frac{1}{3}=\boxed{\text{③}}$

(４)　$(24+72\div\boxed{\text{④}})\times 12-15\times(18+35\div 7)=39$

(５)　$\left(25-\boxed{\text{⑤}}\times 1\frac{1}{3}\right)\div 6\frac{1}{2}=2$

(６)　時速 $\boxed{\text{⑥}}$ km＝分速 1200m＝秒速 $\boxed{\text{⑦}}$ cm

（７）円上の点○は円周を12等分する点で点●は円の中心です。このとき，角アは ⑧ °です。

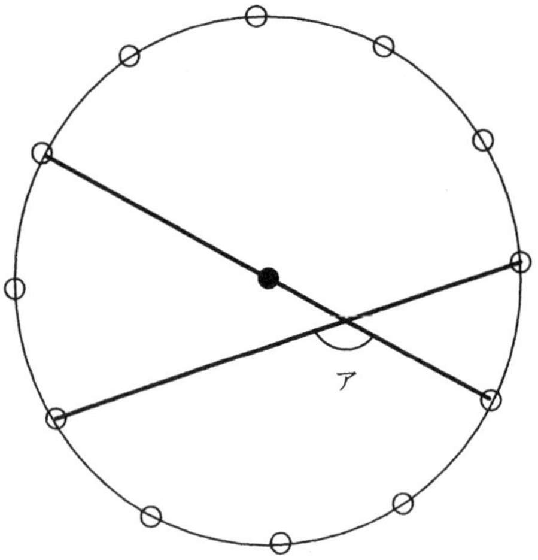

（８）Aさん，Bさん，Cさんの3人がおはじきを持っています。AさんとBさんのおはじきの個数の比が3：4，BさんとCさんのおはじきの個数の比が6：5です。3人のおはじきの個数の合計が124個のとき，Bさんは ⑨ 個のおはじきを持っています。

（９）ある仕事をするのに，Aさんが1人ですると16日間，Bさんが1人ですると20日間かかります。この仕事をAさんが4日間したあと，残りをBさんがすると，Aさんが始めてから ⑩ 日間で終わります。

（１０）3000円を，Aさん，Bさん，Cさんの3人で分けました。AさんとBさんの金額の差はCさんの金額より200円少なく，BさんとCさんの金額の差は200円でした。金額の多い方からAさん，Bさん，Cさんの順で分けたとすると，Cさんは ⑪ 円もらいました。

（１１）流れの速さが一定の川があります。ボートがこの川を下るときの速さは，時速45kmで，上るときの速さは時速36kmです。川の流れのないところでのボートの速さは時速[⑫]kmです。

（１２）1から6までの数字が書かれたカードが1枚ずつ合計6枚あり，この中から2枚を選びます。選んだ2つの数字の積が6の倍数になるカードの選び方は[⑬]通りあります。

2 あやさんとゆかさんのクラスでは，算数の授業で次のような宿題が出されました。

宿題 ： $\frac{15}{41}$ の小数第100位を求めなさい。

放課後に，あやさんとゆかさんは出された宿題について会話しました。2人の会話を読んで次の問いに答えなさい。

あや：「まず，割り算してみようかな。 15÷41 を計算してみよう。」

ゆか：「そうだね。割り算してみよう。」

あや：「あれ？」

ゆか：「割り切れないね。」

あや：「割り切れないけど，小数第100位まで計算しなくても求めることができる方法はないかな。」

ゆか：「筆算を見てみると，小数第1位から小数第 6位までの数は，[ア]になっているね。」

あや：「本当だ。法則が見えたね。」

ゆか：「$\frac{15}{41}$ の小数第100位は[イ]かな。」

（1）[ア]に入る数を書きなさい。

（2）[イ]に入る数を書きなさい。

（3）$\frac{15}{41}$ の小数第1位から第100位までの間に，奇《き》数は何個ありますか。

3　図の半径4cmの円に対して，次の問いに答えなさい。

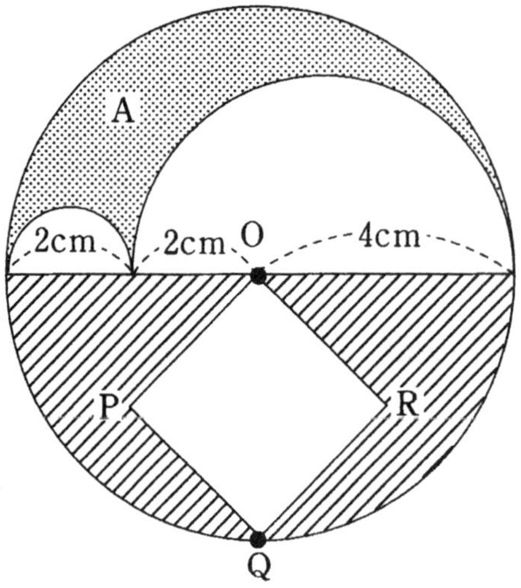

（１）円周と2つの半円の弧《こ》で囲まれたAの部分の周の長さを求めなさい。

（２）四角形OPQR が正方形であるとき，しゃ線部分の面積を求めなさい。
　ただし，点Oは円の中心で，点Qは円周上の点とします。

4　A組で算数のテストをしました。1問につき1点で全部で10点満点でした。右のグラフはそれぞれの得点に何人いるかをグラフに表しています。
次の問いに答えなさい。

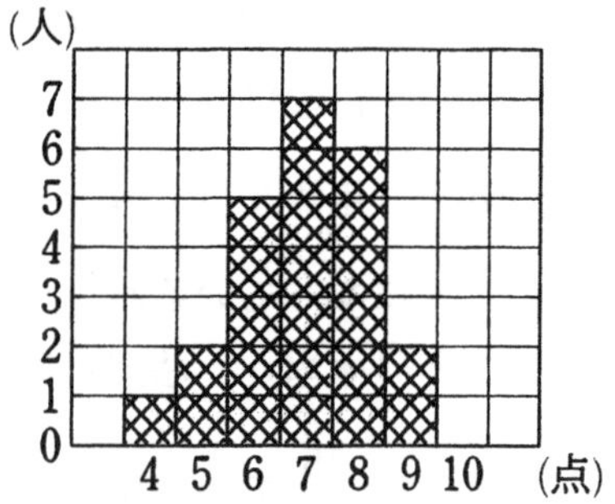

（１）このクラスの人数は何人ですか。

（２）A組の平均点は何点ですか。四捨五入して小数第2位まで求めなさい。

（３）B組でも同じテストをしました。そのクラスは20人のクラスで平均点が7.1点でした。
　A組とB組を合わせた全体の平均点を求めなさい。

5 1から20までの異なる整数A，B，C，D，Eがあります。これらの数について，次のことがいえます。

① A，B，Dは素数で小さい順に並んでいて，3つの数の和は29です。
② Cの約数の個数は3個で，Eの約数の個数は5個あります。
③ EはCの倍数です。
④ 5つの整数のうち，2けたの整数は3つで，1けたの整数は2つです。

このとき，5つの整数A，B，C，D，Eをすべて求めなさい。

6 下の図Aのような1辺が6cmの立方体があります。このとき次の問いに答えなさい。

図A

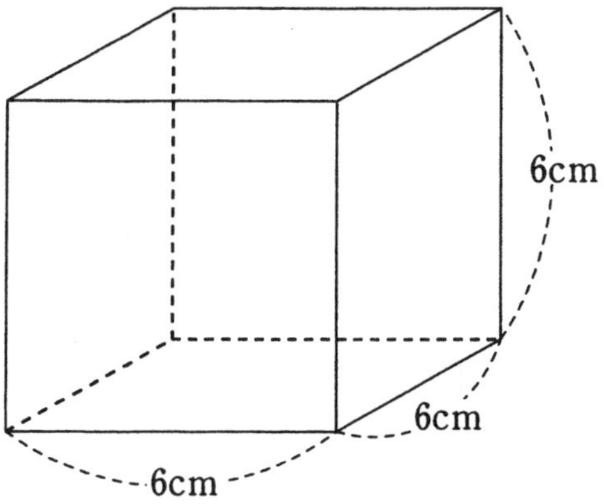

（１）図Aの立方体の表面積と体積を求めなさい。

（２）下の図Bのような四角柱を図Aから2つくりぬきました。残った立体の体積を求めなさい。ただし，四角柱は立方体の表面の真ん中をくりぬいています。

図B

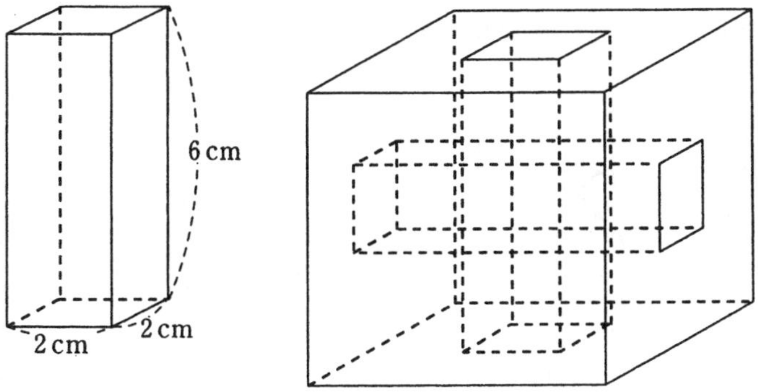

【社　会】〈第１回午前試験〉（理科と合わせて50分）〈満点：50点〉

1　次の文章を読み、下の問いに答えなさい。

日本で初めて、本格的に①環《かん》境問題がとりあげられたのは、明治時代の足尾《お》銅山鉱毒事件のときです。②栃木県にある足尾銅山から出た鉱毒が渡《わた》良瀬《せ》川流域の農作物などに被《ひ》害をもたらした問題を、衆議院議員の田中正造がとりあげ、国会での演説や天皇への直訴《そ》などを通して、環境破壊《かい》の影響《えいきょう》を世に広めようとしました。

そして、このような環境問題が全国的な広がりを見せたのは、戦後の高度経済成長期です。当時、各地に建設された③工場では、十分な対策が行われていなかったため、環境汚《お》染や人体への健康被害が発生してしまいました。こうした流れの中で、経済発展を進めながら、④環境を保全していく取り組みが始まりました。

問１　下線部①に関して。現在、環境問題としてとりあげられていることの説明として、正しいものを次の中から１つ選び、記号で答えなさい。

（イ）石炭や石油などの化石燃料を大量に消費した結果、フロンガスが発生し、これが温室効果ガスとして、地球の温暖化をまねいている。地球の温暖化が進むと、海面の上昇《しょう》によって土地が失われ、地球全体の生態系もくずれてしまう。

（ロ）行き過ぎた農地の拡大や放牧によって、土地の凍《とう》土化が進んでいる。凍土化が進むと、風でまい上がった砂が他の地域へ運ばれる永久凍土という現象がおこる。日本でも、偏《へん》西風に乗って中国から永久凍土がやってくる被害が出ている。

（ハ）木材の輸出や焼き畑農業により、多くの森林が伐採《ばっさい》されている。森林がなくなると、土じょうの流出や洪《こう》水の原因にもなり、また生態系もこわれてしまう。

（ニ）自動車の排《はい》気ガスや工場のけむりにふくまれる有害な物質がオゾン層を破壊している。オゾン層が破壊されると高波が発生しやすくなり、津《つ》波がおこる。

問２　下線部②に関して。

（１）栃木県の形として正しいものはどれですか。次の中から選び、記号で答えなさい。なお、縮尺はそれぞれ異なります。

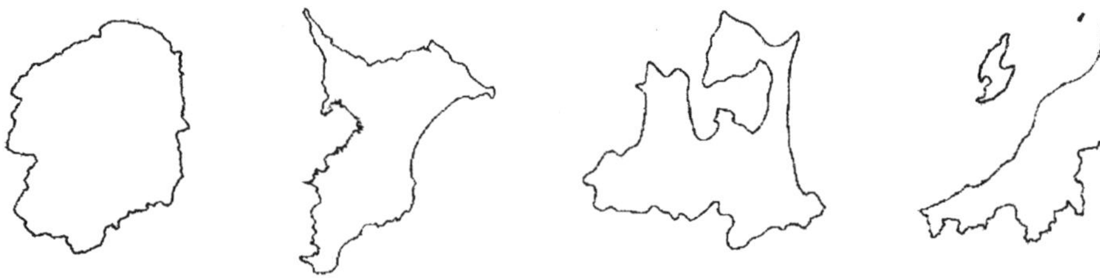

（イ）　（ロ）　（ハ）　（ニ）

（２）栃木県の足利市や群馬県の桐《きり》生市・伊《い》勢崎《さき》市などでは、古くから地元で生産される原料を用いて繊維《せんい》工業が発達してきました。下のグラフから読み取れることとして、正しいものを次の中から１つ選び、記号で答えなさい。

主要国における繊維・繊維製品輸出額の内訳（2018年）

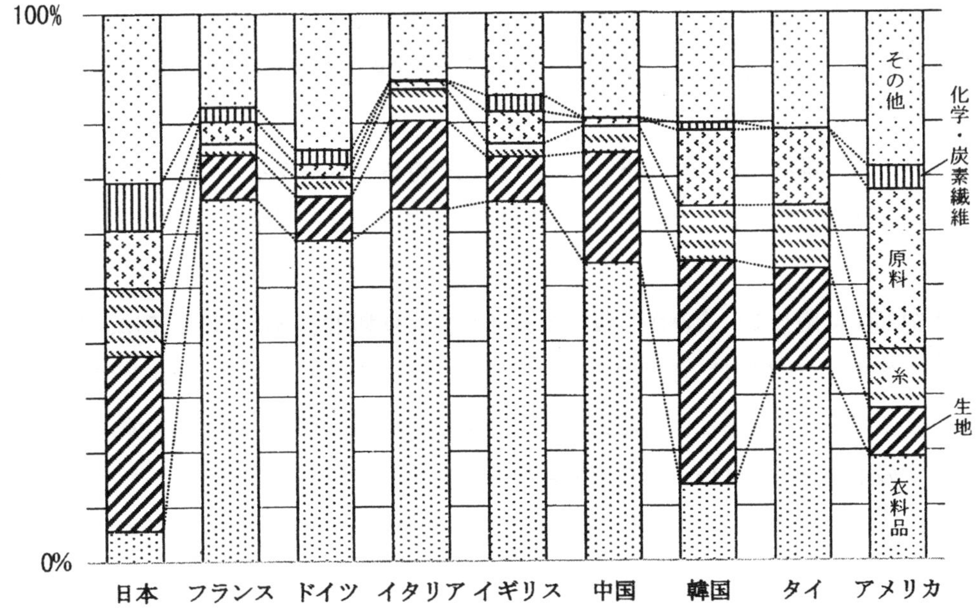

日本国内の繊維製造・繊維製品業における労働者数の内訳（2018年）

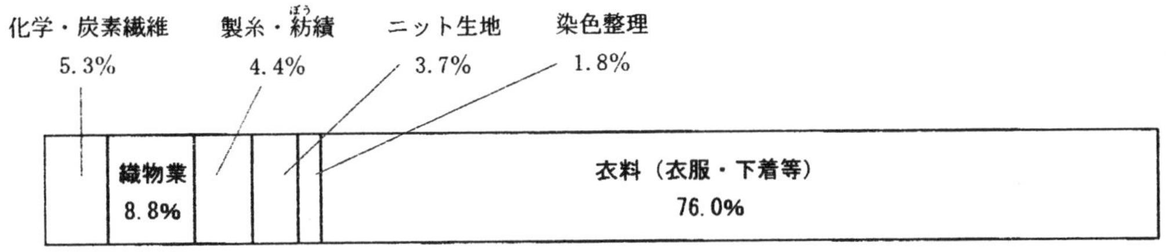

（経済産業省HPより作成）

（イ）主要国の中でも、日本と韓《かん》国は生地の輸出額の割合が大きく、また、中国は原料の輸出額の割合が大きい。

（ロ）日本は、国内の繊維産業の中で、衣料産業にたずさわる労働者の割合は最も多いが、衣料品の輸出額の割合は、他の主要国の割合と比べると低い。

（ハ）主要国それぞれの生地の輸出額の割合は、アジア諸国よりもヨーロッパ諸国の方が大きい。

（ニ）日本国内の繊維製造・繊維製品業において、昔ながらの製糸・紡績業や生地産業よりも化学・炭素繊維の生産額が増えている。

問３　下線部③に関して。電子部品や集積回路は、小型・軽量・高価という特徴《ちょう》があり、輸送費がかかっても利益を出すことができます。そのため、それらをつくる工場の多くが [A] や高速道路の周辺につくられています。日本でも、土地が安く労働者を集めやすい九州地方の [A] 周辺や、東北地方の高速道路周辺に工場が多くあります。そこから、九州地方は「シリコンアイランド」、東北地方は「シリコン [B] 」とよばれています。[A]・[B] にあてはまる語句の組み合わせとして、正しいものを次の中から選び、記号で答えなさい。

（イ）Ａ－港湾《わん》　Ｂ－ロード　　（ロ）Ａ－港湾　Ｂ－ライン

（ハ）Ａ－空港　Ｂ－ロード　　（ニ）Ａ－空港　Ｂ－ライン

問４　下線部④に関して。ごみから資源を分別して有効利用するための法律に、リサイクル法があります。日本では、資源やごみの種類ごとにいくつかの法律に分かれていますが、ごみとして出された場合、家電リサイクル法の対象となるものはどれですか。正しいものを次の中から１つ選び、記号で答えなさい。

（イ）電子レンジ　（ロ）パソコン　（ハ）そうじ機　（ニ）エアコン

2 次のほしこさんとよしみさんの会話文を読み、会話文中の [A] ～ [E] にあてはまるものの組み合わせを（イ）～（ニ）の中から選び、記号で答えなさい。なお、下の図中の点線は、会話文中に出てきた道順を示したものです。

ほしこ　ねぇねぇ、よしみさん。オオクラ駅から私たちの通うＭＳ学園までの道順を聞かれたら、どんなふうに説明したらいいかしら？

よしみ　オオクラ駅からだと、駅を出発して [A] がある道をまっすぐ行くのよ。たしか、しばらく歩くと大きい大学があったはずよ。

ほしこ　そうよね、その大学の次の十字路を左に曲がればいいのかしら。

よしみ　そうそう、左に曲がって [B] がある道を進むと、[C] が見えるはずよ。

ほしこ　なるほど、この [C] で右に曲がって、まっすぐ進むと学校に到《とう》着するね。

よしみ　道順を説明するのって難しいわよね。じゃあ、私たちの学校からチトセ駅に行くには何て説明したらいいかしら。

ほしこ　チトセ駅に行くならまずは学校を出て、博物館までまっすぐ進んで、つきあたりを右に曲がるのよ。次に、[D] がある十字路を左に曲がって、しばらく進むと [E] につきあたるのよ。そこを右に曲がって、最初のＴ字路を左に曲がるとチトセ駅に到着するよ。

よしみ　すごい！かんぺきじゃない！

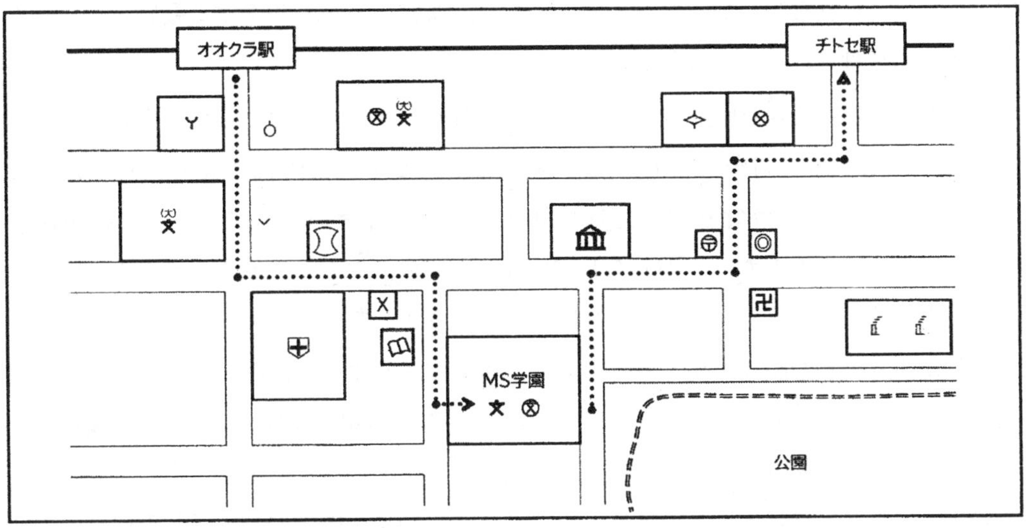

（イ）Ａ－桑《くわ》畑　Ｂ－保健所　Ｃ－図書館　Ｄ－神社　Ｅ－税務署

（ロ）Ａ－桑畑　Ｂ－病院　Ｃ－銀行　Ｄ－寺院　Ｅ－警察署

（ハ）Ａ－消防署　Ｂ－保健所　Ｃ－警察署　Ｄ－郵便局　Ｅ－税務署

（ニ）Ａ－消防署　Ｂ－病院　Ｃ－交番　Ｄ－市役所　Ｅ－警察署

3 次の文章を読み、下の問いに答えなさい。

私たちの身のまわりには、イヌやネコをはじめとしてさまざまな動物がいます。目黒星美学園のまわりにも緑豊かな土地が広がり、タヌキなどたくさんの動物たちが暮らしています。私たちの住む日本列島と動物の関係は、どのようなものであったのか歴史的な視点で見てみましょう。

縄《じょう》文時代に日本で暮らしていた人々は、狩《か》りや漁をして①<u>イノシシ・シカ・クマ・カモ・サケ・貝類などを食べていた</u>ことや、動物の骨をまじないに使っていたことがわかっています。そして当時から、イヌは狩りなどのパートナーとして飼育されていました。

弥《や》生時代になると、ウシの骨が遺跡《せき》から発掘されるようになります。これらは大陸から伝わった動物です。同じくこの時代には、大陸から［　②　］作が伝わり、広まりました。

③<u>古墳《ふん》時代</u>の５世紀になると、軍事用として朝鮮《せん》半島から④<u>ウマ</u>が数多く持ちこまれ、その後、ウマを使った農耕が始まります。６世紀には、渡《と》来人がウシとともに犂《すき》を持ちこみ、西日本で牛耕が広まりました。ウマやウシは食べるだけでなく、軍事・農耕のパートナーとして必要な動物となっていきました。

飛鳥時代から奈《な》良時代にかけては、動物を食べる習慣に変化が生まれました。⑤<u>６世紀に伝わった宗教</u>の影響で、生き物を殺すことや肉食をさける思想が広まったのです。

⑥<u>平安時代</u>になるとこの傾《けい》向は強まり、支配階級である貴族は、生き物を殺すことに対して罪悪感を強め、狩りを行わなくなっていきました。また、支配を象徴する動物として、タカなどが大いに注目されるようになりました。

武士の力が強くなった鎌《かま》倉時代以降、殺生をおそれない武士たちによって、動物は戦いの道具や武芸のたしなみの対象に変わっていきました。安土桃《もも》山時代の大名として知られる⑦<u>織田信長</u>が天皇にタカ狩りで得た鳥を献《けん》上したり、各地の大名がこぞって織田信長にタカをおくっていたりしたことが知られています。⑧<u>豊臣秀吉《ひでよし》</u>や⑨<u>徳川家康</u>もタカ狩りを好み、他の大名の間でも広く行われるようになっていきました。

江《え》戸時代に入り平和な時代が続くと、生き物に対してそれまでとはちがった見方をする将軍や大名も現れました。代表的な人物に「犬公方」こと５代将軍徳川綱吉《つなよし》がいます。綱吉は、捨て子の禁止や動物の保護に関する、いわゆる「［　⑩　］あわれみの令」を出したことで知られています。ウマ・ウシ・イヌ・ネコ・魚など様々な動物を保護の対象にしていたこの法令により、タカ狩りも段階的に禁止されていきました。「［　⑩　］あわれみの令」は、この他にイヌ・ネコをペットにすることや捨てること、ウマ・ウシに荷物をのせすぎることを禁止し、なんとスズ虫やホタルの飼育、魚釣りも禁止するというものでした。綱吉の死後、「［　⑩　］あわれみの令」は、一部をのぞき徐《じょ》々に廃《はい》止され、８代将軍徳川吉宗の時代にタカ狩りも復活するようになりました。

明治時代に入り欧《おう》米文化が伝わると、それまでさけられていた肉食も認められるようになって、すき焼きなどの料理が広まっていきました。

1960年代には、農業機械の普及《ふきゅう》が進んだことで、ウマやウシは農業における役割を終える一方、イヌやネコなどのペットが家庭でますます飼われるようになりました。また、山地の開発でクマ・シカ・イノシシなどの野生動物が、生活の場をうばわれて数が少なくなったり、里に出没《ぼつ》して農作物などに被害が出たりする問題がおこっています。こうした問題に対して、私たちの身近な存在である動物と共生する道を探していきたいものです。

問1　下線部①に関して。当時の人の食べ物のかすやこわれた土器などを捨てたあとを現在 □ とよんでいます。□ にあてはまる語句を答えなさい。

問2　[②] にあてはまる語句を漢字で答えなさい。

問3　下線部③に関して。この時代について述べたA・Bの正誤の組み合わせとして、正しいものを次の中から選び、記号で答えなさい。

A	遣隋《けんずい》使を通じて文字が大陸からもたらされた。
B	日本最大となる大仙《せん》古墳がつくられた。

(イ) A－正　B－正　　(ロ) A－正　B－誤
(ハ) A－誤　B－正　　(ニ) A－誤　B－誤

問4　下線部④に関して。古墳時代にウマが重要とされていたことは、古墳の上や周りから次の写真のようなものが出土することからわかります。このようなものを何というか答えなさい。

問5　下線部⑤に関して。この宗教は何か答えなさい。

問6　下線部⑥に関して。平安京に都を移した天皇を次の中から選び、記号で答えなさい。

(イ) 桓《かん》武　　(ロ) 聖武　　(ハ) 後白河　　(ニ) 後鳥羽

問７　下線部⑦に関して。

（１）この人物が行った政策として、正しいものを次の中から１つ選び、記号で答えなさい。

（イ）刀狩り　（ロ）参勤交代　（ハ）楽市・楽座　（ニ）日宋《そう》貿易

（２）この人物が死去した本能寺の変と同じ年のできごととして、正しいものを次の中から１つ選び、記号で答えなさい。

（イ）建武の新政　（ロ）天正遣欧少年使節の派遣

（ハ）承久の乱　（ニ）種子島へのポルトガル人の来航

問８　下線部⑧に関して。この人物の人がらを表した句として、正しいものを次の中から１つ選び、記号で答えなさい。

（イ）「鳴かぬなら殺してしまえホトトギス」

（ロ）「鳴かぬなら鳴かせてみせようホトトギス」

（ハ）「鳴かぬなら鳴くまで待とうホトトギス」

（ニ）「鳴かぬなら待つのはやめようホトトギス」

問９　下線部⑨に関して。この人物は「たぬき親父」というあだ名でよばれることもあります。このイメージを決定づけたできごとの１つに、1614 年の方広寺鐘銘《しょうめい》事件があります。この事件の影響を受けておきたできごととして、正しいものを次の中から１つ選び、記号で答えなさい。

（イ）大坂冬の陣《じん》　（ロ）応仁の乱

（ハ）島原・天草一揆《き》　（ニ）桶狭《おけはざ》間の戦い

問 10　［ ⑩ ］にあてはまる語句を答えなさい。

問 11　近年、SDGs（持続可能な開発目標）への注目が高まっています。本文の結論に合う目標として、最も適切なものを次の中から１つ選び、記号で答えなさい。

（イ）貧困をなくそう　（ロ）安全な水とトイレを世界中に

（ハ）ジェンダー平等を実現しよう　（ニ）陸の豊かさも守ろう

4 次の表は、2020年の上半期における新型コロナウイルス感染症《しょう》に関する世の中のできごとをまとめたものです。これを読み、下の問いに答えなさい。

1月	① 省が国内初の感染者を確認したと発表
	② からチャーター機第１便で206名が帰国
2月	クルーズ船「ダイヤモンド・プリンセス号」の検疫《えき》を開始
	③安倍首相が３月２日からの小中高校の一斉《せい》休校を要請《せい》
3月	改正新型インフルエンザ対策特別措《そ》置法を④閣議決定
	⑤世界保健機関が ⑥ を表明
	オリンピックを１年程度延期することで安倍首相と国際オリンピック委員会の ⑦ 会長が合意
4月	緊《きん》急事態宣言発令。７都府県対象、５月６日まで
	緊急事態宣言を全国に拡大
5月	専門家会議が「⑧新しい生活様式」を提言
	緊急事態宣言を全面解除
6月	「東京アラート」発動。11日に解除
	都道府県をまたぐ移動自粛《しゅく》を解除。プロ野球、無観客で開幕
7月	都内の１日当たりの感染者が再び200人をこえる

(読売新聞2020年７月25日付朝刊より作成)

問１ ① にあてはまるものを次の中から１つ選び、記号で答えなさい。

（イ）厚生労働　（ロ）文部科学　（ハ）国土交通　（ニ）農林水産

問２ ② には世界で最初に新型コロナウイルス感染症の感染が拡大した中国の都市名が入ります。その都市名を漢字で答えなさい。

問３ 下線部③に関して。これは、国の権力を３つに分けたもののうち、内閣が持つ ☐ 権によるものです。☐ にあてはまる語句を漢字で答えなさい。

問４　下線部④に関して。閣議とは、内閣が意思決定をするために、[A] が議長となり、その他の [B] が出席して開かれる会議です。[A]・[B] の組み合わせとして正しいものを次の中から選び、記号で答えなさい。

（イ）Ａ－天皇　　　　　Ｂ－国会議員

（ロ）Ａ－天皇　　　　　Ｂ－国務大臣

（ハ）Ａ－内閣総理大臣　Ｂ－国会議員

（ニ）Ａ－内閣総理大臣　Ｂ－国務大臣

問５　下線部⑤に関して。これは国連の専門機関ですが、アルファベットの略称《しょう》でどのように表記されますか。次の中から選び、記号で答えなさい。

（イ）ＷＦＰ　　（ロ）ＷＷＦ　　（ハ）ＷＨＯ　　（ニ）ＷＴＯ

問６　[⑥] には感染症や伝染病の世界的な流行をさす言葉が入ります。その言葉を次の中から選び、記号で答えなさい。

（イ）ロックダウン　　（ロ）パンデミック

（ハ）クラスター　　（ニ）ソーシャルディスタンス

問７　[⑦] にあてはまるものを次の中から選び、記号で答えなさい。

（イ）アントニオ＝グテーレス　　（ロ）トーマス＝バッハ

（ハ）ジョー＝バイデン　　（ニ）グレタ＝トゥーンベリ

問８　下線部⑧に関して。ここでいう「新しい生活様式」とは、新型コロナウイルス感染症の感染拡大を予防するためのものです。次のうち、「新しい生活様式」と関係のないものを１つ選び、記号で答えなさい。

（イ）買い物は通信販《はん》売も利用する。

（ロ）電車やバスの利用は、混んでいる時間をさける。

（ハ）外食は持ち帰りやデリバリーを利用する。

（ニ）プラスチックのストローの代わりに、紙のストローを使う。

【理　科】〈第１回午前試験〉（社会と合わせて50分）〈満点：50点〉

1　次の文章を読み，あとの問いに答えなさい。

ヒトのからだの中には，体重のおよそ 60～65%もの水がふくまれています。食べたものが消化されてできた栄養分は（　a　）で吸収され，水分はおもに（　b　）で吸収されます。吸収された栄養分や水分は（　c　）から送り出される血液の流れによって全身をくまなくめぐり，全身をめぐっていく中で生じた不要な物質は（　d　）でこし出され，余分な水分とともに尿《にょう》として排出《はいしゅつ》されます。

いっぽう，ジャガイモのからだの中には，体重のおよそ 90%の水分がふくまれています。植物は水を根から吸収して全身にいきわたらせています。このようにして吸収された水は太陽光と二酸化炭素をもとに（　e　）に用いられ，生じた水蒸気は（　f　）などから蒸散されます。

このように，生物の活動にはさまざまな形で水が必要とされますが，それらの水は雨や川の流れ，海水といったように姿を変えながら地球全体を循環《じゅんかん》しています。ア地球全体でいえば水の量は非常に多いですが，海水や南極大陸などの氷を除けば，私たち人間が使えるのは地球上の水のわずか 0.01%にすぎません。日本の場合，降水量だけでいえば，世界の平均値の約２倍となっていますが，イ陸地の面積や人口を考えると，一人あたりが使える水の量は世界の平均値の約３分の１といわれています。世界の人口が増えていく中で，地球上に存在している水の量は変わりません。だからこそ，みんなで水の使い方や環境の保全を考えていく必要があるのでしょう。

（1）　文中の空らんａ～ｆに入る語句を答えなさい。

（2）　下線部アについて，地球上に存在するすべての水の量を14億km^{3}とすると，私たち人間が使える水の量は何万km^{3}ですか。

（3）　下線部イについて，次の問いに答えなさい。

①　日本の年間降水量は体積で表すと6500億ｍ^{3}です。このうち，35%が蒸発すると考えると日本で最大限利用可能な水は何億ｍ^{3}ですか。

②　①で求めた水の量のうち，実際に使用しているのは800億ｍ^{3}しかなく，残りはすべて河川や海に流れていきます。さらに，このうち国民全員が利用している生活用水の量は年間132億ｍ^{3}といわれています。この場合，国民一人が利用している水の総量は一日あたり何Ｌでしょうか。日本の人口を１億2500万人として小数点以下を四捨五入して整数で答えなさい。なお，１ｍ^{3}は1000Ｌです。

2　金属を熱したときの変化を調べるために実験を行いました。あとの問いに答えなさい。

［実験１］

図１のように金属の輪と，その金属の輪の内側の直径と等しい大きさの金属の球を用意する。球を熱した後再び輪を通してみる。

図１

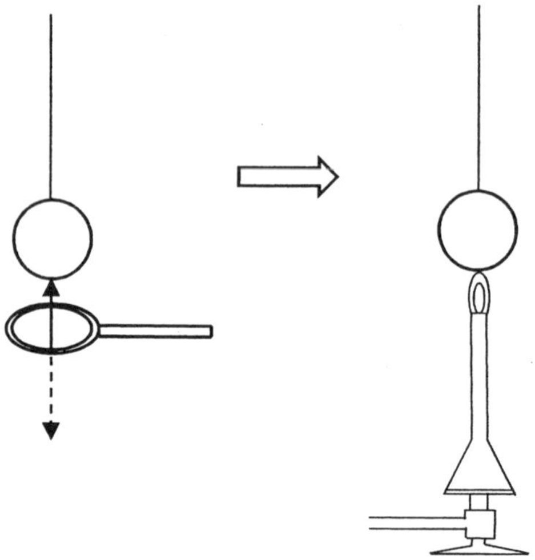

［実験２］

金属の棒にうすくろうをぬって図２のように熱した。

図２

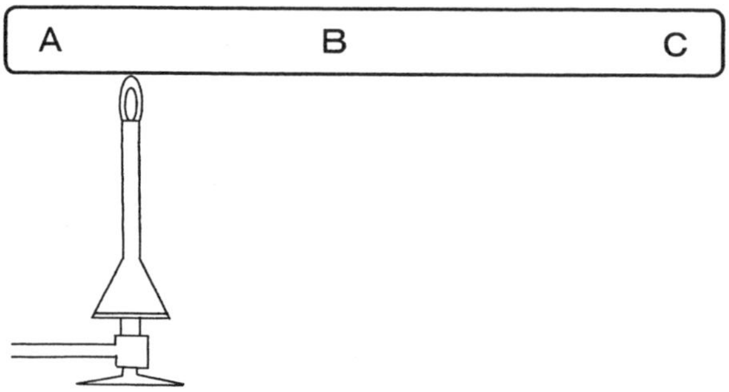

［実験３］

金属の板にうすくろうをぬって図３の×の真下から熱した。

図３

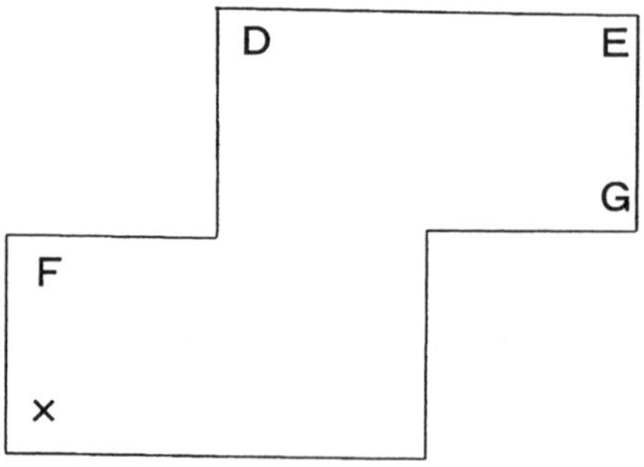

(１)　**実験１**で再び輪を通してみたときはどうなりますか。次の**ア**～**オ**から１つ選び，記号で答えなさい。

ア　球の質量が大きくなるので，金属の輪を通りぬけることができない。
イ　球の質量が小さくなるので，金属の輪を通りぬけることができる。
ウ　球の体積が大きくなるので，金属の輪を通りぬけることができない。
エ　球の体積が小さくなるので，金属の輪を通りぬけることができる。
オ　球の質量も体積も変化しないので，金属の輪を通りぬけることができる。

(２)　**実験１**で熱した球を氷水で冷やして，再び金属の輪を通してみるとどうなりますか。(１)の**ア**～**オ**から１つ選び，記号で答えなさい。

(３)　列車のレールは金属でできており，つなぎ目にはすき間があけてあります。その理由を簡単に書きなさい。

(４)　**実験２**で，熱が伝わりろうがとける順に**A**～**C**をならべなさい。

(５)　**実験３**で，最初にとけるろうの位置は**D**～**G**のどれですか。１つ選び，記号で答えなさい。

(６)　**実験３**で，最後にとけるろうの位置は**D**～**G**のどれですか。１つ選び，記号で答えなさい。

3　次の文章を読み，あとの問いに答えなさい。

太陽は，地球から約１億5000万km離《はな》れたところにある天体で，直径約139万km，地球の直径の約109倍の大きさがあると言われています。また，月は，地球から約38万km離れたところにある天体で，直径約3500km，地球の直径の約0.25倍の大きさがあると言われています。このように，太陽の直径は月の直径の約400倍ですが，地球から太陽までの距離《きょり》は，地球から月までの距離の約400倍なので，地球から見た太陽と月の大きさはほぼ同じ大きさに見え，そのため太陽・月・地球の位置関係でさまざまな天体現象を見ることができます。例えば日本では，2020年6月21日に，a月によって太陽がかくされる現象が，2020年11月30日に，b地球のかげによって月がかくされる現象が観測されました。

太陽は，どの国で観察しても，東からのぼり西へしずみます。これは，c地球が回っているからです。d北半球にある日本では東から南の空を通って西にしずみますが，南半球にあるオーストラリアでは，東から北の空を通って西にしずみます。太陽の光が当たると，かげができますが，e緯度《いど》や太陽の高度などにより，かげのでき方は変わります。

また，f日の出や月の出の時刻は一定でなく毎日変化しますが，これは，地球が太陽の周りを回っていることや，月が地球の周りを回っていることによります。

（1）　下線部ａの現象のように，太陽の一部または全部がかくされる現象の名前を答えなさい。

（2）　下線部ｂの現象は，地球から見て月がどのような形に見えるときに起こりますか。解答用紙の図に，月の見えない部分をぬりつぶして答えなさい。

（3）　下線部ｂの現象は，月が，図１の①～⑧のどの位置にあるときに観測できる可能性がありますか。１つ選び，番号で答えなさい。

図１

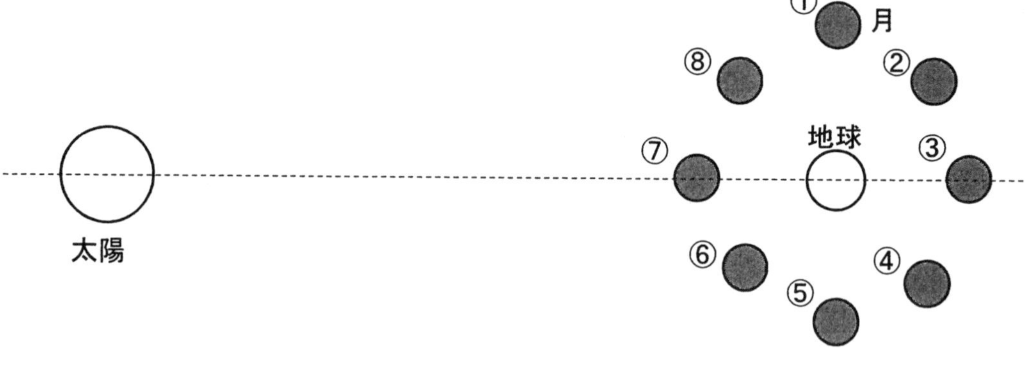

（4）　下線部 **c** の現象を何といいますか。名前を答えなさい。

（5）　下線部 **e** の現象を調べるために，星子さんは，**図２**のように目黒星美学園中学高等学校の校庭で垂直に立てた棒のかげの先がどこにくるのかを観察しました。**図３**は，夏至《げし》の日，秋分の日，冬至《とうじ》の日の３日の記録です。あとの問いに答えなさい。

図２

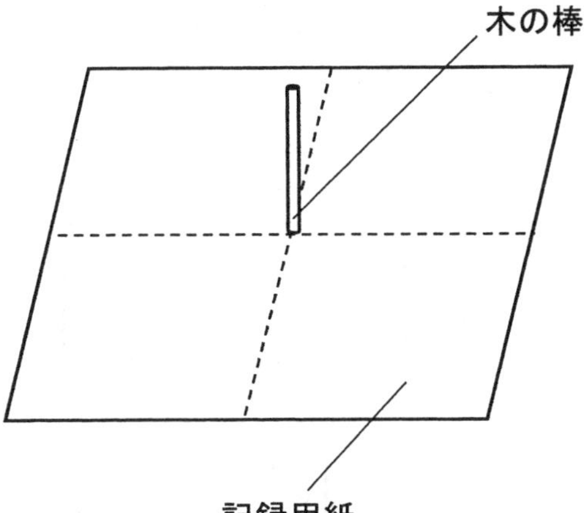

図３

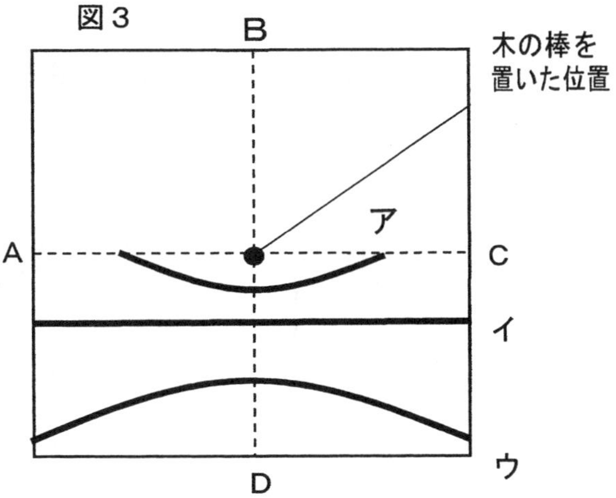

①　**図３**で，北の方角を表すのは，**A～D**のどれですか。１つ選び，記号で答えなさい。

②　**図３**で，夏至の日のかげは，**ア～ウ**のどれですか。１つ選び，記号で答えなさい。

③　**図３**で，秋分の日のかげは，**ア～ウ**のどれですか。１つ選び，記号で答えなさい。

④　目黒星美学園中学高等学校は，北緯35°にあります。南緯35°にあるオーストラリアのアデレードで，同じように実験をしたとき，秋分の日はどのような結果となりますか。下線部 **d** を参考にして，解答用紙に記入しなさい。

（6）　下線部 **f** に関して，東京都の２月１日の日の出の時刻は，午前６時42分です。東京都の午前６時42分ごろの地平線付近の太陽のようすを表しているものとして，正しいものを**ア～カ**から１つ選び，記号で答えなさい。

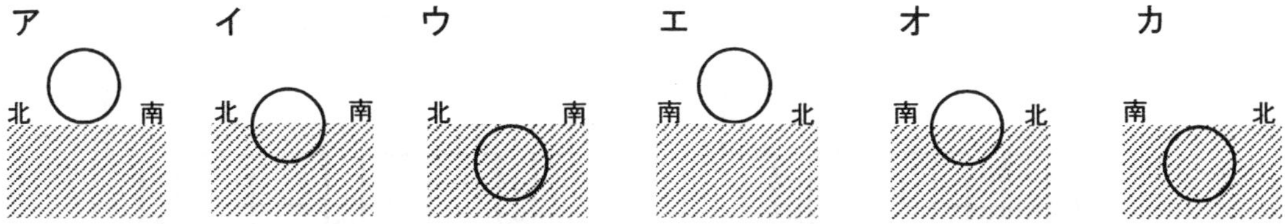

（7）　東京都の１月29日の月の出の時刻は，午後５時29分です。東京都の午後５時29分ごろの地平線付近の月のようすを表しているものとして，正しいものを（6）の**ア～カ**から１つ選び，記号で答えなさい。

4 電池に電熱線をつなぎ，その発熱によって，コップに入れた水30gをあたためる実験を行いました。これについて，あとの問いに答えなさい。ただし，電池や電熱線はすべて同じものとします。また，すべての実験において，はじめの水の温度は15.0℃とします。

［実験１］

図１～図３のように，１つの電池に直列につないだ電熱線をすべて水の入った１つのコップの中に入れ，20分後の水の温度を調べたところ，表１のようになりました。

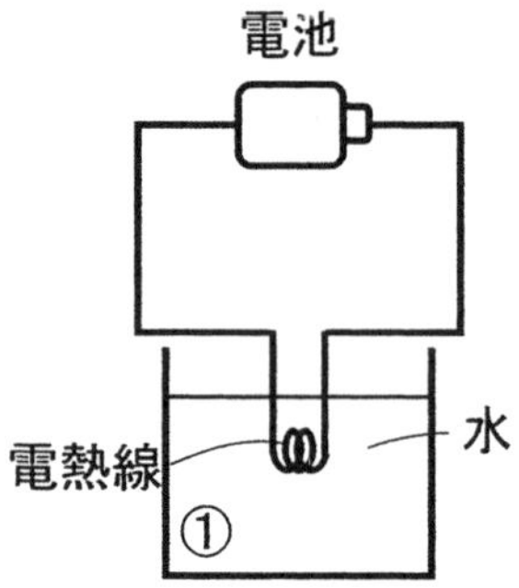

図１

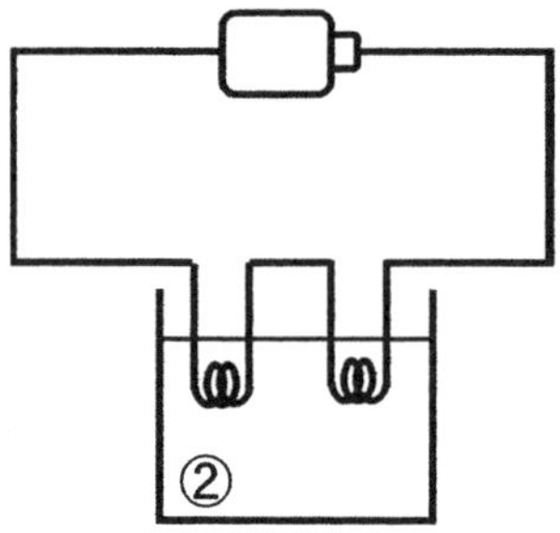

図２

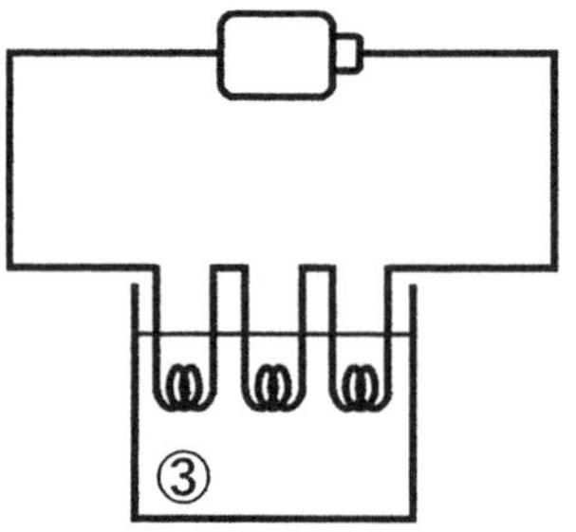

図３

表１

コップの番号	①	②	③
20分後の水の温度［℃］	22.2	18.6	17.4
水の上《じょう》昇《しょう》温度［℃］	7.2	3.6	2.4

［実験２］

図４と図５のように，１つの電池につなげる電熱線の数を変え，そのうちの１つの電熱線をコップの中に入れ，20分後の水の温度を調べたところ，表２のようになりました。

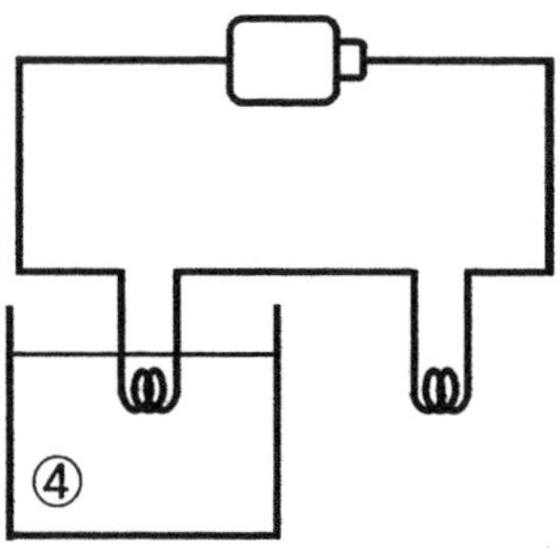

図４

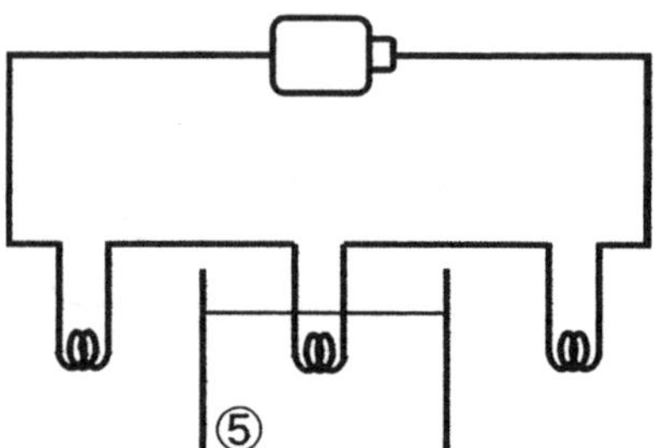

図５

表２

コップの番号	④	⑤
20分後の水の温度［℃］	16.8	15.8
水の上昇温度［℃］	1.8	0.8

［実験３］

図６と図７のように，異なる数の電池につないだ１つの電熱線をコップの中に入れ，20分後の水の温度を調べたところ，表３のようになりました。

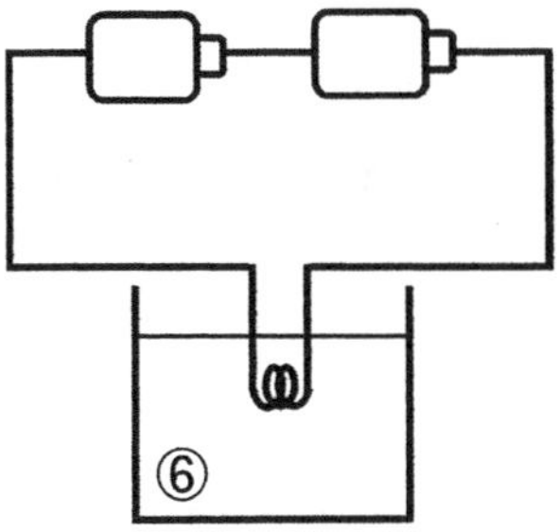

図６

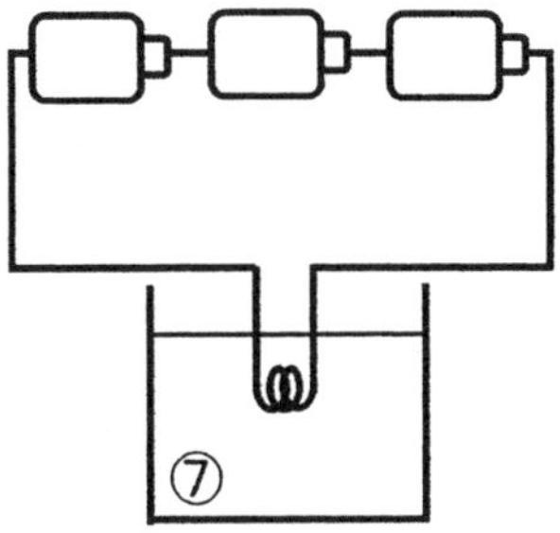

図７

表３

コップの番号	⑥	⑦
20分後の水の温度［℃］	43.8	79.8
水の上昇温度［℃］	28.8	64.8

［実験４］

図８～図10のように，電池や電熱線の数をさまざまに変え，20分後の水の温度を調べたところ，表４のようになりました。

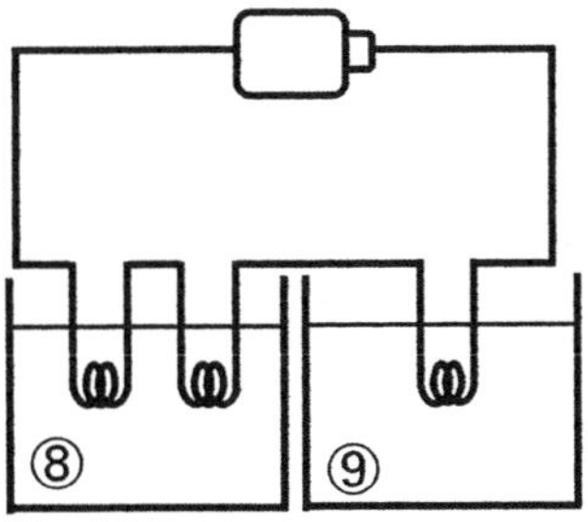

図８

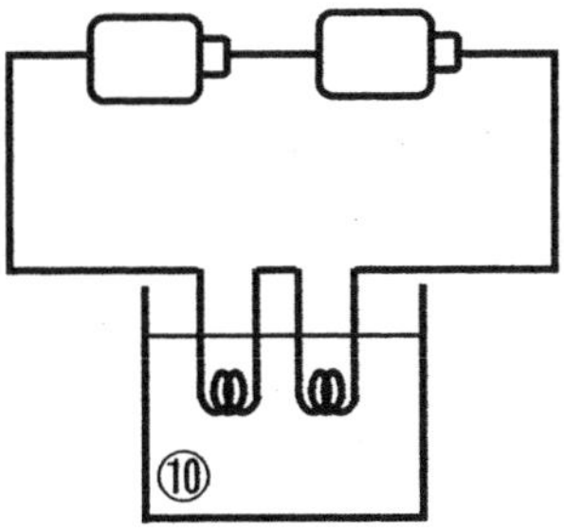

図９

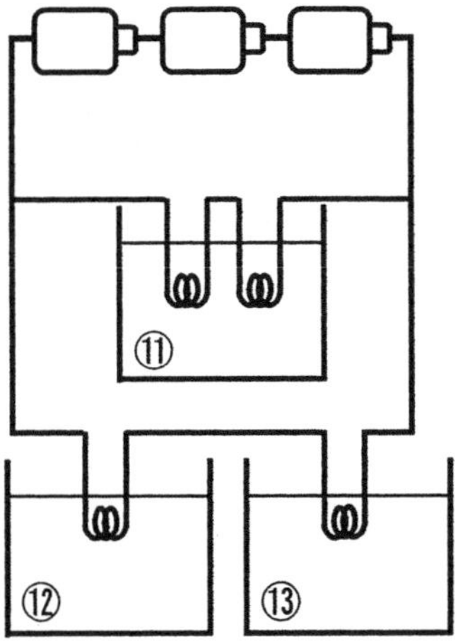

図 10

表４

コップの番号	⑧	⑩	⑫	⑬
20分後の水の温度［℃］	16.6	29.4	31.2	31.2
水の上昇温度［℃］	1.6	14.4	16.2	16.2

（1） 次の文は，１つの電池に直列につないだ電熱線の本数と，水の上昇温度の関係を表した文です。**実験１**の結果をもとに，空らんにあてはまる数を分数で答えなさい。

１つの電池に直列につないだ電熱線をすべて１つのコップに入れたとき，電熱線の本数が２倍，３倍，…になると，水の上昇温度は（　a　）倍，（　b　）倍，…になる。

（2） １つの電池に６本の電熱線を直列につなぎ，それらをすべて１つのコップに20分間入れたとき，水の上昇温度は何℃になりますか。必要ならば小数第２位を四捨五入して，小数第１位まで答えなさい。

（3） **実験２**から，１つの電池に直列につないだ５本の電熱線のうち１本をコップに入れたときの水の上昇温度は，コップ①の何倍になるか分数で答えなさい。

（4） **実験４**のコップ⑨と⑪の水の上昇温度を，それぞれ小数第１位まで答えなさい。

（5） ４つの電池に電熱線６本を直列につなぎ，そのうちの３本を水の入った１つのコップの中に入れたら，20分後の水の上昇温度は何℃になりますか。必要ならば小数第２位を四捨五入して，小数第１位まで答えなさい。

（6） 電熱線を１本用いて，水30ｇを10分の間で沸《ふっ》とうさせるには，直列につなぐ電池はいくつ以上あればよいか答えなさい。ただし，水は100℃で沸とうするものとします。

三 次の各問いに答えなさい。

問一　次の①～⑩の ―― 線部のカタカナは漢字に直し、漢字は読みを書きなさい。

① 天然シゲンが豊富だ。
② 強い日差しの中、畑をタガヤす。
③ ソッセンして仕事を引き受ける。
④ ここ一週間、カンダンの差が激しい。
⑤ 各地方のキョウド料理を調べる。
⑥ 平和を願う祈《いの》りをトナえた。
⑦ 人工エイセイを打ち上げる。
⑧ 山の頂に雪が残っている。
⑨ 大雪のため列車が立ち往生する。
⑩ 今年で創業して百年になる。

問二　次の①～③の□に入る語を〔　〕の意味になるようにあとから選び、それぞれ記号で答えなさい。

① □が合う　〔気が合うことを表すことば。〕
② 借りてきた□　〔いつもと違《ちが》って非常におとなしい様子のたとえ。〕
③ □の威《い》を借る狐《きつね》　〔権力を持つ者の力を頼《たよ》っていばる小人物のたとえ。〕

ア 虎《とら》　イ 犬　ウ 猿《さる》　エ 馬　オ たぬき　カ 猫《ねこ》　キ 鶴《つる》

問三　次の①・②の縦《たて》列の四字熟語を完成させたとき、「→」のところを左から右に読んで完成する四字熟語をそれぞれ答えなさい。

①

			二	
			者	起
	以	臨	択	承
→	□	□	□	□
	伝	応		結
	心	変		

②

				一
	前			方
	途	一	質	通
→	□	□	□	□
	望	一	剛	
		句	健	

問七　——線部⑤「箸の扱い方が下手な人も多い気がする」とありますが、筆者はなぜ「箸の扱い方」は正しくあるべきだと考えているのですか。それを説明した次の文の空らんに入る十一字の言葉を本文中からさがし、ぬき出して答えなさい。

箸をきちんと扱うことはささいなことのように思われるが、かえってそこに〔　　　　　　〕と考えているから。

問八　次の一文を本文中に戻《もど》すとしたらどこに入りますか。——線部③より前からさがし、この文が入る直後の文の、初めの五字をぬき出して答えなさい。

〈今日の日本の状況《じょうきょう》は、あらゆるものを取捨選択するものさしが「堅苦しいものでないほうがいい」とか「楽しければいい」になっているようだ。〉

問九　本文の内容と合っているものを次の中から一つ選び、記号で答えなさい。

ア　箸を使った食事作法には、昔の封建的な意味合いもあるので、その伝統を受《う》け継《つ》ぐ必要は全くない。
イ　箸でもナイフとフォークでも食事をする時のマナーは同じで、人を年齢《ねんれい》や職業で差別してはいけない。
ウ　箸を使うことで受け継がれたり、みがかれたりする人間の品性もあるので、作法として学ぶ方が良い。
エ　箸を使った食事作法から自分の口に入る食材の汚染問題を考えるのは良いことだが、神経質でもある。

問二　――線部ａ「洋の東西」・ｂ「言うなかれ」の意味として適切なものをそれぞれ次の中から選び、記号で答えなさい。

ａ「洋の東西」　ア　洋食か和食か　イ　太平洋か大西洋か　ウ　東洋か西洋か　エ　高価か安価か

ｂ「言うなかれ」　ア　言ってはならない　イ　言ってもよい　ウ　言うべきだ　エ　言っても過言ではない

問三　――線部①「礼儀」とありますが、このとき上司の言った言葉として［　Ｉ　］に入るのに適切なものを次の中から選び、記号で答えなさい。

ア　年配の人が何か話を始めたら、すぐに食べるのをやめて話を聞きなさいよ。
イ　年配の人がいたら、その人が箸を取ってから、それに合わせて取るのだよ。
ウ　年配の人がいたら、その人に好きなものを譲《ゆず》って、自分は我慢《がまん》をしなさいよ。
エ　年配の人が箸を持ったら、その人が食べ終わる前に必ず食べ終わるべきだよ。

問四　――線部②「わたしたちの先人がそこにこめて言い伝えたかった『なにものか』」とありますが、この「なにものか」とは何だと筆者は考えていますか。それを説明した次の文の空らんに十字以内で言葉を補い、文を完成させなさい。

私たちの口に入る食材を作っている農家の方々や日光、水、空気などへの（　　　　　　）の気持ち。

問五　――線部③「いくら」が直接かかっていく言葉として適切なものを次の中から選び、記号で答えなさい。

ア　人が　イ　種を　ウ　まいても　エ　野菜は　オ　育たない

問六　――線部④「人生の先輩に対しての敬意と配慮」とありますが、それを具体的な行動で表している人の様子を描いた一文を本文中のここより前からさがし、その初めの五字をぬき出して答えなさい。

という気持ちはうすれてしまっている。しかし、いくら自分がお金を払《はら》って得た食べ物でも、感謝を忘れてただお腹《なか》に入れるだけでいいのだろうか。

[B] 野菜ひとつとっても、農家で野菜の種をまいて作られる。農家の方々の努力で収穫《しゅうかく》される。しかも、③いくら人が種をまいても、日光、水、空気がなければ野菜は育たない。そして、考えてみれば、この太陽も水も空気も、どれもこれも、人間が作ったものは一つもないのである。

こうした重大な事実を忘れていると、水を、空気を汚染《おせん》しても、人は罪悪を感じなくなる。感じないから、汚染に鈍感《どんかん》になる。自分たちで自分たちが食べる食材を汚染してしまっても平気になってしまうのだ。

箸は、人間の口とこのありがたい恵《めぐ》みで育った食物の間を「橋渡《はしわた》し」するから箸という。それを忘れないためにも、先人は箸の使い方にも心を配ったのではないだろうか。そして、こうしたことの一つが、食事の同伴者《どうはんしゃ》が年配者なら、その人に遠慮して、合わせて箸を取り置く作法なのではないだろうか。時代が変わり、何でも平等だと言われるが、やはり④人生の先輩《せんぱい》に対しての敬意と配慮《はいりょ》を忘れてはならないだろう。

最近は鉛筆《えんぴつ》の握《にぎ》り方がおかしい人が増えたと思っていたら、⑤箸の扱《あつか》い方《かた》が下手な人も多い気がする。最初、右手で箸の中ほどを上から取り、左手をそえて右手に持ち直すのが正式である。これがもっともスムーズで美しいしぐさだ。

作法というのは、堅苦《かたくる》しいように見えるが、いったん身につくと、いちばん無《む》駄《だ》のない合理的な動作なのだ。

また、人間は、重要な仕事に向かうときは心して向かうが、反対に、とるに足りないことに対してはあまり神経を使わないから、その人の心模様《こころもよう》がそのまま表われる。[C]、小さなことにその人の人格が表われるのだ。心の品性をみがこうとするなら、作法を学ぶことだ。箸の使い方にまで気配りができる人は、繊細《せんさい》な人にちがいない。たかが箸の上げ下げとb言うなかれ、である。

（『人生はゆっくり変えればいい！』　藤原　東演　）

※　封建的　＝　上下関係を重んじて、個人の権利や自由を軽んじるさま。

問一　[A]～[C]に入る言葉として適切なものをそれぞれ次の中から選び、記号で答えなさい。

ア　つまり　　イ　さて　　ウ　そして　　エ　だが　　オ　たとえば

二　**次の文章を読んで、あとの問いに答えなさい。**

入社して二年目のA君が、仕事の関係で他社の人と食事をした。なにげなく箸《はし》を取って食べ始めたら、横に座《すわ》っている上司から、「君は①礼儀《れいぎ》を知らないのか。［Ｉ］ご両親から教えてもらわなかったのか」と不快な顔で言われた。A君は「箸の上げ下げまでこまごま言わないでほしいよ」と思ったが、場が場だけに我慢《がまん》した。そして帰宅して、母親にこのことを話してみた。すると母親は「そうね。昔はよく言われたものよ。でも、家ではお父さんは仕事で遅《おそ》くて家族で食事をすることもほとんどなかったから、お父さんも箸のことでうるさく言わなかったのね」と答えたという。

このように、今日ほとんどの日本の家庭で、箸の使い方や食事作法の伝統が継承《けいしょう》されなくなってはいないだろうか。

だからA君の気持ちも理解できる。

［Ａ］、気持ちは理解できるが、だから伝統を知らなくていいということにはならないと思う。

わたしの二番目の妹の夫はスペイン人である。家で一緒《いっしょ》に食事をしたとき、なかなか父が現れないので、彼《かれ》に「先に食べたらどうか」と勧《すす》めたら、「お父さんが来られるまで待ちましょう」と決して箸を取らなかった。

スペインでもフォークやナイフを使うとき、その家の主人や年長者に遠慮《えんりょ》する習慣があるにちがいない。食事の道具は異なってもａ洋の東西を問わず、その上げ下げについても食事作法が同じであることがとても興味深かった。

もう時代も変わり、そんな※封建《ほうけん》的な習慣なんか、と思われるかもしれないが、はたしてそう簡単に食事作法の伝統を「無用」と切り捨てていいのだろうか。

これは、あまりに単純で感覚的なものさしだ。

だから、食事の作法についても、②わたしたちの先人がそこにこめて言い伝えたかった「なにものか」がまったくくみ取られず、欠落してしまっているのではないか。だとしたら、とても問題だと思うのである。

その結果、わたしたちの食事は「グルメをしたい」という好みを満たすものか、「栄養をバランスよく取る」という健康を考えたカロリー計算の対象か、もしくは「腹さえいっぱいにすればいい」とインスタント食品ばかり食べるのかの、どれかに偏《かたよ》りつつあるようだ。

これでは他の動物とあまり変わらないことになる。

人間には人間らしい品性があるはずだ。

貧しい時代、人は食事を一回だけでもいただけたら、ありがたかった。今は三食欠かさないのが当たり前で、特に「感謝していただく」

問八　――線部⑤「大事な大事な最初の一音を、盛大に外した」とありますが、これ以降の演奏を通じて、基の気持ちはどのようになりましたか。適切なものを次の中から選び、記号で答えなさい。

ア　一緒に演奏をすることで、憧れていた瑛太郎の演奏がひどいものだったということに気づき、尊敬する気持ちがうすれていった。

イ　基と遊んでいるかのように、弾《はず》みながら音を奏《かな》でる瑛太郎と一緒に演奏をすることで、不思議と悩んでいた気持ちがなくなっていった。

ウ　憧れの瑛太郎に特別指導を受けたことで、弱点を克服《こくふく》することができたので、基の中にあった不安が自然と消えていった。

エ　コーチである瑛太郎が楽譜通りの演奏をしなかったので、なぜこんなふざけた演奏をするのだろうと不信感がつのっていった。

問九　――線部⑥「こういう気持ちに、コンクールのステージでなれたらいい」とありますが、このとき基は、自分と瑛太郎の演奏からどのようなことに気づいたのですか。それを説明した次の文の空らんに入る言葉を、十字以上十五字以内で書きなさい。

自分に足りなかったのは、湧《わ》き出《で》てくる音に身を委ねながら、自分自身が（　　　　　　　　　）ことだったということ。

問二　A に入る言葉として適切なものを次の中から選び、記号で答えなさい。

ア　はっきりと　　イ　のんびりと　　ウ　じっくりと　　エ　さらりと

問三　――線部①「自分の愚かさ」とありますが、基はどういうことに「愚かさ」を感じていますか。それについて説明した次の文の空らん１・２に入る言葉を、ここより前の本文中から指定の字数でさがし、ぬき出して答えなさい。

部長という立場にありながら、〔1　七字　〕も発揮できず、〔2　五字　〕のことしか考えられていないこと。

問四　――線部②「両目の奥に鈍い痛みが走った」とありますが、このときの基の気持ちとして適切なものを次から選び、記号で答えなさい。

ア　自分が部長であることを忘れるくらいに演奏に没頭《ぼっとう》しているのに、池辺先輩のことが頭から離《はな》れず、思い悩む気持ち。

イ　自分の思《おも》い描《えが》いているように演奏したいという一心で練習しているが、思うように吹けず、行《い》き詰《つ》まっていて苦しい気持ち。

ウ　どんなに練習しても上手くいかず、あきらめるしかないのはわかっているが、受け入れることができずに悔《くや》しい気持ち。

エ　部長になったことで部員をまとめることに必死になるあまり、自分らしさを見失ってしまい訳がわからず動揺《どうよう》する気持ち。

問五　――線部③「自分の理想」と同じ内容を表す十二字の言葉を、ここより後の本文中からさがし、ぬき出して答えなさい。

問六　瑛太郎が基を部長にしたのはなぜですか。――線部④「君は、不破瑛太郎が…」以降の会話を読み、本文中の言葉を使って、三十五字以内で書きなさい。（「、」や「。」も字数に入れます。）

問七　X ・ Y に入る言葉の組み合わせとして適切なものを次の中から選び、記号で答えなさい。

ア　X：青い海に変えるくらいはしてやろう　　Y：青い海

イ　X：泳ぎ方を教えるくらいはしてやろう　　Y：泳ぎ方

ウ　X：一緒に泳ぐくらいはしてやろう　　Y：一緒に

エ　X：別々に藻掻くくらいはしてやろう　　Y：藻掻く

自分がアルトサックスのファーストを吹けばいいのか、セカンドの楽譜に従って吹けばいいのかもわからないまま、瑛太郎の音に引《ひ》き摺《ず》られるようにして曲は進む。無茶苦茶だ。彼はファーストを吹いたと思ったらさっとそれを基に譲《ゆず》り、クラリネットやトランペットのパートを吹いたりした。油断すると戻《もど》ってきて、基が吹こうとした主旋律《しゅせんりつ》を奪《うば》う――と思ったら、ぽいと基に返してくる。彼の頭にはスコアが叩《たた》き込《こ》まれていて、ひょいひょいといろんなパートを行ったり来たりできるのだ。面白《おもしろ》そうなところ、楽しそうなところに、自由気ままに。

ふざけやがって。

そんな言葉が、ふっと湧《わ》き上がってくる。ああ、なんてふざけた演奏だ。あたふたと演奏する基のことを、楽しそうにこの人は見ている。さっきまでいろいろ悩《なや》んでいたのに。今日まで苦しい思いをしてきたのに。恐《おそ》らく、明日からもするのに。

不思議なもので、そんな不安とかうんざりした気持ちが、ベルから音になって飛んでいく。ステンドグラス越《ご》しに青く発光しながら、くるくる回って消えていく。

音も合ってないし、テンポもずれている。和音も歪。コンクールだったら減点の嵐《あらし》だ。

でも、

でも。

困ったことに、堪《たま》らなく楽しかった。スケルツァンドって、きっとこういうことだ。不破瑛太郎と自分が今、一緒《いっしょ》に演奏しているんだという事実を、基は噛《か》み締《し》めた。何だか、口の中が甘《あま》かった。花のような甘い香《かお》りが鼻孔《びこう》をくすぐった。

⑥こういう気持ちに、コンクールのステージでなれたらいい。そうしたらきっと、僕たちは全日本にだってどこにだって行ける。

（『風に恋う』額賀　澪　）

※　スケルツァンド＝コンクールで演奏する自由曲名。スケルツァンドとは、「楽しく、たわむれぎみに」という意味の言葉。

問一　══線部ａ「うな垂れた（うな垂れる）」の意味として適切なものを次の中から選び、記号で答えなさい。

ア　気持ちが沈《しず》んでうつむく　イ　嫌《いや》なことにうなされる　ウ　悲しくて落《お》ち込《こ》む　エ　はっと気づかされる

「でも、僕は先生の『スケルツァンド』を聴《き》いて、どうして自分はあんな風に吹けないんだろうって、毎日毎日…毎日思いました。今だって思ってます」

「では、そんな茶園に一つアドバイスをしよう」

十字架を背に、瑛太郎はサックスのキーに指をかけた。

「憧れの向こう側にあるものは、追いつけなくて当然だ。だから焦《あせ》らなくていい。君は君の理想を、コンクールまでじっくり追いかけていけばいい」

「でも部長は自分のことばかりじゃいけない」

「みんなに気を配ってほしいとか、上級生相手にリーダーシップを発揮してほしいなら、俺は茶園を部長になんてしなかったよ」

「じゃあ、どうして」

自然と俯《うつむ》いてしまっていた顔を上げて、基は問いかけた。喉《のど》が軋《きし》んで声にならなかったのに、瑛太郎にはちゃんと届いていた。

「お前がオーディションに受かることじゃなくて、自分の理想を追いかけることに一生懸命《いっしょうけんめい》になれる奴《やつ》だからだよ」

ははっと笑った彼の口が、マウスピースに触《ふ》れる。ふう、と息を吹き入れ、音を伸《の》ばす。低い音から高い音へ、高い音から低い音へ。

「あの……」

そんな［A］言わないでほしい。音出しの合間の雑談みたいな扱《あつか》い、しないでほしい。できることならもう一度同じ台詞《せりふ》を言ってほしい。

彼の今の言葉を、一生、自分の中に焼き付けておきたかった。

「先生は、今から何をするつもりですか」

「砂の海を藻掻《もが》きながら泳いでいるのを助けてやることはできないが、［X］と思って」

「［Y］……って」

「オーディション前だと茶園に特別指導したって誤解されると思って、控《ひか》えてたんだ」

『スケルツァンド』、頭から。そう言って彼は音出しを続ける。慌《あわ》ててサックスに息を吹き入れたが、満足に音出しもできないまま、瑛太郎は「ワン、ツー、さん」と合図を送ってきた。

⑤大事な大事な最初の一音を、盛大に外した。口が力んでリードが上手く振動《しんどう》せず、悲鳴のような甲高《かんだか》い声がこぼれる。歪《いびつ》な音が不格好に間延びして、瑛太郎が噴《ふ》き出《だ》した。そのせいで彼の音も揺《ゆ》れる。まるで、スキップでもするみたいに。

「少し前から気になってたんだ」

リードをマウスピースに取り付けて、瑛太郎は立ち上がる。「出しなよ」と基が肩《かた》から提《さ》げたサックスのケースを指さした。

「茶園は、どうも自分の演奏に納得がいってないみたいだって。まさかオーディションで自分に手を挙げないとは思わなかったけど」

楽器ケースを開けた基は、彼《かれ》の言葉にａうな垂れた。

「茶園、この前堂林とここで、俺《おれ》が『※スケルツァンド』を吹いてるのを覗《のぞ》いただろ」

「ばれてたんですね」

基がリードを準備し楽器を組み立てるのを、瑛太郎は座席に座って待っていてくれた。リードをマウスピースに固定しながら、基は淡《あわ》い青色に染まる十字架《じゅうじか》を見上げた。

「楽《がく》譜《ふ》通り正確なリズムや音程で吹けるとか、指のテクニックとか、そういうのは練習すれば何とかなります。そうじゃなくて、先生みたいに吹いてみたいなって思って。でも僕の力じゃ逆立ちしても真似《まね》できなくて」

適切な表現がすぐに出てこなくて、基は口をぱくぱくと数回動かした。

「砂の……砂の海みたいなところを、ずっと泳いでいるんです。カラカラで、息ができなくて、出口がなくて、苦しいんです」

②両目の奥《おく》に鈍《にぶ》い痛みが走った。風船が膨《ふく》らむみたいにそれは大きくなって、目《め》頭《がしら》が熱くなる。やはり自分の胸を占めているのはこれなのだ。池辺先輩のこと、部長としての至らなさ。それらを小さく感じてしまうくらい、自分は自分の演奏に夢中になっている。

「③自分の理想に追いつきたいのに追いつけないっていうのは、しんどいもんだ」

「しんどいです」

擦《かす》れた声で基が頷《うなず》くと、瑛太郎が立ち上がった。基が楽器の準備を終えたのを見て、

「しんどいよな」と繰《く》り返《かえ》す。

「茶園には魔《ま》法《ほう》がかかってるみたいだ。ていうか、魔法じゃなくて、呪《のろ》いかな」

基を指さしたあと、瑛太郎は自分の顔を指さした。

「④君は、不破瑛太郎が素晴らしい人間だという思い込《こ》みが強すぎる」

どこか自《じ》嘲《ちょう》気味に、そんなことを言う。

「確かに俺は七年前に千学の部長で、テレビにも出て、全日本にも出場した。茶園はそれに憧《あこが》れて吹奏楽部を始めたかもしれない。でも、今の俺はただのコーチだ」

二〇二一年度　目黒星美学園中学校

【国　語】〈第一回午前試験〉（五〇分）〈満点：一〇〇点〉

一　次の文章を読んで、あとの問いに答えなさい。

茶園基《ちゃえんもとき》は、吹奏楽《すいそうがく》部の名門千学高校に入学し、コーチの瑛太郎《えいたろう》から一年生ながら部長を任された。瑛太郎の考えで、オーディションでは、部員がコンクールメンバーにふさわしい演奏に手を挙げるという方法で、コンクールのメンバーを選ぶことになった。

「池辺《いけべ》のことは、茶園はどう思ってるんだ」

床《ゆか》に膝《ひざ》をつき、リードを口に含《ふく》んで湿《しめ》らせながら瑛太郎が聞いてくる。

「僕《ぼく》が部長になったのが気に入らないんだってわかってるんです。先輩《せんぱい》だからってオーディションで遠慮《えんりょ》をするつもりもなかったし、自分がメンバーに選ばれてよかったと思ってます」

「受かったのはちゃんと嬉《うれ》しいんだな。よかったよ」

「コンクールメンバーになれて、もちろん嬉しいです。ただ、本当に自分が思ったように吹《ふ》けなくて、悔《くや》しかったんです」

「なるほど」

リードを咥《くわ》えたまま満足そうに笑う瑛太郎の横顔に、基は「でも」と続けた。

「僕は、オーディションで池辺先輩が落ちたこと、眼中にありませんでした」

自分の演奏が思った通りにいかなかった。理想からほど遠かった。瑛太郎の背中が見えもしなかった。心を占《し》めていたのはそんな思いばかりで、池辺先輩がオーディション落ちしたのに、同じパートのメンバーとしても、部長としても、何も気にかけなかった。

「僕は自分のことで精一杯《せいいっぱい》でした。池辺先輩のことだけじゃなくて、部長として上手《うま》くやれてるとも思えないし、玲於奈《れおな》や堂林《どうばやし》の方が余《よ》程《ほど》リーダーシップがあるし」

話しながら、どんどん①自分の愚《おろ》かさが身に染みてきた。無音が怖《こわ》くて、そのまま「すみませんでした」と瑛太郎に頭を下げた。

2021年度

目黒星美学園中学校　▶解説と解答

算　数　＜第１回午前試験＞（50分）＜満点：100点＞

解　答

1　① 38　② 0.75　③ $\frac{1}{6}$　④ 9　⑤ 9　⑥ 72　⑦ 2000　⑧ 135　⑨ 48　⑩ 19　⑪ 700　⑫ 40.5　⑬ 7　2　(1) 365853　(2) 5　(3) 60個　3　(1) 25.12cm　(2) 17.12cm^2　4　(1) 23人　(2) 6.91点　(3) 7点　5　*A* 5　*B* 11　*C* 4　*D* 13　*E* 16　6　(1) **表面積**…216cm^2，**体積**…216cm^3　(2) 176cm^3

解　説

1　四則計算，逆算，単位の計算，角度，比の性質，仕事算，分配算，流水算，場合の数

(1)　$124-(27+16)\times2=124-43\times2=124-86=38$

(2)　$0.125\times8-2.75\div11=1-0.25=0.75$

(3)　$\left(\frac{4}{5}+\frac{1}{2}\right)\times\frac{5}{13}-\frac{1}{3}=\left(\frac{8}{10}+\frac{5}{10}\right)\times\frac{5}{13}-\frac{1}{3}=\frac{13}{10}\times\frac{5}{13}-\frac{1}{3}=\frac{1}{2}-\frac{1}{3}=\frac{3}{6}-\frac{2}{6}=\frac{1}{6}$

(4)　$15\times(18+35\div7)=15\times(18+5)=15\times23=345$より，$(24+72\div\square)\times12-345=39$，$(24+72\div\square)\times12=39+345=384$，$24+72\div\square=384\div12=32$，$72\div\square=32-24=8$　よって，$\square=72\div8=9$

(5)　$\left(25-\square\times1\frac{1}{3}\right)\div6\frac{1}{2}=2$より，$25-\square\times\frac{4}{3}=2\times6\frac{1}{2}=2\times\frac{13}{2}=13$，$\square\times\frac{4}{3}=25-13=12$　よって，$\square=12\div\frac{4}{3}=12\times\frac{3}{4}=9$

(6)　分速1200mは時速になおすと，1200×60÷1000＝72(km)(…⑥)となる。また，分速1200mは秒速になおすと，1200÷60＝20(m)より，2000cm(…⑦)と求められる。

(7)　右の図１で，角AOCの大きさは，$360\times\frac{2}{12}=60$(度)，角AOBの大きさは，$360\times\frac{5}{12}=150$(度)であり，三角形AOC，三角形OABはそれぞれ二等辺三角形なので，角イ＝角ウ＝(180−60)÷２＝60(度)，角エ＝(180−150)÷２＝15(度)となる。よって，三角形CADの内角と外角の関係より，角アの大きさは，60＋60＋15＝135(度)と求められる。

図１
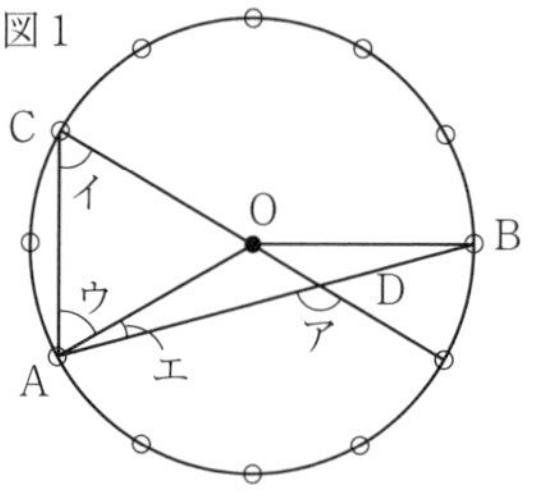

(8)　右の図２のようにして比をそろえると，Ａさん，Ｂさん，Ｃさんのおはじきの個数の比は９：12：10とわかる。よって，Ｂさんのおはじきの個数は，$124\times\frac{12}{9+12+10}=124\times\frac{12}{31}=48$(個)と求められる。

図２
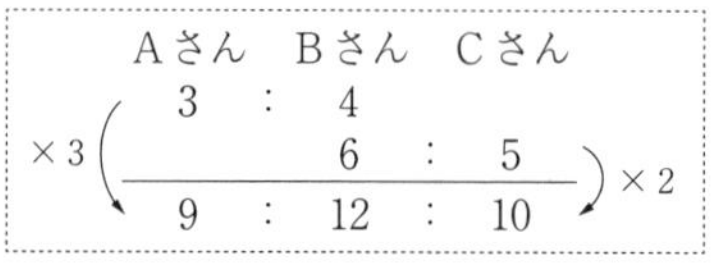

(9)　仕事全体の量を16と20の最小公倍数である80とすると，Ａさんが１日でする仕事量は，80÷16＝５，Ｂさんが１日でする仕事量は，80÷20＝４となる。この仕事をＡさんが４日間すると，残っ

ている仕事の量は，80－５×４＝60なので，Ｂさんがあと，60÷４＝15(日間)仕事をすれば，この仕事は終わる。よって，Ａさんが始めてから，４＋15＝19(日間)で仕事が終わる。

⑽　Ｃさんがもらった金額を①として図に表すと，右の図３のようになる。このとき，３人の合計金額は，①＋(①＋200)＋(①＋200＋①－200)＝④＋200(円)となり，これが3000円にあたる。よって，④＋200＝3000，④＝3000－200＝2800，①＝2800÷４＝700(円)となるので，Ｃさんは700円もらったとわかる。

図３

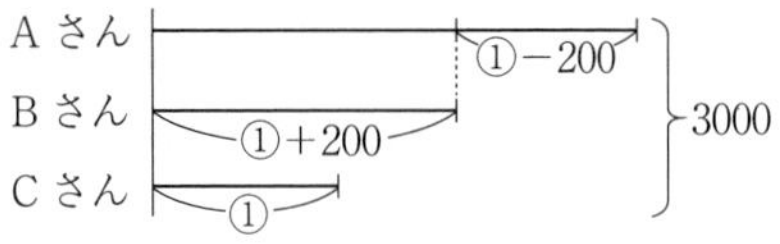

⑾　右の図４のように表すと，流れの速さは時速，(45－36)÷２＝4.5(km)となる。よって，川の流れのないところでの(静水時の)ボートの速さは時速，45－4.5＝40.5(km)とわかる。

図４

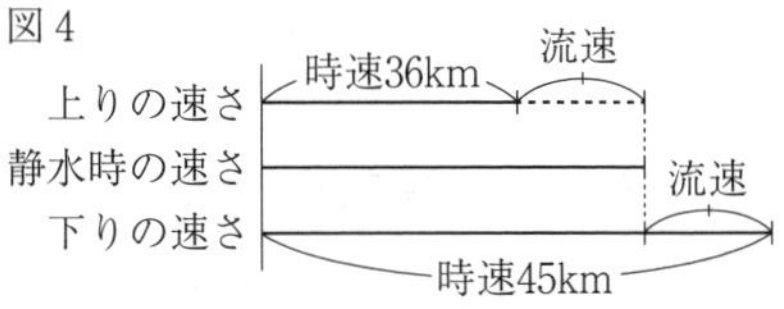

⑿　選んだ２つの数字の積が６の倍数になるカードの選び方は，(１，６)，(２，３)，(２，６)，(３，４)，(３，６)，(４，６)，(５，６)の７通りある。

2　周期算

⑴　15÷41＝0.365853…より，アに入る数は365853である。

⑵　⑴より，$\frac{15}{41}$を小数になおすと，小数点以下の数は{３，６，５，８，５}という５個の数がくり返される。よって，100÷５＝20より，小数第100位の数は，小数第５位と同じ５とわかる。

⑶　⑵より，$\frac{15}{41}$の小数第１位から第100位までの間に，{３，６，５，８，５}という５個の数がちょうど20回くり返されている。５個の数の中に奇数《きすう》は３，５，５の３個あるので，小数第１位から第100位までの間に，奇数は，３×20＝60(個)ある。

3　平面図形—長さ，面積

⑴　Ａの部分の周の長さは，直径が２cmの半円，直径が，２＋４＝６(cm)の半円，直径が，２＋２＋４＝８(cm)の半円の弧《こ》の長さを足したものである。よって，その長さは，$2\times3.14\times\frac{1}{2}+6\times3.14\times\frac{1}{2}+8\times3.14\times\frac{1}{2}=1\times3.14+3\times3.14+4\times3.14=(1+3+4)\times3.14=8\times3.14=25.12$(cm)と求められる。

⑵　正方形OPQRの対角線の長さは，円の半径と同じ４cmなので，正方形OPQRの面積は，４×４÷２＝８(cm^2)である。よって，しゃ線部分の面積は，$4\times4\times3.14\times\frac{1}{2}-8=25.12-8=17.12$($cm^2$)と求められる。

4　グラフ—平均とのべ

⑴　問題文中のグラフより，それぞれの得点に何人いるかを表にすると，右のようになる。よって，このクラスの人数は，１＋２＋５＋７＋６＋２＝23(人)と求められる。

点	4	5	6	7	8	9
人	1	2	5	7	6	2

⑵　表より，Ａ組の全員の合計点は，４×１＋５×２＋６×５＋７×７＋８×６＋９×２＝４＋10＋30＋49＋48＋18＝159(点)となる。よって，Ａ組の平均点は，159÷23＝6.913…より，四捨五入して小数第２位まで求めると，6.91点となる。

⑶　Ｂ組の全員の合計点は，7.1×20＝142(点)である。また，Ａ組とＢ組を合わせた人数は，23＋20＝43(人)で，43人全員の合計点は，159＋142＝301(点)となる。よって，Ａ組とＢ組を合わせた

全体の平均点は，301÷43＝７（点）と求められる。

5 整数の性質，条件の整理

１から20までの整数のうち，約数の個数が５個の整数は16のみなので，$E=16$とわかる。また，EはCの倍数なので，Cは16の約数であり，１，２，４，８のいずれかとなる。これらのうち，約数の個数が３個なのは４のみなので，$C=4$となる。さらに，５つの整数のうち，２けたの整数は３つ，１けたの整数は２つであり，A，B，Dは素数で小さい順に並んでいるから，Aは１けたの素数，B，Dは２けたの素数である。１から20までの整数のうち，１けたの素数は２，３，５，７，２けたの素数は11，13，17，19があるが，$A+B+D=29$なので，A，B，Dとして考えられる整数は，５，11，13しかない。以上より，$A=5$，$B=11$，$C=4$，$D=13$，$E=16$とわかる。

6 立体図形―表面積，体積

(1)　表面積は，１辺６cmの正方形６つ分の面積なので，$6\times6\times6=216(cm^2)$となる。また，体積は，$6\times6\times6=216(cm^3)$と求められる。

(2)　問題文中の図Bの四角柱の体積は，$2\times2\times6=24(cm^3)$である。ここで，２つの四角柱が重なっている部分（右の図で色をつけた部分）は，１辺が２cmの立方体なので，その体積は，$2\times2\times2=8(cm^3)$である。よって，くりぬいた部分の体積は，$24\times2-8=40(cm^3)$だから，残った立体の体積は，$216-40=176(cm^3)$と求められる。

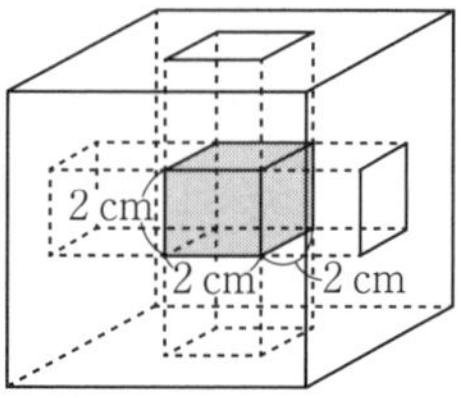

社　会　＜第１回午前試験＞（理科と合わせて50分）＜満点：50点＞

解　答

1　問１　(ハ)　問２　(1)　(イ)　(2)　(ロ)　問３　(ハ)　問４　(ニ)　**2**　(ニ)　**3**　問１　貝塚　問２　稲　問３　(ハ)　問４　はにわ　問５　仏教　問６　(イ)　問７　(1)　(ハ)　(2)　(ロ)　問８　(ロ)　問９　(イ)　問10　生類　問11　(ニ)　**4**　問１　(イ)　問２　武漢　問３　行政　問４　(ニ)　問５　(ハ)　問６　(ロ)　問７　(ロ)　問８　(ニ)

解　説

1 環境問題や日本の地形，産業についての問題

問１　(イ)「フロンガス」ではなく「二酸化炭素」が正しい。　(ロ)「凍土《とうど》化」ではなく「砂漠化」，「永久凍土」ではなく「黄砂」が正しい。　(ハ)　森林伐採《ばっさい》とその影響について，正しく説明している。　(ニ)　自動車の排気ガスや工場のけむりにふくまれる硫黄《いおう》酸化物や窒素《ちっそ》酸化物は，酸性雨の原因となる。オゾン層の破壊は，フロンガスの使用によって引き起こされる。また，オゾン層の破壊は地球に降り注ぐ紫外線の量を増加させ，皮膚《ひふ》がんなどの病気を引き起こすとされている。

問２　(1)　栃木県は関東地方北部に位置する内陸県で，右上がりの平行四辺形のような形をしているので，(イ)があてはまる。なお，(ロ)は千葉県，(ハ)は青森県，(ニ)は新潟県。　(2)　(イ)　輸出額の内訳において，日本と韓国は生地の割合が大きいが，中国は衣料品の割合が大きく，原料の割合は非常に小さい。　(ロ)　日本は，国内の繊維産業の中で衣料産業にたずさわる労働者の割合が76％を占《し》めて最も多いが，衣料品の輸出額に占める割合は５％ほどしかなく，ほかの主要国の割合に比べると低い。よって，正しい。　(ハ)　輸出額の内訳において，フランス・ドイツ・イタリア・イギリスなどのヨーロッパ諸国は，衣料品の割合が非常に大きい。一方，生地の割合は日本・中国・韓国・タイなどのアジア諸国のほうが，ヨーロッパ諸国よりも大きい。　(ニ)　どちらのグラフからも，生産額の変化を読み取ることはできない。

問３　A　電子部品や集積回路(IC)は小型・軽量で高価なため，輸送費が割高な航空機や，料金のかかる高速道路で輸送しても採算が合う。そのため，これらをつくる工場は，空港や高速道路のインターチェンジ付近につくられることが多い。　B　電子部品や集積回路の工場が多い九州地方は，電子機器やこれを用いた関連企業が多く集まるアメリカ合衆国カリフォルニア州の「シリコンバレー」にちなんで，「シリコンアイランド」とよばれる。また，高速道路周辺にこれらの工場が多い東北地方は「シリコンロード」とよばれる。

問４　家電リサイクル法の対象となるのは，電気冷蔵庫，電気冷凍庫，電気洗濯《せんたく》機，衣料乾燥機，テレビ，エアコンである。これらの家電製品については，廃棄《はいき》するときに消費者がリサイクル料金を支払い，製造業者が再利用することが義務づけられている。

2　地図の読み取りについての問題

地図中には桑畑(Ⲩ)と保健所(⊕)の地図記号が見られないので，(ニ)が正しいと判断できる。なお，消防署は(Y)，病院は(⛨)，銀行は(Ȣ)，交番は(X)，図書館は(🕮)，市役所は(◎)，郵便局は(〒)，寺院は(卍)，税務署は(◇)，警察署は(⊗)で表されている。

3　各時代の歴史的なことがらとSDGsについての問題

問１　貝塚は縄文時代の人々のごみ捨て場のあとと考えられている遺跡で，貝がらが層をなして見つかるほか，食べ物のかすやこわれた土器，人骨なども出土するため，当時の人々の生活のようすを知る手がかりとなる。

問２　縄文時代末期から弥生時代には，大陸から稲作が伝わり，弥生時代には各地で本格的に稲作が行われるようになった。稲作の普及《ふきゅう》は日本の社会に大きな影響をあたえ，貧富・身分の差が生まれたり，むらやくにどうしの争いが起こるようになったりした。

問３　A　文字は，弥生時代に中国からもたらされたものに刻まれていたが，実際に使用される文字として大陸から漢字が伝わったのは，古墳時代の５世紀ごろのことと考えられている。遣隋使は，飛鳥時代にあたる７世紀初めに隋(中国)に派遣された。　B　大仙古墳(大阪府堺市)は日本最大の前方後円墳で，古墳時代の５世紀につくられ，仁徳《にんとく》天皇の墓とされている。よって，正しい。

問４　はにわは古墳時代にさかんにつくられた素焼きの土製品で，古墳の頂上や周囲に置かれた。動物や人，舟，家などを表した形象はにわや，土止め用と考えられている円筒《えんとう》はにわがある。

問５　６世紀なかば，朝鮮半島南西部にあり，日本と友好関係にあった百済《くだら》の聖明王《せいめいおう》から欽明《きんめい》天皇に仏像や経典などがおくられたことが，仏教の公式の伝来とされている。

問６　仏教勢力が強くなりすぎた奈良の平城京を離れる決断をした桓武天皇は，794年に京都の平安京へと都を移し，律令政治の立て直しをめざして政治を行った。

問７　(1)　1577年，織田信長は商工業を発達させるため，安土城下を楽市・楽座とし，市場の税を免除するとともに座(商工業者の同業組合)を廃止して，だれでも自由に営業を行えるようにした。なお，(イ)は豊臣秀吉が1588年に出した法令，(ロ)は江戸幕府の第３代将軍徳川家光が1635年に制度化したもの，(ニ)は平安時代から鎌倉時代にかけて行われた貿易である。　(2)　本能寺の変は1582年に起こり，この年には４人の天正遣欧少年使節が，キリスト教カトリックの総本山であるイタリアのローマに派遣された。なお，(イ)は1333～36年，(ハ)は1221年，(ニ)は1543年のできごと。

問８　(イ)は織田信長，(ロ)は豊臣秀吉，(ハ)は徳川家康の人がらを表した句として知られる。なお，(ニ)にあてはまる人物はいない。

問９　1614年，豊臣秀頼《ひでより》が方広寺を再建したさい，徳川家康は方広寺の鐘《かね》に刻まれていた「国家安康」「君臣豊楽」の文字が，「家」と「康」を分断し，豊臣家の繁栄《はんえい》を願うものであるといいがかりをつけた。これが方広寺鐘銘《しょうめい》事件で，家康はこれをきっかけとして大坂(大阪)城を攻め(大坂冬の陣)，翌15年の大坂夏の陣で豊臣氏を滅《ほろ》ぼした。なお，(ロ)は1467～77年，(ハ)は1637～38年，(ニ)は1560年のできごと。

問10　江戸幕府の第５代将軍徳川綱吉は，極端な動物愛護令である生類あわれみの令を1685年以来たびたび出し，人々を困らせた。綱吉は，自身が戌《いぬ》年生まれであったことから特に犬を大切にするように命じ，「犬公方《くぼう》」とよばれた。綱吉の死後，生類あわれみの令は段階的に廃止された。

問11　本文は最後に「動物と共生する道を探していきたい」と結んでいることから，野生動物の暮らす陸の豊かさを守ることが，この文章の結論にあてはまるといえる。

４　2020年の上半期におけるできごとについての問題

問１　厚生労働省は，医療《いりょう》や子育て，介護，福祉，労働，年金などを担当する国の行政機関で，感染症《しょう》の予防や予防接種の実施といった公衆衛生にかかわる仕事も担当している。

問２　新型コロナウイルス感染症は，2019年12月に中国湖北省武漢市で初めて確認されて以降，短期間で全世界に広がった。

問３　日本は，国家権力が行きすぎて国民の人権を侵害《しんがい》しないように，法律をつくる立法権を国会に，法律にもとづいて実際に政治を行う行政権を内閣に，法律にもとづいて裁判を行う司法権を裁判所に受け持たせ，たがいにおさえ合うという三権分立のしくみを採用している。

問４　内閣総理大臣が議長になり，政治の方針を決めるために国務大臣の全員が出席して開かれる会議を閣議といい，その意思決定は出席者全員の賛成を原則としている。

問５　世界保健機関は，世界の人々が健康であることを目的として活動する国連(国際連合)の専門機関で，WHOと略される。なお，(イ)のWFPは世界食糧計画，(ロ)のWWFは世界自然保護基金，(ニ)のWTOは世界貿易機関の略称。

問６　パンデミックは，感染症や伝染病の世界的大流行を意味する言葉で，WHOは2020年３月，新型コロナウイルス感染症がパンデミックの段階にいたったと表明した。なお，(イ)のロックダウン(都市封鎖)は，感染症や暴動などが発生したさい，被害の拡大を防ぐために外出など人々の行動を制限する措置，(ハ)のクラスターは，小規模な集団感染やそれによってできた感染者の集団のこと。(ニ)のソーシャルディスタンスは，自分への感染だけでなく，相手への感染を防ぐために確保する人との距離のことで，社会的距離と訳される。

問７　2020年３月時点の国際オリンピック委員会(IOC)の会長は，トーマス＝バッハである。なお，(イ)のアントニオ＝グテーレスは国連事務総長(2021年２月時点)，(ハ)のジョー＝バイデンは2021年１月に就任した第46代アメリカ大統領，(ニ)のグレタ＝トゥーンベリはスウェーデンの環境活動家。

問８　感染症の拡大防止には，人との接触《せっしょく》を避《さ》けることが必要となるので，(イ)，(ロ)，(ハ)は有効な対策になる。一方，プラスチックのストローの代わりに紙のストローを使っても，新型コロナウイルス感染症の感染拡大を予防することにはつながらない。紙ストローの使用は，近年問題になっている海洋プラスチックごみを減らすための取り組みとして行われている。

理　科　＜第１回午前試験＞（社会と合わせて50分）＜満点：50点＞

解　答

1 (1)　a　小腸　　b　大腸　　c　心臓　　d　じん臓　　e　光合成　　f　気こう（葉）　(2)　14万km³　(3)　①　4225億m³　②　289L　**2** (1)　ウ　(2)　エ　(3)　（例）気温の高い夏にレールがのびてゆがむのを防ぐため。　(4)　A→B→C　(5)　F　(6)　E　**3** (1)　日食　(2)　解説の図①を参照のこと。　(3)　③　(4)　（地球の）自転　(5)　①　D　②　ア　③　イ　④　解説の図②を参照のこと。　(6)　ウ　(7)　イ　**4** (1)　a　$\frac{1}{2}$　b　$\frac{1}{3}$　(2)　1.2℃　(3)　$\frac{1}{25}$倍　(4)　⑨　0.8℃　⑪　32.4℃　(5)　9.6℃　(6)　5個

解　説

1　ヒトのからだや植物の光合成，水の利用についての問題

(1)　a　消化によって分解された栄養分は，小腸のじゅう毛から吸収される。　b　口から取り入れた食べものは小腸で栄養分や水分が吸収され，その残りは大腸に送られておもに水分が吸収される。　c　血液は栄養分や水分を全身へ運ぶ役割をしていて，心臓から送り出される。　d　じん臓は，血液中から尿《にょう》素《そ》などの不要物をこし取り，尿をつくる。　e　植物は，生きていくために必要な栄養分を光合成によってつくる。光合成では，水と二酸化炭素を材料に，光のエネルギーを利用してでんぷんと酸素がつくられる。　f　気こうは葉の裏側に多く見られ，水蒸気や酸素，二酸化炭素などの気体の出し入れをおこなっている。

(2)　地球上の水の量1400000000km³のうち，人間が使える水の量は0.01％なので，$1400000000\times\frac{0.01}{100}=140000=$14万（km³）と求められる。

(3)　①　日本で最大限利用可能な水量は，年間降水量の6500億m³から蒸発してしまう35％分をのぞいた，6500億$\times\frac{100-35}{100}=$4225億（m³）となる。　②　国民全体が利用している生活用水の量は年間132億m³，日本の人口は１億2500万人なので，国民一人が利用している一年あたりの生活用水の量は，132億÷1.25億＝105.6（m³）となる。１m³は1000L，１年は365日なので，国民一人が利用している一日あたりの生活用水の量は，105.6×1000÷365＝289.3…より，289Lと求められる。

2　熱の伝わりかたについての問題

(1)　金属は加熱すると体積が大きくなるので，金属の球を熱すると球の体積が大きくなり，球は金属の輪を通りぬけることができなくなる。このように，ものの体積が増えることをぼう張という。

(2)　あたためて体積が大きくなった金属を冷やすと体積はまた小さくなるので，金属の球を氷水で冷やすと球の体積が小さくなり，球は再び金属の輪を通りぬけることができるようになる。

(3)　夏の暑い日など，気温が高い日は金属でできたレールがあたためられ，金属がぼう張する。ぼう張してのびたレールどうしがぶつかり合うと，レールにゆがみが生じてしまうため，レールのつなぎ目にはすき間があけられている。

⑷　実験２で，熱は加熱したところから順に伝わっていくため，加熱部分からもっとも近い位置にあるＡの部分のろうが最初にとけ，もっとも遠い位置にあるＣの部分のろうが最後にとける。なお，このような熱の伝わり方を伝導という。

⑸，⑹　加熱部分からもっとも近い位置にあるＦの部分のろうが最初にとけて，加熱部分からもっとも遠い位置にあるＥの部分のろうが最後にとける。

3　太陽や月の見えかたについての問題

⑴　太陽が月にかくされて，欠けて見える現象を日食という。日食は，新月（図１の⑦の位置）のときにおこることがある。

⑵，⑶　月が地球のかげとなり，欠けて見える現象を月食という。月食は，右の図①のような満月（図１の③の位置）のときにおこることがある。なお，⑵は月の見えない部分をぬりつぶして答えなさいとあるので，解答の図は月の輪かくをかかなくても正解となる。

図①

⑷　地球が地軸《ちじく》（地球の北極と南極を結ぶ線）を回転軸として，反時計回りに回転することを，地球の自転という。

⑸　①　かげは太陽と反対方向にのびるので，図３で太陽が南中したときにかげの先があるＤは北とわかる。　②　夏至の日は南中したときの太陽高度がもっとも高く，かげは太陽高度が高くなるほど短くなるので，南中したときのかげの長さがもっとも短いアが夏至の日とわかる。　③　春分の日や秋分の日のかげは，東西を結んだ直線と平行に動くのでイのようになる。　④　南半球では，太陽は東の空からのぼり，北の空でもっとも高くなり，西の空にしずむ。そのため，太陽がもっとも高くのぼったときのかげは，南の方向にのびる。したがって，南緯《い》35度のアデレードでの秋分の日のかげの先のようすは，右の図②の太線のようになる。

図②

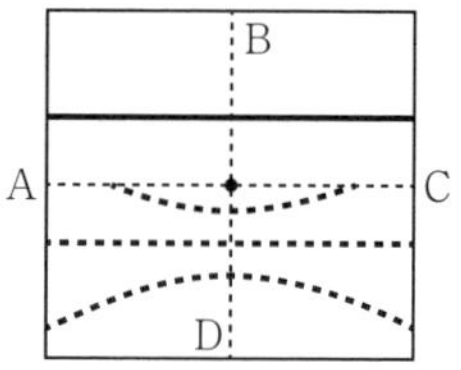

⑹　日の出とは，太陽の上部が東の地平線から出た瞬間《しゅんかん》のことをいう。東を向いたときは左側が北なのでウを選ぶ。

⑺　月の出とは，月の中心が東の地平線から出た瞬間のことをいう。⑹と同様に，東を向いたとき左側が北なのでイを選べばよい。

4　電熱線の発熱と水の温度上昇《じょうしょう》についての問題

⑴　表１の①と②の水の上昇温度より，電熱線が１つから２つになると，水の上昇温度は，$3.6 \div 7.2 = \frac{1}{2}$（倍）になっている。同様に，表１の①と③の水の上昇温度より，電熱線が１つから３つになると，水の上昇温度が，$2.4 \div 7.2 = \frac{1}{3}$（倍）となることがわかる。

⑵　⑴より，直列につないだ電熱線をすべて水に入れた場合，直列につないだ電熱線の数と水の温度上昇には反比例の関係がある。よって，電熱線６つを直列につなぐと，①の水の上昇温度の$\frac{1}{6}$倍になるから，$7.2 \times \frac{1}{6} = 1.2$（℃）となる。

⑶　表２の④と⑤を表１の①とくらべると，電熱線２つを直列につないだ図４で電熱線１つを入れた④の水の上昇温度は，$1.8 \div 7.2 = \frac{1}{4} = \frac{1}{2 \times 2}$（倍），電熱線３つを直列につないだ図５で電熱線１つを入れた⑤の水の上昇温度は，$0.8 \div 7.2 = \frac{1}{9} = \frac{1}{3 \times 3}$（倍）になることがわかる。したがって，電

熱線５つを直列につないだときに電熱線１つを入れた水の上昇温度は，①のときの，$\frac{1}{5\times5}=\frac{1}{25}$(倍)と求められる。

(4)　図８では，電熱線３つを直列につないでいるから，(3)より，電熱線１つあたりの水の上昇温度は，①のときの，$\frac{1}{3\times3}=\frac{1}{9}$(倍)とわかる。よって，⑨の水の上昇温度は，$7.2\times\frac{1}{9}=0.8$(℃)と求められる。次に，図10では⑪の電熱線と，⑫と⑬の電熱線が並列につながっているので，⑪のコップは，図７の⑦に電熱線を直列に１つ増やしたものと同じと考えられる。(2)より，直列につないだ電熱線の数と水の温度上昇には反比例の関係があるので，⑪の水の上昇温度は，$64.8\times\frac{1}{2}=32.4$(℃)と求められる。

(5)　電池の数による水の上昇温度の変化と，電熱線の数による水の上昇温度の変化をわけて考える。表３より，電池１つの①とくらべると，電池２つを直列につないだ⑥の水の上昇温度は，28.8÷7.2＝４＝２×２(倍)，電池３つを直列につないだ⑦の水の上昇温度は，64.8÷7.2＝９＝３×３(倍)となっているので，電池４つを直列につなぐと，①の，４×４＝16(倍)になる。一方，(2)で述べたように，つないだ電熱線をすべて水に入れるときには，直列につないだ電熱線の数と水の上昇温度は反比例の関係になるので，電熱線６つを直列につないですべてをコップに入れると，水の上昇温度は①の$\frac{1}{6}$倍になるが，ここでは電熱線を半分の３つしか入れないので，水の上昇温度は，$\frac{1}{6}\times\frac{1}{2}=\frac{1}{12}$(倍)になる。以上より，水の上昇温度は①のときの，$16\times\frac{1}{12}=\frac{4}{3}$(倍)になるから，$7.2\times\frac{4}{3}=9.6$(℃)と求められる。

(6)　はじめの水の温度が15.0℃なので，沸《ふっ》とうさせるためには，水の温度を，100－15.0＝85(℃)上昇させればよい。また，それぞれの実験では水を20分加熱しているところ，ここでは10分間で沸とうさせるので，半分の10分間での上昇温度を考える。(5)で述べたように，電池４つを直列につないだとき，20分間での水の上昇温度は，①の16倍になるので，10分間での水の上昇温度は，$16\times\frac{1}{2}=8$(倍)の，7.2×８＝57.6(℃)となる。電池５つを直列につないだときの10分間の発熱量は，０℃の水を，$7.2\times5\times5\times\frac{1}{2}=90$(℃)上昇させる量と等しくなる。したがって，電池５つを直列につないだとき，10分後には水が100℃となり，沸とうする。

国　語　＜第１回午前試験＞（50分）＜満点：100点＞

解　答

一　**問１**　ア　**問２**　エ　**問３**　**１**　リーダーシップ　**２**　自分の演奏　**問４**　イ　**問５**　憧れの向こう側にあるもの　**問６**　(例)　基が自分の理想を追いかけることに一生懸命になれる人物だから。　**問７**　ウ　**問８**　イ　**問９**　(例)　自由気ままに演奏を楽しむ

二　**問１**　**A**　エ　**B**　オ　**C**　ア　**問２**　**a**　ウ　**b**　ア　**問３**　イ　**問４**　(例)　ありがたいという感謝　**問５**　ウ　**問６**　家で一緒に　**問７**　その人の人格が表われる　**問８**　これは，あ　**問９**　ウ

三　**問１**　①～⑦　下記を参照のこと。　⑧　いただき　⑨　おうじょう　⑩　そうぎょう　**問２**　①　エ　②　カ　③　ア　**問３**　①　心機一転　②　有言実行

●漢字の書き取り

三 問1 ① 資源　② 耕(す)　③ 率先　④ 寒暖　⑤ 郷土　⑥ 唱(えた)　⑦ 衛星

解 説

一 **出典は額賀澪《ぬかがみお》の『風に恋《こ》う』による。**基《もとき》は吹奏楽《すいそうがく》部の部長を任されているものの，自分の演奏と部長としての役割に悩《なや》んでいる。しかし，基のあこがれでありコーチである瑛太郎《えいたろう》は，そんな基だからこそ部長に選んだと話し，基をはげます。

問1　「うな垂れる」は，心配や悲しみで首を前に垂れること。よって，アが選べる。

問2　なぜ瑛太郎が基を部長に選んだのかという大切な話を「音出しの合間の雑談みたいな扱《あつか》い」で言ったことについて言っているので，エがふさわしい。

問3　**1，2**　基は「自分の演奏が思った通りにいかなかった」という思いばかりが「心を占《し》めて」いて，「オーディション落ちした」池辺先輩《いけべせんぱい》のことを「何も気にかけなかった」自分のことを「部長として上手くやれてるとも思えないし，玲於奈《れおな》や堂林《どうばやし》の方が余程《よほど》リーダーシップがある」と言っている。

問4　続く部分に注目する。「池辺先輩のこと，部長としての至らなさ」を「小さく感じてしまうくらい，自分は自分の演奏に夢中になって」いるが，それがうまくいかないから，「カラカラで，息ができなくて，出口がなくて，苦しい」のである。よって，イが合う。

問5　問４でみたように，基は「自分の理想に追いつきたいのに追いつけない」苦しさを感じている。瑛太郎がそんな基に「アドバイス」をする場面で，「憧《あこが》れの向こう側にあるものは，追いつけなくて当然だ」と話している。そこで，「憧れの向こう側にあるもの」が「自分の理想」を言いかえた言葉だと考えられる。

問6　瑛太郎は「みんなに気を配ってほしいとか，上級生相手にリーダーシップを発揮《はっき》してほしいなら，俺《おれ》は茶園《ちゃえん》を部長になんてしなかった」と話し，「オーディションに受かることじゃなくて，自分の理想を追いかけることに一生懸命《いっしょうけんめい》になれる」人物だから基を部長にしたのだと続けている。

問7　この後，瑛太郎は基をうながして一緒《いっしょ》に「スケルツァンド」を吹《ふ》いている。憧れの奏者である瑛太郎と一緒に演奏しているうちに，基は「不安とかうんざりした気持ち」から解放され「堪《たま》らなく楽し」く感じている。瑛太郎は，「砂の海」を「一緒に泳ぐ」すなわち「一緒に演奏する」ことで基に演奏の楽しさを教えてくれたのである。よって，ウが選べる。

問8　基は，「自由気ままに」「楽しそうに」演奏する瑛太郎と一緒に吹いているうちに，「さっきまでいろいろ悩んで」いて「今日まで苦しい思いをしてきた」のに，「そんな不安とかうんざりした気持ちが，ベルから音になって飛んでいく」ように感じている。よって，イがふさわしい。

問9　基は，瑛太郎の「自由気まま」で「楽しそう」なようすに「ふざけやがって」と思いながらも，しだいに「不安とかうんざりした気持ち」が「消えて」いっている。そして，「音も合ってないし，テンポもずれている」のに，「堪らなく楽し」いというこれまでにない気持ちを抱《いだ》いている。

二 **出典は藤原東演《ふじわらとうえん》の『人生はゆっくり変えればいい！』による。**筆者は，箸《はし》の使い方などの食事の作法の伝統が継承《けいしょう》されなくなっていることに対して，食事の作法には，わたしたちの先人が言い伝えたかった大切なものがこめられているはずだし，心の品性をみがこうとするなら作法を学ぶべきだと述べている。

問１　**Ａ**　「Ａ君の気持ちも理解できる」とした後で「気持ちは理解できるが，だから伝統を知らなくていいということにはならない」と述べているので，前のことがらに対し，後のことがらが対立する関係にあることを表す「だが」があてはまる。　**Ｂ**　「ありがたい恵《めぐ》みで育った食物」の例として野菜の場合が説明されているので，具体的な例をあげるときに用いる「たとえば」がふさわしい。　**Ｃ**　「とるに足りないことに対してはあまり神経を使わないから，その人の心《こころ》模様《もよう》がそのまま表《あら》われる」という内容を「小さなことにその人の人格が表われる」と言いかえているので，“要するに”とまとめて言いかえるときに用いる「つまり」が合う。

問２　**ａ**　西洋と東洋。世界中。「洋の東西を問わず」という形で使われる。　**ｂ**　「～なかれ」で，“～してはならない”という意味。

問３　続く部分に注目する。Ａ君が「箸の上げ下げまでこまごま言わないでほしい」と考えていることから，「箸の上げ下げ」について言っているイがふさわしい。また，後で述べられている筆者の「二番目の妹」のスペイン人の夫の話の部分で，「スペインでも～その家の主人や年長者に遠慮《えんりょ》する習慣があるにちがいない」，「食事の道具は異なっても～その上げ下げについても食事作法が同じであることがとても興味深かった」とあることからも考えられる。

問４　四つ後の段落に注目する。「わたしたちの先人」の生きた「貧しい時代」には「人は食事を一回だけでもいただけたら，ありがたかった」が，「今は三食欠かさないのが当たり前」で「『感謝していただく』という気持ちはうすれて」きていると述べられている。また，その三つ後の段落に，食物のありがたさを「忘れないためにも，先人は箸の使い方にも心を配ったのではないだろうか」とあることから「ありがたいという感謝」のようにまとめるとよい。

問５　「いくら」は，「いくら～ても」の形で使われる呼応の副詞である。

問６　筆者の「二番目の妹」のスペイン人の夫の行動がそれにあたる。「人生の先輩」である「お父さん」が来るまで箸を取らずに待っていたのである。

問７　本文の最後のほうに注目する。作法というのは「堅苦《かたくる》しいように見えるが，いったん身につくと，いちばん無駄《むだ》のない合理的な動作」であるということに加えて，「とるに足りない」「小さなこと」であるからこそ「その人の人格が表われる」と述べられている。

問８　戻《もど》す文の「ものさし」という言葉に注目する。ぼう線部②の一つ前の文に「これは，あまりに単純で感覚的なものさしだ」とあり，この前に戻すと，「今日の日本」の「『堅苦しいものでないほうがいい』とか『楽しければいい』」というものさしについて言っていることになり，文意が通る。

問９　問４でみたように，箸の使い方には先人の「ありがたい恵み」に対する感謝の気持ちがこめられていて，筆者はそれを受け継《つ》いでいくべきだと考えている。また，本文の最後には，「心の品性をみがこうとするなら，作法を学ぶことだ」とあるので，ウが合う。

三　**漢字の書き取りと読み，慣用句・ことわざの完成，四字熟語の完成**

問１　①　自然から得られる原材料。　②　音読みは「コウ」で，「農耕」などの熟語がある。　③　人の先に立って物事を行うこと。　④　寒さと暖かさ。　⑤　自分の生まれ育った土地。　⑥　音読みは「ショウ」で，「合唱」などの熟語がある。　⑦　惑星《わくせい》のまわりを公転している天体。　⑧　音読みは「チョウ」で，「頂点」などの熟語がある。　⑨　「立ち往生」は，身動きがとれず困り果てること。　⑩　事業を始めること。

問2　①「馬が合う」は，性格や気がよく合うこと。　②「借りてきた猫《ねこ》」は，ふだんとは違《ちが》いおとなしいようす。　③「虎《とら》の威《い》を借る狐《きつね》」は，権力者の力に頼《たよ》っていばっている小人物を表す。

問3　①　左からそれぞれ「以心伝心」「臨機応変」「二者択一《たくいつ》」「起承転結」となり，「心機一転」が完成する。　②　左からそれぞれ「前途《ぜんと》有望」「一言一句」「質実剛健《ごうけん》」「一方通行」となり，「有言実行」が完成する。

Memo

Memo

2025年度用
中学スーパー過去問

■編集人 声の教育社・編集部
■発行所 株式会社 声の教育社
〒162-0814 東京都新宿区新小川町8-15
☎03-5261-5061(代) FAX03-5261-5062
https://www.koenokyoikusha.co.jp

※本書の内容についての一切の責任は当社にあります。内容・解説・解答・その他は当社ホームページよりお問い合わせ下さい。

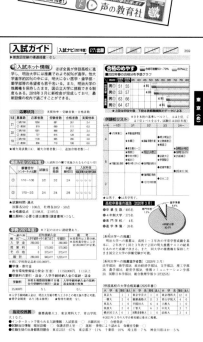

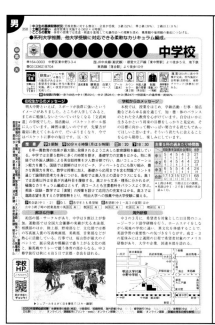

カコを追いかけ
ミライをつかめ

よくある解答用紙のご質問

01

実物のサイズにできない

拡大率にしたがってコピーすると，「解答欄」が実物大になります。配点などを含むため，用紙は実物よりも大きくなることがあります。

02

A3用紙に収まらない

拡大率164％以上の解答用紙は実物のサイズ（「出題傾向＆対策」をご覧ください）が大きいために，Ａ３に収まらない場合があります。

03

拡大率が書かれていない

複数ページにわたる解答用紙は，いずれかのページに拡大率を記載しています。どこにも表記がない場合は，正確な拡大率が不明です。

04

１ページに２つある

１ページに２つ解答用紙が掲載されている場合は，正確な拡大率が不明です。ほかの試験回の同じ教科をご参考になさってください。

【別冊】入試問題解答用紙編

解答用紙は本体からていねいに抜きとり、別冊としてご使用ください。

※ 実際の解答欄の大きさで練習するには、指定の倍率で拡大コピーしてください。なお、ページの上下に小社作成の見出しや配点を記載しているため、コピー後の用紙サイズが実物の解答用紙と異なる場合があります。

●入試結果表

— は非公表

年度	回	項目		国語	算数	社会	理科	2科合計	4科合計	2科合格	4科合格
2024	第1回	配点(満点)		100	100	50	50	200	300	最高点	最高点
		合格者平均点	本科	64.3	51.9	25.1	21.7	116.2	163.0	本科 137	本科 189
			SG	62.4	59.8	25.5	19.2	122.2	166.9	SG 132	SG 176
		受験者平均点	本科	—	—	—	—	—	—	最低点	最低点
			SG	—	—	—	—	—	—	本科 112	本科 150
		キミの得点								SG 119	SG 151
	第2回	配点(満点)		100	100	50	50	200	300	最高点	最高点
		合格者平均点	本科	63.4	60.7	27.5	20.1	124.1	171.7	本科 158	本科 205
			SG	65.9	69.0	27.3	19.0	134.9	181.2	SG 147	SG 199
		受験者平均点	本科	—	—	—	—	—	—	最低点	最低点
			SG	—	—	—	—	—	—	本科 114	本科 150
		キミの得点								SG 122	SG 153
2023	第1回午前	配点(満点)		100	100	50	50	200	300	最高点	最高点
		合格者平均点	本科	57.2	47.0	15.0	27.5	104.2	146.7	本科 142	本科 170
			SG	52.4	48.2	25.8	17.3	100.6	143.7	SG 120	SG 179
		受験者平均点	本科	—	—	—	—	—	—	最低点	最低点
			SG	—	—	—	—	—	—	本科 86	本科 121
		キミの得点								SG 84	SG 118
	第1回午後	配点(満点)		100	100	50	50	200	300	最高点	最高点
		合格者平均点	本科	54.9	60.5	22.8	18.8	115.4	157.0	本科 148	本科 188
			SG	50.5	61.2	21.2	15.8	111.7	148.7	SG 130	SG 179
		受験者平均点	本科	—	—	—	—	—	—	最低点	最低点
			SG	—	—	—	—	—	—	本科 99	本科 128
		キミの得点								SG 99	SG 121
2022	第1回午前	配点(満点)		100	100	50	50	200	300	最高点	最高点
		合格者平均点		—	—	—	—	—	—	171	240
		受験者平均点		67.5	54.7	26.8	24.8	122.2	173.8	最低点	最低点
		キミの得点								84	120
	第2回	配点(満点)		100	100	50	50	200	300	最高点	最高点
		合格者平均点		—	—	—	—	—	—	165	246
		受験者平均点		82.5	62.1	38.2	31.5	144.6	214.3	最低点	最低点
		キミの得点								128	131
2021	第1回午前	配点(満点)		100	100	50	50	200	300	最高点	最高点
		合格者平均点		—	—	—	—	—	—	162	243
		受験者平均点		57.3	58.9	37.5	29.5	116.2	183.2	最低点	最低点
		キミの得点								99	161

※ 表中のデータは学校公表のものです。ただし、2科合計・4科合計は各教科の平均点を合計したものなので、目安としてご覧ください。

声の教育社

２０２４年度　サレジアン国際学園世田谷中学校

算数解答用紙　第１回

番号		氏名		評点	／100

1	①	②	③	④	⑤

2	（1）　度	（2）　点	（3）　円
	（4）　度	（5）　cm^3	

3	（1）ア	イ	ウ
	（2）		

4	（1）　勝ち	負け	（2）　通り
	（3）　通り	（4）　通り	

5	6月　円	7月　円	8月　円

（注）この解答用紙は実物を縮小してあります。175％拡大コピーをすると、ほぼ実物大の解答欄になります。

〔算　数〕100点(推定配点)

1, 2　各6点×10　3　(1)　5点＜完答＞　(2)　6点　4　(1)　5点＜完答＞　(2)～(4)　各6点×3

5　6点＜完答＞

２０２４年度　サレジアン国際学園世田谷中学校

社会解答用紙　第１回

番号		氏名		評点	/50

（注）この解答用紙は実物を縮小してあります。175％拡大コピーをすると、ほぼ実物大の解答欄になります。

3

《陳情理由》

を求める陳情書

1

問1

問2

問3

問4

問5

問6

問7

問8

2

問1

問2　記号　理由

問3

問4　（1）　（2）

〔社　会〕50点(推定配点)

1　各２点×8　2　問１　２点　問２　６点＜完答＞　問3，問４　各２点×3　3　20点

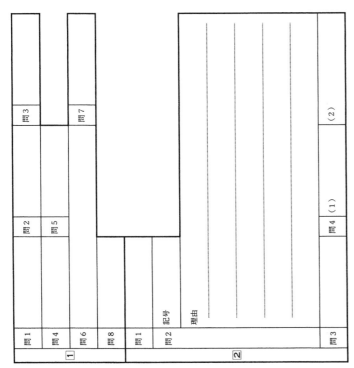

２０２４年度　サレジアン国際学園世田谷中学校

理科解答用紙　第１回

番号		氏名		評点	/50

1

(1) ①　②　%　③　g

(2)

(3)

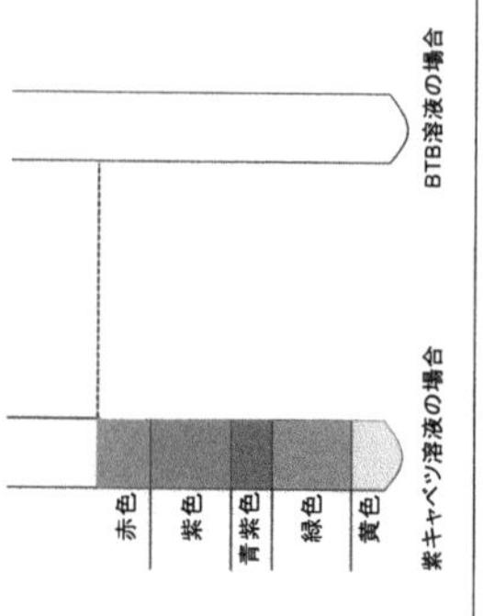

理由

2

(1) ①　②　③

(2)　W

(3)

(4)

(5)　回

3

(1) あ　い

(2)

(3) (a)　(b)　(c) 泥　れき

4

(1)

(2)

(3) ①　②　③　④

(4)

（注）この解答用紙は実物を縮小してあります。208%拡大コピーをすると、ほぼ実物大の解答欄になります。

〔理　科〕50点(推定配点)

1 (1), (2)　各２点×４　(3)　３点<完答>　2　各２点×７　3　(1), (2)　各２点×３　(3)　(ａ), (ｂ)　各２点×２　(ｃ)　各１点×２　4　(1), (2)　各２点×２　(3)　①, ②　各２点×２　③, ④　各１点×２　(4)　３点

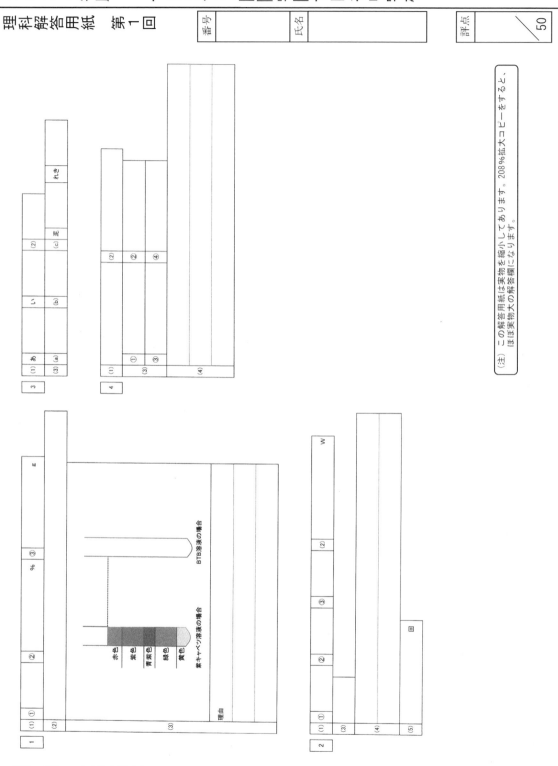

２０２４年度　サレジアン国際学園世田谷中学校

国語解答用紙　第一回　No.1

番号		氏名		評点	/100

一

問一

問二

問三

問四

問五

問六

問七

問八　(1)　(2)

問九

問十

二

問一　a　b

問二　A　B　C

問三

問四

問五　(1)　(2)

問六

問七

問八

三

①	②	③	④　く
⑤	⑥	⑦	
⑧　む	⑨	⑩	

２０２４年度　サレジアン国際学園世田谷中学校

国語解答用紙　第一回　No.２

一　問十一

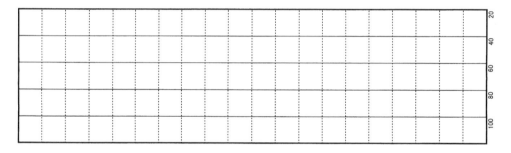

二　問九

←これより左は、下書き用です。自由に使ってかまいませんが、下書きに書いたことは得点に関係しません。

（注）この解答用紙は実物を縮小してあります。185％拡大コピーをすると、ほぼ実物大の解答欄になります。

〔国　語〕100点(推定配点)

一　問１，問２　各２点×２　問３　５点　問４～問７　各３点×４　問８　(1)　２点　(2)　３点　問９，問10　各３点×２　問11　８点　二　問１，問２　各２点×５　問３～問５　各３点×４　問６　４点　問７，問８　各３点×２　問９　８点　三　各２点×10

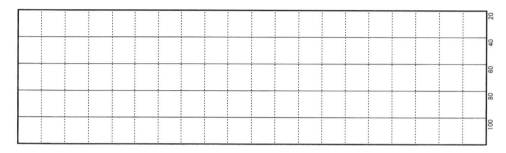

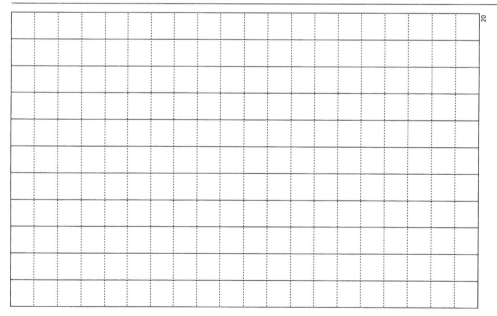

２０２４年度　サレジアン国際学園世田谷中学校

算数解答用紙　第２回

番号		氏名	

評点	／100

1	①	②	③	④	⑤

2	(1)　４年生　　人	５年生　　人	６年生　　人	(2)　　曜日
	(3)　　通り	(4)　　度	(5)　　cm³	

3	(1)	かなたさん	平均値　　点	中央値　　点	最ひん値　　点	
		しおりさん	平均値　　点	中央値　　点	最ひん値　　点	
	(2)【　　　　】さん 理由					

4	m²

5	(1)	(2)	(3)　ア	イ	ウ
	(4)				

（注）この解答用紙は実物を縮小してあります。172％拡大コピーをすると、ほぼ実物大の解答欄になります。

〔算　数〕100点(推定配点)

1，2　各６点×10＜2の(1)は完答＞　3～5　各５点×８＜3の(1)は各々完答，5の(3)は完答＞

２０２４年度　サレジアン国際学園世田谷中学校

社会解答用紙　第２回

番号		氏名		評点	/50

（注）この解答用紙は実物を縮小してあります。172%拡大コピーをすると、ほぼ実物大の解答欄になります。

1

問１	問２	問３
問４	問５	問６
問７	問８	

2

問１	問２	問３
問４	問５	問６
問７		

3

〔社　会〕50点(推定配点)

1, 2　各２点×15　3　20点

２０２４年度　サレジアン国際学園世田谷中学校

理科解答用紙　第２回

番号		氏名	

評点　／50

1
(1)　(2) A　B
(3)
(4)
(5)
(6)

2
(1) g　(2) g
(3) g
(4)

3
(1)　(2) 満月　新月　(3)
(4) と　と

4
(1)　(2) 回
(3)
(4)
(5)

（注）この解答用紙は実物を縮小してあります。208％拡大コピーをすると、ほぼ実物大の解答欄になります。

〔理　科〕50点(推定配点)

1　(1)～(5)　各２点×6　(6)　５点　2　(1)～(3)　各２点×３　(4)　３点　3　各２点×5＜(2)は完答＞　4　(1)，(2)　各２点×2　(3)，(4)　各３点×2＜(4)は完答＞　(5)　４点

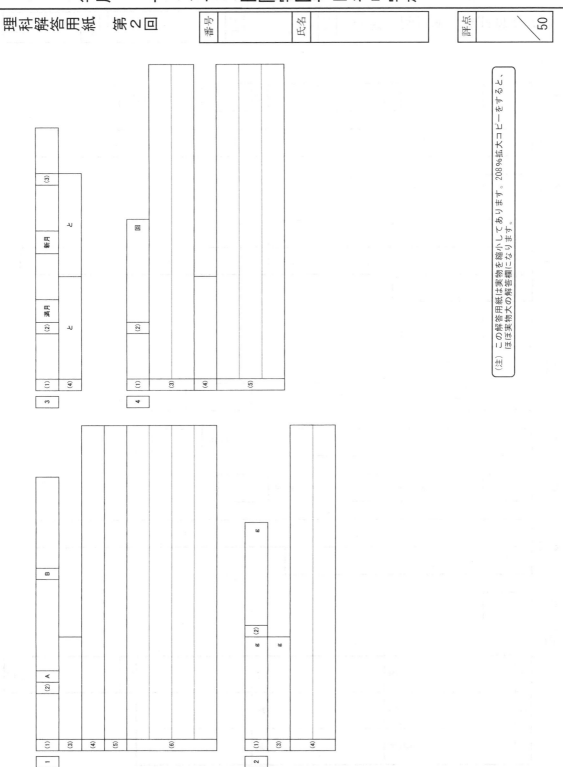

２０２４年度　サレジアン国際学園世田谷中学校

国語解答用紙　第一回　No. 1

番号　　氏名　　評点　／100

一

問一

問二　A　B　C

問三

問四

問五

問六

問七　1　2

問八

問九

二

問一　a　b

問二　A　B　C

問三

問四

問五

問六

問七

問八

問九

三

①　②　③　④　いて

⑤　⑥　⑦

⑧　いで　⑨　⑩

２０２４年度　サレジアン国際学園世田谷中学校

国語解答用紙　第二回　No.２

一　問十

(1)
「自分への厳しさ」と「他人への厳しさ」は同じであるべきだ。
「自分への厳しさ」と「他人への厳しさ」は分けて考えるべきだ。

← どちらかに○

(2)
20
40
60
80

二　問十

(1)

(2)
20
40
60
80
100

←これより左は、下書き用です。自由に使ってかまいませんが、下書きに書いたことは得点に関係しません。

20

（注）この解答用紙は実物を縮小してあります。179％拡大コピーをすると、ほぼ実物大の解答欄になります。

〔国　語〕100点(推定配点)

一　問１，問２　各２点×４　問３，問４　各３点×２　問５　２点　問６　３点　問７　１　３点　２　４点　問８，問９　各３点×２　問10　６点　二　問１，問２　各２点×５　問３～問７　各３点×５　問８　５点　問９　３点　問10　(1)　２点　(2)　７点　三　各２点×10

２０２３年度　サレジアン国際学園世田谷中学校　第１回午前

算数解答用紙

番号		氏名		評点	／100

1	①	②	③	④	⑤
2	(1)ショートケーキ　円	チョコレートケーキ　円	(2)　本		
	(3)　時速　km	(4)　度	(5)　cm^3		
3	(1) ア　：	ウ　mL	(2)　mL		
	(3)				
4	(1)イ	(2)ア			
	(3)				
5	(1)平行四辺形EGNM　cm^2	平行四辺形IMOK　cm^2	平行四辺形PLCH　cm^2		
	(2)				

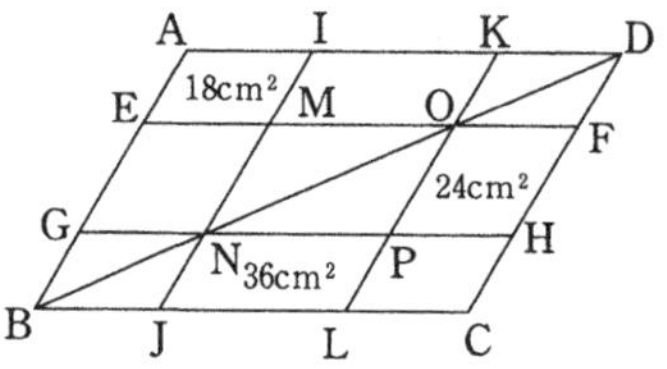

平行四辺形ABCD　cm^2

（注）この解答用紙は実物を縮小してあります。Ｂ５→Ａ３（163%）に拡大コピーすると、ほぼ実物大の解答欄になります。

〔算　数〕100点（推定配点）

1，2　各６点×10<2の(1)は完答>　3～5　各５点×８<3の(1)，5の(1)は完答>

２０２３年度　　サレジアン国際学園世田谷中学校　第１回午前

社会解答用紙

番号		氏名		評点	／50

1	問 1		問 2		問 3			
	問 4		問 5		問 6			
	問 7		問 8					
2	問 1		問 2		問 3			
	問 4		問 5	(1)	(2)		問 6	
3	テーマ							
	レポート							

（注）この解答用紙は実物を縮小してあります。Ｂ５→Ａ４（115%）に拡大コピーすると、ほぼ実物大の解答欄になります。

〔社　会〕50点(推定配点)

1, 2　各２点×15　3　20点

２０２３年度　サレジアン国際学園世田谷中学校　第１回午前

理科解答用紙

番号		氏名		評点	/50

（注）この解答用紙は実物を縮小してあります。Ｂ５→Ａ３（163%）に拡大コピーすると、ほぼ実物大の解答欄になります。

1

(1)	が　g
(2)	
(3)	解答らんは右側
(4)	が　g　が　g

1 (3)

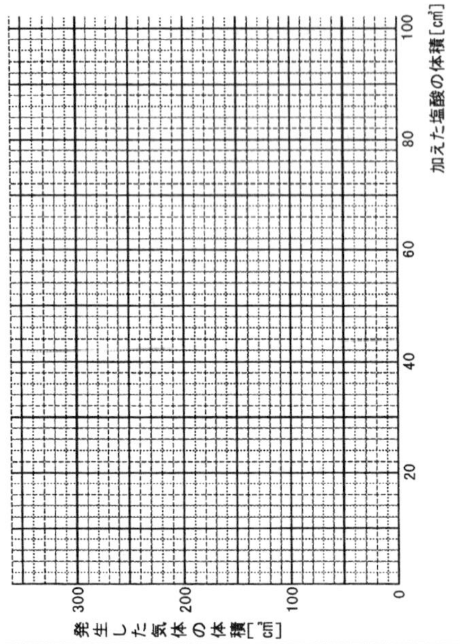

2

(1)	図2　図3
(2)	①　②　③
(3)	
(4)	解答らんは右側

2 (4)

3

(1)	枚
(2)	
(3)	
(4)	
(5)	解答らんは右側

3 (5)

4

(1)	cm
(2)	mm
(3)	時　分
(4)	時　分
(5)	

〔理　科〕50点（推定配点）

1　(1)，(2)　各２点×２　(3)　３点　(4)　各２点×２　2　(1)，(2)　各２点×５　(3)，(4)　各３点×２　3　(1)，(2)　各２点×２　(3)～(5)　各３点×３＜(3)は完答＞　4　各２点×５

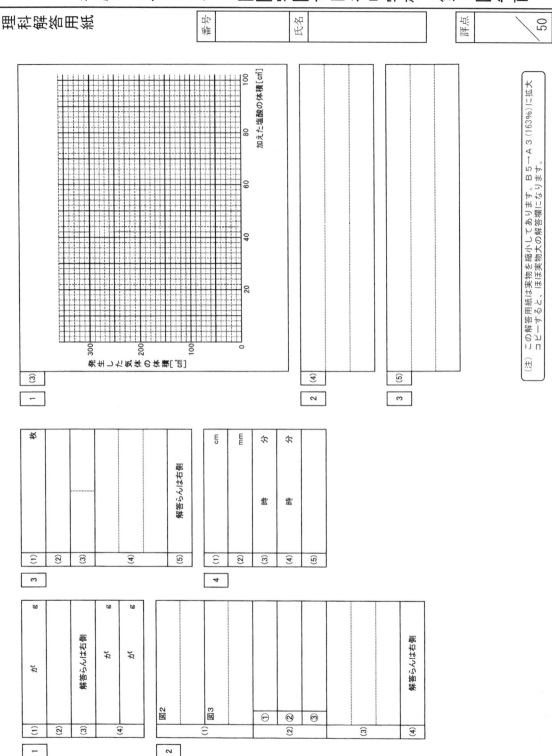

二〇二三年度　サレジアン国際学園世田谷中学校　第一回午前

国語解答用紙　No. 1

番号　　氏名　　評点　／100

一

問一　a　b　c

問二　A　B　C

問三

問四

問五

問六

問七

二

問一　a　b　c

問二　初め　終わり

問三　A　B

問四

問五

問六　初め

問七　(1)　(2)

三

問

① ② ③ ④え ⑤

⑥ ⑦ ⑧ ⑨ ⑩わず　って

国語解答用紙　No. 2

一　問八

20
40
60
80

二　問八

(1)

(2)

←以降は、下書き用紙です。下書きに書いたことは、得点とは関係しません。

20

（注）この解答用紙は実物を縮小してあります。B５→A３（163%）に拡大コピーすると、ほぼ実物大の解答欄になります。

〔国　語〕100点(推定配点)

一　問1，問2　各2点×6　問3　3点　問4　5点　問5　3点　問6　5点　問7　3点　問8　10点　二　問1　各2点×3　問2　3点　問3　各2点×2　問4～問6　各3点×3　問7　(1)　2点＜完答＞　(2)　5点　問8　各5点×2　三　各2点×10

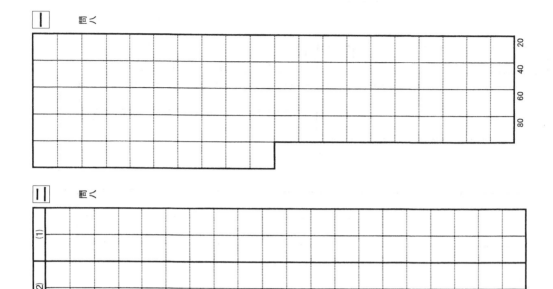

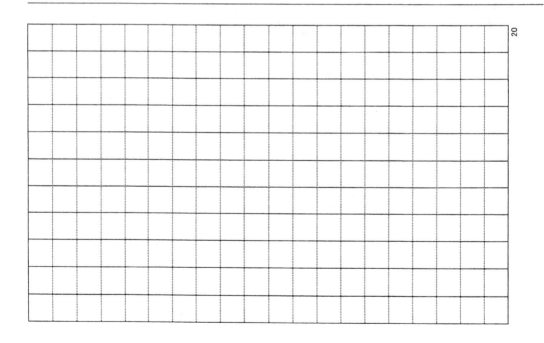

２０２３年度　　サレジアン国際学園世田谷中学校　第１回午後

算数解答用紙

番号		氏名	

評点	／100

1	①	②	③	④	⑤

2	(1)　　点	(2)　　個	(3)　　m
	(4)　　度	(5)　　cm^2	

3	(1)	
	(2) □　　○	

4	(1)	(2)	
	(3) ：		

5	(1)(あ)	(い)	(2)　　試合
	(3)条件		
	試合結果例　(う)　　(え)		

（注）この解答用紙は実物を縮小してあります。Ｂ５→Ａ３（163%）に拡大コピーすると、ほぼ実物大の解答欄になります。

〔算　数〕100点（推定配点）

1，2　各６点×10　3～5　各５点×８＜5の(1)，(3)は完答＞

２０２３年度　サレジアン国際学園世田谷中学校　第１回午後

社会解答用紙

番号		氏名		評点	／50

1	問 1		問 2		問 3	
	問 4	記号				
		理由				
	問 5		問 6		問 7	

2	問 1		問 2		問 3	
	問 4		問 5			
	問 6		問 7			

3	選んだ資料の記号	
	影響	
	提案	

（注）この解答用紙は実物を縮小してあります。Ｂ５→Ａ４（115％）に拡大コピーすると、ほぼ実物大の解答欄になります。

〔社　会〕50点（推定配点）

1　問１～問３　各２点×３　問４　４点　問５～問７　各２点×３　2　各２点×７　3　20点

２０２３年度　サレジアン国際学園世田谷中学校　第１回午後

理科解答用紙

番号		氏名		評点	/50

（注）この解答用紙は実物を縮小してあります。Ｂ５→Ａ３(163%)に拡大コピーすると、ほぼ実物大の解答欄になります。

1

(1)	ア	
	イ	
	ウ	
(2)		本
(3)		
(4)		
(5)		

2

(1)	
(2)	
(3)	℃
(4)	解答らんは右側

3

(1)	①		②	
	③		④	
(2)				
(3)	解答らんは右側			

4

(1)	
(2)	℃
(3)	℃
(4)	
(5)	標高　　m
(6)	

2

(4)	

3

(3)	

〔理　科〕50点(推定配点)

1 (1)～(4)　各２点×６＜(3)は完答＞　(5)　３点　2 (1)～(3)　各２点×３　(4)　３点　3 (1)　各２点×４　(2), (3)　各３点×２　4 各２点×６

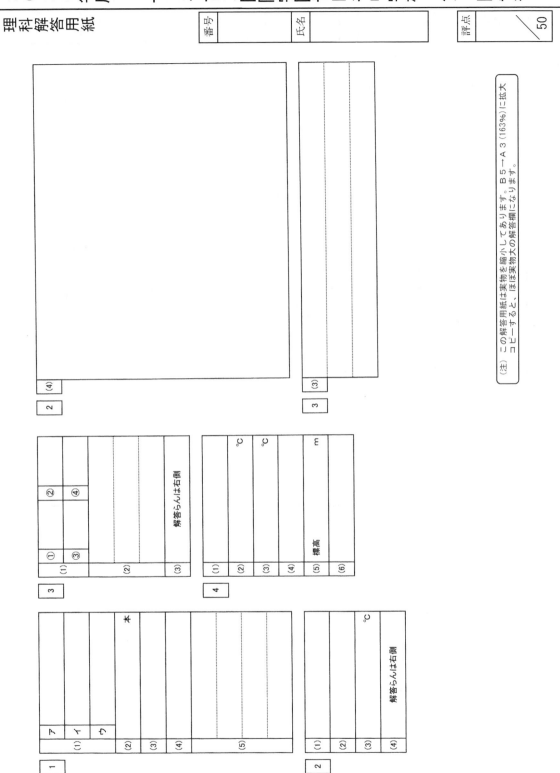

二〇二三年度　サレジアン国際学園世田谷中学校　第一回午後

国語解答用紙　No. 1

番号		氏名		評点	/100

一

問一　a　b

問二　X　Y　Z

問三

問四

問五

問六

問七　ボロい借家の子の発言が

問八　(1) 初め　(2)

問九

二

問一

問二　a　b

問三　1　2

問四　初め

問五

問六

問七　【　】

問八

三

問

①	②	③ げ	④	⑤
⑥	⑦ き	⑧	⑨	⑩

二〇二三年度　サレジアン国際学園世田谷中学校　第一回午後

国語解答用紙　No. 2

一　問十

20
40
60
80

二　問九

(1)

(2)

20
40
60
80

↑以降は、下書き用紙です。下書きに書いたことは、得点とは関係しません。

20

（注）この解答用紙は実物を縮小してあります。B5→A3（163%）に拡大コピーすると、ほぼ実物大の解答欄になります。

〔国　語〕100点(推定配点)

一　問1～問4　各2点×7　問5，問6　各3点×2　問7　5点　問8　(1)　3点　(2)　5点　問9　3点　問10　8点　二　問1～問3　各2点×5　問4～問8　各3点×5＜問8は完答＞　問9　(1)　3点　(2)　8点　三　各2点×10

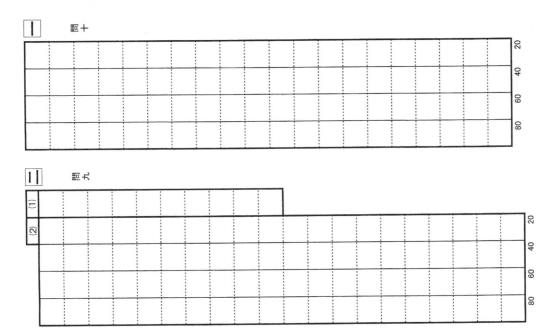

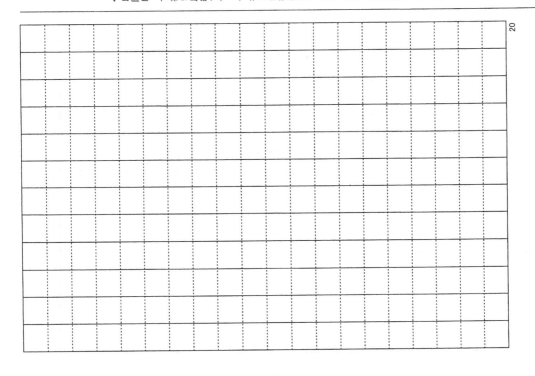

２０２２年度　　目黒星美学園中学校

算数解答用紙　第１回午前

番号		氏名		評点	／100

1	①	②	③	④	⑤	⑥
	⑦	⑧	⑨	⑩	⑪	⑫
	⑬					

2	(1)　本	(2)　本

3	(1)　cm^2	(2)　cm^2

4	(1)　ア…	イ…	ウ…
	エ…	オ…	カ…
	(2)　①	②	③
	④	⑥	
	(3)	(4)	

5	(1)　5円玉…　枚	10円玉…　枚	50円玉…　枚	
	(2)　通り			

6	(1)　cm^3	(2)　秒後
	(3)　毎秒　cm	(4)　cm

（注）この解答用紙は実物を縮小してあります。Ｂ５→Ａ３(163%)に拡大コピーすると、ほぼ実物大の解答欄になります。

〔算　数〕100点(推定配点)

1　①～⑧　各４点×８　⑨・⑩　４点　⑪～⑬　各４点×３　2～5　各４点×10<4の(1)，(2)，5の(1)は完答>　6　各３点×４

２０２２年度　　目黒星美学園中学校

社会解答用紙　第１回午前

番号		氏名	

評点	／50

1

問 1		
問 2	(1)	(2)

2

3

問 1		問 2		問 3	
問 4		問 5		問 6	
問 7		問 8		問 9	
問 10		問 11		問 12	
問 13	記号	理由			

4

問 1		問 2	
問 3	(1) 記号		
	(1) 理由		
	(2)		
問 4		問 5	

（注）この解答用紙は実物を縮小してあります。Ｂ５→Ａ４（115%）に拡大コピーすると、ほぼ実物大の解答欄になります。

〔社　会〕50点(推定配点)

1 問１　３点　問２　各２点×２　2, 3　各２点×15　4　問１, 問２　各２点×２　問３　(1)　３点　(2)　２点　問４, 問５　各２点×２

２０２２年度　　目黒星美学園中学校

理科解答用紙　第１回午前

番号		氏名		評点	／50

1

(1)	分子を　　つ増やす		
(2)	分子を　　つ増やす		
(3)	①		
	②		
	③	方法	
		結果	
		方法	
		結果	

2

(1)	
(2)	g
(3)	%
(4)	
(5)	%
(6)	m
(7)	%

3

(1)		
(2)		
(3)		
(4)	①	
	②	
(5)		
(6)	記号	
	理由	
	記号	
	理由	

4

(1)		cm
(2)		g
(3)		cm
(4)		cm
(5)	①	cm
	②	cm
(6)		g

（注）この解答用紙は実物を縮小してあります。Ｂ５→Ａ４（115%）に拡大コピーすると、ほぼ実物大の解答欄になります。

〔理　科〕50点(推定配点)

1　各１点×6＜(3)の③は各々完答＞　2～4　各２点×22＜3の(5)は完答，(6)は各々完答＞

二〇二二年度　目黒星美学園中学校

国語解答用紙　第一回午前

番号		氏名		評点	/100

一

問一　a　b

問二

問三　の打ちどころがなかった

問四　A　B

問五

問六

問七

問八

問九

二

問一　A　B　C

問二　a　b

問三

問四

問五

問六

問七

問八

問九

問十

三

問一　①　②　③　④　⑤　⑥　⑦　⑧　⑨　⑩

問二　A　B　C

問三　①　②　③　④

（注）この解答用紙は実物を縮小してあります。B５→A３（163%）に拡大コピーすると、ほぼ実物大の解答欄になります。

〔国　語〕100点（推定配点）

一　問１　各２点×２　問２，問３　各３点×２　問４　各２点×２　問５　３点　問６　６点　問７～問９　各３点×３　二　問１，問２　各２点×５　問３～問10　各３点×８　三　各２点×17

２０２２年度　目黒星美学園中学校

算数解答用紙　第２回

番号		氏名		評点	／100

1	①	②	③	④	⑤	⑥
	⑦	⑧	⑨	⑩	⑪	⑫

2	（1）	（2）　時　分
	（3）　時速　ｋｍ	（4）　ｋｍ手前

3	（1）　通り	（2）　通り	（3）　通り

4	cm^2

5	（1）　g	（2）　g以上
		（3）　%
	（4）　g	（5）　卵が浮いた理由

6	（1）　cm^3	（2）　倍	（3）

（注）この解答用紙は実物を縮小してあります。Ｂ５→Ａ３（163%）に拡大コピーすると、ほぼ実物大の解答欄になります。

〔算　数〕100点（推定配点）

1　①〜⑨　各４点×9　⑩・⑪　４点　⑫　４点　2〜4　各４点×8　5，6　各３点×8

２０２２年度　目黒星美学園中学校

社会解答用紙　第２回

番号		氏名		評点	／50

1	問 1		問 2		問 3			
	問 4	(1)	(2)					
	問 5							
2	問 1		問 2		問 3		問 4	
	問 5	(1) から。						
		(2)						
	問 6		問 7		問 8			
3	問 1		問 2		問 3		問 4	
4	問 1	(X)	(Y)					
	問 2	記号						
		実行						
	問 3		問 4		問 5			
	問 6	掲示場所						
		理由						

（注）この解答用紙は実物を縮小してあります。Ｂ５→Ａ４(115%)に拡大コピーすると、ほぼ実物大の解答欄になります。

〔社　会〕50点(推定配点)

1～3　各２点×19　4　問１　２点　問２　２点　問３～問５　各２点×３　問６　２点

２０２２年度　目黒星美学園中学校

理科解答用紙　第２回

番号		氏名		評点	/50

1

(1)	
(2)	
(3)	
(4)	
(5)	
(6)	
(7)	

2

(1)	
(2)	
(3)	右のグラフに記入すること
(4)	① ② ③
(5)	④ ⑤ ⑥
(6)	%

2 (3)

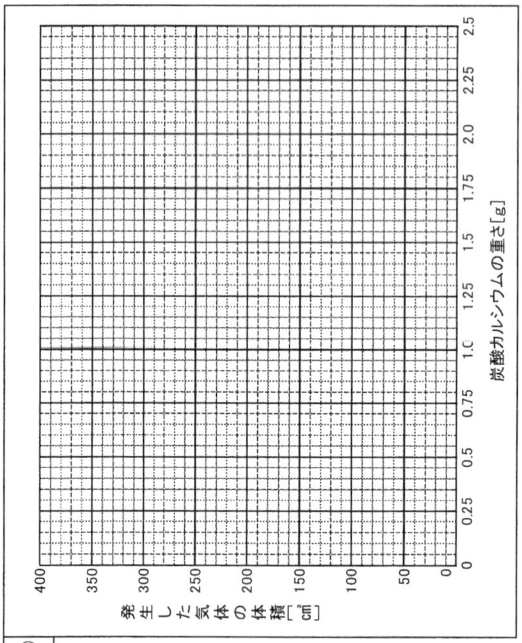

3

(1)	
(2)	
(3)	
(4)	
(5)	
(6)	m

4

(1)	m
(2)	毎秒　m
(3)	億 km
(4)	毎秒　m
(5)	m

（注）この解答用紙は実物を縮小してあります。Ｂ５→Ａ３（163%）に拡大コピーすると、ほぼ実物大の解答欄になります。

〔理　科〕50点(推定配点)

1　各１点×7＜(1)，(2)，(7)は完答＞　2，3　各２点×16　4　(1)～(4)　各２点×4　(5)　３点

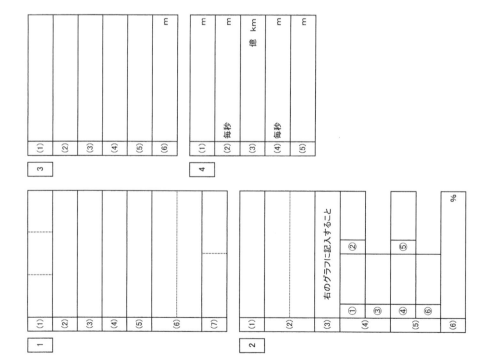

二〇二二年度　目黒星美学園中学校

国語解答用紙　第一回

番号　　氏名　　評点　／100

一

問一 a b　問二　問三

問四　問五

問六　問七 1 2

問八 1 2

問九　問十

二

問一　問二　問三　問四

問五 1 2

問六　問七

問八　問九

問十

三

問一 ① ② ③ ねる④ ⑤ ⑥ ⑦ ⑧ く⑨ ⑩

問二 ① ② ③ ④　問三 ① ②

（注）この解答用紙は実物を縮小してあります。B５→A３（163%）に拡大コピーすると、ほぼ実物大の解答欄になります。

〔国　語〕100点（推定配点）

一　問１～問６　各３点×７　問７，問８　各２点×４　問９，問10　各３点×２　二　各３点×11　三　各２点×16

２０２１年度　目黒星美学園中学校

算数解答用紙　第１回午前

番号		氏名		評点	／100

1	①	②	③	④	⑤	⑥
	⑦	⑧	⑨	⑩	⑪	⑫
	⑬					
2	（1）	（2）	（3）　個			
3	（1）　cm	（2）　cm^2				
4	（1）　人					
	（2）　点	（3）　点				
5	A	B	C	D	E	
6	（1）表面積　cm^2	体積　cm^3				
	（2）　cm^3					

（注）この解答用紙は実物を縮小してあります。Ｂ５→Ａ３（163%）に拡大コピーすると、ほぼ実物大の解答欄になります。

〔算　数〕100点（推定配点）

1～3　各４点×18　4　（1）　４点　（2），（3）　各５点×２　5　５点＜完答＞　6　（1）　４点＜完答＞　（2）　５点

２０２１年度　目黒星美学園中学校

社会解答用紙　第１回午前

番号		氏名		評点	／50

1	問 1		問 2	(1)	(2)	問 3		
	問 4							
2								
3	問 1		問 2		問 3			
	問 4		問 5		問 6			
	問 7	(1)	(2)	問 8		問 9		
	問 10							
	問 11							
4	問 1		問 2		問 3			
	問 4		問 5		問 6			
	問 7		問 8					

〔社　会〕50点(推定配点)

1～4　各２点×25＜1の問２は完答＞

２０２１年度　目黒星美学園中学校

理科解答用紙　第１回午前

番号		氏名		評点	／50

1

(1)	a		
	b		
	c		
	d		
	e		
	f		
(2)		万km³	
(3)	①	億m³	
	②	L	

2

(1)	
(2)	
(3)	
(4)	⇒　⇒
(5)	
(6)	

3

(1)						
(2)	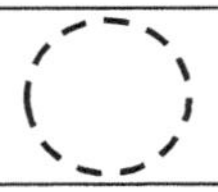					
(3)						
(4)						
(5)	①		②		③	
	④	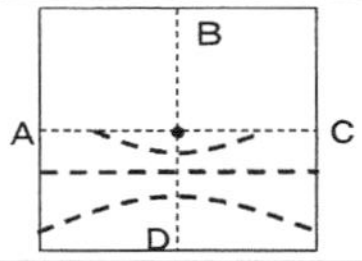				
(6)						
(7)						

4

(1)	a		b	
(2)		℃		
(3)		倍		
(4)	⑨	℃		
	⑪	℃		
(5)		℃		
(6)		個		

〔理　科〕50点(推定配点)

1　(1)，(2)　各１点×7　(3)　各２点×2　2　(1)　１点　(2)～(6)　各２点×5＜(4)は完答＞　3　(1)～(4)　各２点×4　(5)　各１点×4　(6)，(7)　各２点×2　4　(1)　各１点×2　(2)，(3)　各２点×2　(4)　各１点×2　(5)，(6)　各２点×2

二〇二二年度　目黒星美学園中学校

国語解答用紙　第一回午前

番号　　氏名　　評点　/100

一

問一　問二

問三　1　2

問四　問五

問六

問七　問八

問九

二

問一　A　B　C　問二　a　b　問三

問四　問五

問六　問七

問八　問九

三

問一　①　②　③す　④　⑤

⑥　⑦えた　⑧　⑨　⑩

問二　①　②　③

問三　①　②

（注）この解答用紙は実物を縮小してあります。Ｂ５→Ａ３（163％）に拡大コピーすると、ほぼ実物大の解答欄になります。

〔国　語〕100点（推定配点）

一　問１～問４　各３点×５　問５　４点　問６　５点　問７，問８　各３点×２　問９　５点　二　問１，問２　各２点×５　問３　３点　問４　４点　問５　３点　問６～問８　各４点×３　問９　３点　三　各２点×15